WOLFGANG MÖSSNER

Prüfungshelfer für Verkäuferinnen in Bäckereien und Konditoreien

Verbandsgeschäftsführer WOLFGANG MÖSSNER

Prüfungshelfer
für Verkäuferinnen in Bäckereien und Konditoreien

Ernährungslehre · Fachtechnologie · Verkaufskunde ·
Der Kunde – das Verkaufsgespräch ·
Dekoratives Gestalten · Technische Mathematik ·
Gesetzeskunde · Lebensmittel-Kennzeichnung ·
Wettbewerbsrecht

7., überarbeitete Auflage

MATTHAES VERLAG GMBH, STUTTGART

Vorwort zur 7. Auflage

In dieser vorliegenden 7. Auflage der Prüfungsfragen und -antworten für die Verkäuferinnen im Bäcker- und Konditorenhandwerk sind wie in den vorausgegangenen Auflagen die Aufgabengebiete der Fachtechnologie (Rohstoff- und Warenkunde) sowie der Verkaufs- und Gesetzeskunde enthalten, über die eine gut ausgebildete Bäckerei- und Konditoreiverkäuferin Bescheid wissen sollte.
Eingefügt wurden natürlich alle inzwischen eingetretenen Änderungen bei den Gesetzen und Verordnungen. Die Abhandlung „Wettbewerbsrecht" wurde vollständig aktualisiert. Da eine perfekte Verkäuferin stets eine versierte Kassiererin sein muss, wurde auch das Kapitel „Technische Mathematik" wesentlich erweitert.
Die in den Rubriken „Der Kunde – das Verkaufsgespräch" sowie „Dekoratives Gestalten" behandelten technischen Fertigkeiten, wie Schriftschreiben für die Beschilderung sowie die ansprechende und stabile Verpackung und die Technik des Verschnürens mit einer aufgesetzten Schleife, ergänzen den theoretischen Prüfungsstoff, dessen einzelne Gebiete teilweise fließend ineinander übergehen.
Das Zusammenstellen einer bunten Platte für die Festtafel, das Belegen eines Bodens mit Belegfrüchten für eine Obsttorte, das dekorative Verzieren von Obsttörtchen und Obststückchen mit Schlagsahne sowie das Portionieren von Sahne bleiben Bestandteil der praktischen Prüfung.
Die in diesem Fachbuch erwähnten Fragen können natürlich auch von anderen Prüfungsausschüssen übernommen werden, da der Verfasser durch seine jahrzehntelange Tätigkeit als Mitglied des Landesfachausschusses „Verkäuferinnen im Bäcker- und Konditorenhandwerk" im Kultusministerium Baden-Württemberg die Aufgabenvorschläge für die Abschlussprüfung an Gewerbeschulen anderer Bundesländer berücksichtigt hat.
Dieses Fachbuch soll mit seinen Fragen und Antworten den Lehrbetrieb unterstützen und dem Prüfling über die Ausbildung hinaus eine Hilfe in der täglichen Arbeit hinter der Theke, aber auch der gestandenen Verkäuferin ein unerlässlicher Praxisratgeber sein.

Wolfgang Mößner

Inhaltsverzeichnis

	Vorwort	5
I.	Prüfungsfragen aus der Ernährungslehre	11
II.	**Fachtechnologie – Rohstoff und Warenkunde**	**35**
	Getreide und Mehl	35
	Zucker	38
	Zucker-/Süßwaren	40
	Zuckeraustauschstoffe	44
	Süßstoffe	45
	Würzmittel/Gewürze	45
	Speisesalz (Natriumchlorid NaCl)	47
	Eier/EU-Eiervermarktungsnormen-Verordnung	50
	Milch und Milchprodukte	53
	Bäckereifette	63
	Margarine	63
	Butter	64
	Süd- und Trockenfrüchte	66
	Kandierte Früchte	70
	Rohmassen und Süßwaren aus bearbeiteten Ölsamen	71
	Glasurmassen/Kakaoerzeugnisse	75
	Backmittel	79
	Lockerungsmittel	80
	Blätter- und Plunderteige	81
	Hefen	84
	Sauerteig	85
	Brot- und Kleingebäcksorten/Feine Backwaren	86
	Massen	93
	Fettgebäck/Petits fours/bunte Platten	94
	Butterkrem/Torten/Waffeln	95
	Speiseeis	97
	Fruchtsäfte/Limonaden	101
	Kaffee/Tee/Kakao	103
III.	**Prüfschema für Brot, Brötchen und für Stollen**	**107**
IV.	**Leitfaden für Brot-, Brötchen- und Stollenprüfungen**	**114**

V. Verkaufskunde 117
Erfolgreich verkaufen – Schlüssel der Zukunft 117
Prüfungsfragen aus der Verkaufskunde 119

VI. Der Kunde – das Verkaufsgespräch 141
Kleine Kundentypologie, mit deren Hilfe man erfolgreich
auf die Eigenarten der Verbraucher eingehen kann 141
Das Verkaufsgespräch 146
Beispiele verschiedener Situationsgespräche 148
Die Todsünden im Verkauf 151
Heißes Eisen: Kunden-Beschwerden 152
Extra-Service für Kinder und Senioren 153
Das Einpacken von Backwaren 154
Das Verpackungsmaterial 155

VII. Dekoratives Gestalten (Schriftschreiben) für Verkäuferinnen sowie Bewertungsrichtlinien für Schaufenstergestaltung 159
Aufgaben zum dekorativen Gestalten 159
Schriftmuster 163
Bewertungsrichtlinien für Schaufenstergestaltung 169
Gestaltung von Schaufenstern 170
Praktische Tipps zur Herstellung eines Werbeschaufensters 171

VIII. Technische Mathematik 173
Verhältnisrechnen 173
Prozentrechnen 174
Rohstoffrechnen 178
Nährwertrechnen 178
Brotausbeute/Gebäckausbeute 182
Volumenausbeute 183
Backverlust 184
Mischungsrechnen 186
Zinsrechnen 191
Umsatzrechnen 195
Kalkulation 196
Kassenbestand 202

Abschreibung	204
Kundenrechnung	205
Rabatt und Skonto	207

IX. Gesetzeskunde **209**

Arbeitsrechtliches Gesetz zur Förderung von Wachstum und Beschäftigung	210
Berufsbildungsgesetz	213
Berufsgenossenschaft (BG)	218
Bundeserziehungsgeldgesetz (BerzGG) und Mutterschutzgesetz (MuSchG)	222
Diätverordung/Diabetikerbackwaren	229
Infektionsschutzgesetz	230
Jugendarbeitsschutzgesetz (JArbSchG)	231
Ladenschlussgesetz (LadSchlG)	237
Lebensmittel- und Bedarfsgegenständegesetz (LMBG)	239
Preisangabenverordung	243
Wettbewerbsrecht	246
Weitere allgemeine Rechts- und Fachgebiete	253
Zusatzstoff-Zulassungsverordnung	261

X. Lebensmittel-Kennzeichnung **263**
Anhang **291**

Diätverordnung	293
Gentechnik	297
Gesetz über die Gleichbehandlung von Männern und Frauen am Arbeitsplatz	298
Gesetz zum Schutz vor sexueller Belästigung am Arbeitsplatz	299
Hygieneempfehlungen für Bäckereien, die Patisseriewaren und Eis herstellen	301
Hygieneregeln für die Behandlung und Verarbeitung frischer Eier und von Eiprodukten in Konditoreien und Bäckereien	305
Ladenschlussgesetz	308
Ladenschluss – Verordnung über den Verkauf bestimmter Waren an Sonn- und Feiertagen	318

Ladenschlusszeitenverordnung für die Verkaufsstellen
auf Personenbahnhöfen
der nicht bundeseigenen Eisenbahnen 319
Leitsätze für Feine Backwaren einschl. Dauerbackwaren 320
Leitsätze für Brot und Kleingebäck,
mit tabellarischer Übersicht 333
Mehltypen-Regelung 342
Nährwert-Kennzeichnungsverordnung 343
Preisangabenverordnung 349
Reichsversicherungsordnung
(Auszug bzgl. Schwangerschaft und Mutterschaft) 355
Sachkundenachweis für Hackfleisch 357
Salmonellenerkrankungen 358
Speiseeis, Leitsätze 359
Speiseeisverordnung 362
Zusatzstoff-Zulassungsverordnung 363

Schautafeln und Abbildungen
Längsschnitt durch ein Weizenkorn 367
Weltgetreideerzeugung 368
Brotgetreide und andere Getreidearten
(Übersicht) sowie Beschreibungen 368

Sachwortverzeichnis **373**
Quellenverzeichnis **383**

I. Prüfungsfragen aus der Ernährungslehre

Was versteht man unter Ernährung?

Unter Ernährung versteht man die Aufnahme der verschiedenen Nahrungsmittel beim Essen, die der Körper nicht unmittelbar verwerten kann; sie müssen zuerst aufgeschlossen werden.

Welche Nahrungsmittel unterscheidet man nach dem Herkommen?

Man unterscheidet pflanzliche und tierische Nahrungsmittel. Zu den pflanzlichen Nahrungsmitteln gehören: Getreide, Mehl, Grieß, Gemüse, Früchte, Kartoffeln usw. Zu den tierischen Nahrungsmitteln gehören: Fleisch, Wurst, Fisch, Milch, Käse, Eier, Butter, Schmalz usw. Die Nahrung wird im Körper durch den Stoffwechsel chemischen Umwandlungen unterworfen; sie dient der Energiezufuhr.

Welche Nährstoffe enthalten die Nahrungsmittel?

Kohlenhydrate (Zuckerstoffe), Eiweißstoffe, Fette.
Kohlenhydrate liefern Brennstoff für den Körper.
Eiweiß liefert die Aufbaustoffe.
Fett ist ein höchstkonzentrierter Brenn- und Baustoff.

Welche anderen Bestandteile enthalten die Nahrungsmittel noch?

Vitamine, Mineralstoffe, Wasser, Spurenelemente und Ballaststoffe (Cellulose).
Vitamine haben in unserem Körper eine Fülle von anregenden und regelnden Aufgaben.

Mineralstoffe zählen nicht zu den eigentlichen Nährstoffen; Kalksalze werden für den Aufbau der Knochen benötigt; Eisensalze zur Blutbildung. Phosphorsaure Salze werden zur Bildung von Hirn- und Nervenzellen benötigt.
Wasser ist in allen Nahrungsmitteln.
Spurenelemente sind Mineralien, die in geringsten Spuren im Körper vorhanden sein müssen.
Ballaststoffe sind für den menschlichen Körper unverdaulich, aber notwendig für viele Funktionen.

Nennen Sie die wichtigsten Kohlenhydrate! Worin sind sie enthalten?

Die wichtigsten Kohlenhydrate sind Zucker *(Trauben- und Fruchtzucker* in Früchten und in Bienenhonig), *Milchzucker* in der Milch; *Rohr- und Rübenzucker* in Zuckerrohr und Zuckerrüben; *Malzzucker* im keimenden Getreide. *Pflanzliche Stärke* in Getreide, Hülsenfrüchten und Kartoffeln; *tierische Stärke* in der Leber und in den Muskelzellen.

Nennen Sie die chemischen Elemente der Kohlenhydrate!

Kohlenstoff, Wasserstoff und Sauerstoff.

Warum lassen sich eiweißhaltige Lebensmittel nicht durch eine entsprechende Menge kohlenhydrathaltiger Lebensmittel ersetzen?

Eiweiß wird im Körper für den Aufbau von Muskeln und Organen benötigt. Für diesen Aufbau sind Aminosäuren nötig, welche lebensnotwendig sind. In kohlenhydratreicher Kost sind diese Aminosäuren nicht enthalten und daher als Ersatz völlig ungeeignet.

Nennen Sie je 2 Einfach-, Zweifach- und Vielfachzucker!

Einfachzucker: Traubenzucker und Fruchtzucker;
Zweifachzucker: Rohrzucker und Rübenzucker;
Vielfachzucker: Stärke und Cellulose.

Ernährungslehre

Was versteht man unter spezifischem Gewicht?

Das Gewicht von 1 cm³ eines festen Stoffes, eines Gases oder einer Flüssigkeit, ausgedrückt in Gramm.

Was versteht man unter Mikroorganismen, und was bewirken sie?

Mikroorganismen sind Bakterien, Hefen sowie Schimmelpilze und gelangen in der Regel von außen auf Lebensmittel. Sie wachsen bevorzugt an der Oberfläche, z. B. auf Speiseresten, Käse und Wurst. Haben sich die Mikroorganismen über ein bestimmtes Maß hinaus vermehrt, sind die Lebensmittel verdorben. Beim Verzehr solcher Lebensmittel kann es zu gesundheitlichen Störungen kommen.
Die meisten krankheitserregenden und lebensmittelverderbenden Mikroorganismen gehören zu den so genannten mesophilen Keimen (mittlere Temperatur bevorzugende Bakterien mit Wachstumsoptimum bei Temperaturen zwischen 20° C und 40° C). Bei Kühlschranktemperaturen werden sie in ihrem Wachstum gehemmt; nur einige so genannte kältetoleranten Mikroorganismen können sich sogar noch bei 0° C vermehren.

Wie vermehren sich Mikroorganismen?

Mikroorganismen vermehren sich durch Zellteilung. Ihre Anzahl verdoppelt sich innerhalb einer bestimmten Zeit. Ob und wie schnell die Vermehrung erfolgt, hängt von verschiedenen Faktoren ab, u. a. vom Wasser- und Nährstoffangebot sowie von der Aufbewahrungstemperatur. Lebensmittelverderbende Mikroorganismen nehmen Inhaltsstoffe aus den Lebensmitteln auf, verstoffwechseln sie und scheiden Abbauprodukte wieder aus. Letztere können als übelriechende oder unangenehm schmeckende Stoffe den Verderb des Lebensmittels anzeigen. Einige Mikroorganismen bilden giftige Stoffwechselprodukte oder sind krankheitserregend.

Was sind Salmonellen*, und welche negativen Auswirkungen haben sie?

Salmonellen sind pathogene Bakterien, die weltweit mit Abstand am häufigsten Lebensmittelvergiftungen verursachen. Salmonellose stellt die klassische Lebensmittelinfektion schlechthin dar. Salmonellen kommen überall vor: in der Luft, im Wasser, im Boden, in menschlichen und tierischen Ausscheidungen oder im Tierfutter. Lebensmittel, die mit Salmonellen verseucht sind, sehen normal aus, riechen und schmecken völlig einwandfrei. Insgesamt kennt man etwa 2000 Salmonellenarten, die Magen- und Darmerkrankungen auslösen.
Die Vermehrung der Salmonellen erfolgt besonders schnell bei 20° C bis 45° C und vor allem beim Auftauen tiefgefrorener Lebensmittel. Um ein Wachstum zu verzögern, sind Eier grundsätzlich kühl bei bis zu 4° C zu lagern.
Salmonellen werden durch ausreichendes Erhitzen, z. B. durch Kochen oder Backen, abgetötet. Dabei müssen Kerntemperaturen von mindestens 90° C erreicht werden.

Welche Lebensmittel sind für einen Befall mit Salmonellen besonders gefährdet?

Gefährdet für einen Befall mit Salmonellen sind vor allem eiweißreiche Lebensmittel, die einen hohen Wassergehalt aufweisen, z. B. Speiseeis, ältere Eier und Eierspeisen, die mit rohen Eiern zubereitet wurden, Milch und Milchprodukte, Mayonnaisen, Kremspeisen mit

---

* Siehe auch Anhang Seite 358.

Eiern und Feinkostsalate, Hackfleisch, Fisch, rohes sowie angebratenes Fleisch, Fleischerzeugnisse, wie Aufschnitt oder frische Mettwurst, Geflügel und Wildfleisch, Krusten-, Schalen- und Weichtiere. Anders als angenommen besteht keine Gefahr bei Eierlikör, denn hochprozentiger Alkohol über 20 Vol.-% tötet Salmonellen ab.

Was versteht man unter einem Atom?

Das Atom ist das kleinste Teilchen eines chemischen Elements, das noch dessen Eigenschaften aufweist. Nach neuen Erkenntnissen ist das Atom nicht unteilbar. Atome sind Gebilde aus einem Atomkern, der aus positiven Elementarteilchen (Protonen) und Neutronen besteht, sowie negativ geladenen Teilchen (Elektronen), die auf Quantenbahnen um den Kern kreisen. Die Zahl der Protonen im Kern ist identisch mit der Ordnungszahl im periodischen System der Elemente.

Nennen Sie wichtige Mineralstoffe!

Wichtige Mineralstoffe sind: Natrium, Kalium, Calcium und Magnesium als Mengenelemente; Eisen, Zink und Fluor als Spurenelemente.

Wozu benötigt der menschliche Körper Mineralstoffe?

Der Körper benötigt die Mineralstoffe als Baustoffe zum Aufbau des Knochengerüstes und der Zähne; sie dienen aber auch als Reglerstoffe, die für den Stoffwechsel zu sorgen haben. Diese Mineralstoffe sind in allen pflanzlichen und tierischen Lebensmitteln unterschiedlich verteilt.

Wo sind Mineralstoffe im Getreidekorn gelagert?

In den Randschichten (Schale) des Getreidekorns. Beim reichlichen Verzehr von Vollkornbrot kann deshalb kein Mineralstoffmangel eintreten.

Wie kann man generell dem Mineralstoffmangel im Körper begegnen?	Weißbrot, Kuchen, Feingebäck, Torten, Zucker, Bonbons und Schokolade haben nur wenige Mineralstoffe. Deshalb sollte man eine gemischte und kräftige Kost bevorzugen. Dazu reichlich Gemüse und Obst sowie mineralstoffreiche Getreidemahlerzeugnisse einschließlich Vollkornbrot essen.
Welche Stoffe besorgen die Umwandlung der Nährstoffe?	Die *Enzyme* (griechisch), auch *Fermente* (lateinisch) genannt.
Was sind Enzyme?	Enzyme sind hochmolekulare Verbindungen auf Eiweißbasis, die als Wirkstoffe jeweils nur einen bestimmten Nährstoff in den Lebensmitteln auf- oder abbauen, ohne sich selbst dabei zu verändern.
Wo kommen Enzyme vor?	Enzyme sind in allen pflanzlichen und tierischen Lebensmitteln enthalten und spielen bei der Zubereitung, Verarbeitung und Lagerung eine wichtige Rolle. Die einfache alkoholische Zuckerspaltung (durch den Zymasekomplex) beginnt mit Aufbaureaktionen.
Welche Bedingungen müssen für die Tätigkeit der Enzyme vorhanden sein?	Feuchtigkeit (Wasser) und Wärme. Temperaturen von 40° C bis 45° C lassen sie rascher arbeiten; bei kühleren Temperaturen arbeiten sie langsamer.
Welche besonderen Eigenschaften haben Enzyme?	Für jede Umwandlung eines Nährstoffes ist stets ein besonderes Enzym notwendig, das sich bei dieser Tätigkeit nicht verändert.

Ernährungslehre

Welche Enzyme interessieren den Bäcker oder Konditor am meisten?

Die zuckerabbauenden, eiweißabbauenden und fettspaltenden Enzyme.

Nennen Sie zuckerabbauende, fettspaltende und eiweißabbauende Enzyme!

Zuckerabbauende Enzyme (Amylasen):
Stärke wird durch Diastase in Malzzucker abgebaut;
Malzzucker wird durch Maltase in Traubenzucker abgebaut;
Traubenzucker wird durch Zymase in Alkohol und Kohlensäure (Gärung) zerlegt;
Rohrzucker wird durch Invertase in Frucht- und Traubenzucker gespalten;
Milchzucker wird durch Laktase in Traubenzucker und Galaktose gespalten.
Fettspaltende Enzyme heißen *Lipasen.* Sie zerlegen Fett in die beiden Bausteine *Glyzerin* und *Fettsäuren.*
Eiweißabbauende Enzyme heißen *Proteasen.* Sie bauen Eiweiß bis zu den *Aminosäuren* ab.

Welches sind die wichtigsten Enzymdrüsen und ihre Enzyme?

Mundspeicheldrüsen
erzeugen Amylasen (Stärkeabbau).
Magenschleimhäute
produzieren Pepsin (Eiweißabbau).
Leber (mit Gallenblase)
erzeugt Gallenflüssigkeit (macht die Lipasen erst wirksam).
Bauchspeicheldrüse
produziert Lipasen (Fettabbau);
erzeugt Trypsin, Erepsin (Eiweißabbau);
produziert Maltase, Invertase, Laktase (Zuckerabbau).

In welchem Fall wird das Enzym zerstört?

Wenn große Hitze auf das Enzym einwirkt, gerinnt der Eiweißanteil; dadurch wird das Enzym zerstört.

Warum benötigen die Enzyme für das Wirken Wasser?

Enzyme können ihre Tätigkeit (Abbauen, Spalten) nur dann durchführen, wenn Wasser vorhanden ist (Schüttwasser, Gärvorgang usw.).

In unseren Nahrungsmitteln sind nicht nur Nährstoffe, sondern auch andere Bestandteile vorhanden. Zum Beispiel Wasser. Was wissen Sie über Wasser?

Wasser ist in allen Nahrungsmitteln enthalten. Es ist kein Nährstoff, ist aber in der Ernährung unbedingt notwendig, weil Wasser nicht nur zur Lösung der abgebauten Nährstoffe, sondern auch zum Transport dieser Nährstoffe im Körper und für die Vorgänge im Organismus gebraucht wird.

Woraus besteht Wasser?

Reines Wasser ist eine chemische Verbindung aus 2 Atomen Wasserstoff und 1 Atom Sauerstoff. Die chemische Formel heißt H_2O.

Welche Eigenschaften muss Wasser haben?

Für die Ernährung oder zur Verwendung als Zugussflüssigkeit beim Teigmachen muss Wasser die guten Eigenschaften von Trinkwasser haben: farb- und geruchlos, klar und frei von Verunreinigungen, frei von Pilzen und Bakterien.

Was versteht man unter dem Härtegrad des Wassers?

Nach der Menge der gelösten Mineralstoffe unterscheidet man hartes oder weiches Wasser. Die Wasserhärte wird in Härtegraden gemessen. Hartes Wasser enthält viel aufgelöste Mineralsalze (besonders Kalk), hat einen guten Geschmack (Quellwasser). Weiches Wasser enthält keine oder nur wenig Salze und hat einen faden Geschmack (Regenwasser, abgekochtes Wasser oder destilliertes Wasser).

Der a_w-Wert wird oft als Maß für die Haltbarkeit von Lebensmitteln herangezogen.
a) Was besagt der a_w-Wert?
b) Nennen Sie mind. 3 Konservierungsmethoden, die auf der Veränderung des a_w-Wertes beruhen!

a) Der a_w-Wert gibt den Gehalt an freiem Wasser in einem Lebensmittel an. Freies Wasser kann von Mikroorganismen genutzt werden, Lebensmittel mit hohen a_w-Werten sind deshalb anfällig gegen mikrobiellen Verderb.

b) Trocknen, salzen (pökeln), zuckern, gefrieren, räuchern, gefrier- und lufttrocknen u. a.

Die unverdaulichen Bestandteile der Nahrungsmittel nennt man Ballaststoffe (z. B. Cellulose). Warum bezeichnet man sie noch als „funktionsfördernde Bestandteile"?

Man nennt sie deshalb funktionsfördernde Bestandteile, weil sie die Darmtätigkeit anregen und die Verdauung fördern.

Was sind Ballaststoffe?

Ballaststoffe sind unverdauliche Bestandteile der Nahrung, die nur in pflanzlichen Lebensmitteln vorkommen. Tierische Kost ist frei von Ballaststoffen. Chemiker unterscheiden lösliche, wasserbindende und unlösliche Ballaststoffe. Sie bilden in den Pflanzen ein Netzwerk von Gerüsten und Verstrebungen zu Standfestigkeit, Halt und Stabilität oder den äußeren Schutz, z. B. bei Getreidearten.

Was können Ballaststoffe bewirken?

Ballaststoffe verhüten die gefürchtete Darmträgheit sowie Verstopfung und reduzieren durch ihre Quellung eine Überdosierung an konzentrierten Nährstoffen bei der Nahrungsaufnahme. Der Magen ist schneller „gefüllt", das Sättigungsgefühl stellt sich schneller ein. Der aufgequollene „Füllstoff" Ballaststoff bringt mehr Volumen in den Darm und damit auch Nahrung für die Dickdarmflora, die Verdauungsbakterien gedeihen und arbeiten optimal. Neben der Vermeidung von Verstopfungen helfen Ballaststoffe bei Darmkrankheiten, verhindern hohe Blutfett- sowie Cholesterinwerte und beugen Übergewicht, Gallensteinen sowie Arterienverkalkung vor.

Wie kann die Ballaststoffbilanz verbessert werden?

Ernährungsmediziner raten zur Aufnahme von mindestens 30 bis 40 g Ballaststoffen täglich (gegenwärtig liegt sie bei 17 bis 21 g). Wenigstens 15 bis 20 g der Ballaststoffe sollten aus Brot und Getreidemahlprodukten stammen, da diese die Verdauung am wirksamsten regulieren, der Rest aus Gemüse und Obst. Diese genannten 15 bis 20 g sind z. B. in 300 g Brot/Brötchen, das sind 6 Scheiben/Stück täglich. Vollkornbackwaren haben einen besonders hohen Anteil an unlöslichen Ballaststoffen und verbessern die Ballaststoffbilanz beträchtlich.

In welchen Nahrungsmitteln sind Ballaststoffe vorhanden?

Ballaststoffe sind in Getreide und Getreideprodukten sowie in Obst, Gemüse und Hülsenfrüchten enthalten. Bei einzelnen Lebensmitteln ist die Höhe des Gehalts abhängig von Sorte, Reifezustand und Anbaubedingungen.
Die Ballaststoffe aus Getreide und die Ballaststoffe aus Obst und Gemüse sind unterschiedlich zusammengesetzt und haben im Körper auch unterschiedliche Wirkungen.

Übersicht über die Gesamtballaststoffe in g pro 100 g Lebensmittel

in Getreideprodukten

Buchweizen	3,7
Haferflocken	9,5
Hirse, geschält	3,9
Knäckebrot	13,0–24,0
Mehrkornbrot	8,0
Roggenmehlbrot	4,3–6,8
Roggenmischbrot	4,0–5,8
Roggenmischbrot mit Schrotanteilen	4,9–6,0
Roggenvollkornbrot	6,4–9,0
Toastbrot	3,8
Vollkornnudeln, gekocht	4,4
Weizenbrötchen	3,4
Weizenbrot	3,2
Weizenkleie	40,0–50,0
Weizenmischbrot	3,4–4,9
Weizenschrotbrot	6,3–7,1

in Obst

Ananas	1,4
Äpfel	1,5–2,3
Banane	1,3–2,0
Birnen	2,8
Erdbeeren	2,0
Himbeeren	4,7
Johannisbeeren, schwarz	3,6–4,8
Johannisbeeren, rot	3,6–3,9
Orangen	2,2
Pfirsich	1,7
Stachelbeeren	2,4–4,4
Süßkirschen	1,9

in Gemüse und Kartoffeln

Blumenkohl	2,9
Brokkoli	3,0
Chinakohl	1,7
Erbsen, frisch	4,6–5,9
Gurken	0,9
Kartoffeln	1,9
Kohlrabi	1,5
Kopfsalat	1,6
Möhren	2,9
Paprika	2,0
Porree	2,2
Rettich	1,2
Rosenkohl	4,4
Rote Bete	2,5
Rotkohl	2,5
Sauerkraut	2,2
Spinat	1,8
Tomaten	1,3
Weißkohl	3,0
Wirsing	2,8
Zwiebeln	1,4

in verzehrfertigen Hülsenfrüchten

Gelbe Erbsen	4,9
Grüne Erbsen	5,0
Kichererbsen	4,4
Kidneybohnen	8,3
Linsen	2,8
Weiße Bohnen	7,5

Welches ist der wichtigste Ballaststofflieferant in der Ernährung?

Das Getreidekorn ist der wichtigste Ballaststofflieferant in unserer Ernährung. Im Korn befindet sich der größte Teil der Ballaststoffe in den Randschichten. Beim Vermahlen gelangen unterschiedliche Anteile der Randschichten und damit der Ballaststoffe in das Mehl. Einen hohen Anteil an Ballaststoffen haben Mehle mit hoher Typenzahl (hohem Aschegehalt). Je heller ein Mehl ist, desto geringer ist der Gehalt an Ballaststoffen.

Einen besonders hohen Ballaststoffgehalt haben:

- Weizenbackschrot, Type 1700
- Weizenmehl, Type 1600
- Roggenmehl, Type 1740
- Roggenbackschrot, Type 1800

Was versteht man unter Hülsenfrüchten?

Unter Hülsenfrüchten versteht man die reifen trockenen Samen der Schmetterlingsblütler. Sie gehören seit Jahrtausenden zu den Kulturpflanzen der Menschen. Der Ursprung der meisten Hülsenfrucht-Pflanzen sind die Länder des Mittleren Ostens, Mittel- und Südamerika, Afrika und Asien, vor allem China. Die wichtigsten Hülsenfrüchte sind Erbsen, Bohnen, Linsen und Sojabohnen. Erdnüsse zählen botanisch auch zu den Hülsenfrüchten, werden jedoch im Handel zu den Schalenobstsorten gerechnet.

Welchen Einfluss haben Hülsenfrüchte in der Ernährung?

Hülsenfrüchte haben von allen pflanzlichen Produkten den höchsten Eiweißgehalt und gehören in der Welternährung zu den wichtigsten Eiweißlieferanten. Bemerkenswert ist der hohe Gehalt an Fett in Sojabohnen und an Kohlenhydraten in Erbsen, Bohnen und Linsen. Außerdem enthalten Hülsenfrüchte beachtliche Anteile an lebensnotwendigen Mineralstoffen und Spurenelementen, z. B. Calcium, Phosphor, Eisen, Kupfer, Mangan, Zink und Jod, sowie an Vitaminen, besonders A, B_1 und B_2, sowie an Ballaststoffen.

Welche Bedeutung haben „essentielle" Fettsäuren für die Ernährung?

Essentielle Fettsäuren sind lebensnotwendig und müssen dem Körper mit der Nahrung zugeführt werden, z. B. Linolsäure, Linolensäure.

Ernährungslehre

Weshalb ist der Gehalt an essentiellen Fettsäuren in Ölen im Allgemeinen höher als in festen Fetten?

Weil essentielle Fettsäuren ungesättigt bzw. mehrfach ungesättigt und deshalb in der Konsistenz flüssig sind.

Welche unterschiedlichen Aufgaben haben im Körper die Nährstoffe?

Kohlenhydrate und *Fette* liefern die Energie für den Kraft- und Wärmebedarf; *Eiweißstoffe* dienen vorwiegend als Baustoffe für Haut und Muskulatur.

Wozu dienen die Nährstoffe?

Die Nährstoffe, die der Körper bei der Verdauung der Nahrungsmittel herauszieht, dienen als Aufbaustoffe der Körpersubstanz, werden zu Energie in den Muskeln umgewandelt oder steuern diese Vorgänge.

Welche Energie wird bei diesem Stoffwechsel im Körper frei?

Die Wärmeenergie.

Wie heißt die Messeinheit beim Energieumsatz im Körper?

Joule (J); 1000 Joule sind 1 Kilojoule (kJ).

Woher kommt der Name „Joule"?

Die Bezeichnung „Joule" stammt von dem Namen des englischen Physikers James Prescott Joule (1818–1889). Das Joule wurde eingeführt, um physikalische und chemische Zusammenhänge übersichtlicher zu gestalten.

Was versteht man unter einem Joule im physikalischen Sinne, und wozu benötigt der Mensch Energie?

1 Joule ist die Arbeit, die verrichtet wird, wenn sich der Angriffspunkt der Kraft 1 N um 1 m in Richtung der Kraft verschiebt.
$1\,J = 1\,Nm = 1\,kgms^{-2}m = 1\,kgm^2s^{-2}$
Der Mensch benötigt Energie, damit er leben und arbeiten kann. Er nimmt die Energie mit der Nahrung zu sich und wandelt sie durch Verdauung und Stoff-

wechsel z. B. in mechanische Arbeit (Muskelbewegung, Atmung, Herztätigkeit) oder chemische Arbeit (Aufbau neuer Verbindungen) um. Die Energie, die der Körper aus den Nährstoffen Fett, Eiweiß und Kohlenhydraten gewinnen kann, wird heute in Kilojoule angegeben; die Angabe in Kilokalorien (Abkürzung: Kcal) ist nur zusätzlich möglich. Die Energieangabe in kJ wurde international und 1978 in Deutschland eingeführt, da sie bessere Umrechnungs- und Vergleichsmöglichkeiten bietet.

Nach der Nährwert-Kennzeichnungsverordnung* gilt: 1 g Fett liefert 37 kJ (9 kcal), 1 g Eiweiß liefert 17 kJ (4 kcal) und 1 g Kohlenhydrate liefert 17 kJ (4 kcal). Beispielsweise enthält Roggenmischbrot im Durchschnitt 924 kJ (212 kcal) und 6,4 g Eiweiß, 1,1 g Fett und 45,4 g Kohlenhydrate je 100 g.

Umrechnungsmöglichkeiten:
1 Kilojoule (kJ) = 0,239 kcal = 0,24 kcal
1 Kilokalorie (kcal) = 4,184 kJ = 4,2 kJ

Im Zusammenhang mit der Strahlenbelastung des Menschen in der heutigen Zeit tauchen immer wieder die Begriffe „Rem" und „Becquerel" auf. Erklären Sie die beiden Bezeichnungen!

Rem ist ein Maß für die Schädlichkeit verschiedener Strahlenarten für den Menschen. Bei der Bestimmung wird die unterschiedliche biologische Wirkung verschiedener Strahlenarten bei gleicher Energiedosis berücksichtigt. Seit dem 1. 1. 1986 ist das „Rem" durch die neue gesetzliche Einheit „Sievert" ersetzt (1 Sievert [Sv] = 100 rem).

Becquerel ist eine Maßeinheit für die Aktivität (den Zerfall) eines Radionuklides. Die Einheit von 1 Becquerel liegt vor, wenn von der Menge eines Radionu-

---

* Siehe auch Anhang Seite 343 ff.

Ernährungslehre 25

klides 1 Atomkern pro Sekunde zerfällt. Becquerel ersetzt die früher gebräuchliche Einheit „Curie"
(1 Curie = 37 000 000 000 Becquerel).

Welche Eigenschaften haben die Farb-, Duft- und Geschmacksstoffe der Nahrungsmittel?

Sie sind appetitanregend und fördern die Absonderung von Verdauungssäften.

Was sind Vitamine?

Vitamine sind lebensnotwendige Ergänzungsstoffe, die für den Stoffwechsel im menschlichen Körper unerlässlich sind. Der Körper selbst kann keine bilden; er ist deshalb auf eine vitaminhaltige Nahrung angewiesen.

Wie kann man Vitaminmangelkrankheiten verhüten?

Durch sorgfältig zubereitete Kost aus vitaminreichen Nahrungsmitteln. Reich an Vitaminen sind junge grüne Pflanzen, Gemüse, Obst, Milch, Eier, Fleisch, Vollkornerzeugnisse usw. Ernste Mangelkrankheiten können auch durch Vitaminpräparate verhütet werden.

Woher kommt der Name Vitamin?

Das lateinische Wort heißt „vita", zu deutsch Leben. Die Silbe „amin" deutet auf Stickstoff und damit auf Eiweiß hin.

Wie bezeichnet man die Vitamine?

Als man sie entdeckte, bezeichnete man sie nach ihrer Wirkung mit den zugehörigen Namen, z. B. antirachitisches Vitamin, weil es die Rachitis (Knochenerweichung) verhinderte. Früher wurden Vitamine ausschließlich mit Großbuchstaben gekennzeichnet. Heute werden sie zusätzlich oft mit eigenen Namen versehen.

Nennen Sie wichtige Vitamine, ihr Vorkommen und ihre Aufgaben!

(Siehe Übersichtstabellen auf den nächsten Seiten.)

Vitamine

Wasserlösliche Vitamine:

Bezeichnung	Vorkommen	Bei Fehlen auftretende Mangelerscheinungen	Eigenschaften (biochemische Funktion)
Vitamin B_1 (Thiamin)	Hefe, Getreide, Vollkornbackwaren, Weizenkeimlinge, Schweinefleisch, Kartoffeln, Tomaten, Hirn, Leber, Milch.	Appetitlosigkeit, Beriberi (= Mangelkrankheit mit Lähmungen und Kräfteverfall), Polyneuritis (= Nervenentzündung), Funktionsstörungen von Herz und Nerven.	Regulation des Kohlenhydratstoffwechsels und von Nervenfunktionen; empfindlich gegen Hitze, Sauerstoff und Licht.
Vitamin B_2 (Riboflavin)	Hefe, Leber, Milch, Getreide, Butter, Käse, Vollkornmehle, Eier.	Schleimhautschäden, Wachstumsstörungen, Nervenstörungen.	Katalysator für den Fett-, Kohlenhydrat- und Eiweißstoffwechsel; Wachstumsförderung; im Sauren hitze- und oxidationsbeständig.
Vitamin B_6 (Pyridoxin) Vitamin B_{12} (Cobalamin)	Hefe, dunkle Mehle, Getreidekeimlinge, Sojabohnen, Muscheln, Leber.	Hautveränderungen, Krämpfe, Durchfall (= Pellagra), Anämie (= Mangel an roten Blutkörperchen), Eiweißstoffwechselstörungen.	Unentbehrlich für den Eiweißstoffwechsel; Reifung der roten Blutkörperchen; sehr licht- und hitzeempfindlich.
Nicotinsäureamid (Niacin)	Fleisch, Leber, Vollkornmehle, Mehle.	Pellagra der Haut, Veränderungen der Schleimhäute.	Bildet wasserstoffübertragende Enzyme, Auf- und Abbau von Fetten, Kohlenhydraten und Eiweißen, Energiegewinn im Zitronensäurezyklus.
Pantothensäure	Vollkornmehle, Hefe, Fleisch, Leber, Milch, Eigelb.	Schädigung der Haut, Hemmung der Antikörperbildung.	Wirkprinzip des Co-Enzyms A im Zitronensäurezyklus, Energiegewinn.
Folsäure (Pteroylglutaminsäure)	Dunkelgrüne Blattgemüse, Leber, Nieren, Vollkornbackwaren, Weizenkeime, Milch, Hefe.	Anämie, Blutarmut, Schleimhautveränderungen.	Wichtig für die Zellteilung und Zellneubildung (rote und weiße Blutkörperchen); im Sauren durch Hitze und Licht zerstört.

Ernährungslehre

Bezeichnung	Vorkommen	Bei Fehlen auftretende Mangelerscheinungen	Eigenschaften (biochemische Funktion)
Vitamin C (Ascorbinsäure)	Zitrusfrüchte, Gemüse, Obst, Kartoffeln.	Skorbut (= Blutungen der Haut, der Schleimhäute und des Zahnfleisches). Anfälligkeit gegen Infektionskrankheiten.	Wichtig für den Zellstoffwechsel; fördert die Eisenaufnahme; empfindlich gegen Sauerstoff, Licht und Hitze.
Vitamin H (Biotin)	Schokolade, Erdnüsse, Eigelb, Pilze, Kartoffeln, Leber, Nieren, Milch.	Hautveränderungen, Haarausfall.	Wichtig für die Fettsäuresynthese; Übertragung des CO_2-Bausteines.

Fettlösliche Vitamine:

Bezeichnung	Vorkommen	Bei Fehlen auftretende Mangelerscheinungen	Eigenschaften (biochemische Funktion)
Vitamin A (Retinol)	Lebertran, Leber, Eigelb, Butter, Milch, Zusatz bei Margarine.	Augenerkrankungen, Nachtblindheit, Schleimhautentzündungen, Schuppenbildung der Haut.	Unterstützung des Sehprozesses, Schutz und Aufbau von Schleimhäuten, Beeinflussung des Zellwachstums; empfindlich gegen Licht, Sauerstoff, Hitzebeständig.
Provitamin A (B-Carotin)	Karotten, gelbe und rote Früchte, Eigelb.	Verstärkte Ansteckungsgefahr.	Wird in der Darmschleimhaut zu Retinol gespalten.
Vitamin D (Calciferol)	Fischleberöle, Butter, Milch, Eigelb, Fisch, Leber, Lebertran, Margarine.	Rachitis (= Knochenerweichung oder englische Krankheit).	Beeinflussung des Calcium- und Phosphatstoffwechsels; empfindlich gegen Sauerstoff; hitzebeständig.
Vitamin E (Tocopherol)	Getreidekeimöle, Getreide, Margarine, Eier.	Störung in der Fortpflanzung, Unfruchtbarkeit, Muskelschwund.	Antioxidans (Antikörper) für ungesättigte Fettsäuren und Vitamin A; empfindlich gegen Sauerstoff.
Vitamin K (Phyllochinon)	Kabeljauleber, Kohl, Spinat, Kartoffeln, Karotten, Leber.	Blutungen, Störung der Blutgerinnung.	Unterstützung der Blutgerinnung; kann auch von Darmbakterien gebildet werden; nicht beständig gegen Säuren und Laugen; lichtempfindlich.

Welche Vitamine sind im Getreidekorn enthalten?

Im Getreidekorn finden sich die Vorstufe des Vitamins A, das Carotin, größere Mengen Vitamin B_1, außerdem in kleineren Mengen Vitamin B_2 (alle hauptsächlich im Keimling und in den Randschichten des Korns).

Was sind Hormone?

Hormone sind im Körper selbst gebildete Reglerstoffe, die Stoffwechsel, Organfunktionen und Wachstum beeinflussen. So kann z. B. die Leber nur dann den Traubenzucker zu Glykogen aufbauen und speichern, wenn in den Langerhansschen Inseln (kleine, „inselförmige" Drüsen in der Bauchspeicheldrüse) genügend Insulin gebildet und auf dem Blutweg der Leber zugeführt wird. Bei Zuckerkranken ist die Insulinproduktion gestört und dadurch die Speicherfähigkeit der Leber beeinträchtigt, so dass zu viel Traubenzucker ins Blut gelangt. Zuckerkranke dürfen deshalb nur wenig Kohlenhydrate essen (Diabetikergebäcke). In schweren Fällen wird den Kranken Insulin gespritzt.

Welches sind die wichtigsten Hormondrüsen und ihre Hormone?

Schilddrüsen
erzeugen Thyroxin (Stoffwechselsteuerung)

Nebennieren
erzeugen Adrenalin (Blutdruck, Stoffwechsel) und Cortison (Zucker-, Mineral- und Eiweißstoffwechsel)

Langerhansche Inseln
erzeugen Insulin (Zuckerstoffwechsel)

Hoden
erzeugen Testosteron
(männl. Geschlechtshormon)

Eierstöcke
erzeugen Östrogen, Progesteron (weibl. Geschlechtshormone)

Hirnanhangdrüse
erzeugt z. B. Somatotropin (Wachstumshormon) und weitere Hormone, die der Steuerung der Hormondrüsen dienen

Was versteht man unter Stoffwechsel im menschlichen Körper?

Man versteht darunter die Umwandlung von Nahrungsstoffen zur körpereigenen Substanz oder zur Freisetzung von Energie, die mit der Verdauung und Ausnutzung der Nahrung im Körper zusammenhängt.

Was bewirkt die Verdauung?

Die Verdauung bewirkt die Umwandlung von Nahrungsstoffen durch entsprechende Enzyme in eine lösliche Form, so dass die Spaltprodukte durch die Darmwände treten und in die Blut- und Lymphbahnen gelangen können.

Wodurch kann eine befriedigende Verdaulichkeit der Nahrungsstoffe geschaffen werden?

Außer von ausreichenden Mengen geeigneter Verdauungssäfte ist die Verdauung von der Angreifbarkeit der Nahrungsstoffe abhängig. Durch küchenmäßige Behandlung (Kochen, Braten, Backen) wird eine befriedigende Verdaulichkeit geschaffen.

Woraus besteht das gesamte Verdauungssystem?

Es besteht aus dem Verdauungskanal und den Verdauungsorganen.

Nennen Sie die Teile des Verdauungskanals!

Mundhöhle, Speiseröhre, Zwölffingerdarm, Dünndarm, Dickdarm und Mastdarm.

Nennen Sie die Verdauungsorgane!

Mundspeicheldrüsen, Magen, Leber mit Gallenblase und Bauchspeicheldrüse.

Schildern Sie die Verdauung der Nahrung!

Die Nahrung wird durch den Mund aufgenommen und durch das Kauen von den Zähnen in der Mundhöhle zerkleinert. Gleichzeitig geben die Mundspeicheldrüsen den Speichel ab und machen dadurch die Nahrung breiig. Der Speichel enthält das Enzym Amylase, das sofort mit dem Abbau der Stärke beginnt. (Beim Kauen von Brot kann man einen leicht süßlichen Geschmack feststellen.) Dieser Speisebrei gelangt dann durch das Schlucken aus der Mundhöhle durch die Speiseröhre in den Magen. Im Magen wird der Speisebrei weiter zerkleinert. Die innere Schleimhaut des Magens sondert den Magensaft ab. Er besteht aus verdünnter Salzsäure und eiweißabbauenden Enzymen (Proteasen). Die Magensäure tötet die mit der Nahrung aufgenommenen Bakterien und bringt die Eiweißstoffe zur Quellung. Die Proteasen zerlegen die Eiweißstoffe in Bruchstücke und wasserlösliche Verbindungen. Die Verdauungszeit im Magen beträgt zwischen $2^1/_2$ und 5 Stunden je nach leicht oder schwer verdaulichen Speisen. Wenn der Mageninhalt genügend verflüssigt ist, wird er durch den Pförtner schubweise in den Zwölffingerdarm abgegeben. In den Zwölffingerdarm ergießen sich die wichtigen Verdauungssäfte Galle und Bauchspeichel. Die Galle, die in der Leber gebildet wird, verteilt die Fettstoffe im Speisebrei in kleinste Teilchen. Bauchspeicheldrüse und Darmschleimhaut sondern das Enzym Lipase ab, welches die Fette in Glyzerin und Fettsäuren zerlegt. Zucker- und eiweißabbauende Enzyme des Bauchspeichels bauen die Nährstoffe zu Ein-

Ernährungslehre

fachzuckern und Aminosäuren ab, die wasserlöslich geworden sind, wie auch das in Glyzerin und Fettsäuren gespaltene Fett wasserlöslich geworden ist. Diese Spaltung wird im Dünndarm fortgesetzt. Die wasserlöslichen Bausteine werden von den Darmzotten des Dünndarms aus dem Nahrungsbrei aufgenommen und über die Blut- und Lymphbahn weitergeführt. Damit ist die Verdauung der Nahrung abgeschlossen.
Die übrig bleibenden und unverdaulichen Teile der Nahrung (Ballaststoffe) werden im Dickdarm weiter zersetzt (Darmbakterien), eingedickt und durch den Mastdarm ausgeschieden.

Der Verdauungstrakt

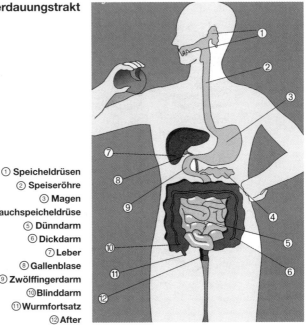

① Speicheldrüsen
② Speiseröhre
③ Magen
④ Bauchspeicheldrüse
⑤ Dünndarm
⑥ Dickdarm
⑦ Leber
⑧ Gallenblase
⑨ Zwölffingerdarm
⑩ Blinddarm
⑪ Wurmfortsatz
⑫ After

Der Magen und seine Aufgaben

Im Magen werden die Speisebissen mit dem Magensaft gründlich vermischt und als Speisebrei (Chymus) an den oberen Teil des Dünndarms, den Zwölffingerdarm, abgegeben.

Der Magen ist zunächst ein Auffangbehälter für die Nahrung. Seine Bewegungen vermischen den Speisebrei mit dem Magensaft und zerkleinern die Speisen. Durch den Pförtner erfolgt die portionsweise Entleerung in den Zwölffingerdarm. Der Magen produziert täglich etwa 2 Liter Magensaft, der überwiegend aus Schleim, Salzsäure und Pepsinogen besteht. Zur Herstellung dieses Magensaftes dienen drei verschiedene Zelltypen in der Magenschleimhaut.

Die Hauptzellen bilden Pepsinogen, eine inaktive Vorstufe des eiweißspaltenden Enzyms Pepsin. Es spaltet die Peptidketten von Nahrungseiweiß, so dass kleinere Polypeptide entstehen.

Die Belegzellen sondern die für den Magensaft charakteristische Salzsäure ab. Die Säure bewirkt eine Gerinnung (Denaturierung) der Eiweiße. Diese werden dann leichter von den eiweißabbauenden Enzymen angegriffen und aufgespalten. Bereits denaturiertes Eiweiß (z. B. aus gegarten oder gesäuerten Speisen) wird im Magen schneller zerlegt als Eiweiß aus unverarbeiteten Lebensmitteln.

Die Magensäure aktiviert auch das Pepsinogen zum funktionsfähigen Pepsin. Die Salzsäure tötet zudem die meisten mit der Nahrung aufgenommenen Bakterien ab und dient so dem Schutz vor Infektionen.

In den Belegzellen entsteht auch der sogenannte Intrinsic-Faktor für die Vitamin B_{12}-Resorption. Das Vitamin verbindet sich im Zwölffingerdarm mit diesem Intrinsic-Faktor zu einem stabilen Komplex. Nur in Form dieses Komplexes wird das Vitamin vom Dünndarm aufgenommen.

Der Magen besitzt als fettspaltendes Enzym die Magenlipase. Sie hat mengenmäßig aber nur eine geringe Bedeutung für die Fettverdauung des Erwachsenen. Beim Säugling unterstützt sie den Abbau von Milchfett, indem sie dessen kurzkettige Fettsäuren abspaltet. Im Magen erfolgt noch keine Nährstoffresorption, nur vom Alkohol wird schon hier bis zu 20 Prozent in die Blutbahn aufgenommen.

Der Magen

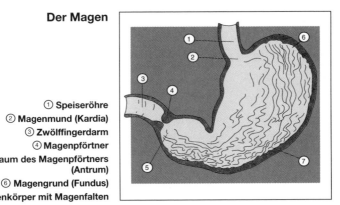

① Speiseröhre
② Magenmund (Kardia)
③ Zwölffingerdarm
④ Magenpförtner
⑤ Vorraum des Magenpförtners (Antrum)
⑥ Magengrund (Fundus)
⑦ Magenkörper mit Magenfalten

Die Wichtigkeit von Ernährungsrisiken – in absteigender Reihenfolge (aus der Sicht der Wissenschaftler)

1. Ernährungsverhalten
2. Pathogene Mikroorganismen
3. Natürliche Gerbstoffe
4. Umweltkontamination
5. Zusatzstoffe

II. Fachtechnologie

Rohstoff- und Warenkunde

Getreide und Mehl

Nach dem derzeit gültigen Getreidegesetz gibt es 5 Brotgetreide- und 6 andere Getreidearten.

Nennen Sie **a) die 2 wichtigsten Brotgetreidearten,** **b) 5 andere Getreidearten!***	a) Roggen, Weizen (ferner gibt es noch Dinkel [Spelz], Emmer und Einkorn). b) Gerste, Hafer, Mais, Hirse, Reis. Auch Buchweizen gilt als Getreideart, obwohl er ein Knöterichgewächs ist.
Welches sind die wichtigsten Weizen- und Roggenanbauländer?	a) Weizen: Kanada, USA, Bereiche der früheren GUS-Staaten, insbesondere Russland, Weißrussland, Ukraine und andere, Argentinien, Australien, Frankreich, Deutschland. b) Roggen: Bereiche der früheren GUS-Staaten, insbesondere Russland, Weißrussland, Ukraine und andere, Polen, Deutschland.
Wie verhalten sich Roggen und Weizen hinsichtlich Boden und Klima?	Der Roggen stellt weniger Ansprüche an den Boden als der Weizen und ist unempfindlicher gegen das Klima. Nach der Aussaatzeit unterscheidet man Sommer- und Wintergetreide.
Zählen Sie die Schichten und Teile eines Getreidekorns auf!*	Oberhaut ⎫ Längszellen ⎬ = Fruchtschale Querzellen ⎪ Schlauchzellen ⎭

---

* Übersicht über die Weltgetreideerzeugung siehe Anhang Seite 368.
** „Längsschnitt durch ein Weizenkorn" sowie Abbildungen und Beschreibungen von Brotgetreide- und anderen Getreidearten siehe Anhang Seite 367 ff.

	Farbstoffschicht	
	durchsichtige Schicht	} = Samenschale
	Aleuronschicht	
	Mehlkörper, Keimling und Bärtchen	

Erklären Sie den Unterschied zwischen Hoch- und Flachmüllerei!	Hochmüllerei erreicht mit weiter (hochgestellter) Walzenstellung und grober Riffelung, dass möglichst hohe Grießanteile anfallen (Weizenmüllerei). Flachmüllerei erreicht mit enger Walzenstellung und feiner Riffelung einen hohen Mehlanteil (Roggenmüllerei).
Nennen Sie die wichtigsten a) Weizen- und b) Roggenmehltypen!*	a) Weizenmehl, Type 405 550 812 1050 Weizenbackschrot 1700 Weizenvollkornmehl und Vollkornschrot b) Roggenmehl, Type 815 997 1150 1370 Roggenbackschrot 1800 Roggenvollkornmehl und Vollkornschrot
Was besagt die Typenzahl?	Die Typenzahl sagt uns, wie viel Gramm Mineralstoffe (Aschegehalt) in 100 kg wasserfreiem Mehl enthalten sind.
Was bedeutet die Bezeichnung Weizenmehl, Type 550?	Weizenmehl, Type 550, enthält durchschnittlich 550 g Mineralstoffe auf 100 kg wasserfreie Mehlbestandteile.
Worin unterscheiden sich Backschrote von Vollkornmahlerzeugnissen?	Vollkornmahlerzeugnisse müssen die gesamten Bestandteile der gereinigten Körner einschließlich des Keimlings enthalten. Backschrote enthalten den Getreidekeimling nicht.

---

* Die Mehltypenregelung, aufgegliedert nach Mahlerzeugnissen und Mineralstoffgehalt in bezug auf Mindest- und Höchstwerte (siehe Anhang Seite 342).

Fachtechnologie

Zeigen Sie anhand einer Übersicht mindestens 4 Unterschiede auf zwischen Vollkornmehl und Weizenmehl, z. B. Type 550!

Vollkornmehl
1. Ausmahlung fast 100 % (mit Keimling und Schale)
2. höherer Nährwert; mehr Mineralstoffe; mehr Ballaststoffe
3. dunkel
4. nicht lange lagerfähig
5. höhere Wasseraufnahme, schwieriger zu verarbeiten
6. keine Typenbezeichnung

Weizenmehl, Type 550
1. Ausmahlung ca. 70 % (ohne Keimling, weniger Schalenteile)
2. Nährwert geringer; weniger Mineral- und Ballaststoffe
3. hell
4. kann lange gelagert werden
5. geringere Wasseraufnahme, leicht zu verarbeiten
6. hat immer eine Typenbezeichnung

Wie werden die Mehlpackungen im Laden gelagert?

Auf alle Fälle luftig und trocken. Die Mehlbeutel sind zweckmäßig aufrecht in das Regal zu stellen; nicht zu viele aufeinander.

Was sind Fertigmehle?

Fertigmehle sind Grundmehle, bei denen von den Mühlen besondere Herstellungsmethoden unter Zusatz von qualitativ hochwertigen Zutaten angewandt werden. Sie enthalten alle haltbaren Bestandteile zur Herstellung einer bestimmten Gebäckart.

Zu welchen Backwaren lassen sich Fertigmehle verarbeiten?

Fertigmehle werden heute mit Erfolg für Hefeteig verarbeitet; ebenfalls zu Sandkuchen, Brandmasse, Amerikanern sowie zu vielen Brot- und Kleingebäcksorten.

Wie setzen sich die Mehlarten Weizen und Roggen prozentual durchschnittlich zusammen?

Mehlart	Eiweiß	Fett	Stärke	lösl. Zucker	Roh-faser	Mineral-stoffe	Trocken-stoffe insges.	Wasser
				in Prozent				
Weizenmehl	11,3	1,7	68,0	3,2	0,5	0,8	85,5	14,5
Roggenmehl	8,2	1,3	69,0	5,5	1,0	1,2	86,2	13,8

Einzelne Bestandteile variieren in der Menge je nach Type, Erntebedingungen, Klima und Bodenverhältnissen.

Was ist Kleber?

Ein spezielles Gemisch von Eiweißstoffen des Weizens, die mit Wasser einen Teig bilden können.

Wie werden Haferflocken hergestellt?

Haferflocken werden aus entspelzten, gedämpften und gequetschten Haferkörnern hergestellt und sind schon nach kurzer Kochzeit gut verdaulich.

Welche Sorten von Reis unterscheidet man?

Rundkornreis (Milchreis) und Langkornreis (Tafelreis).

Was bezeichnet man als Grünkern?

Grünkern stammt von Dinkel- oder Spelzweizen. Die Frucht wird vor der Reife geschnitten, die unreifen Ähren werden auf besonderen Darren getrocknet. Es folgt ein mehrstündiges Rösten auf durchlöcherten Eisenblechen, anschließend das Ausdreschen. Grünkern dient zur Bereitung von Suppen.

Zucker

Nennen Sie Pflanzen, aus deren Saft Zucker gewonnen wird!

Aus Zuckerrohr und aus Zuckerrüben.

Fachtechnologie

Nennen Sie Anbaugebiete des Zuckerrohrs!

Hauptanbaugebiete sind Brasilien, Indien und Kuba.

Wie entsteht der Zucker in der Pflanze?

Der Aufbau (Synthese) des Naturstoffs Zucker geht im Blatt der Zuckerrübe und des Zuckerrohrs vor sich. Dann wandert der Zucker in den Wurzelkörper der Rübe bzw. den Stengel des Zuckerrohrs, wo er gespeichert wird. In Europa wird Zucker fast ausschließlich aus Zuckerrüben gewonnen. Die Zuckerrübe ist eine durch besondere Züchtung erhaltene Rübenart, welche im Durchschnitt 16 Gewichtsprozent Zucker enthält. Der Zuckergehalt ist sehr schwankend, je nach den Wachstumsbedingungen. In trockenen, heißen Jahren liegt er bei 18 bis 19 %, in nassen Jahren bei nur 14 bis 15 %.

Wie heißen die verschiedenen Zuckersorten des Handels, und wie unterscheiden sie sich?

Die Zuckersorten des Handels unterscheiden sich durch den Reinheitsgrad, die Größe der Kristalle und die verschiedenen äußeren Formen.
a) *Nach dem Reinheitsgrad:*
   Raffinadezucker,
   Weißzucker.
b) *Nach der äußeren Form:*
   Weißzucker mit den Korngrößen grob/mittel/fein/sehr fein, gemahlener Zucker – Puderzucker, Puderraffinade, geformter Zucker –, Würfel-, Hagel-, Hutzucker, besondere Formen: Kandis-, Instantzucker.
c) *Flüssige Zucker:*
   Flüssige Raffinade = Flüssigzucker Invertflüssigzucker (bis 50 % des Zuckergehaltes ist Invertzucker, der Rest ist Saccharose) Invertzuckersirup (über 50 % des Zuckergehaltes ist Invertzucker) Mischsirup, Karamellzuckersirup.

Was ist Saccharose?	Sacccharose ist der chemische Name für Zucker (Rohr- und Rübenzucker).
Gibt es außer Saccharose noch andere Zuckerarten, die in Back- und Süßwaren eingesetzt werden?	Außer Saccharose werden noch Traubenzucker und Fruchtzucker eingesetzt.
Was versteht man unter Invertzucker?	Invertzucker ist das Gemisch aus gleichen Anteilen Traubenzucker (Glucose oder Dextrose) und Fruchtzucker (Fruktose), das durch eine Spaltung von Saccharose mit Säuren oder Enzymen hergestellt wird.
Was ist Glukosesirup (Stärkesirup)?	Glukosesirup ist ein süßer Sirup, der zumeist aus Maisstärke hergestellt wird. Die Süße rührt dabei hauptsächlich von dem in ihm enthaltenen Traubenzucker. Glukosesirup ist weniger süß als Zucker.

Zucker-/Süßwaren

Was versteht man unter Zuckerwaren?	Zuckerwaren enthalten im Allgemeinen als charakteristische Bestandteile Saccharose und/oder andere Zuckerarten.
Nennen Sie die bekanntesten Zuckerwarensorten!	Hartkaramellen, Weichkaramellen oder Kaubonbons (Fruchtbonbons, Milch- oder Sahnebonbons, Honigbonbons, Malzbonbons, Kakao- oder Schokoladebonbons), Gummibonbons, Dragees.
Erläutern Sie die Zusammensetzung und Herstellung von Bonbons!	Die Rohstoffe sind Zucker, Glukosesirup, Genusssäuren (Zitronensäure, Weinsäure), Farb- und Aromastoffe. Die Herstellung erfolgt im Bonbonkocher. Dabei wird zunächst unter Erhitzen der Zucker in Wasser gelöst, dann der Gluko-

sesirup zugegeben und bis zu einer bestimmten Temperatur unter Normaldruck oder im Vakuum erhitzt. Die so entstandene zähe, dickflüssige Masse wird etwas abgekühlt. Farb- und Aromastoffe sowie Genusssäuren werden zugesetzt. Anschließend erfolgt auf besonderen Maschinen die Formung der Bonbons.

Wie werden Hartkaramellen hergestellt?

Sie werden aus der gekochten Masse durch Gießen oder Prägen hergestellt. Dazu gehören z. B. Fruchtbonbons mit und ohne Füllung, Hustenbonbons, Malzbonbons usw.

Erläutern Sie die Zusammensetzung und Herstellung von Weichkaramellen bzw. Kaubonbons!

Kaubonbons enthalten im Gegensatz zu Hartkaramellen neben einem höheren Glukosesirupanteil noch Fette und/oder Gelatine. Die gekochte Masse wird nicht wie bei Hartkaramellen gleich verformt, sondern zunächst auf einer Ziehmaschine gezogen.
Durch das Ziehen werden kleine Luftbläschen in die Masse eingeschlossen. Hierdurch und durch den Zusatz von Fett und Gelatine bleibt das Bonbon weich und kaufähig.
Einteilung nach besonderen wertbestimmenden oder geschmacksgebenden Zusätzen:
Fruchtbonbons mit Zusatz von Wein-, Zitronen- oder Milchsäure;
Milch- oder Sahnebonbons, Mindestgehalt an Milchfett 2,5 bzw. 4 %;
Honigbonbons, Mindestgehalt an Honig 5 %;
Malzbonbons, Mindestgehalt an Malzextrakt 5 %;
Kakao- oder Schokoladenbonbons, Mindestgehalt 5 % Schokoladenbestandteile.

Was versteht man unter Dragees?

Sie bestehen aus einem Kern (Einlage), der von einer glatten oder gekrausten, mit Zuckerarten und/oder Schokoladearten im Drageekessel überzogen wird. Die Kerne können flüssige, weiche oder feste Einlagen sein.

Was versteht man unter Gummibonbons?

Sie werden aus Zucker, Gelatine und/oder anderen Verdichtungsmitteln und Glukosesirup hergestellt.
Sie enthalten außerdem noch Zusätze von Geschmacksstoffen, Fruchtauszügen, und Farbstoffen.

Wie setzt sich Krokant zusammen?

Krokant besteht aus mindestens 20 % grob bis fein zerkleinerten Mandeln, Hasel- und/oder Walnusskernen und karamellisierten Zuckerarten und/oder Zuckeralkoholen. Die Verwendung von geruchs- und geschmacksgebenden Stoffen sowie von Lebensmitteln wie Fetten, Eiweißstoffen und Milcherzeugnissen ist üblich. Es werden Hart-, Weich- und Blätterkrokant unterschieden. Werden anstelle der oben aufgeführten Samenkerne andere Ölsamen bzw. Schalenfrüchte verwendet, wird dies in der Bezeichnung angegeben (z. B. Erdnusskrokant, Kokoskrokant).

Was versteht man unter Eiskonfekt?

Eiskonfekt sind massive, kühl schmeckende, nichtfigürliche Konfektstücke ohne grobstückige Zusätze bis zu 20 g Einzelgewicht aus, bezogen auf das Gewicht des Fertigerzeugnisses, mindestens 5 % Kakaopulver, auch stark entölt, ggf. Kakaomasse, sowie anderen, die Beschaffenheit oder den Geschmack beeinflussenden Zutaten, Zuckerarten und/oder Zuckeralkoholen sowie überwiegend ungehärtetem

Kokosfett oder in ihrer Zusammensetzung ähnlichen anderen Fetten hoher Schmelzwärme, deren charakteristischer kühlender Effekt durch den Zusatz von z. B. Dextrose (Traubenzucker) oder Menthol (Pfefferminzaroma) gesteigert werden kann.

Was versteht man unter Fondant?

Fondant ist eine zäh-weiche, auf der Zunge leicht zergehende Masse aus ganz feinen Saccharosekristallen mit Glukosesirup und/oder Invertzucker und evtl. Zusatz von geruchs- und geschmacksgebenden Stoffen. Durch ein besonderes Herstellungsverfahren erhält der Fondant die feinkristalline Beschaffenheit. Der Wassergehalt beträgt max. 12 %.

Was ist Honig?

Honig ist ein flüssiges bzw. dickflüssiges oder kristallines Lebensmittel, das von Bienen erzeugt wird, indem sie Blütennektar, andere Sekrete von lebenden Pflanzenteilen oder auf lebenden Pflanzen befindliche Drüsenabsonderungen von Insekten aufnehmen, durch körpereigene Sekrete bereichern und verändern, in Waben speichern und dort reifen lassen.

Dem Honig dürfen weder Stoffe zugesetzt noch honigeigene Bestandteile entzogen werden. Er wird als Brotaufstrich, als Süßungsmittel in Getränken (Tee, Milch), auch als Kuchenzutat und für Bonbons gebraucht.

Dem Honig werden in der Naturheilkunde viele gesundheitsfördernde Wirkungen, z. B. bei Halsentzündungen und bei der Wundheilung, zugeschrieben. Bei der Herstellung von Honiglebkuchen ist die Verwendung von Bienenhonig gesetzlich vorgeschrieben.

Fachtechnologie

Nennen Sie Honigarten
a) nach honigspenden-
den Pflanzen
b) nach Art
der Gewinnung!

a) Blütenhonige, wie z. B. Akazien-, Heide-, Klee-, Raps- oder Wildblütenhonig, Honigtauhonige, wie z. B. Tannen- oder Waldhonig
b) Waben-, Scheiben-, Tropf-, Schleuder- oder Presshonig

Beschreiben Sie die Herstellungsweise von Invertzuckerkrem (früher Kunsthonig)!

Invertzuckerkrem wird überwiegend aus Saccharoselösung (Rohr- oder Rübenzucker) ggf. unter Mitverwendung von Stärkeverzuckerungserzeugnissen hergestellt, indem man diese mit Hilfe von Säuren oder zuckerspaltenden Enzymen in ein Gemisch von Trauben- und Fruchtzucker (= Invertzucker) überführt und dem Produkt durch Färbung und Aromen einen honigartigen Geruch und Geschmack gibt.

Zuckeraustauschstoffe

Was sind Zuckeraustauschstoffe?

Zuckeraustauschstoffe sind Süßungsmittel, welche eine ähnliche (evtl. etwas geringere) Süßkraft haben wie Zucker, sich aber durch spezielle Eigenschaften wie geringerer Nährwert und/oder geringere Kariogenität (Karies) und/oder Eignung für Diabetiker auszeichnet. Zucker kann aus diesen Gründen durch Zuckeraustauschstoffe ersetzt werden. Einsatz finden Zuckeraustauschstoffe im Vergleich zu Süßstoffen vor allem in Produkten, in denen die Masse erforderlich ist (z. B. Bonbons, Schokolade usw.).

Nennen Sie Zuckeraustauschstoffe!

Fruktose (Fruchtzucker), Sorbit, Mannit, Xylit, Isomalt (Palatinit®), maltithaltige Sirupe, kristallines Maltit, Lactit.

Süßstoffe

Was ist Süßstoff?

Süßstoff ist ein auf künstlichem Wege gewonnener Stoff mit einer wesentlich größeren Süßkraft als Saccharose (Rüben- oder Rohrzucker), meistens ohne Nährwert.

Nennen Sie Süßstoffe!

a) Saccharin (300- bis 500-mal süßer als Haushaltszucker)
b) Cyclamat (30-mal süßer als Haushaltszucker)
c) Saccharin-Cyclamat-Mischung (100-mal süßer als Haushaltszucker bei einer Mischung von Saccharin und Cyclamat im Verhältnis 1:10)
d) Aspartam (200-mal süßer als Haushaltszucker)
e) Acesulfam-K (130- bis 200-mal süßer als Haushaltszucker)
f) Thaumatin (Protein-Süßstoff und Geschmacksverstärker) 2000- bis 3000-mal süßer als Haushaltszucker)
g) Neohesperidin DC (400- bis 600-mal süßer als Haushaltszucker)

Würzmittel/Gewürze

Was versteht man unter Würzmitteln?

Würzmittel sind Zubereitungen, die anderen Lebensmitteln, insbesondere verzehrsfertigen Speisen, einen charakteristischen Geruch und/oder Geschmack verleihen bzw. deren Eigengeschmack verstärken.
Als Basis dienen Geschmacksverstärker, außerdem noch Kochsalz und/oder andere geschmacksgebende Bestandteile.

Welches sind die Hauptträger der Würzmittel?

a) Gewürze
b) Bestimmte Extrakte, z. B. Pilz- oder Malzextrakte

c) Eiweißhydrolysate aus tierischem oder pflanzlichem Rohstoff, z. B. Fleischextrakt, Brüh-Erzeugnisse aus Hefe oder aus Getreideeiweiß, Suppengewürzen

Welche 4 Wirkungen üben Gewürze aus?

1. Verbesserung des Geschmacks
2. Beeinflussung des Dufts
3. Anregung des Appetits
4. Förderung der Verdauung

Nennen Sie einheimische Gewürze!

Anis, Fenchel, Kümmel, Koriander, Mohn (Salz zählt lediglich zu den Würzmitteln).

Welche ausländischen Gewürze werden in der Bäckerei verwendet?

Vanille, Zimt, Muskatnuss und Muskatblüte (Mazis), Kardamom, Ingwer, Gewürznelken, Pfeffer, Piment usw.

Was versteht man unter a) Vanillezucker und b) Vanillinzucker?

a) Vanillezucker ist entweder eine Gewürzzubereitung aus weißem Zucker und fein zerkleinerten Vanilleschoten der Bourbon-Vanille oder i. S. der Essenzen-VO ein natürliches Vanillearoma aus weißem Zucker und dem Extrakt der Bourbon-Vanille.
Kleinpackungen enthalten bei mind. 8 g Gesamtinhalt mind. 0,5 g ($\hat{=}$ 6,25 %) Vanilleschoten oder die Extraktivstoffe daraus.
Großpackungen enthalten mind. 5 % Vanilleschoten oder die Extraktivstoffe daraus.

b) Vanillinzucker besteht aus weißem Zucker und Vanillin. Vanillin ist nach der neuen Aromaverordnung ein naturidentischer Aromastoff.
Kleinpackungen enthalten unmittelbar nach der Herstellung mind. 0,1 g ($\hat{=}$ 1,2 %) Vanillin und mind. 7,9 g Zucker.
Großpackungen enthalten direkt nach der Herstellung mind. 1 % Vanillin.

Vanillin ist ein wesentlicher Geschmacksstoff der Vanille, wird aber heute in gleichwertiger Qualität fast ausschließlich synthetisch hergestellt

Speisesalz (Natriumchlorid NaCl)

Was versteht man unter Speisesalz (Natriumchlorid NaCl)?

Das Speisesalz (Kochsalz) ist mengenmäßig das bedeutendste würzende Mittel in der menschlichen Ernährung und hat eine konservierende Wirkung. Es ist die chemische Verbindung aus den Atomen Natrium und Chlorid. Die Gewichtsanteile von Natrium und Chlorid sind im Natriumchlorid ungleich verteilt, denn 1 g Kochsalz besteht aus 0,4 g Natrium und 0,6 g Chlorid.

Welche Salzarten gibt es?

a) Steinsalz:
Die Steinsalzvorkommen haben sich vor Millionen Jahren durch das Verdunsten früherer Meere gebildet. Das dort in fester Form vorliegende Salz wird nach bergmännischen Verfahren abgebaut, anschließend zerkleinert und gereinigt. Steinsalz ist fast reines Natriumchlorid; es wird hauptsächlich in der Industrie genutzt, jedoch auch fein gemahlen als Speisesalz angeboten.

b) Siedesalz:
Wird das in Steinsalzlagern fest gebundene Salz durch unterirdisches Wasser gelöst, bilden sich Salzquellen, die an die Oberfläche treten können oder unterirdisch als Solen vorkommen. Neben diesen natürlichen Solen gibt es auch künstliche, durch Wassereinleitung in Salzvorkommen erzeugte Solen.

Siedesalz wird heute in industriell betriebenen Salinen aus künstlich erzeugten Solen mit Hilfe geschlossener Verdampfergefäße gewonnen, in denen das Wasser unter Verwendung von Unterdruck energiesparend verdampft. Das Siedesalz kommt in verschiedener Körnung als Speisesalz in den Handel.

c) Meer- oder Seesalz:
Aus Meerwasser oder salzhaltigen Binnenseen wird das Salz durch Verdampfung gewonnen. In so genannten Salzgärten verdunstet das Wasser durch Sonnenwärme und Wind. Nur etwa 80 % der Salze im Meerwasser sind Natriumchlorid, der Rest besteht aus anderen Salzverbindungen. Diese Verunreinigungen werden abgetrennt, indem man die Sole stufenweise verdampfen lässt. In den einzelnen Stufen können dann z. B. Gips (Calciumsulfat) oder Magnesium- und Kaliumsalze abgeschieden werden. Das im Handel erhältliche Meersalz besteht zu über 98 % aus Natriumchlorid. Es ist zwar mit Kochsalz nicht völlig identisch, wird jedoch, wie Kochsalz, nicht als Zusatzstoff angesehen. Der Jodgehalt im Meersalz liegt aber nur unwesentlich über dem des Steinsalzes und ist daher keine Alternative zu jodiertem Speisesalz.

Wie soll Salz aufbewahrt werden?

Trocken, denn Salz ist hygroskopisch, d. h., beim Lagern kann es Feuchtigkeit aus der Luft aufnehmen.

Welche Auswirkungen hat Salz auf Teig und Gebäck?

1. Stärkung des Klebers (besserer Stand)
2. Regulierung der Gare
3. Geschmacksgebung

Fachtechnologie

Wie viel Gramm Salz müssen wir dem Brot-, Brötchen- und Hefeteig zusetzen?

4. Förderung der Krustenbräunung
5. Verbesserung der Porung

a) Für Brot- und Brötchenteige 25 bis 30 g pro Liter Schüttflüssigkeit oder 15 bis 20 g je kg Mehl.
b) Bei Hefeteigen 15 bis 20 g pro Liter Milch.

Was versteht man unter jodiertem Speisesalz?

Unter jodiertem Speisesalz ist Speisesalz zu verstehen, dem Natrium- oder Kaliumjodat zugesetzt worden ist. Es ist nur mit einem Mindestjodgehalt von 15 mg/kg verkehrsfähig, und das verwendete Jodat darf max. 25 mg Jod auf 1 kg enthalten. Jodiertes Speisesalz ist nicht kenntlichmachungspflichtig (bei Lebensmitteln in Fertigpackungen muss nur noch im Zutatenverzeichnis auf Jodsalz hingewiesen werden), und es handelt sich um kein diätetisches Lebensmittel, sondern um ein Lebensmittel des allgemeinen Verzehrs. Jod kommt als natürliches Element im Boden sowie im Wasser vor und damit auch in Lebensmitteln. Vor allem Seefisch ist besonders jodreich. Jod ist für die Funktion der Schilddrüse sowie für die Bildung von Schilddrüsenhormonen notwendig, und es wird eine tägliche Zufuhr von 0,15 bis 0,2 mg empfohlen.
Da Deutschland geologisch gesehen zu den jodärmsten Gebieten Europas gehört, ist die Jodversorgung über Lebensmittel in der Regel nicht ausreichend. Die Verwendung von jodiertem Speisesalz und der Verzehr von mit Jodsalz hergestellten Lebensmitteln tragen dazu bei, die Versorgung mit diesem wichtigen Spurenelement zu verbessern und Jod-Mangelerkrankungen (Kropf) vorzubeugen.

Was versteht man unter fluoridiertem Speisesalz?

Mit einer Ausnahmegenehmigung darf seit September 1992 in Deutschland fluoridiertes Speisesalz hergestellt werden. Dieses Salz enthält ebenso wie Jodsalz 15 bis 25 mg Jod/kg und bis zu 250 mg Fluorid. Ziel der Speisesalz-Fluoridierung ist die Kariesverhütung. Karies ist zwar keine Fluor-Mangelerkrankung, aber eine regelmäßige Fluoridzufuhr soll (eine ausreichende Zahnhygiene vorausgesetzt) zur Kariesvermeidung beitragen, denn Fluorid fördert die Mineraleinlagerung in den Zähnen und härtet damit den Zahnschmelz. Außerdem vermindert es den mikrobiellen Abbau von Zucker zu zahnschädigenden Säuren.

Was ist Kochsalzersatz?

Für diätetische Lebensmittel, die für eine natriumarme Ernährung gedacht sind, sind bestimmte Stoffe als Kochsalzersatz zugelassen (DiätVO). Hinweise wie „natriumarm" („kochsalzarm") und „streng natriumarm" („streng kochsalzarm") sowie andere Angaben über den Kochsalzgehalt sind in der DiätVO geregelt.

Eier/EU-Eiervermarktungsnormen-Verordnung

Wie ist das Hühnerei aufgebaut?

Kalkschale, Oberhäutchen, Eiklar, Dotter, Luftkammer.

Nennen Sie die Bestandteile und die Zusammensetzung des Hühnereies!

Schale 11 %, Eiklar (Klarei) 58 %, Eigelb (Dotter) 31 %. Unter Vollei versteht man den Eiinhalt.
Zusammensetzung eines Volleies ohne Schale:

Wasser 74 %
Eiweiß 13 %
Fett 12 %
Mineralstoffe (Salze) 1 %
Außerdem Spuren von Jod und Vitaminen; spezifisches Gewicht: 1,080.

Zusammensetzung des *Eiklars*:
Wasser 88 %
Eiweißstoffe 11 %
Kohlenhydrate und Asche 1 %

Zusammensetzung des *Eigelbs* (Dotter):
Wasser 49 %
Fett (außer Lecithin) 25 %
Eiweißstoffe 17 %
Lecithin 8 %
Kohlenhydrate, Farbstoffe, Asche 1 %

Nennen Sie die backtechnischen Auswirkungen von Eiern auf das Gebäck!

1. Erhöhung des Nährwerts
2. Vergrößerung des Volumens
3. Förderung der Bräunung (gelbliche Farbe)
4. Verbesserung der Porung
5. Verfeinerung des Geschmacks

Welche Güteklassen sieht die EU-Eiervermarktungsnormen-Verordnung vor?

Güteklasse A   oder „frisch"
Güteklasse B   oder „2. Qualität" oder „haltbar gemacht"
Güteklasse C   oder „aussortiert, für zugelassene Betriebe der Nahrungsmittelindustrie bestimmt"

Wie trennt die Luftkammerhöhe als Frischemaß die Güteklassen, und ist Stempeln der Eier erlaubt?

Gütekl.	Luftkammerhöhe	Stempeln
A	nicht über 6 mm	erlaubt
B	nicht über 9 mm	Vorschrift
C	über 9 mm	Vorschrift

Für Eier der Klasse A, deren Luftkammerhöhe zum Zeitpunkt der Verpackung weniger als 4 mm beträgt, dürfen Kleinpackungen verwendet werden, deren Verschlussbanderole das Wort „Extra" und das Verpackungsdatum aufweist. Die Banderole muss spätestens am 7. Tag nach dem Verpackungstag entfernt werden.

Nennen Sie die 4 Gewichtsklassen, nach denen die Eier der Güteklasse A sortiert werden!

XL– Sehr groß: 73 g und darüber
L – Groß: 63 g bis unter 73 g
M – Mittel: 53 g bis unter 63 g
S – Klein: unter 53 g

An wen dürfen Eier der Güteklasse C nur abgegeben werden?

a) An denjenigen Industriebereich, der Eier für andere Zwecke als für die Herstellung von Nahrungsmitteln einsetzt.
b) An zugelassene Betriebe der Nahrungsmittelindustrie.

Wie können Eier auf ihren Frischezustand geprüft werden?

a) Mit der *Durchleuchtungsprobe* (Eierprüflampe): Luftkammer möglichst klein, Dotter nur schattenhaft, frei beweglich in der Mitte des Eies sichtbar. Das Ei besitzt nicht Güte der Klasse A, wenn die Luftkammer sehr groß (größer als 6 mm) und der Dotter gewöhnlich nicht in der Mitte ist.
b) Durch die *Salzwasserprobe*: Es muss eine 10%ige Kochsalzlösung angesetzt werden. Gewöhnlich sinken Eier guter Qualität auf den Boden, solche minderer Qualität schwimmen an der Oberfläche. Deutlichen Einfluss hat dabei die Schalendicke. Je dünner die Schale, um so eher schwimmt das Ei. Kleine Eier von jungen Hennen haben dicke Schalen, große Eier von alten Hennen dünne Schalen.
c) Durch *Aufschlagen des Eies*: Bei Eiern minderer Qualität unterscheidet sich

Fachtechnologie

Wozu werden Eier in der Backstube verwendet?

das dickflüssige kaum in der Höhe vom dünnflüssigen Eiklar, beide Eiklarschichten laufen stark auseinander.

Eier sind die Grundlage für feine Kuchenwaren, Tortenmassen, Königskuchen, Biskuits, Eclairs, Windbeutel, Spritzkuchen, Pfannkuchen usw. Durch aufgeschlagenes Eiweiß erzielt man Lockerung; der Dotter färbt schön und erhöht den Nährwert; Oberflächenbehandlung des Gebäcks durch Eistreiche.

Was ist Eipulver?

Eipulver wird wie Milchpulver hergestellt = eingedickte Eimasse, die auf Walzen getrocknet oder im Sprühverfahren hergestellt wird. 12,5 g Trockenvollei entsprechen einem Frischei von 45 g; 8,75 g Trockeneigelb entsprechen einem Eidotter von 16 g.

Hygieneregeln für die Behandlung und Verarbeitung frischer Eier und von Eiprodukten in Konditoreien und Bäckereien siehe Anhang Seite 305 ff.

Milch und Milchprodukte

Nennen Sie die Bestandteile der molkereimäßig bearbeiteten Vollmilch (Trinkmilch) in Prozenten!

Nach dem Milchgesetz versteht man hierunter Kuhmilch. Durchschnittliche Zusammensetzung von Vollmilch (Trinkmilch):
- 87,6 % Wasser
- 3,5 % Fett, mindestens
- 4,7 % Milchzucker
- 3,4 % Gesamteiweiß (Kasein, Albumin, Globulin)
- 0,7 % Mineralstoffe (Milchsalze)
- 0,1 % Vitamine und Spurenelemente

Spezifisches Gewicht: 1,028 bis 1,032

Welche 2 Milchsäurearten gibt es, und erklären Sie diese!

Milchsäuren werden wissenschaftlich unterschieden in linksdrehend D(–) und rechtsdrehend L(+). Polarisiertes Licht strahlt nicht durch diese Flüssigkeiten, sondern wird abgeknickt nach links oder nach rechts. Da im menschlichen (tierischen) Gewebe nur (L+)-Milchsäure vorhanden ist, nennt man diese „physiologisch". Nimmt der Mensch D(–)-Milchsäure auf, verwandelt der menschliche Organismus diese in L(+)-Milchsäure.

Die rechtsdrehende L(+)-Form entsteht nicht nur bei der Herstellung von Sauermilcherzeugnissen, Joghurt und anderen gesäuerten Milcherzeugnissen, sondern ist auch ein natürliches Zwischenprodukt des menschlichen Stoffwechsels.

Die linksdrehende D(–)-Milchsäure wird von manchen Verbrauchern als weniger wertvoll beurteilt. Beide Säurearten sind jedoch in gesundheitlicher Hinsicht gleich wertvoll. Entgegen früherer Ansichten wird auch die linksdrehende Säure vom Körper abgebaut und verwertet. Der Abbau verläuft zwar etwas langsamer, aber dennoch schnell genug, um keine Übersäuerung des Bluts entstehen zu lassen. Säuglinge sollten in den ersten Lebensmonaten allerdings keine D(–)-Milchsäure erhalten, da ihr Stoffwechsel noch nicht voll funktionstüchtig ist.

Wie viel Prozent Fett enthalten die Standardsorten der Konsummilch?

a) Vollmilch, mindestens 3,5 % oder mehr
b) Fettarme oder teilentrahmte Milch 1,5 bis 1,8 %
c) Magermilch oder entrahmte Milch höchstens 0,3 %

Der Fettentzug geschieht mittels Spezialzentrifugen, sog. Entrahmungsseparatoren.

Fachtechnologie

Was versteht man unter wärmebehandelter Milch?

Unter dem Begriff Wärmebehandlung sind EU-einheitlich alle Erhitzungsverfahren (neben der gesetzlich vorgeschriebenen Pasteurisierung) erfasst, bei denen Milch und Milcherzeugnisse über 50° C erwärmt werden.

Nennen Sie die bekanntesten und gebräuchlichsten Wärmebehandlungsverfahren für Milch sowie Milchprodukte, und erläutern Sie diese!

a) Pasteurisieren (Frischprodukte)
b) Ultrahocherhitzen (H-Produkte)
c) Sterilisieren
d) Abkochen

Zu a) *Pasteurisieren* ist für molkereimäßig erfasste und vermarktete Milch gesetzlich vorgeschrieben und ist eine Hygienemaßnahme. Die Erwärmung der Milch erfolgt auf 72° C bis 75° C bei einer Heißhaltezeit von mindestens 15 Sekunden (i. d. Praxis bis 20 Sekunden). Es muss eine sofortige anschließende Kühlung auf mindestens +6° C erfolgen.
Hierbei werden eventuelle in Rohmilch vorhandene Krankheitserreger abgetötet. Die nicht pathogene Rohmilchflora wird nur zu ca. 99 % eliminiert, was bedeutet, dass derart wärmebehandelte (pasteurisierte) Milch, auch Frischmilch genannt, trotz Kühlung nur begrenzt haltbar ist.
Drei verschiedene Pasteurisierungsmethoden sind gesetzlich zugelassen:
– Die Dauererhitzung auf 62° C bis 65° C für 30 bis 32 Minuten.
– Die Kurzzeiterhitzung auf 72° C bis 75° C für 15 bis 30 Sekunden.
– Die Hocherhitzung auf mindestens 85° C.

Zu b) Beim *Ultrahocherhitzungs-Verfahren* wird die Milch für mindestens 1 Sekunde auf Temperaturen von 135° C bis 150° C erhitzt. Die ultrahocherhitzte Konsummilch, H-Milch (haltbare Milch) genannt,

enthält normalerweise keine vermehrungsfähigen Keime. Sie muss unter sterilen Bedingungen abgefüllt und verpackt werden.
Keimfrei abgefüllt, ist diese Milch originalverschlossen viele Monate lagerfähig. Hohe Temperaturen beim Ultrahocherhitzen verändern die Eiweißbausteine, zerstören sie aber nicht. Hitzeempfindliche B-Vitamine sind in H-Produkten weniger enthalten als in pasteurisierten. Sie werden jedoch nicht so stark geschädigt wie beim Sterilisieren.

Der „Kochgeschmack" kommt wegen des geringeren Fettgehalts bei entrahmter oder teilentrahmter H-Milch stärker zum Ausdruck als bei H-Vollmilch. Er verliert sich mit zunehmender Lagerdauer.

Zu c) Die *Sterilisation* wird bei festverschlossenen, verkaufsfertigen Packungen angewendet (Flaschen, Dosen). Die Entkeimung ist (wie bei b) 100%ig. Die Haltbarkeit kann u. U. Jahre betragen. Es werden Temperaturen zwischen 112° C und 118° C angewendet bei einer Heißhaltung von 15 bis 20 Minuten.

Nachteil: Bei der Sterilisation treten Eiweißveränderungen und Vitaminverluste auf. Daher ist diese Milch für die Säuglingsernährung nicht geeignet.

Zu d) Das *Abkochen* ist ein Wärmebehandlungsverfahren, wie es früher im Haushalt üblich war.

Allen molkereimäßigen Wärmebehandlungsverfahren ist eine Zentrifugalreinigung der Milch vorangestellt.

Erläutern Sie das Homogenisieren der Milch!

Beim *Homogenisieren* werden die Fettkügelchen so fein verteilt, dass das Aufrahmvermögen (Trennung von Rahm und

Magermilch, d. h. Entstehung einer Rahmschicht an der Oberfläche) praktisch verloren geht. Das Homogenisieren muss auf der Milchpackung angegeben werden.

Welche Auswirkungen hat die Verwendung von Milch bei der Teigherstellung auf das Gebäck?

a) Vergrößerung des Volumens
b) Verbesserung der Kruste (zartsplittriger)
c) Verfeinerung der Krumenbeschaffenheit und der Porung
d) Verbesserung der Frischhaltung und des Geschmacks (Milchgeschmack)

Wie entsteht Buttermilch?

Buttermilch fällt bei der Butterherstellung an. Sie enthält noch viele Nährstoffe der Milch, hat einen erhöhten Lecithingehalt, und der Fettgehalt liegt zwischen 0,4 und 0,7 %.
Buttermilch darf einen Fremdwassergehalt (Wasser, das bei der Butterung zugesetzt wird) von höchstens 10 % oder einen Magermilchzusatz von höchstens 15 % aufweisen.
Reine Buttermilch enthält weder Zusätze von Fremdwasser noch von Magermilch oder Trockenmilch. Die Erhöhung der Milchtrockenmasse darf nur durch Entzug von Wasser erfolgen.

Nennen Sie die Bestandteile der Buttermilch in Prozenten!

Wasser 92 %, Eiweiß 3 %, Fett 0,4 % bis 0,7 %, Milchzucker 3,5 %, Mineralstoffe 0,8 %.

Was ist saure Sahne?

Saure Sahne wird aus Rahm durch den Zusatz spezifischer Milchsäure- und Aromabakterien gewonnen. Die Säuerung dauert 16 bis 20 Stunden bei etwa 20° C. Wie jede Sahne besitzt saure Sahne einen Fettgehalt von mindestens 10 %. Sie ist nährwertärmer als Schlagsahne, die einen

Mindestfettgehalt von 30 % hat. Nach der Rechtsprechung ist „saure Sahne" im Sinne des Milchgesetzes nur Sahne, die durch einen gezielten Vorgang, in der Regel durch den kontrollierten Zusatz spezifischer Milchsäurebakterien, zum Säuern gebracht worden ist. Spontan, zum Beispiel während der Aufbewahrung, sauer gewordene Sahne ist nicht saure, sondern verdorbene Sahne.

Was versteht man unter Kefir?

Kefir wird mit Kefirknöllchen (Symbiose) aus Hefen und speziellen Bakterien oder einer aus diesen gewonnenen Kulturen zubereitet. Mikrobiologisch unterscheidet sich Kefir von den anderen Sauermilchprodukten, dass an der Gärung erwünschte Hefen beteiligt sind. Neben der Milchsäuregärung läuft durch die Hefen zusätzlich eine leichte alkoholische Gärung ab. Daher enthält der verzehrfertige Kefir geringe Mengen Alkohol (mindestens 0,05 % Ethanol) sowie Kohlensäure (CO_2) und schmeckt sehr erfrischend.

Nennen Sie Methoden zur Milchprüfung!

1. Geruch, Geschmack und Aussehen (Sinnenprüfung)
2. Kochprobe
3. Prüfung auf Wasserzusatz (spezifisches Gewicht)
4. Prüfung auf Schmutzgehalt (mittels Wattefilter)

Wie entsteht Sahne?

Sahne (Rahm) entsteht durch Entrahmung von Milch. Durch Zentrifugieren wird der Milch so viel Fett entzogen, dass die zurückbleibende Magermilch nur noch bis zu 0,03 % Fett enthält.

Fachtechnologie

Wie viel Prozent Fett muss Rahm- bzw. Trinksahne (Kaffeesahne) enthalten?	Mindestens 10 %.
Wie viel Prozent Fett enthält Schlagsahne?	Mindestens 30 %.
Wie werden Kondensmilcherzeugnisse hergestellt?	Rohmilch für Kondensmilcherzeugnisse wird entweder pasteurisiert oder ultrahocherhitzt und, nach Einstellen des Fettgehalts durch Hinzufügen von Rahm oder Magermilch, im Vakuum bei etwa 60° C bis 70° C schonend eingedampft. Diesen Vorgang nennt man *evaporieren*. Durch Verdampfen des Wassers dickt die Milch auf rund die Hälfte ihres ursprünglichen Volumens ein. Das Sterilisieren erfolgt nach dem Verpackungsprozess in der keimdichten Verpackung. Es muss nicht deklariert werden.
In welchen 4 Fettstufen wird ungezuckerte Kondensmilch angeboten?	1. *Kondensmilch mit hohem Fettgehalt (kondensierte Kaffeesahne)* mit mindestens 15 % Fett. 2. *Kondensmilch (kondensierte Vollmilch)* mit mindestens 7,5 % Fett. 3. *Teilentrahmte Kondensmilch* mit mehr als 1 % und weniger als 7,5 % Fett. 4. *Kondensmagermilch (kondensierte Magermilch)* mit höchstens 1 % Fett. Gezuckerte Kondensmilch wird in 3 Fettstufen hergestellt. Die Sterilisation entfällt, da das Produkt durch den Zucker bereits haltbar ist. Gezuckerte Kondensmilch findet fast ausschließlich in der Süßwarenindustrie Verwendung.
Was ist Joghurt?	Joghurt ist eine Standardsorte der Milcherzeugnisse. Er wird aus Milch unter Verwendung spezifischer Milchsäurebakte-

rienkulturen (Lactobacillus bulgaricus) durch Bebrüten bei 42° C hergestellt. Die Milch als Ausgangsprodukt wird um rund 20 % eingedickt, damit der Joghurt eine stichfeste Konsistenz erhält. Die Säuerungszeit liegt bei 2 bis 3 Stunden, und der Joghurt soll typisch, rein milchsauer schmecken. Man unterscheidet Joghurt mit mindestens 3,5 % Fett, fettarmen Joghurt mit mindestens 1,5 % und höchstens 1,8 % Fett, Joghurt aus entrahmter Milch (Magermilchjoghurt) mit höchstens 0,3 % Fett und Sahnejoghurt (Rahmjoghurt) mit mindestens 10 % Fett. (Fruchtjoghurterzeugnisse gehören wegen der Verwendung beigegebener Lebensmittel, z. B. Früchte, zu den Milchmischerzeugnissen.)

Erläutern Sie Joghurt mild?

Joghurt mild ist ebenfalls eine Standardsorte, hergestellt mit spezifischen, besonders mild säuernden Bakterienkulturen, die weniger stark nachsäuern, so dass der Joghurt milder schmeckt.

Was ist Molke?

Molke fällt bei der Käseherstellung an. Sie enthält noch eine hohe Menge Milchzucker sowie Eiweiß, Vitamine und Mineralstoffe der Milch. Wegen dieses hohen Nährwertgehalts und einiger technologischen Vorteile eignet sie sich als Zusatz zu Brot- und Gebäckteigen.
Man unterscheidet Süß- oder Sauermolke mit einem Fettgehalt von ca. 0,2 % sowie Molkensahne (Molkenrahm) mit einem Fettgehalt von mindestens 10 %.

Was versteht man unter Speisequark und Schichtkäse?

Beide gehören zur großen Gruppe der Frischkäse. Ernährungsphysiologisch sind sie als gleichwertig anzusehen. Die Herstellung unterscheidet sich wie folgt:

Speisequark
wird in der Regel aus Magermilch hergestellt. Die Milch wird durch Zugabe von Milchsäurebakterien und Lab (Gerinnmittel) dickgelegt. Die auslaufende Molke wird abgetrennt, und die angegebene Fettstufe wird durch Zugabe von Sahne erzielt.

Schichtkäse
wird unter Verwendung quadratischer Formen mit Schlitzen hergestellt. Die dickgelegte Milch wird Schicht für Schicht in die Formen gegeben, und überflüssige Molke (Milchserum) läuft ab. Die übereinander liegenden Schichten verfestigen sich und ergeben das typische, schnittfeste Gefüge. Die Weiterverarbeitung führt zu deutlich besseren Qualitäten als mit Speisequark, d. h. mehr Volumen und sahniger Geschmack.

Sowohl Speisequark als auch Schichtkäse werden in verschiedenen Fettstufen angeboten. Man versteht unter .... % Fett i.Tr. den Fettgehalt in der Trockenmasse, d. h. im wasserfreien Käse.

Beispiel: Ein Frischkäse mit 20 % Fett i.Tr. hat einen auf den wasserfreien Käse bezogenen Fettgehalt von 4 bis 4,5 %. Schichtkäse und Speisequark werden aufgrund ihres hohen und hochwertigen Eiweißgehalts in der Zukunft immer mehr an Bedeutung für die menschliche Ernährung gewinnen.

Was versteht man unter Trockenmilch?

Als Trockenmilch bezeichnet man allgemein Milchpulver, das aus Vollmilch, teilentrahmter Milch, Magermilch bzw. aus Milcherzeugnissen unter weitgehendem Entzug von Wasser hergestellt wird. Bei diesem Verfahren werden die Milchinhaltsstoffe wenig verändert. Die Lagerfähigkeit ist wegen des hohen Gehalts an Fett, das leicht ranzig wird, gering. Das Milchpulver wird entweder unter das Mehl gemischt oder vor seiner Verarbeitung in einer entsprechenden Menge Wasser aufgelöst.

Nach welchen 2 Verfahren wird Trockenmilch hergestellt?

1. *Walzentrocknung.* (Die Milch wird in einem dünnen Film kontinuierlich auf beheizten Walzen getrocknet; schlechte Löslichkeit, aber gute Backeigenschaften.)
2. *Sprühtrocknung.* (Die Milch wird in hohen Türmen versprüht. Dabei fällt sie einem warmen Luftstrom entgegen, und unten angekommen, sind die Milchpartikel zu Pulver getrocknet; leichtere, vollständige Löslichkeit des Pulvers.)

Nennen Sie verschiedene Milchpulverarten, und erklären Sie diese!

1. *Vollmilchpulver* wird aus Vollmilch hergestellt. Nach dem Eindicken der Milch wird der Fettgehalt durch Zugabe von Magermilch oder Rahm standardisiert. Vollmilchpulver hat einen Fettgehalt von mindestens 26 %.
2. *Sahnepulver* (Rahm-, Milchpulver mit hohem Fettgehalt) enthält mindestens 42 % Fett.
3. *Teilentrahmtes Milchpulver* hat einen Fettgehalt von mehr als 1,5 % und weniger als 26 % Fett.
4. *Magermilchpulver* entsteht durch Verdampfen und Trocknen von Magermilch. Für die Gewinnung von 1 kg Magermilchpulver werden rund 11 kg Magermilch benötigt. Daher liegt der herstellungstechnisch bedingte Fettgehalt im Magermilchpulver bei 0,5 %, darf jedoch 1 % Fett nicht übersteigen.
5. *Buttermilchpulver* hat einen Fettgehalt von höchstens 15 %.

Fachtechnologie 63

Welche Dosierung ist unter Verwendung von Milchpulver bei Milchgebäck einzuhalten?	Vollmilchpulver, mind. 26 % Fett a) 138,65 g Vollmilchpulver mit Wasser zu 1 Liter Gesamtflüssigkeit ergänzt oder b) 155,5 g Vollmilchpulver in 1 Liter Wasser gelöst (1155,5 g Gesamtflüssigkeit).

Bäckereifette

Wie werden Fette nach ihrer Herkunft eingeteilt?	Die Rohstoffe für die in der Bäckerei zur Anwendung kommenden Spezialmargarinen und -fette unterscheiden sich je nach Herkunft in tierische und pflanzliche Fette.
Nennen Sie pflanzliche Fette!	Von Bedeutung bei den pflanzlichen Fetten sind vor allem Erdnussfett (aufgrund seiner langen Haltbarkeit), Palmkernfett, Kokosfett, Sojaöl, Rüböl, Palmöl, Baumwollsaatöl, Rapsöl und Sonnenblumenöl.
Welche tierischen Fette kennen Sie?	Von den Fetten tierischer Herkunft sind neben Butterfett und Schmalz noch Fisch- und Walfette bedeutend.
Welche Bedeutung haben Fette?	Neben der großen Aufgabe als Energielieferant für den menschlichen Körper kommt dem Fett eine wichtige Bedeutung als Quelle der fettlöslichen Vitamine A, D, E und K zu. Besonders hohe Anforderungen werden an Spezialfette und -margarinen gestellt, die zur Herstellung von Feinen Backwaren heute unentbehrlich geworden sind.

Margarine

Was ist Margarine?	Margarine ist eine „Wasser-in-Fett-Emulsion", d. h., dass entrahmte Milch und/oder Wasser in kleinsten Tröpfchen sehr fein im Fett verteilt sind. Nach den

gesetzlichen Bestimmungen ist in Margarine mind. 80 % Fett enthalten. Der Milch- oder Wasseranteil beträgt ca. 18 %. Außer diesen Bestandteilen sind in der Margarine noch Lecithin (als Stabilisator der Emulsion), Salz und Vitamine enthalten. Zur Herstellung von Margarine dienen vorwiegend pflanzliche Rohstoffe.

Welches sind die wichtigsten Rohstoffe zur Margarineherstellung?

Die wichtigsten Rohstoffe zur Herstellung von Margarine sind Öle und Fette aus
Sojabohnen
Kopra (Kokosnüsse)
Palmfrüchten
Palmkernen
Erdnüssen
Baumwollsaaten
Sonnenblumenkernen
Sesamsaaten
Rapssaaten

Welche Bestimmungen gelten für den Handel mit Margarine?

Nach dem Margarinegesetz sind folgende Bestimmungen einzuhalten:
a) Das Wort Margarine muss in deutscher Sprache in deutlich sichtbarer, leicht lesbarer Schrift angegeben sein.
b) Auf der Verpackung muss angegeben sein: Name und Anschrift des Herstellers, Gewicht in g, Mindesthaltbarkeitsdatum, Zutatenliste (Inhaltsstoffe).

Butter

Welche Begriffsbestimmungen und gesetzlichen Vorschriften gelten für Butter?

Butter wird aus Milch, Sahne (Rahm) oder Molkensahne (Molkenrahm) hergestellt. Ferner muss Butter, auf 100 Gewichtsteile bezogen, mindestens 82 Gewichtsteile Fett haben und darf höchstens 16 Gewichtsteile Wasser beinhalten. Butter ist als gesalzen anzusehen, wenn sie in 100 Gewichtsteilen mehr als 0,1 Gewichtsteile Kochsalz enthält. Außerdem muss das Mindesthaltbarkeitsdatum gut lesbar abgedruckt sein.

Nennen Sie die Bestandteile (Durchschnittswerte) von Butter!

Fett	83,0 %	(82,0 % mind.)
Wasser	15,0 %	(höchstens 16,0 %)
Eiweiß	0,8 %	
Milchzucker	0,7 %	
Mineralsalze	0,5 %	

Welche 2 amtlich festgesetzten Handelsklassen gibt es?

1. Deutsche Markenbutter
2. Deutsche Molkereibutter

Erklären Sie diese Handelsklasseneinteilung!

Die beiden Handelsklassen gelten für die molkereimäßig bearbeitete Butter.
Die Bewertung der Butterqualität erfolgt nach einem 5-Punkte-Schema. Es geht dabei um die Beurteilung der Butter auf ihren Geruch (Reinheit, Aroma), Geschmack, ihr Gefüge (Ausarbeitung und Wasserverteilung), Aussehen (Reinheit, Farbe, Schimmer) sowie ihre Konsistenz (Härtegrad, Streichfähigkeit). Jede dieser Eigenschaften kann mit bis zu 5 Punkten bewertet werden. *Deutsche Markenbutter* muss in der Bewertung mindestens jeweils 4 Punkte erreichen, wogegen die *Deutsche Molkereibutter* nur mit mindestens 3 Punkten bewertet sein muss. Die Vorschrift, dass z. B. Markenbutter in jeder der 5 Bewertungskriterien mindestens 4 Punkte erreichen muss, bedeutet eine Verschärfung der Qualitätskontrolle für Butter.

In welcher Form wird Butter gehandelt?

Nur in Stücken von 5 kg, 2,5 kg, 2 kg, 1,5 kg, 1 kg, 500 g, 250 g, 125 g, 62,5 g, 50 g und darunter.

Welche 3 Buttersorten unterscheidet die Butterverordnung? Erläutern Sie die Begriffe!

a) Süßrahmbutter (auch gesalzen) darf den Serum-pH-Wert von 6,4 nicht unterschreiten.
b) Sauerrahmbutter (auch gesalzen) aus bakteriell gesäuertem Rahm darf den Serum-pH-Wert von 5,1 nicht überschreiten.
c) Mildgesäuerte Butter; der Serum-pH-Wert liegt zwischen a) und b), maximal aber 6,3.
Bei gesalzener Butter ist eine entsprechende Kennzeichnung erforderlich.

Wie kann man die Haltbarkeit der Butter feststellen?

a) Das Mindesthaltbarkeitsdatum muss bei verpackter Butter gut lesbar aufgedruckt sein.
b) Durch sensorische Prüfung.

Was besagt der Begriff Butterreinfett (Butterschmalz)?

Butterreinfett ist ein durch Auslassen (Wasserentzug) von Butter gewonnenes körnig-festes Butterfett von guter Haltbarkeit, das in der Bäckerei zuweilen anstelle von Butter verwendet wird. 100 g Butterreinfett entsprechen ca. 120 g Butter.
Der Fettgehalt von Butterreinfett beträgt 99,5 %.

Süd- und Trockenfrüchte

Was sind Trockenfrüchte?

Trockenfrüchte sind durch Wasserentzug haltbar gemachte Früchte. Die Trocknung erfolgt unter künstlicher Wärmezufuhr oder an der Sonne bis auf einen Wassergehalt von 16 bis 30 %.

Welche ausländischen Früchte werden in der Bäckerei verwendet?

Es werden unter anderem eingeführt: Zitronen, Apfelsinen, Pfirsiche, Aprikosen, Ananas, Bananen, Datteln, Feigen, Mandeln, Pistazien.

Fachtechnologie

Was wissen Sie über Feigen und Datteln?

Feigen und Datteln sind Früchte des Feigenbaums bzw. der Dattelpalme.
Feigen sind in frischem Zustand birnenförmig mit grüner bis violetter Außenhaut und schmecken süß-feinaromatisch. Zum Versand müssen sie als Schutz gegen Verderb getrocknet werden.
Smyrnafeigen und die kleinen italienischen Feigen gelten als Spitzenware. Die griechische Kranzfeige am Bastfaden ist zweite Qualität.
Datteln enthalten einen langen Steinkern. Sie haben eine glänzende Oberfläche, sind hell- bis dunkelbraun und werden z. B. für Früchtebrot verwendet.

Erklären Sie den Unterschied zwischen Rosinen, Sultaninen und Korinthen!

Es handelt sich bei allen um getrocknete Weinbeeren.
1. *Rosinen* sind die getrockneten Beeren verschiedener Arten der Weinrebe, die in Griechenland, auf Kreta, in Kleinasien (Türkei und Persien), Spanien, Australien und Kalifornien kultiviert werden. Die Beeren sind meist größer als Korinthen und Sultaninen, sehr fleischig, aber kernhaltig.
2. *Sultaninen* sind kernlose, große, helle, rundliche, honigsüße Trockenbeeren der Sultanatraube. Wichtigste Erzeugergebiete sind Griechenland, die Türkei und Kalifornien.
3. *Korinthen* sind getrocknete, etwa erbsengroße, dünnhäutige, kernlose, rötlich-blaue bis violettschwarze Traubenbeeren. Sie haben ihren Namen nach der griechischen Stadt Korinth und stammen von einer Abart der Weinrebe. Die Trauben werden nach der Ernte auf Tennen oder in Holzkästen luftgetrock-

net, von den Kämmen getrennt, entstielt und verpackt. Der hohe Zuckergehalt mit 77 %, der Eiweißgehalt bis zu 2,8 % und der Gehalt an Fruchtsäure mit 1,5 % machen die Korinthen vielseitig verwendbar. (Vorteil: kein großes Austrocknen; Nachteil: großer Madenbefall – Gärung.)

Wozu werden Sultaninen und Korinthen in Bäckerei und Konditorei verwendet?

Man verwendet sie zu Hefeteigen, besonders gern aber zu Käsemassen und Käsefüllungen, aber auch zu Hefekränzen und anderen Gebäcken.

Nennen Sie 4 verschiedene Obstarten, und geben Sie dazu jeweils 2 Beispiele an!

Kernobst: Äpfel, Birnen
Steinobst: Kirschen, Pfirsiche
Beerenobst: Erdbeeren, Himbeeren
Südfrüchte: Orangen, Bananen

Was bezeichnet man als Konfitüre?

Unter Konfitüre versteht man eine dickbreiige, streichfähige Zubereitung aus Zuckerarten und Pulpe einer oder mehrerer Obst- oder Wildfruchtarten. (Pulpe ist der essbare Teil der ganzen, geschälten Frucht, ungeteilt oder grob zerkleinert.)
Es gibt *Konfitüre extra* mit höherem Fruchtgehalt und *Konfitüre einfach* mit niedrigem Fruchtgehalt.

Wird der Begriff Marmelade noch verwendet?

Die Bezeichnung Marmelade war früher durchaus üblich, aufgrund der EU-Richtlinie ist sie jedoch überholt und wird nur noch für Zitrusfrüchte verwendet.

Was ist Gelee?

Gelee wird aus dem kalten oder nach Erhitzen ausgepressten Saft frischer Früchte erzeugt. Saft und Zucker werden etwa zu gleichen Teilen angesetzt. Obstpektin darf zugefügt werden.

Fachtechnologie

Wie stellt man Fruchtmark her?

Fruchtmark ist das fein zerkleinerte, meist von Samen befreite Fruchtfleisch aus frischen Früchten. Kann im Haushalt durch Passieren des Fruchtfleischs durch ein Haarsieb zubereitet werden. Für industrielle Herstellung gibt es Spezialmaschinen. Fruchtmark ist normalerweise nicht gezuckert. Zuckerzusatz muss kenntlich gemacht werden.

Welche chemischen Mittel sind zum Konservieren von gekochtem Obst sowie Rhabarber erlaubt?

Sorbinsäure und Benzoesäure, für Säfte außerdem noch Ameisensäure.

Was wissen Sie von tiefgekühltem Obst?

Tiefgekühltes Obst ist eingefrostet, behält seine natürliche Farbe und Nährstoffe. Es muss nach dem Auftauen sofort verzehrt oder verarbeitet werden (begrenzt haltbar). Die Ware wird gezuckert oder ungezuckert eingefroren.

✗ **Was bedeutet Aprikotieren?**

Ein <u>Gebäck mit Aprikosenkonfitüre</u> <u>bestreichen</u>, damit die Glasur, die nachher aufgetragen wird, nicht „abstirbt".

Nennen Sie den Unterschied zwischen Blanchieren und Pikieren?

Blanchieren bedeutet, Gemüse oder Früchte mit siedendheißem Wasser oder mit Dampf zu behandeln, um darin vorhandene Enzyme, die zu einer Zersetzung des Materials führen können, zu inaktivieren.
Bei der Herstellung von kandierten Früchten dient das *Blanchieren* zum Erweichen des Fruchtfleischs, wodurch die Aufnahme des Zuckers erleichtert wird.
Pikieren ist das Anstechen der Früchte mit Gabeln oder Nadeln, von Hand oder maschinell, damit die Zuckerlösung schneller eindringen kann.

Was sind Pistazien?	Pistazien sind die meist grünen Samen des in den Mittelmeerländern heimischen Pistazienbaums, gelegentlich auch als grüne Mandeln bezeichnet. Sie sind länglich, ähnlich wie Erdnüsse, aber schlanker. Man benutzt sie zum Dekorieren von Torten, Dessertstücken und Konfekt sowie zu Krems und Eis, auch als Einlage in feine Fleischpasteten und Würste.
Was wissen Sie über Mohn (Samen)?	Mohn (Samen) sind die weißen oder blauen kugeligen Samenkörner der Mohnpflanze. Sie dienen u. a. bei Weißgebäck (Mohnbrötchen) zum Bestreuen der Teigstücke vor dem Einschießen und in der Konditorei nach Quetschen bzw. Mahlen und Aufkochen in Milch zur Bereitung von Füllungen (Mohnstollen).

Kandierte Früchte

Was versteht man unter kandierten Früchten?	Früchte, die in Zuckerlösungen steigender Konzentration so lange eingelegt werden, bis der Zucker die Früchte völlig durchdrungen hat. Sie sind dann kandiert. Durch Tauchen in eine besondere Zuckerlösung erhalten sie eine dünne, kristallisierte Zuckerkruste. Verwendung zur Geschmacksgebung, zum Garnieren und Dekorieren.
Nennen Sie den Unterschied zwischen Zitronat und Orangeat!	*Zitronat oder Sukkade* wird aus den Früchten des Zedrat- oder Zitronatzitronenbaums hergestellt. Die eingesalzenen, halben, importierten Früchte werden entsalzt, blanchiert, vom Kerngehäuse befreit und die Schalen dann in Zuckerlösungen steigender Konzentration kandiert. Die kandierten Schalen werden teilweise noch mit

einem Zuckerguss glasiert. Zitronat ist grün, bei Verarbeitung reifer Früchte gelb. Der Geschmack ist süß und aromatischwürzig. Die schnittfesten Stücke sind im Schnitt speckig und dürfen nur wenig klebrig sein. Mit Ausnahme der Glasur sollen sie frei von Zuckerkristallen und weitgehend fleckenfrei sein. Der Zuckergehalt beträgt mindestens 65 %, der Kochsalzgehalt höchstens 1 %.
Orangeat wird wie Zitronat hergestellt. Rohstoffe sind die voll ölhaltigen Schalen der Pomeranzen (Bitterorangen). Orangeat ist leuchtend bis tieffarbig orange, auch mit leicht ins Bräunliche gehendem Ton. Der Geschmack ist süß und aromatischbitter.

Rohmassen und Süßwaren aus bearbeiteten Ölsamen

Rohmassen werden aus bearbeiteten Ölsamen mit Zucker und Wasser durch Zerkleinern und intensives Vermischen unter Erhitzung hergestellt.

Definieren Sie die Begriffe Marzipanrohmasse und Marzipan!

Marzipanrohmasse enthält höchstens 17 % Feuchtigkeit. Der Anteil des zugesetzten Zuckers beträgt höchstens 35 % und der Mandelölgehalt mindestens 28 %, beides bezogen auf die Marzipanrohmasse mit 17 % Feuchtigkeitsgehalt.
Bei der Marzipanrohmasse M I kann der Gesamtgehalt an geschälten bitteren Mandeln bis zu 12 % des Mandelgewichts betragen. Eine Kenntlichmachung ist nicht erforderlich. Entbitterte bittere Mandeln sowie Bergmandeln werden zur Herstellung von Marzipanrohmassen nicht verwendet.

Marzipan ist eine Mischung aus Marzipanrohmasse und höchstens der gleichen Gewichtsmenge Zucker. Der Zucker kann teilweise durch Glukosesirup und/oder Sorbit ersetzt werden. Es dürfen bis zu 3,5 % Glukosesirup sowie 5 % Sorbit (auch in Form eines mindestens 70%igen Sorbitsirups) zugesetzt werden.
Im Handel wird Marzipan u. a. als Modelliermarzipan mit folgenden Anwirkgraden angeboten:

1 : 0,5 Marzipan entsprechend einem Anwirkgrad von 1 kg Rohmasse und 500 g Zucker.

1: 1 Marzipan, dessen Zuckerzusatz voll ausgeschöpft ist, entsprechend einem Anwirkgrad von 1 kg Rohmasse und 1 kg Zucker.

Wie setzt sich Edelmarzipan zusammen?

Da mit dem Begriff „edel" ein hervorhebender Qualitätsnachweis gegeben wird, ist dieses Marzipan eine Ware von überdurchschnittlicher Qualität.
1 kg Edelmarzipan wird aus mindestens 700 g Marzipanrohmasse und maximal 300 g Zucker (70/30er Ware) hergestellt.

Wie setzt sich nach den Bestimmungen des Deutschen Konditorenbundes Marzipan mit Gütezeichen zusammen?

Der Deutsche Konditorenbund hat für Marzipan mit Gütezeichen den Zuckerzusatz je kg Marzipanrohmasse auf höchstens 250 g begrenzt.

Definieren Sie die Begriffe Lübecker Marzipan und Königsberger Marzipan!

Lübecker Marzipan ist als geographische Herkunftsbezeichnung anzusehen und daher allein den in Lübeck hergestellten Erzeugnissen vorbehalten.
Königsberger Marzipan ist ein Gütemarzipan und steht nicht für die geographische

Herkunft, sondern ist als Gattungsbezeichnung für eine bestimmte Sorte Marzipan anzusehen. Die Marzipanrohmasse wird mit ca. 30 bis höchstens 50 % Puderzucker und etwas Rosenwasser versetzt. Bei „Königsberger Marzipan" handelt es sich überwiegend um reliefartige, meist pralinengroße Stücke, die rund, oval, herzförmig oder viereckig hohl geformt sind. Die zwei wesentlichen Kriterien des „Königsberger Marzipans" sind, dass alle Stücke immer goldbraun geflämmt sind und die Ränder der hohlgeformten Stücke vor dem Füllen einen gekniffenen Rand aufweisen.

Erklären Sie den Unterschied zwischen Persipanrohmasse und Persipan!

Persipanrohmasse ist eine aus geschälten, ggf. entbitterten bitteren Mandeln, Aprikosen- oder Pfirsichkernen hergestellte Masse. Sie enthält höchstens 20 % Feuchtigkeit. Der Anteil an zugesetztem Zucker beträgt höchstens 35 %, an zugesetzter Stärke als Indikator 0,5 %, beides bezogen auf die Persipanmasse mit 20 % Feuchtigkeitsgehalt.

Persipan ist eine Mischung aus Persipanrohmasse und höchstens der anderthalbfachen Gewichtsmenge Zucker. Der Zucker kann teilweise durch Glukosesirup und/oder Sorbit ersetzt werden. In diesen Fällen können ohne Kenntlichmachung bis zu 5 % des Gesamtgewichts des Persipans aus Glukosesirup und/oder bis zu 5 % des Gesamtgewichts des Persipans aus Sorbit (auch in Form eines mindestens 70%igen Sorbitsirups) bestehen.

Persipan ist eine Alternative für Marzipan, und grundsätzlich müssen, um Irreführungen zu vermeiden, alle Artikel, die mit Per-

Was verstehen Sie unter dem Begriff Nugatmasse?

sipan hergestellt sind, mit den Worten „mit Persipan" kenntlich gemacht werden.

Nugatmasse ist ein höchstens 2 % Feuchtigkeit enthaltendes, weiches bis schnittfestes Erzeugnis, das aus geschälten Nusskernen oder aus geschälten Mandeln, ggf. auch ungeröstet, durch Feinzerkleinerung unter Zusatz von Zucker und Kakaoerzeugnissen hergestellt wird. Ein Teil – bis zu 5 % ohne Kenntlichmachung – des Zuckers kann durch andere Zuckerarten sowie durch Sahne-, Milch-, Magermilch- und/oder Molkenpulver ersetzt werden.

Es werden folgende Nugatmassen nach den verwendeten Rohstoffen unterschieden:
1. Nussnugatmasse enthält höchstens 50 % Zucker und mindestens 30 % Fett.
2. Mandelnugatmasse enthält höchstens 50 % Zucker und mindestens 28 % Fett.
3. Mandel-Nuss-Nugat-Masse enthält Mandeln und Nusskerne etwa zu gleichen Teilen, höchstens 50 % Zucker und mindestens 28 % Fett.
4. Gesüßtes Nussmark, auch als gesüßtes Nussmus oder als Nusspaste bezeichnet, wird aus geschälten Nusskernen und Zucker hergestellt; es enthält höchstens 50 % und mindestens 32 % Fett.
5. Gesüßtes Nussmark, das ohne Kakaoerzeugnisse und ohne Sahne- oder Milchpulver hergestellt wird.

Was bezeichnet man als Nugat?

Angewirkte Nugatmasse wird als *Nugat* oder *Noisette* bezeichnet.
1. Nugat ist eine Mischung aus Nugatmasse und höchstens der halben

Fachtechnologie 75

Gewichtsmenge Zucker. Ein Teil des Zuckers kann durch Sahne- oder Milchpulver ersetzt werden.
2. Sahnenugat ist ein Nugat, der einen Mindestgehalt von 5,5 % Milchfett aufweist, das aus Sahnepulver oder Sahne stammt.
3. Milchnugat ist ein Nugat, der einen Mindestgehalt von 3,2 % Milchfett und 9,3 % fettfreier Milchtrockenmasse aufweist.

Was versteht man unter dem Begriff Nugatkrem?

Nugatkrem enthält mindestens 10 % geschälte Haselnusskerne, geschälte Mandeln oder geschälte, entbitterte bittere Mandeln. Es werden höchstens 67 % Zucker und 2 % Feuchtigkeit, ferner Speisefette und Speiseöle pflanzlicher Herkunft verwendet. Getreidemahlerzeugnisse und stärkereiche Lebensmittel werden nicht verwendet. Ein Zusatz von Sojamehlerzeugnissen ist ohne Kenntlichmachung bis zu 3 % möglich. Die Bezeichnung „Noisettekrem" ist nicht üblich.

Glasurmassen/Kakaoerzeugnisse

✗ Erklären Sie den Unterschied zwischen Kuvertüre und kakaohaltiger Fettglasur!

Kuvertüre (Schokoladeüberzugsmasse) ist Schokolade, deren Mindestgehalt an Kakaobutter 31 Hundertteile und an entölter Kakaotrockenmasse 2,5 Hundertteile beträgt; falls die Schokoladeüberzugsmasse als „dunkle Schokoladeüberzugsmasse" bezeichnet wird, enthält sie mindestens 31 Hundertteile Kakaobutter und 16 Hundertteile entölte Kakaotrockenmasse. Entölte Kakaotrockenmasse ist die Gesamtkakaotrockenmasse abzüglich des

Kakaofetts. Die Gesamtkakaotrockenmasse ist die Summe der Trockenmassen aller Kakaobestandteile (Kakaobutter, Kakaomasse, Kakaopulver).

Die optimale Überziehtemperatur für Kuvertüre liegt bei 32° C. Aufklärung über die Zusammensetzung können von Firmen vorgegebene Kennziffern geben. Beispielsweise werden vielfach Angaben wie 70/30/41 verwendet, was Folgendes bedeutet:

a) erste Zahl   Kakaobestandteile   70 %
b) zweite Zahl   Zuckeranteil   30 %
c) dritte Zahl   Gesamtfettgehalt   41 %

Kakaohaltige Fettglasuren werden hergestellt aus mindestens 5 % Kakaopulver, ungehärtetem oder teilgehärtetem Speisefett und Zucker. Sie unterscheiden sich in der Zusammensetzung von der Kuvertüre dadurch, dass die Kakaobutter gegen ein anderes Speisefett ausgetauscht ist. Außerdem dienen sie als Ersatz für Kuvertüren sowie Schokolade und werden bei 40° C bis 50° C geschmolzen und dann knapp oberhalb des Schmelzpunktes mit ca. 38° C bis 40° C verarbeitet.

Die Verwendung von mit Kakaoerzeugnissen verwechselbaren Fettglasuren, auch in stückiger Form, muss ausreichend kenntlich gemacht werden, z. B. „mit kakaohaltiger Fettglasur". Fettglasuren dürfen bei Feinen Backwaren von besonderer Qualität, z. B. Oblatenkuchen, Printen, Spitzkuchen, Zimtsterne, oder bei Hinweisen darauf, auch bei Kenntlichmachung nicht benutzt werden.

Nennen Sie die Bestandteile von Schokolade!

Schokolade ist ein aus Kakaomasse, Kakaopulver, fettarmem oder magerem Kakaopulver und Saccharose mit oder ohne Zusatz von Kakaobutter hergestelltes Erzeugnis, das insgesamt mindestens 35 Hundertteile Gesamtkakaotrockenmasse, und zwar mindestens 14 Hundertteile entölte Kakaotrockenmasse mit mindestens 18 Hundertteilen Kakaobutter enthält. Die Verwendung des Wortes „Schokolade", auch in abgekürzter Form, in zusammengesetzten Bezeichnungen setzt eine Mitverarbeitung von Kakaoerzeugnissen und/oder Kakao in Teigen, Massen, im Überzug oder in der Füllung voraus; sie sind im fertigen Erzeugnis geschmacklich deutlich wahrnehmbar. Besteht der Anteil nur im Überzug oder in der Füllung, so werden hierfür nur Schokoladearten verwendet.

Welche Schokoladesorten bzw. Bezeichnungen und Begriffsbestimmungen werden nach der Kakaoverordnung unterschieden?

Die Kakaoverordnung unterscheidet folgende Schokoladesorten:
a) Schokolade
b) Haushaltsschokolade
c) Schokoladestreusel oder Schokoladeflocken
d) Gianduja-Haselnussschokolade
e) Schokoladeüberzugsmasse
f) Milchschokolade (Vollmilchschokolade)
g) Haushaltsmilchschokolade
h) Milchschokoladestreusel oder Milchschokoladeflocken
i) Gianduja-Haselnussmilchschokolade
j) Milchschokoladeüberzugsmasse
k) Weiße Schokolade
l) Gefüllte Schokolade (Krem, Trüffel, Nugat)
m) Praline
n) Sahneschokolade (Rahmschokolade)
o) Sahneschokolade-Überzugsmasse
p) Magermilchschokolade

Was sind Pralinen?

Pralinen sind Erzeugnisse in Bissengröße, die aus folgendem Inhalt bestehen:
- aus gefüllter Schokolade oder
- aus aufeinandergelegten Schichten aus bestimmten Schokoladearten und Schichten aus anderen Lebensmitteln, so weit die Schichten der Schokoladeerzeugnisse zumindest teilweise klar sichtbar sind und mindestens 25 Hundertteile, bezogen auf das Gesamtgewicht des Erzeugnisses, darstellen oder
- aus einem Gemisch aus bestimmten Schokoladearten und anderen Lebensmitteln mit Ausnahme von
- Mehl und Stärke,
- anderer Fette als Kakaobutter und Milchfett,

so weit die Schokoladeerzeugnisse mindestens 25 Hundertteile, bezogen auf das Gesamtgewicht des Erzeugnisses, darstellen.

Manche Pralinen werden einzeln (in Stanniol) verpackt. Welche Vorteile sehen Sie in dieser Mehrarbeit?

1. Optische Aufwertung.
2. Qualität wird unterstrichen, die Praline wird für den Kunden wertvoller.
3. Diese Aufmachung wirkt besonders verkaufsfördernd.
4. Verpackung schützt vor Wärme.
5. Verpackung schützt vor Auslaufen flüssiger Füllungen.

Welche Schäden können Schokolade und Pralinen befallen?

a) Schädlingsbefall durch Kakao-, Mehl- und Dörrobstmotten, Schaben oder Ameisen.
b) Grauer Belag bei unsachgemäßer Lagerung.
c) Zuckerreif; kleinste Zuckerteile an der Oberfläche lösen sich in feuchter Luft und scheiden sich beim Trocknen grobkristallin aus.

Fachtechnologie 79

d) Fettreif; wenn bei höheren Temperaturen (über 30° C) sich an der Oberfläche flüssiges Fett abscheidet, das beim neuerlichen Erstarren weiße Flecken bildet.

Wie wird Tafelschokolade gehandelt?

Tafelschokolade darf zwischen 75 g und 500 g nur in Tafeln zu 75 g, 100 g, 125 g, 150 g, 200 g, 250 g, 300 g, 400 g und 500 g an Verbraucher abgegeben werden. Unter 75 g und über 500 g bestehen keine Gewichtsvorschriften.

Backmittel

Was bezeichnet man als Backmittel?

Backmittel sind Backzutaten aus Lebensmitteln und/oder Lebensmittelzusatzstoffen, die dazu bestimmt sind, die Herstellung von Backwaren zu erleichtern und zu vereinfachen, die wechselnden Verarbeitungseigenschaften der Rohstoffe auszugleichen und die Gebäckqualität zu verbessern. Sie werden bei der Teig-/Massenbereitung in einer Menge bis zu 10 %, berechnet auf die Rezepturbestandteile, ohne Flüssigkeit zugesetzt.

Welche Gebäckeigenschaften werden durch den Einsatz von Backmitteln verbessert?

Backmittel verbessern folgende Gebäckeigenschaften:
- Oberflächenbeschaffenheit (Krustenbräunung und Rösche)
- Volumen
- Krumenelastizität
- Schneidbarkeit
- Bestreichbarkeit
- Kaubarkeit
- Geschmack
- Frischhaltung

Die Backmittel üben ihre Wirkung in den verschiedenen Phasen der Gebäckherstellung aus: bei der Teig-/Massenbereitung, der Gärung (Fermentation), der Weiterverarbeitung und während des Backprozesses. Sie können auch die Frischhaltung von Backwaren verbessern. Sie ermöglichen die optimale Entfaltung der backtechnischen Eigenschaften der Rohstoffe und gleichen wechselnde Verarbeitungseigenschaften aus (dies gilt insbesondere für Getreidemahlerzeugnisse und Stärke); Backmittel verbessern die Teig-/Masseneigenschaften und passen sie an besondere Verarbeitungsweisen an. Außerdem beeinflussen sie den Gärungsverlauf und erhöhen die Gärstabilität.

Welche Backmittel unterscheidet man?

Die meisten Backmittel sind heute Mischungen aus verschiedenen Komponenten. Im Allgemeinen sind als backtechnische Auswirkungen gärfördernde, quellfördernde, teigsäuernde und teigverbessernde Effekte anzusehen.

Lockerungsmittel

Welche Lockerungsmittel werden in der Bäckerei und Konditorei verwendet?

a) biologische (Hefe und/oder Sauerteige)
b) physikalische (Unterschlagen von Luft oder durch die Erzeugung von Wasserdampf, z. B. Blätterteig)
c) chemische (Backpulver, Hirschhornsalz und Pottasche)

Woraus besteht Backpulver?

Aus Natriumhydrogencarbonat, einem kohlendioxidabspaltenden Salz (Natron), einer Säure (in der Regel saures Natriumpyrophosphat) und einem Trennmittel (Stärke).

Fachtechnologie

Wozu wird Backpulver verwendet?	Zur Lockerung von fett- und zuckerreichen Kuchenteigen.
Was ist Hirschhornsalz?	Wird oft auch Ammonium genannt und ist ein Gemisch aus Ammoniumverbindungen der Kohlensäure und der Carbaminsäure. Es ist nur für die Herstellung von flachen Feinen Backwaren erlaubt.
Was ist Pottasche?	Kaliumcarbonat.
Wozu verwendet man Pottasche?	Zur Lockerung von Honigkuchen. (Die aus dem Zucker abgespaltenen Säuren ermöglichen die Lockerung der Teige durch die Pottasche.)

 Blätter- und Plunderteige

Im Gegensatz zu allen anderen Teigen sind die Blätter- und Plunderteige 2-Phasen-Teige. Sie bestehen aus einem Grundteig und Ziehmargarine. Der Grundteig für Blätterteig enthält keinerlei Triebmittel und besteht in der Regel aus Weizenmehl, Type 550, Wasser, Salz und Zucker. Auf einen Grundteig von 1 kg Mehl wird 1 kg Ziehmargarine eingezogen.
Bei Plunder- oder Dänischteigen wird der Grundteig zusätzlich mit Hefe und Eiern hergestellt. Dieser Teig wird doppelt gelockert, d. h. sowohl biologisch (Hefe) als auch physikalisch (Wasserdampf), und ist daher besonders mürbe.
Das Einziehen der Ziehmargarine in den Grundteig wird auch als Tourieren bezeichnet.
Beim Tourieren ist besonders wichtig, dass die Teig- bzw. Fettlagen dünn ausgerollt werden und sich beim Tourieren fest miteinander verbinden, aber nicht vermischen. Die dünnen Fett- und Teiglagen müssen für ein optimales Backergebnis bis zum Backprozess erhalten bleiben.

Verschiedene Unterscheidungsmerkmale zum Plunder- und zum Dänischteig:

1. Blätterteig, deutsche Art

Die Ziehmargarine wird in den Teig eingeschlagen und touriert. Zahl der Touren: 1 x 3, 1 x 4, 1 x 3, 1 x 4 = 144 Lagen.
Bei weichem Grundteig kann hintereinander touriert werden. Bei festem Grundteig ist nach der 2. Tour eine Pause von 15 Minuten erforderlich, damit sich der Kleber im Teig entspannen kann.

2. Blätterteig, französische Art

Bei dieser Art wird der Teig in die Ziehmargarine eingeschlagen und dann touriert.
Zahl der Touren: 1 x 3, 1 x 4, 1 x 3, 1 x 4 = 144 Lagen.

3. Blätterteig, holländische Art, oder Blitzblätterteig

Bei dieser Art wird die Ziehmargarine in walnussgroße Stücke geschnitten und mit allen anderen Zutaten zu einem Teig verarbeitet. Es ist wichtig, dass die Ziehmargarine gut im Teig verteilt, aber noch als kleine Stücke erkennbar ist.
Zahl der Touren: 1 x 3, 1 x 4, 1 x 3, 1 x 4 = 144 Lagen
für alle hochtreibenden Gebäcke
oder 1 x 4, 1 x 4, 1 x 4 = 64 Lagen
für alle flachtreibenden Gebäcke wie Kremblätter, Schweineohren und Sahnerollen.

4. Wiener Blätterteig

Zur Herstellung des Grundteigs werden halb Wasser, halb Milch und zusätzlich auf 1 kg Mehl 1 bis 2 Eigelbe verwendet. Die daraus hergestellten Gebäcke sind besonders zart und haben eine goldbraune Backfarbe.

5. Halb-Blätterteig – Halb-Mürbeteig

Die beiden Teige werden in der Knetmaschine im Verhältnis 1:1 verarbeitet. Dieser Teig eignet sich gut als Boden für Obstkuchen (Pflaumenkuchen) oder auch als Decke bei gedecktem Apfelkuchen.

Nennen Sie den Unterschied zwischen einem deutsch und einem französisch gezogenen Blätterteig!

Bei der deutschen Art ist der Grundteig außen, bei der französischen Art die Ziehmargarine.

Wodurch werden Blätterung und Lockerung beim Blätterteig erzielt?

Durch das Tourieren entstehen viele dünne Teig- und Fettschichten. Das Wasser im Grundteig verdampft während des Backprozesses und dehnt sich aus. Die Fettschichten wirken jeweils als Trennschichten, halten den Wasserdampf zurück, und der Teig zieht hoch. Es entsteht die für einen Blätterteig typische Lockerung.

6. Deutscher Plunder

Ein guter Hefesüßteig mit 10 % Margarine, 10 % Zucker und 1 bis 2 Eiern auf 1 kg Mehl wird mit Ziehmargarine eingezogen. Die Ziehmargarinemenge schwankt zwischen 200 und 300 g auf 1 kg Hefeteig. Zahl der Touren: 1 x 3, 1 x 3 = 9 Lagen.

7. Dänischer Plunder, auch Dänischteig genannt

Ein sehr kühl geführter Hefesüßteig mit 8 % Spezialmargarine, 10 % Zucker und mindestens 5 Eiern auf 1 kg Mehl, wird nur kurz geknetet. Auf 1 kg Hefeteig werden 400 bis 500 g Spezialmargarine eingezogen. Zahl der Touren: 1 x 3, 1 x 3, 1 x 3 = 27 Lagen.
Plunderteige werden durch die Hefe gelockert und erhalten durch das Tourieren eine zusätzliche feinporige Blätterung.

Womit kann man Plundergebäcke füllen?

Mit Sultaninen, Zitronat, gehackten Mandeln, geriebenen Nüssen, Zucker, Backmasse, Marzipanmasse, Krem, Käsemasse usw.

Hefen

Was sind Hefen?

Hefen sind mikroskopisch kleine, pflanzliche Lebewesen. Sie gehören zu den Pilzen und besitzen kein Chlorophyll (Blattgrün). Allgemein bekannt ist die zum Backen verwendete, in Bäckereien und Lebensmittelgeschäften käufliche Pfund- oder Würfelhefe. Diese Hefe besteht aus 29 bis 32 % Trockensubstanz und 68 bis 71 % Wasser. Der Trockensubstanzgehalt setzt sich u. a. zusammen aus 47 % Eiweiß, 35 % Kohlenhydrate, 8 % Asche-(Mineralstoff-)gehalt, 7 % Lipide (fettähnliche Substanzen), 3 % Phosphorsäure und einigen Spurenelementen. Durch ihren hohen Vitamingehalt ist die Hefe besonders wertvoll. Sie hat eine große Triebkraft und keine kleberzerstörenden Enzyme.

Wie vermehrt sich die Hefe?

Eine intensive Vermehrung der Hefe findet nur unter aeroben Bedingungen statt, d. h., die Nährlösung, die aus Zuckerstoffen (Melasse) sowie aus stickstoff- und phosphathaltigen Nährsalzen besteht, muss stark belüftet werden. Dabei bilden die Mutterzellen der Anstellhefe durch Sprossung Ausbuchtungen (Tochterzellen), die nach 3 bis 4 Stunden die Größe der Mutterzelle erreichen können. In dieser Phase folgt die Abtrennung der Tochterzellen, die ihrerseits dann wieder neue Zellen bilden. So ist zu erklären, dass nach einer Züchtungsperiode von 12 bis 13 Stunden die Anstellhefemenge verdrei- oder vervierfacht wird.

 Wir wird der Teig gelockert?

Ein Teil der Stärke des Mehls wird im Teig durch das im Mehl vorhandene Enzym Diastase in vergärungsfähigen Zucker ver-

Fachtechnologie

wandelt, und die im Teig verteilte Hefe spaltet durch ihre Enzyme diesen Zucker in Kohlensäure und Alkohol. Die Kohlensäure wird durch den zähen Teig am Entweichen gehindert. Die Folge davon ist, dass der Teig sich hebt und durch die Kohlensäurebläschen ein poröses Gebilde entsteht. Während dieser Gärung im Teig entsteht auch Alkohol neben der Kohlensäure – als Gärprodukt –, der nachher in der Backofenhitze wieder entweicht. Das Gashaltevermögen des Teigs wird durch den Klebergehalt und die Kleberstruktur bestimmt. Die Kleberstruktur selbst wird durch die Teigbereitung, Wassermenge und Knetung beeinflusst.

Sauerteig

Was ist Sauerteig?

Sauerteig ist ein von Milchsäurebakterien und Hefen vergorener Getreidemehlteig.

Nennen Sie die Definition für Sauerteig nach den Leitsätzen für Brot und Kleingebäck!

Sauerteig ist nach den Leitsätzen für Brot und Kleingebäck ein Teig, dessen Mikroorganismen (z. B. Milchsäurebakterien und Hefen) aus Sauerteig oder Sauerteigarten sich in aktivem Zustand befinden oder reaktivierbar sind. Sie sind nach Zugabe von Getreideerzeugnissen und Wasser zur fortlaufenden Säurebildung befähigt.
Teile eines Sauerteigs werden als Anstellgut für neue Sauerteige verwendet. Die Lebenstätigkeit der Mikroorganismen wird erst durch Backen oder Heißextrudieren beendet. Die Säurezunahme des Sauerteigs beruht ausschließlich auf dessen Gärungen. Den Säuregehalt (Säuregrad) erhöhende Bestandteile, ausgenommen Sauerteigbrot, werden nicht verwendet.

Brot- und Kleingebäcksorten/Feine Backwaren

Welche Anforderungen werden an ein gutes Brot gestellt?

Äußerlich
gleichmäßige Form (etwas gewölbt, Seiten rund, Oberfläche glatt, keine Süßblasen, nicht geplatzt, kräftige Farbe).
Im Innern
gute Lockerung, artgemäße Porung, elastische und feuchte Krume.
Geruch und Geschmack
angenehm frisch und kräftig, aromatisch abgerundet; besonders nicht dumpf, nicht muffig, nicht bitter.

Was ist der Unterschied zwischen Vollkorn- und Mehrkornbrot?*

Vollkorn heißt, dass alle Bestandteile des ganzen Getreidekorns enthalten sein müssen, also auch der nährstoffreiche Keimling und die Schalen mit ihren Vitaminen, Mineralstoffen und Ballaststoffen.
Vollkornbrot wird aus mindestens 90 % Roggen- und Weizenvollkornerzeugnissen in beliebigem Verhältnis zueinander hergestellt. *Weizenvollkornbrot* muss zumindestens 90 % aus Weizenvollkornerzeugnissen, *Roggenvollkornbrot* entsprechend zu mindestens 90 % aus Roggenvollkornerzeugnissen hergestellt werden.
Mehrkornbrot (Dreikorn-, Vierkornbrot) wird aus mindestens einer Brotgetreideart sowie aus mindestens einer anderen Getreideart, insgesamt aus drei oder entsprechend mehr verschiedenen Getreidearten, hergestellt. Jede Getreideart ist mindestens mit 5 % enthalten.

Welches Brot ist für Diabetiker geeignet?

Prinzipiell sind alle Brotsorten für Diabetiker geeignet. Denn sie enthalten langkettige Kohlenhydrate (Stärke) und Ballast-

---

* Siehe auch Leitsätze für Brot und Kleingebäck, Anhang Seite 333 ff.

stoffe, dagegen fast keinen Zucker (bzw. Traubenzucker).
Insbesondere ballaststoffreiche Brote, z.B. Vollkorn-, Mehrkorn- und ballaststoffangereicherte Brote, sind zu bevorzugen. Die Ballaststoffe dämpfen den Anstieg des Blutzuckerspiegels. Außerdem liefern ballaststoffreiche Brote weniger Stärke-Kohlenhydrate an. Das bedeutet, dass ein Diabetiker von diesen Broten mehr essen kann. Dazu ein Beispiel: Ein Weizenbrötchen von 50 g entspricht 2 Broteinheiten (BE), eine Scheibe Vollkornbrot von ebenfalls 50 g dagegen nur 1,5 BE.*
Auch Brote mit Malzmehl und -schrot sind für Diabetiker geeignet.

Welches Brot können Sie dem Kunden als „Vollwertbrot" empfehlen?

Die Bezeichnung „Vollwertbrot" ist umstritten. Der Verbraucher könnte denken, wenn er sich ausschließlich mit diesem Brot ernährt, dann ist seine Ernährung vollwertig. Mit anderen Worten, er erhält alle lebensnotwendigen Nährstoffe. Das einzige Vollwert-Lebensmittel in diesem Sinne ist jedoch lediglich die Muttermilch für den Säugling.
Brot und Brötchen sind aber *wichtiger Bestandteil* einer so genannten *„vollwertigen Ernährung"*.
Vollkornbrote gelten als besonders hochwertige Lebensmittel, weil diese alle Bestandteile des ganzen Getreidekorns enthalten. Sie sind reich an Ballaststoffen, B-Vitaminen und Mineralstoffen.
Vollkornbrote sind somit im Rahmen einer vollwertigen Ernährung besonders zu empfehlen.

---
* Siehe auch Diabetikerbackwaren, Seite 229.

Welches Brot eignet sich zum Abnehmen am besten?

Vollkornbrote und ballaststoffangereicherte Brote sind ideale Bestandteile einer Diät zum Abnehmen.
Durch den hohen Ballaststoffanteil wird der Kaloriengehalt dieser Brote gesenkt. Zum Beispiel liefert eine Scheibe Vollkornbrot von 50 g ca. 100 Kilokalorien, ein Weizenbrötchen von ebenfalls 50 g ca. 125 Kilokalorien.
Ballaststoffreiche Brote müssen außerdem intensiver gekaut werden und füllen schneller den Magen. Darüber hinaus dämpfen die Ballaststoffe den Anstieg des Blutzuckerspiegels.
Auf vielfältige Weise bewirken ballaststoffreiche Brote somit ein schnelleres sowie lang anhaltendes Sättigungsgefühl und helfen dadurch beim „Kaloriensparen". Sie lassen den Hunger zwischendurch erst gar nicht aufkommen. Diese Brote liefern zudem wertvolle Vitamine und Mineralstoffe, die gerade bei einer Diät sehr wichtig sind.

Was bezeichnet man als Pumpernickel?

Pumpernickel wird aus mindestens 90 % Roggenbackschrot und/oder Roggenvollkornschrot mit Backzeiten von mindestens 16 Stunden hergestellt. Wird Pumpernickel aus Vollkornschrot hergestellt, so stammt die zugesetzte Säuremenge zu mindestens zwei Dritteln aus Sauerteig.

Nennen Sie die Bestimmungen für die Bezeichnung einer Backware als
a) Milchbrot und Milchbrötchen*,

a) Werden Milchbrot und Milchbrötchen hergestellt, dann muss die gesamte Teigflüssigkeit Vollmilch sein, mindestens aber 50 Liter auf 100 kg Getreidemahlerzeugnisse.

---

* Leitsätze für Brot und Kleingebäck siehe Anhang Seite 333 ff.

b) Feine Backwaren mit Hefe*,
c) Feine Backwaren ohne Hefe!**

b) Für die Herstellung von Feinen Backwaren mit Hefe sind auf 100 kg Getreidemahlerzeugnisse mind. 40 Liter,
c) bei Feinen Backwaren ohne Hefe mind. 20 Liter Vollmilch vorgeschrieben. Man geht dabei von Trinkmilch mit 3,5 % Fett aus.

Was versteht man nach den DLG-Bestimmungen unter Spezialbroten?

Es sind Brote, die zwar von Mahlerzeugnissen des Roggens oder Weizens hergestellt werden, sich vom gewöhnlichen Brot jedoch unterscheiden durch
1. Zugabe von besonderen Getreidearten, z. B. Dreikorn-, Vierkorn-, Fünfkornbrot;
2. besonders bearbeitete Mahlerzeugnisse, z. B. Steinmetzbrot, Schlüterbrot;
3. Zugabe pflanzlichen Ursprungs, z. B. Weizenkeim-, Kleie-, Leinsamen-, Sesam-, Gewürzbrot;
4. Zugabe tierischen Ursprungs, z. B. Milch-, Butter-, Sauermilch-, Buttermilch-, Joghurt-, Quarkbrot;
5. besondere Teigführung, z. B. Simonsbrot, Loosbrot;
6. besondere Backverfahren, z. B. Holzofen-, Steinofen-, Dampfkammer-, Gerster-, Trockenflachbrot (Knäcke), Pumpernickel;
7. veränderte Nährwerte, z. B. eiweißangereichertes Brot, kohlenhydratvermindertes Brot, brennwertvermindertes Brot.
Außerdem gehören dazu:
Diätetische Brote, welche der Diätverordnung entsprechen, z. B. eiweißarmes Brot, glutenfreies (gliadinfreies) Brot, natriumarmes Brot, Diabetikerbrot. Vitaminisierte Brote, welche der Verordnung über vitaminisierte Lebensmittel entsprechen.

---
* Leitsätze für Brot und Kleingebäck siehe Anhang Seite 333 ff.
** Leitsätze für Feine Backwaren einschließlich Dauerbackwaren siehe Anhang Seite 320 ff.

Die Bezeichnung „*Spezialbrot*" sollte nur verwendet werden, wenn mindestens eine der vorgenannten Eigenschaften erfüllt ist.

Welche Anforderungen werden an Spezialbrote mit verändertem Nährwert gestellt?

Bei *eiweißangereichertem Brot* beträgt der Eiweißgehalt mindestens 20 % in der Trockenmasse (Stickstoffgehalt mal 5,8).
Kohlenhydratvermindertes Brot weist mindestens 30 % weniger Kohlenhydrate auf als vergleichbare Brote.
Brennwertvermindertes Brot entspricht nach der Nährwert-Kennzeichnungsverordnung einem Diabetiker-Brot (siehe Diät-VO*) und darf maximal einen Brennwert von 840 kJ/100 g Brot (200 kcal/100 g Brot) aufweisen.

Vollkornbrote werden von immer breiteren Käuferschichten gekauft. Mit welchen Argumenten können Sie einem unentschlossenen Kunden Vollkornbrot empfehlen? Nennen Sie mindestens 3 Argumente!

1. Vollkornbrote regen durch ihren Ballaststoffgehalt die Verdauung an.
2. Vollkornbrote enthalten Vitamine und besonders viele Mineralstoffe.
3. Vollkornbrote sind kräftig im Geschmack (leicht nussartig) und im Biss.
4. Vollkornbrote halten sich lange frisch, trocknen nicht so schnell aus.

Welche besonderen Eigenschaften weist ein Weißbrot nach „französischer Art" auf?

a) meist lange Form (Baguette)
b) stark gelockerte, großporige Krume
c) Kruste röscher als bei üblichem Weißbrot
d) Ausbund besonders ausgeprägt
e) durch längere Führung bildet sich ein besonderes Aroma

---
* Siehe Anhang Seite 293 ff.

Mit welchen Argumenten empfehlen Sie einem Kunden ein Brot mit hohem Roggenmehlanteil (Roggenmischbrot)?	a) dunkles Brot mit Sauerteigzusatz b) kräftiger, aromatischer Geschmack c) sehr gute Frischhaltung
Nennen Sie ortsübliche Kleingebäcksorten!	Wassergebäcke und Milchgebäcke wie Milchbrötchen, Wasserweck, Mohnbrötchen, Kümmelweck, Salzweck, Salzstangen, Salzbrezel, Kaisersemmel, Hörnchen, Salz- und Mohnhörnchen, Kipfel, Zöpfchen usw.
Nennen Sie Weizengroßgebäcke!	Kastenbrote, Toastbrote, Kaviarbrote, Mohnzopf, Kuchenbrote, Stuten usw.
Was versteht man unter dem Begriff Feine Backwaren?*	Der Begriff „Feine Backwaren" schließt die Gebäckkategorie „Dauerbackwaren" mit ein. Feine Backwaren werden aus Teigen oder Massen durch Backen, Rösten, Trocknen, Kochextrusion oder andere Verfahren hergestellt. Die Teige oder Massen werden unter Verwendung von Getreide und/oder Getreideerzeugnissen, Stärken, Fetten, Zuckerarten bereitet. Feine Backwaren unterscheiden sich von Brot und Kleingebäck dadurch, dass ihr Gehalt an Fett und/oder Zuckerarten mehr als 10 Teile auf 90 Teile Getreide und/oder Getreideerzeugnisse und/oder Stärken beträgt. So weit in den *Besonderen Beurteilungsmerkmalen* aufgeführt, können bestimmten Erzeugnissen auch geringere Anteile an Fetten und/oder Zuckerarten zugesetzt werden. Dauerbackwaren sind Feine Backwaren, deren Genießbarkeit durch eine längere,

---

*Leitsätze für Feine Backwaren einschließlich Dauerbackwaren siehe Anhang Seite 320 ff.

sachgemäße Lagerung nicht beeinträchtigt wird.
Die in den Leitsätzen angegebenen Mengen sind Gewichtsangaben, in Teilen oder Prozenten, so weit keine davon abweichenden Angaben gemacht werden. Diese Werte sind Mindestmengen.

Feine Backwaren werden häufig glasiert.
a) Welche Glasur wird üblicherweise verwendet?

a) Fondant

b) Nennen Sie weitere 3 Möglichkeiten (und dazu je 1 Gebäck), Feinen Backwaren ein appetitliches Aussehen zu geben!

b) Staubzucker: Streuselkuchen, Berliner Pfannkuchen
Hagelzucker: Zöpfe, Knoten
Eigelb: Zöpfe, Brioches

Nennen Sie einige Hefeteiggebäcke!

Stuten, Schnecken, Apfeltaschen, Hahnenkämme, Hörnchen, Hefekränze, Streuselkuchen, Zöpfe, Mohnkuchen, Bienenstich, Obstkuchen, Berliner Pfannkuchen, Krapfen, Zwieback, Stollen usw.

Aus welchen Rohstoffen soll ein Mürbeteig hergestellt sein?

Mürbeteige enthalten mindestens 20 Teile Margarine oder 19,5 Teile Butter oder 16 Teile Reinfett auf 100 Teile Getreidemahlerzeugnisse und/oder Stärke sowie Zuckerarten.

Was ist unter einem Mürbeteig 1-2-3 zu verstehen?

1 Teil Zucker (1 kg), 2 Teile Fett (2 kg) und 3 Teile Mehl (3 kg) sowie 6 bis 8 Eier, etwas Salz und Gewürz.

Zu welchen Gebäcken wird Mürbeteig verwendet?

Zu verschiedenen Plätzchen, Spekulatius, gespritztem Tee- oder Sandgebäck, Obstkuchenböden, Torteletts, Sandrouladen, Schwarzweißgebäck.

Massen

Was versteht man unter Massen?	Bei Massen werden Eier und Eigelb oder Eiklar mit Butter (oder Margarine) und/oder Zucker und/oder Mehl gerührt oder geschlagen.
Welche Massen unterscheidet man?	a) Massen mit Aufschlag (gerührte oder geschlagene Massen), z. B. Biskuit-, Eiweiß-, Schaum-, Rühr-, Sand-, Baumkuchen- und Wiener Massen) b) Massen ohne Aufschlag (z. B. Brandmassen, Massen mit Ölsamen wie Makronen, Florentiner, Nussknacker) c) Waffelmassen
Was stellt man aus leichten warmen Massen her?	Sandtorten, Sandkuchen, Eierplätzchen, Böden für Torten, Schnitten und Desserts, Rouladen.
Was stellt man aus schweren Massen her?	Teekuchen, schwere Sandkuchen, Baumkuchen.
Wo finden Baisermassen Verwendung?	Als Böden für Butterkrem-, Sahne- und Eistorten, für Desserts und Sahnebaisers, Schaumkonfekt.
Was versteht man unter a) Hippenmasse, b) Hippengebäcke?	a) Hippenmasse ist eine dünnflüssige Makronenmasse mit Zusätzen von Zucker, Vollei oder Eiklar, Milch oder Sahne und Mehl, oft auch noch geriebenen Mandeln oder Nüssen und Butter. Zur Würzung dienen Vanille, Zimt oder Zitrone, teilweise auch Arrak oder Süßwein; gelegentlich wird Hippenmasse mit Kakaopulver aromatisiert und gefärbt.

Weitere Auszüge siehe auch Leitsätze für Feine Backwaren einschl. Dauerbackwaren im Anhang Seite 320 ff.

	b) Hippengebäcke sind Backwaren aus Hippenmasse, die dünn in Schablonen gestrichen und kurz auf gewachsten Blechen gebacken werden. Hippengebäck wird noch heiß gerollt oder gebogen und ist nach dem Auskühlen splitterig mürb.
Nennen Sie Gebäcke aus Hippenmassen!	Rollen, Blumen, Blätter, Schmetterlinge.
Wozu werden Hippengebäcke verwendet?	Hippengebäcke dienen als Garniermittel für Eisbomben, Torten und Desserts.
Welche Gebäcke werden aus Brühmassen hergestellt?	Aus Brühmassen werden Windbeutel, Spritzkuchen und Eclairs hergestellt. Brühmassengebäcke verwendet man außerdem noch als Böden für Desserts, Kremteilchen, Käsefours und zum Ausgarnieren von Torten, Eis und Desserts.

Fettgebäck / Petits fours / bunte Platten

Was bezeichnet man als Fettgebäck?	Gebäcke, die im Siedefett schwimmend ausgebacken werden, wie z. B.: a) Berliner Pfannkuchen, Krapfen b) Spritzkuchen c) Kameruner d) Storchennester e) Mutzen(-mandeln) f) Donuts
Was sind Käsefours?	Pikante Käsegebäcke, die mit einem Käsekrem gefüllt werden.
Was bezeichnet man als Dessert?	Als Dessert bezeichnet man feines Kleingebäck, bunte Stückchen, die mit Kuvertüre überzogen (auch mit gefärbtem Fondant) und oft mit Spritzschokolade, Butterkrem und Früchten garniert werden.

Was sind Petits fours?	Feine Backwaren; hochwertige, zierliche Dessertstücke, meist aus schweren Massen, mit feinsten Füllungen, dünner Glasurdecke und individuellem Dekor.
Welche Garnierungen finden bei Petits fours Anwendung?	Glasurüberzug, möglichst dünn, Spritzschokolade, Spritzfondant, Blattgold, kandierte und karamellisierte Früchte, auch Pralinen usw.
Welche Gebäcke enthält eine bunte Platte?	Verschiedene Feine Backwaren, wie z. B. Sahneschnitten, Obsttörtchen, Kremdesserts, Florentiner, Blechkuchenstücke u. ä.
Welches Warensortiment einer bunten Platte bieten Sie zu Kaffee und Tee an?	Petits fours nach Geschmack, Größe, Form und Farbe auf einer Silberplatte anordnen, dazu Teegebäck. Die einzelnen Stückchen kommen in eine passende Kapsel.

Butterkrem / Torten / Waffeln

Was ist der Unterschied in der Bezeichnung Butterkremtorte und Kremtorte?	Butterkremtorte darf im Gegensatz zur Kremtorte grundsätzlich nur mit reiner Butter hergestellt werden.
Beschreiben Sie die Unterschiede zwischen deutschem, italienischem und französischem Butterkrem bezüglich der Rezeptur!	*Französisch*: sehr fetthaltig *Deutsch*: mit gekochtem Vanillekrem als Grundkrem *Italienisch*: mit Eischnee
Wie heißen die bekanntesten Tortenarten?	*Butterkremtorten* Schokolade-, Mokka-, Nuss-, Vanille-, Ananas-, Apfelsinen-, Erdbeer-, Kirschbutterkremtorte

Sahnetorten
Nuss-Sahne-Torte, Holländer Kirschtorte, Schwarzwälder Kirschtorte
Torten mit Konfitüren- und Marzipanfüllung
Wiener Torte, Mailänder Torte, Linzer Torte, Marzipantorte
Ungefüllte Torten
Sandtorte, Baumtorte
Obsttorten
Erdbeer-, Stachelbeer-, Weintrauben-, Pfirsichtorte
Sonstige Torten
Sachertorte (meistens gefüllt)
Fassontorten: Herztorte, Kleeblatttorte, Telegrammtorte
Kleintorten: Streifen

Welche gebräuchlichsten Tortenfüllungen kennen Sie?

Butterkrem, Nuss-Schlagsahne, Schokoladebutterkrem, Marzipan, Nugat-Butterkrem, Kirschkompott, Johannisbeerkonfitüre, Vanilleschlagsahne u. a.

Welche Böden werden zu Torten verwendet?

Biskuitböden, Wiener Böden, Mürbeteigböden, Nussböden, Mandelböden, Schokoladeböden.

Was sind Waffeln?

Waffelmassen werden aus Getreidemahlerzeugnissen und/oder Stärke, Flüssigkeit, Zuckerarten, Fett, evtl. auch Vollei, Milchprodukten u. a. Zutaten hergestellt.
Waffeln werden in eisernen Formen mit Waffelmustern gebacken. Wir kennen Schnitt- und Formwaffeln. Auch gefüllte Waffeln. Füllung: Kokosfett, Zucker, Aromen, Milch, Sahne, Schokolade.

Speiseeis

Was versteht man unter Speiseeis?*

Speiseeis ist eine durch einen Gefrierprozess bei der Herstellung in einen festen oder pastenartigen Zustand, z. B. Softeis, gebrachte Zubereitung, die gefroren in den Verkehr gebracht wird und dazu bestimmt ist, in diesem Zustand verzehrt zu werden; im aufgetauten Zustand verliert Speiseeis seine Form und verändert sein bisheriges Gefüge.

Speiseeis wird unter Beachtung der Vorschriften der Speiseeis-VO** und der Leitsätze für Speiseeis*** insbesondere hergestellt unter Verwendung von Milch, Milcherzeugnissen, Ei, Zuckerarten, Honig, Trinkwasser, Früchten, Butter, Pflanzenfetten, Aromen und färbenden Lebensmitteln. Abhängig von der jeweiligen Speiseeissorte und dem Geschmack werden auch andere Zutaten verwendet.

Bei Herstellung von Eiskrem, Fruchteiskrem, Einfacheiskrem und Eis mit Pflanzenfett werden die Ansätze pasteurisiert und homogenisiert. Nicht pasteurisierbare Zutaten werden den Ansätzen dieser Sorten erst nach der Pasteurisierung zugesetzt. Rücklauf von Ansätzen oder von Speiseeis wird erst nach erneutem Pasteurisieren wieder verwendet.

Wie heißen die einzelnen Sorten, und wie ist ihre Zusammensetzung?

1. *Kremeis, Cremeeis, Eierkremeis, Eiercremeeis*

   Kremeis, Cremeeis, Eierkremeis, Eiercremeeis enthält mindestens 50 %

---

* Bezüglich der Herstellung von Speiseeis verweisen wir auf die in Zusammenarbeit zwischen der Deutschen Gesellschaft für Hygiene und Mikrobiologie, dem Zentralverband des Deutschen Bäckerhandwerks sowie dem Deutschen Konditorenbund erarbeiteten Hygieneempfehlungen, siehe Anhang Seite 301 ff.
** Siehe auch Anhang Seite 362 ff.
*** Siehe auch Anhang Seite 359 ff.

Milch und auf 1 Liter Milch mindestens 270 g Vollei oder 90 g Eigelb. Es enthält kein zusätzliches Wasser.

2. *Fruchteis*
In Fruchteis beträgt der Anteil an Frucht mindestens 20 %. Bei Fruchteis aus Zitrusfrüchten, anderen sauren Früchten mit einem titrierbaren Säuregehalt im Saft von mindestens 2,5 %, berechnet als Zitronensäure, beträgt der Anteil an Frucht mindestens 10 %.

3. *Rahmeis, Sahneeis, Fürst-Pückler-Eis*
Rahmeis, Sahneeis, Fürst-Pückler-Eis enthält mindestens 18 % Milchfett aus der bei der Herstellung verwendeten Sahne (Rahm).

4. *Milcheis*
Milcheis enthält mindestens 70 % Milch.

5. *Eiskrem, Eiscreme*
Eiskrem, Eiscreme enthält mindestens 10 % der Milch entstammendes Fett.

6. *Fruchteiskrem, Fruchteiscreme*
Fruchteiskrem, Fruchteiscreme enthält mindestens 8 % der Milch entstammendes Fett und einen deutlich wahrnehmbaren Fruchtgeschmack.

7. *Einfacheiskrem, Einfacheiscreme*
Einfacheiskrem, Einfacheiscreme enthält mindestens 3 % Fett der Milch entstammendes Fett.

8. *Eis mit Pflanzenfett*
Eis mit Pflanzenfett enthält mindestens 3 % pflanzliches Fett und gegebenenfalls einen deutlich wahrnehmbaren Fruchtgeschmack.

9. *„(Frucht)-Sorbet"*
In „(Frucht)-Sorbet" beträgt der Anteil an Frucht mindestens 25 %. Bei Sor-

Fachtechnologie

bets aus Zitrusfrüchten oder anderen sauren Früchten mit einem titrierbaren Säuregehalt im Saft von mindestens 2,5 %, berechnet als Zitronensäure, beträgt der Anteil an Frucht mindestens 15 %. Milch oder Milchbestandteile werden nicht verwendet.

10. *Kunstspeiseeis*
Speiseeis, das naturidentische oder künstliche Aromastoffe und/oder Reaktionsaromen und/oder Farbstoffe enthalten kann.

Wird in der Verkehrsbezeichnung der Halberzeugnisse auf eine der beschriebenen Speiseeissorten hingewiesen, erfüllt das nach Zubereitungsanleitung hergestellte Fertigerzeugnis die Anforderungen der angegebenen Speiseeissorte.

Für Speiseeissorten gemäß Nummer 2 und 9 können die verwendeten Früchte namengebend sein, wenn sie einzeln oder in der im Namen verwendeten Mischung den Mindestanforderungen genügen, z. B. Erdbeereis, Erdbeersorbet.

Bei Speiseeis gemäß Nummer 4 kann bei überwiegender Verwendung von fermentierten Milchsorten (z. B. Sauermilch, Joghurt, Kefir) anstelle von Milch in der Verkehrsbezeichnung darauf hingewiesen werden, z. B. Joghurteis.

Zur Herstellung von Speiseeis werden natürliche Aromastoffe, Aromaextrakte und naturidentisches Vanillin, zu Kunstspeiseeis auch andere naturidentische und/oder künstliche Aromastoffe und/oder Reaktionsaromen verwendet.

Gesundheits- und Hygienestatus von Erzeugnissen auf Milchbasis

Speiseeis mit einem Anteil an Milch oder Milcherzeugnissen muss hohe gesundheitliche und hygienische Anforderungen erfüllen, was durch amtliche Untersuchung der von der Lebensmittelüberwachung in den Betrieben genommenen Stichproben (§§ 42 und 43 LMBG) kontrolliert wird.

Pathogene (krankheitserregende) Keime der Gattungen Listeria und Salmonella dürfen nicht enthalten sein, da sie die Gesundheit der Verbraucher beeinträchtigen können.

Als Nachweiskeime für mangelnde Hygiene und Indikatorkeime gelten Staphylococcus aureus, Escherichia coli und Coliforme 30° C, wofür sehr eng begrenzte Höchst- bzw. Richtwerte festgesetzt sind, die nicht überschritten werden dürfen.
Ob Speiseeis mit einem Anteil an Milch oder Milcherzeugnissen zum Verzehr geeignet (d. h. nicht ekelerregend oder verdorben) ist, wird auch nach der die so genannten „Schmutzkeime" mit umfassenden Keimzahl beurteilt. Für den Keimgehalt (Keimzahl bei 30° C) gilt ein Schwellenwert von 100 000/ml und ein Höchstwert von 500 000/ml. Das Ergebnis gilt als ausreichend, wenn die Keimzahl einer oder mehrerer Proben den Schwellenwert nicht übersteigt. Nicht ausreichend ist es, wenn die Keimzahl einer oder mehrerer Proben den Höchstwert erreicht oder überschreitet.
Das Ergebnis gilt als akzeptabel, wenn 2 von 5 Proben in der Keimzahl zwischen Schwellenwert und Höchstwert liegen und die Keimzahl der übrigen Proben höchstens den Schwellenwert erreicht.

Was ist bei dem losen gewerbsmäßigen Verkauf von Speiseeis zu beachten?	Speiseeis darf lt. § 5 der Speiseeis-VO lose gewerbsmäßig nur in den Verkehr gebracht werden, wenn die Verkehrsbezeichnung nach Maßgabe des § 4 der Lebensmittel-Kennzeichnungsverordnung auf einem Schild neben der Ware oder in einem Aushang deutlich lesbar und unverwischbar angegeben ist. Ist das Speiseeis zum Verzehr in der Verkaufsstätte bestimmt, ist die Verkehrsbezeichnung zusätzlich auf der Speisekarte nach Maßgabe des Satzes 1 anzugeben.
Was versteht man unter folgenden Speiseeiszubereitungen: **a) Sorbet,** **b) Parfait,** **c) Omelette surprise?**	a) Fruchteis mit Weinanteil im Eismix oder Fruchteis im Glas, übergossen mit Sekt oder Wein b) Sahneeis mit einem Fond aus Eigelb (Eiern) c) Ein Eisziegel wird mit einer Soufflé- oder Baisermasse eingestrichen und im Backofen abgeflämmt.

Fachtechnologie

Wie ist Fürst-Pückler-Eis zusammengesetzt?

Fürst-Pückler-Eis ist ein Sahneeis besonderer Art und besteht u. a. aus drei Schichten von Sahneeis:
a) rote Schicht (Fruchtmark)
b) dunkle Schicht (Schokolade)
c) weiße Schicht (Vanillearoma)

Was versteht man unter Eisbindemitteln?

Eisbindemittel sind Zusatzstoffe (z. B. Agar-Agar, Pektin, Traganth), die in sehr kleinen Mengen der Verbesserung und Erhaltung des sahnig-geschmeidigen feinkristallinen Gefüges von Speiseeis und Eiskrem dienen.

Welche Zusatzstoffe sind nach der Speiseeisverordnung gestattet?

Sorbit 3,0 %; Traganth oder Johannisbrotkernmehl 0,6 %; Pektin 0,3 %; Guarkernmehl 0,4 %; Alginsäure 0,3 %; Carrageen 0,3 %; Agar-Agar 0,15 % (jeweils Höchstanteil).
Werden diese Stoffe (außer Sorbit) in Verbindung untereinander verwendet, so vermindern sich die für jeden Stoff angegebenen Höchstmengen um so viel Hundertteile, wie von den Höchstmengen der anderen Dickungsmittel zusammen im Gemisch enthalten sind.

Was versteht man unter einer Eisbombe?

Eine Zubereitung (Halbgefrorenes) aus Kremeis und Sahneeis in einer entsprechenden Halbkugelform. Diese Eisbombe lässt man im Gefrierfach durchfrieren (Dauer 2 bis 4 Stunden). Beliebt sind Fruchteinlagen.

Fruchtsäfte / Limonaden

Was ist über Fruchtsäfte bekannt?

Fruchtsäfte haben einen Fruchtgehalt von 100 % und einen durchschnittlichen Energiewert von 40 bis 75 Kilokalorien je 100 ml, der in erster Linie vom natürlichen

Fruchtzuckergehalt herrührt. Beim Vitamingehalt ist insbesondere das Vitamin C, das in nahezu allen Fruchtsäften vorkommt, hervorzuheben. Schwarzer Johannisbeersaft, Orangen- und Grapefruitsaft enthalten besonders reichlich Vitamin C. Orangen-, Mandarinen- und Passionsfruchtsaft enthalten zudem Carotin, die Vorstufe von Vitamin A. Bei den Mineralstoffen sind der hohe Kalium- und der niedrige Natriumgehalt positiv hervorzuheben. Fruchtsäfte sind daher auch für natriumempfindliche Personen geeignet. Der Gehalt an Fruchtsäuren, Aromen sowie Pektin, insbesondere bei den trüben Säften, wirkt sich günstig auf die Verdauung aus.

Fruchtsäfte gibt es sortenrein, z. B. Apfelsaft, Orangensaft, Traubensaft, oder aus mehreren Fruchtarten, wie Orangen-Maracuja-Saft, Apfel-Kirsch-Saft, Multi-Frucht-Saft. Eine besondere Gruppe sind die Multi-Vitamin-Fruchtsäfte, denen Vitamine zugefügt sind. Fruchtsäfte, die ganz oder teilweise über die Zwischenlagerung aus Fruchtsaftkonzentrat (Konzentration meist im Verhältnis 1:4 bis 1:6) hergestellt wurden, sind als „Saft aus ...saftkonzentrat" zu kennzeichnen.

Was wissen Sie über Limonaden?

Limonaden werden aus Trink-, Mineral-, Quell- oder Tafelwasser hergestellt. Sie enthalten mindestens 7 % Zucker, eine Begrenzung nach oben gibt es nicht, und sind daher nur bedingt als Durstlöscher geeignet. Werden Limonaden unter Verwendung von Fruchtsäften hergestellt, so beträgt ihr Fruchtsaftgehalt mindestens die Hälfte der für die entsprechenden

Fruchtsaftgetränke erforderlichen Mengen, das heißt:
bei Limonaden aus
Kernobst oder Traubensäften 15 Prozent
bei Limonaden aus
Zitrussäften 3 Prozent
bei Limonaden aus
anderen Fruchtsäften 5 Prozent

Kaffee / Tee / Kakao

Was wissen Sie über die Bedeutung der Heißgetränke Kaffee, Tee und Kakao, welche gerade in Bäckereien mit angeschlossenem Café gereicht werden?

Kaffee und Tee sind beliebte Heißgetränke, die insbesondere wegen ihrer anregenden und belebenden Wirkung, hervorgerufen durch den Gehalt an Coffein, getrunken werden, und damit auch als Genussmittel gelten.
Kakao ist dagegen wegen des Gehalts an Eiweiß, Fett und Kohlenhydraten ein nahrhaftes Getränk und besonders für Kinder und Jugendliche von Bedeutung.

Welche Sorten von Kaffee sind im Handel erhältlich?

Röstkaffee, als ganze Bohnen
Röstkaffee, beim Kauf frisch gemahlen oder gemahlen und vakuumverpackt
Spezialkaffee (behandelter Kaffee): Hierbei handelt es sich um Kaffee, dem bestimmte Inhaltsstoffe entzogen worden sind, wodurch die Bekömmlichkeit des Kaffees vor allem für magen-, galle- und leberempfindliche Konsumenten verbessert wird.
Entcoffeinierte Kaffees: Dies sind Röstkaffees, aus denen durch spezielle Verfahren das Coffein weitgehend entfernt wurde. Solche Kaffees dürfen gemäß der Kaffee-Verordnung höchstens noch 1 g Coffein pro kg Kaffeetrockenmasse enthalten. Entcoffeinierter Kaffee ist für herz- und kreis-

laufempfindliche Kaffeetrinker bekömmlicher.

Schonkaffees: Solche Kaffeesorten werden sowohl entcoffeiniert als auch als coffeinhaltige Produkte angeboten. Hierzu gehören Kaffees, denen bestimmte Reizstoffe teilweise entzogen wurden. Im Gegensatz zu entcoffeiniertem Kaffee sind reizstoffarme Kaffeesorten in der Kaffee-Verordnung nicht definiert.

Löslicher Bohnenkaffee/Bohnenkaffee-Extrakt/Instant-Kaffee: Bei Kaffee-(trocken)-Extrakt handelt es sich um sprüh- oder gefriergetrocknete Röstkaffee-Erzeugnisse. Im Handel sind verschiedene Varianten, unter anderem dunkler geröstete Mokka- oder Espressoprodukte oder entcoffeinierte Sorten, erhältlich. Entcoffeinierter Kaffee-Extrakt darf noch höchstens 3 g Coffein pro Kilogramm Kaffee-Extrakt-Trockenmasse enthalten.

Kaffee-Spezialitäten: Dies sind Mischungen mit löslichem Kaffee wie Cappuccino, Eiskaffee und Café au lait, die bereits den Milchanteil löslich enthalten, und Spezialitäten mit besonderen Geschmacksrichtungen, z. B. Amaretto, Vanille, Irish Cream, Haselnuss oder Schokolade.

Wie wirkt sich das Warmhalten auf den Kaffeegeschmack aus?

Durch das Warmhalten des Kaffeegetränkes tritt bereits nach 30 bis 60 Minuten ein deutlicher Aromaverlust ein. Zu beachten ist, dass der zubereitete Kaffee mit der richtigen Temperatur warm gehalten wird. Am besten ist es, den Kaffee in Warmhaltekannen umzufüllen. Auch das Wiederaufwärmen von Kaffee auf Temperaturen von 85 bis 90° C wirkt sich ungünstig auf den Geschmack aus.

Was wissen Sie über die ernährungsphysiologische Bedeutung von Kaffee?

Der Energiegehalt von Kaffee ist gering; eine Tasse enthält etwa 4 bis 8 Kilokalorien. Erwähnenswert ist der Gehalt an Niacin (Nicotinsäure), einem Vitamin der B-Gruppe. Eine Tasse Kaffee deckt etwa $1/10$ des Tagesbedarfs eines Erwachsenen an diesem Vitamin.

Was ist über die Wirkung von Coffein bekannt, und wie hoch ist der Anteil?

Anregend und belebend wirkt Kaffee durch den Gehalt an Coffein. In einer Tasse sind an Coffein etwa enthalten:
Normal starker Kaffeeaufguss (= 150 ml): 60 bis 120 mg
Espresso (= 40 ml): 45 mg
Die Wirkung des Coffeins aus Kaffee erfolgt – anders als bei Tee – sehr schnell. Bereits 20 Minuten nach dem Kaffeegenuss sind etwa 80 % des Coffeins aus dem Magen-Darm-Trakt resorbiert. Die Halbwertzeit des Coffeins ist individuell sehr unterschiedlich und schwankt zwischen 2 und 12 Stunden. So lange dauert es also, bis die Hälfte des aufgenommenen Coffeins im Körper abgebaut ist.

Was wissen Sie über die ernährungsphysiologische Bedeutung von Tee?

Eine Tasse Tee enthält – ohne Zugabe von Zucker, Kandis, Milch oder Sahne – praktisch keine Energie. Aus ernährungsphysiologischer Sicht ist der Fluoridgehalt im Tee positiv zu bewerten. Mit 3 bis 5 Tassen Tee (abhängig vom Anbaugebiet) wird etwa 1 mg Fluorid aufgenommen; das entspricht der zur Kariesprophylaxe empfohlenen täglichen Zufuhrmenge. Außerdem ist Tee kaliumreich und enthält, abhängig von der Provenienz und der Sorte, erwähnenswerte Konzentrationen an B-Vitaminen, z. B. Thiamin (B_1) und Riboflavin (B_2). Der Genusswert des Tees beruht auf seinem Gehalt an Gerbstoffen und ätherischen Ölen, die für den Geruch und das typische Teearoma verantwortlich sind.

Was ist über die ernährungsphysiologische Bedeutung von Kakao bekannt?

Ein Becher Kakaogetränk (200 ml), bestehend aus 0,2 Liter Vollmilch, 8 g schwach entöltem Kakaopulver sowie 10 g Zucker, liefert für Calcium 25 %, für Magnesium 15 %, für Eisen 13 % (weibl.) bzw. 16 % (männl.) und für Vitamin B_2 12 % des empfohlenen Tagesbedarfs eines Jugendlichen.

III. Prüfschema für Brot, Brötchen und für Stollen

Prüfschema für Brot

Produktbezeichnung: _____

Brot-Nr.: _____
Beurteilungsdatum: _____, den _____

1. Form, Aussehen

Code	Merkmal	P				Code	Merkmal	P				Code	Merkmal	P			
5720	ungleichmäßige Form	4	-	-	-	4613	schlecht getrennte Kopfenden	4	-	-	-	4886	Stärkeklumpen	4	-	-	-
6290	flache Form	4	-	-	-	5745	unsaubere Seitenflächen	4	-	-	-	6235	zu viel Streumehl	4	-	-	-
6230	runde Form	4	-	-	-	3856	nicht artgemäßer Ausbund	4	-	-	-	5740	unansehnliches Gesamtbild	4	-	-	-
2367	nicht ausgefüllte Form	4	-	-	-	5723	ungleichmäßig bestreut	4	-	-	-	1125	aufgeplatzter Schluss	4	-	-	-
5370	Taillenbildung	4	-	-	-	6234	zu viel bestreut	4	-	-	-	2386	faltiger Boden	4	-	-	-
1961	eingefallene Oberfläche	4	-	-	-	5722	ungleichmäßig bemehlt	4	-	-	-	2975	hohler Boden	4	-	-	-
4890	schlecht getrennte Seitenflächen	4	-	-	-	6236	zu viel bemehlt	4	-	-	-	6245	breiter Boden	4	-	-	-

2. Oberflächen-, Krusteneigenschaften

Code	Merkmal	P				Code	Merkmal	P				Code	Merkmal	P			
5730	ungleichmäßige Bräunung	4	-	-	-	1640	Blasen	4	-	-	-	1060	abgerissene Kruste	4	-	-	-
6305	helle Bräunung	4	-	-	-	4901	Sprenkel/Flecken/Stippen	4	-	-	-	1065	abgesplitterte Kruste	4	-	-	-
6310	dunkle Bräunung	4	-	-	-	5532	verbrannte Quetschfalte	4	-	-	-	5775	ungleichmäßige Kruste	4	-	-	-
4922	stumpfe Oberfläche	4	-	-	-	4410	rissige Kruste	4	-	-	-	6295	dünne Kruste	4	-	-	-
4887	Schrumpffalten	4	-	-	-												

3. Lockerung, Krumenbild

Code	Merkmal	P				Code	Merkmal	P				Code	Merkmal	P			
5860	zu ungleichmäßige Lockerung	4	-	-	-	5940	Wasserring	4	3	-	-	6460	zu viele ungequollene Körner	4	-	-	-
6340	geringe Lockerung	4	3	-	-	5945	Wasserstreifen	4	3	-	-	4380	raue Schnittfläche	4	-	-	-
6370	übermäßige Lockerung	4	-	-	-	2995	Hohlräume	4	-	-	-	4986	Schneideölrückstände	4	-	-	-
3900	nicht artgemäße Lockerung	4	-	-	-	3345	Krumenrisse	4	-	-	-	4985	Schneiderückstände (Krustenpartikel)	4	-	-	-
6362	dichte Porung in der Randzone	4	-	-	-	1146	abgebackene Kruste/Krume	4	-	-	-	2400	Flecken	4	-	-	-
5941	Wasserring unter der Kruste	4	3	-	-	1845	Druckstellen unter der Kruste	4	-	-	-						

4. Struktur, Elastizität

Code	Merkmal	P				Code	Merkmal	P				Code	Merkmal	P			
3320	krümelt beim Schneiden	4	-	-	-	5805	ungleichmäßige Toastbräunung	4	-	-	-	2830	getoastet etwas hart	4	-	-	-
4945	beeintr. Trennbarkeit der Scheiben	4	-	-	-	6520	helle Toastbräunung	4	-	-	-	2767	geschwächte Krumenelastizität	4	-	-	-
1495	beeinträchtigter Zusammenhalt	4	-	-	-	6525	dunkle Toastbräunung	4	-	-	-	6375	trockene Krume	4	-	-	-
1493	beeinträchtigte Bestreichbarkeit	4	-	-	-	2825	getoastet etwas zäh	4	-	-	-	6385	feste Krume	4	-	-	-

5. Geruch, Geschmack

Code	Merkmal	P				Code	Merkmal	P				Code	Merkmal	P			
5935	wenig aromatisch	4	-	-	-	3006	herbsauer	-	3	2*	-	4470	herb/streng	4	-	-	-
1210	aromaarm	-	3	-	-	2440	fremdartig sauer	-	-	2*	1*	2920	hefig	4	-	-	-
2170	fade	-	-	2	-	4440	salzig	4	3*	-	-	1005	alt	4	-	-	-
3355	kleistrig/teigig	-	3	2	-	5090	süß	4	-	-	-	3955	Nebengeruch	4	-	-	-
3910	nicht abgerundet (unharmonisch)	4	-	-	-	1365	bitter	4	-	-	-	2190	Fremdgeruch**	4	-	-	-
4525	sauer	4	3	2*	-	5865	überwürzt	4	-	-	-	3960	Nebengeschmack	4	3	-	-

ACHTUNG!

- Bei Nennung unterschiedlicher Punktzahlen innerhalb eines Prüfmerkmales wird die niedrigste als Berechnungsgrundlage herangezogen.
- Bei Mehrfachnennung derselben Punktzahl innerhalb eines Prüfmerkmales wird die nächstniedrigere als Berechnungsgrundlage genommen.
- Als Voraussetzung für eine Prämierung müssen in jedem Prüfmerkmal mindestens 3 Punkte (ungewichtet) erreicht werden.
- * Laboruntersuchung
  – Säuregrad: Bei 2 oder weniger Punkten muss der Säuregehalt bestimmt werden.
- ** Beschreibbar: ☐ ja – siehe Bemerkung ☐ nein

Bemerkung (sonstige Mängel):

Unterschriften:
(Prüfer)

Punkte	Qualitätsbeschreibung	allgemeine Eigenschaften
4,70–5,00	sehr gut	volle Erfüllung der Qualitätserwartung
4,25–4,69	gut	geringfügige Abweichung
4,00–4,24	zufrieden stellend	merkliche Abweichung
unter 4,00	verbesserungsbedürftig	deutlicher Fehler

Gewichtungsfaktoren =   Gewichtete Bewertung

Bewertung: 5 4 3 2 1 0   x 1 =

				Code	Merkmal	5	4	3	2	1	0
4	–	–	–	5765	unsauberer Boden		4	3	–	–	–
4	–	–	–	2672	gewölbte Scheiben		4	–	–	–	–
4	3	–	–	5755	ungleichmäßige Scheibengröße		4	3	2	–	–
4	–	–	–	5760	ungleichmäßige Scheibendicke		4	–	–	–	–
4	–	–	–	4710	sonstige Mängel**		4	3	2	–	
4	–	–	–	9998	nicht bewertbar**	–	–	–	–	–	0
4	–	–	–								

Bewertung: 5 4 3 2 1 0   x 2 =

				Code	Merkmal	5	4	3	2	1	0
4	–	–	–	6300	dicke Kruste		4	–	–	–	
4	–	–	–	5530	verbrannte Kruste	–		3	–	–	
4	–	–	–	4710	sonstige Mängel**		4	3	2	–	
4	–	–	–	9998	nicht bewertbar**	–	–	–	–	–	0

Bewertung: 5 4 3 2 1 0   x 4 =

				Code	Merkmal	5	4	3	2	1	0
4	–	–	–	5635	Unkrautsamen		4	–	–	–	
4	–	–	–	5806	ungleichm. Krumenhelligkeit		4	–	–	–	
4	–	–	–	3901	nicht artgemäße Krumenfarbe		4	–	–	–	
4	–	–	–	4710	sonstige Mängel**		4	3	2	–	
4	–	–	–	9998	nicht bewertbar**	–	–	–	–	–	0

Bewertung: 5 4 3 2 1 0   x 4 =

				Code	Merkmal	5	4	3	2	1	0
4	–	–	–	3335	klebende Krume		4	–	–	–	
4	3	2	–	3315	Krume ballt beim Kauen		4	–	–	–	
4	–	–	–	4710	sonstige Mängel**		4	3	2	–	
4	–	–	–	9998	nicht bewertbar**	–	–	–	–	–	0

Bewertung: 5 4 3 2 1 0   x 9 =

				Code	Merkmal	5	4	3	2	1	0
4	–	–	–	2195	Fremdgeschmack**	–	–	–	2	1	–
4	3	–	–	2585	gärig	–	–	3	2	1	–
4	3	–	–	4235	ranzig	–	–	–	2	1	–
4	3	–	–	1824	dumpf / muffig	–	–	–	2	1	–
–	–	2	1	4710	sonstige Mängel**		4	3	2	–	
4	3	–	–	9998	nicht bewertbar**	–	–	–	–	–	0

Gewichtete Gesamtbewertung

= ─── = 20

Summe der Gew.-Faktoren

Erzielte Qualitätszahl

(Obermeister)

Säuregrad:

pH-Wert:

Prüfschema für Brötchen

Produktbezeichnung: _____

Brötchen-Nr.: _____
Beurteilungsdatum: _____ , den _____

1. Form, Aussehen

Merkmal						Merkmal						Merkmal
5720 ungleichmäßige Form	4	3	–	–	–	6264 großes Volumen	4		–	–	–	5521 verschwommener Ausbund
6290 flache Form	4		–	–	–	1125 aufgeplatzter Schluss	4		–	–	–	3856 nicht artgemäßer Ausbund
6230 runde Form	4		–	–	–	5721 ungleichmäßiger Ausbund	4		–	–	–	6234 zu viel bestreut
2673 gekrümmte Form	4		–	–	–	6266 schmaler Ausbund	4		–	–	–	5723 ungleichmäßig bestreut
1067 aneinander gebacken	4		–	–	–	6267 breiter Ausbund	4		–	–	–	6236 zu viel bemehlt
1974 eingefallene Seitenflächen	4		–	–	–	6268 tiefer Ausbund	4		–	–	–	5722 ungleichmäßig bemehlt
6265 kleines Volumen	4		–	–	–	2999 hochgezogener Ausbund	4		–	–	–	5740 unansehnliches Gesamtbild

2. Oberflächen-, Krusteneigenschaften

Merkmal						Merkmal						Merkmal
5730 ungleichmäßige Bräunung	4		–	–	–	6295 dünne Kruste	4		–	–	–	4901 Sprenkel/Flecken
6305 helle Bräunung	4		–	–	–	6300 dicke Kruste	4		–	–	–	1640 Blasen
6310 dunkle Bräunung	4	–	–	–	–	5530 verbrannte Kruste	–	3	–	–	–	4887 Schrumpffalten
4922 stumpfe Oberfläche	4		–	–	–	1064 abgelöste Kruste	4		–	–	–	6280 weiche Kruste
5775 ungleichmäßige Kruste	4		–	–	–	1065 abgesplitterte Kruste	4		–	–	–	6285 harte Kruste

3. Lockerung, Krumenbild

Merkmal						Merkmal						Merkmal
5860 zu ungleichmäßige Lockerung	4		–	–	–	3900 nicht artgemäße Lockerung	4		–	–	–	2400 Flecken
6340 geringe Lockerung	4	3	–	–	–	2995 Hohlräume	4		–	–	–	5806 ungleichmäßige Krumenhelligkeit
6370 übermäßige Lockerung	4		–	–	–	6460 zu viele ungequollene Körner	4		–	–	–	3901 nicht artgemäße Krumenfarbe

4. Struktur, Elastizität

Merkmal						Merkmal						Merkmal
3320 krümelt beim Schneiden	4		–	–	–	6375 trockene Krume	4		–	–	–	3335 klebende Krume
1493 beeinträchtigte Bestreichbarkeit	4		–	–	–	6380 straffe Krume	4		–	–	–	3315 Krume ballt beim Kauen
2767 geschwächte Krumenelastizität	4	3	2	–	–							

5. Geruch, Geschmack

Merkmal						Merkmal						Merkmal
5935 wenig aromatisch						3006 herbsauer	–	3	2*	–	–	2920 hefig
1210 aromaarm	–	3	–	–	–	4440 salzig	4	3*	–	–	–	1005 alt
2170 fade	–	–	2	–	–	5090 süß	4		–	–	–	3955 Nebengeruch
3355 kleistrig/teigig	–	3	2	–	–	1365 bitter	4	3	–	–	–	2190 Fremdgeruch **
3910 nicht abgerundet (unharmonisch)	4		–	–	–	5865 überwürzt	4	3	–	–	–	3960 Nebengeschmack
4525 sauer	4	3	2*	–	–	4470 herb/streng	4		–	–	–	2195 Fremdgeschmack **

ACHTUNG!

- Bei Nennung unterschiedlicher Punktzahlen innerhalb eines Prüfmerkmales wird die niedrigste als Berechnungsgrundlage herangezogen.
- Bei Mehrfachnennung derselben Punktzahl innerhalb eines Prüfmerkmales wird die nächstniedrigere als Berechnungsgrundlage genommen.
- Als Voraussetzung für eine Prämierung müssen in jedem Prüfmerkmal mindestens 3 Punkte (ungewichtet) erreicht werden.

* Laboruntersuchung
– Säuregrad: Bei 2 oder weniger Punkten muss der Säuregehalt bestimmt werden.

** Beschreibbar: ☐ ja – siehe Bemerkung ☐ nein

Bemerkung (sonstige Mängel):

Unterschriften:
(Prüfer)

Punkte	Qualitätsbeschreibung	allgemeine Eigenschaften
4,70–5,00	sehr gut	volle Erfüllung der Qualitätserwartung
4,25–4,69	gut	geringfügige Abweichung
4,00–4,24	zufrieden stellend	merkliche Abweichung
unter 4,00	verbesserungsbedürftig	deutlicher Fehler

Gewichtungsfaktoren =   Gewichtete Bewertung

unentbehrlich für alle   BÄCKER-HANDWERK

Bewertung: 5 4 3 2 1 0   x 2 =

5	4	3	2	1	0	Mangel	5	4	3	2	1	0
	4	–	–			2386 faltiger Boden		4	–	–		
	4	–	–			2975 hohler Boden		4	–	–		
	4	–	–			6245 breiter Boden		4	–	–		
	4	–	–			5765 unsauberer Boden		4	–	–		
	4	–	–			4710 sonstige Mängel**		4	3	2	–	
	4	–	–			9998 nicht bewertbar**	–	–	–	–	–	0
	4	3	–	–								

Bewertung: 5 4 3 2 1 0   x 2 =

5	4	3	2	1	0	Mangel	5	4	3	2	1	0
	4	–	–			1494 beeinträchtigte Rösche		4	3	–	–	
	4	–	–			6411 zähe Kruste		4	–	–	–	
	4	–	–			4710 sonstige Mängel**		4	3	2	–	
	4	–	–			9998 nicht bewertbar**	–	–	–	–	–	0
	4	–	–									

Bewertung: 5 4 3 2 1 0   x 3 =

5	4	3	2	1	0	Mangel	5	4	3	2	1	0
	4	–	–			4710 sonstige Mängel**		4	3	2	–	
	4	–	–			9998 nicht bewertbar**	–	–	–	–	–	0
	4	–	–									

Bewertung: 5 4 3 2 1 0   x 4 =

5	4	3	2	1	0	Mangel	5	4	3	2	1	0
	4	–	–			4710 sonstige Mängel**		4	3	2	–	
4	–	–	–			9998 nicht bewertbar**	–	–	–	–	–	0

Bewertung: 5 4 3 2 1 0   x 9 =

5	4	3	2	1	0	Mangel	5	4	3	2	1	0
	4	3	–	–		2585 gärig	–	–	3	2	–	
	4	3	–	–		5105 talgig	–	–	3	2	–	
	4	3	–	–		4235 ranzig	–	–	–	2	1	–
	–	–	2	1	–	1824 dumpf / muffig	–	–	–	2	1	–
	4	3	–	–		4710 sonstige Mängel**		4	3	2	–	
	–	–	2	1	–	9998 nicht bewertbar**	–	–	–	–	–	0

Gewichtete Gesamtbewertung

$$\frac{\text{Summe der Gew.-Faktoren}}{20} = \boxed{}$$

Erzielte Qualitätszahl

(Obermeister)

Säuregrad:

pH-Wert:

Prüfschema für Stollen

Produktbezeichnung: _____

Stollen-Nr.: _____
Beurteilungsdatum: _____, den _____

1. Form, Aussehen

Code	Merkmal	4	3	–	–	Code	Merkmal	4	3	–	–	Code	Merkmal	4	3	–	–
5720	ungleichmäßige Form	4	3	–	–	4170	Pilzform	4	3	–	–	6236	zu viel bemehlt	4	3	–	–
4895	ungleichm. gr. St. (innerh. d. Pack.)	4	3	–	–	1961	eingefallene Oberfläche	4	3	–	–	5765	unsauberer Boden	4	3	–	–
6290	flache Form	4	3	–	–	5745	unsaubere Seitenflächen	4	3	2	–	5535	verschmierter Boden	4	3	–	–
1625	breite Form	4	3	–	–	3856	nicht artgemäßer Ausbund	4	3	–	–	2386	faltiger Boden	4	3	–	–
2367	nicht ausgefüllte Form	4	3	–	–	6234	zu viel bestreut	4	3	–	–	2975	hohler Boden	4	3	–	–
5370	Taillenbildung	4	3	–	–	5723	ungleichmäßig bestreut	4	3	–	–	1641	blasiger Boden	4	3	–	–

2. Oberflächen-, Krusteneigenschaften

Code	Merkmal	4	3	–	–	Code	Merkmal	4	3	–	–	Code	Merkmal	4	3	–	–
5730	ungleichmäßige Bräunung	4	3	–	–	4410	rissige Kruste	4	3	–	–	5785	unansehnlicher Überzug/Aufl.	4	3	–	–
6305	helle Bräunung	4	3	–	–	1060	abgerissene Kruste	4	3	–	–	5790	ungleichmäßig dicker Überzug/Aufl.	4	3	–	–
6310	dunkle Bräunung	4	3	–	–	1055	abgeblätterte Kruste	4	3	–	–	6320	„dicker" Überzug/Aufl.	4	3	–	–
4922	stumpfe Oberfläche	4	3	–	–	5775	ungleichmäßige Kruste	4	3	–	–	1851	durchweichter Überzug/Aufl.	4	3	–	–
4887	Schrumpffalten	4	–	–	–	6295	dünne Kruste	4	3	–	–	2230	feuchter Überzug/Aufl.	4	3	–	–
1640	Blasen	4	3	–	–	6300	dicke Kruste	4	3	–	–	2790	grauer Überzug/Aufl.	4	3	–	–
4901	Sprenkel/Flecken/Stippen	4	3	–	–	5530	verbrannte Kruste	–	3	2	–	2990	harter Überzug/Aufl.	4	3	–	–
6316	dunkle Kanten	4	–	–	–	2980	Haarrisse	4	3	–	–	1170	abblätternder Überzug/Aufl.	4	3	–	–

3. Lockerung, Krumenbild

Code	Merkmal	4	3	–	–	Code	Merkmal	4	3	–	–	Code	Merkmal	4	3	–	–
5860	zu ungleichmäßige Lockerung	4	3	–	–	6362	dichte Porung in der Randzone	4	3	–	–	3345	Krumenrisse	4	3	–	–
6340	geringe Lockerung	4	3	–	–	5795	ungleichm. Blätterung/Schichtung	4	3	–	–	1146	abgebackene Kruste/Krume	4	3	–	–
6370	übermäßige Lockerung	4	3	–	–	4957	speckige Schicht unter der Füllung	4	3	–	–	4935	Schlauchporen	4	3	–	–
3900	nicht artgemäße Lockerung	4	3	–	–	4960	speckige Streifen	4	3	–	–	3801	Krume/Füllung unausgewog. Menge	4	3	–	–
4380	raue Schnittfläche	4	3	–	–	4955	speckige Krume	4	3	–	–	2360	Früchte ungleichmäßig verteilt	4	3	–	–
4985	Schneideölrückstände	4	3	–	–	2995	Hohlräume	4	3	–	–	1205	abgesunkene Früchte	4	3	–	–

4. Struktur, Elastizität

Code	Merkmal	4	3	–	–	Code	Merkmal	4	3	–	–	Code	Merkmal	4	3	–	–
1645	bruchanfällige Krume	4	3	–	–	2767	geschwächte Krumenelastizität	4	3	–	–	3315	Krume ballt beim Kauen	4	3	–	–
4940	splittriger Bruch	4	3	–	–	6375	trockene Krume	4	3	–	–	4975	schmierende Krume	4	3	–	–
5355	weicher Bruch	4	3	–	–	6415	rauhe Krume	4	3	–	–	3335	klebende Krume	4	3	–	–
6395	harter Bruch	4	3	–	–	6385	feste Krume	4	3	–	–	5735	ungleichmäßige Konsistenz der Füllung	4	3	–	–
3320	krümelt beim Schneiden	4	3	–	–	4980	strohige Krume	4	3	–	–	5896	wässrige Füllung	4	3	–	–
4945	beeinträchtigt Trennbarkeit der Scheiben	4	3	–	–	6410	zähe Krume	4	3	–	–	6420	feste Füllung	4	3	–	–
1495	beeinträchtigter Zusammenhalt	4	3	–	–												

5. Geruch, Geschmack

Code	Merkmal	4	3	–	–	Code	Merkmal	4	3	–	–	Code	Merkmal	4	3	–	–
5935	wenig aromatisch	4	–	–	–	4440	salzig	4	3	–	–	2920	hefig	4	3*	–	–
1210	aromaarm	–	3	–	–	5090	süß	4	3	–	–	1215	alt/kratzend	4	3*	–	–
2170	fade	4	3	2	–	1365	bitter	4	3	–	–	3955	Nebengeruch	4	3	–	–
3355	kleistrig/teigig	4	3	2	–	1966	einseitig gewürzt	4	3	–	–	2190	Fremdgeruch**	4	3	–	–
3910	nicht abgerundet (unharmonisch)	4	–	–	–	5865	überwürzt	4	3	–	–	3960	Nebengeschmack	4	3	–	–
4525	sauer	4	3	2*	–	3635	mehlig	4	3	–	–	2195	Fremdgeschmack**	4	3	–	–

ACHTUNG!

– Bei Nennung unterschiedlicher Punktzahlen innerhalb eines Prüfmerkmales wird die niedrigste als Berechnungsgrundlage herangezogen.
– Bei Mehrfachnennung derselben Punktzahl innerhalb eines Prüfmerkmales wird die nächstniedrigere als Berechnungsgrundlage genommen.
– Als Voraussetzung für eine Prämierung müssen in jedem Prüfmerkmal mindestens 3 Punkte (ungewichtet) erreicht werden.
* Laboruntersuchung
  – Säuregrad: Bei 2 oder weniger Punkten muss der Säuregehalt bestimmt werden.
** Beschreibbar: ☐ ja – siehe Bemerkung ☐ nein

Bemerkung (sonstige Mängel):

_____

Unterschriften:
(Prüfer)

Punkte	Qualitätsbeschreibung	allgemeine Eigenschaften
4,70–5,00	sehr gut	volle Erfüllung der Qualitätserwartung
4,25–4,69	gut	geringfügige Abweichung
4,00–4,24	zufrieden stellend	merkliche Abweichung
unter 4,00	verbesserungsbedürftig	deutlicher Fehler

BÄCKER-HANDWERK
unentbehrlich für alle

Gewichtungsfaktoren =   Gewichtete Bewertung

Bewertung: 5 4 3 2 1 0   x 3 =

4	3	–	–	5740 unansehnliches Gesamtbild	4	3	–	–		
4	3	–	–	5755 ungleichmäßige Scheibengröße	4		–	–		
4	3	–	–	5760 ungleichmäßige Scheibendicke	4	3	–	–		
4	3	–	–	4710 sonstige Mängel**	4	3	2	–		
4	3	–	–	9998 nicht bewertbar**	–	–	–	–		0

Bewertung: 5 4 3 2 1 0   x 3 =

4	3	–	–	4920 stumpfer Überzug	4	3	–	–		
4	3	–	–	4420 Reif auf Überzug	4	3	–	–		
4	3	–	–	2390 Fehlstellen Überzug/Aufl.	4	3	–	–		
4	3	–	–	2375 Fußbildung Überzug	4	3	–	–		
4	3	–	–	3658 Käseauflage unzureich. geflossen	4	3	–	–		
4	3	–	–	2775 Garnierung nicht sorgfältig	4	3	–	–		
4	3	–	–	4710 sonstige Mängel**	4	3	2	–		
4	3	–	–	9998 nicht bewertbar**	–	–	–	–		0

Bewertung: 5 4 3 2 1 0   x 2 =

4	3	–	–	5500 verunreinigte Krume	4	3	–	–		
4		–	–	5875 ungleichmäßiges Schnittbild	4	3	–	–		
4		–	–	5806 ungleichmäßige Krumenfarbe	4	3	–	–		
4		–	–	3901 nicht artgemäße Krumenfarbe	4	3	–	–		
4		–	–	4710 sonstige Mängel**	4	3	2	–		
4		–	–	9998 nicht bewertbar**	–	–	–	–		0

Bewertung: 5 4 3 2 1 0   x 3 =

4	3	–	–	6425 weiche Füllung	4	3	–	–		
4	3	–	–	3401 leimige Füllung	4	3	–	–		
4	3	–	–	5010 Schmelz verzögert Überzug/Aufl.	4	3	–	–		
4	3	–	–	4065 ölig/fettig/anhaftend	4	3	–	–		
4	3	–	–	4710 sonstige Mängel**	4	3	2	–		
4	3	–	–	9998 nicht bewertbar**	–	–	–	–		0

Bewertung: 5 4 3 2 1 0   x 9 =

4	3	–	–	2585 gärig	–	–	2	1	–	
4	3	–	–	4235 ranzig	–	–	2	1	–	
4	3	–	–	1824 dumpf/muffig	–	–	2	1	–	
–	–	2	1	4450 seifig	–	–	–	1	–	
4	3	–	–	4710 sonstige Mängel**	4	3	2	–		
–	–	2	1	9998 nicht bewertbar**	–	–	–	–		0

Gewichtete Gesamtbewertung

Summe der Gew.-Faktoren   = —— =   20

Erzielte Qualitätszahl

(Obermeister)

IV. Leitfaden für Brot-, Brötchen- und Stollenprüfungen

1. Die Prüfungsschemen umfassen folgende 5 Prüfungsmerkmale:

a) Form, Aussehen
b) Oberflächen-, Krusteneigenschaften
c) Lockerung, Krumenbild
d) Struktur, Elastizität
e) Geruch, Geschmack

Jedem Prüfmerkmal sind die entsprechenden Merkmalseigenschaften (Fehlermerkmale) zugeordnet. Jedes Prüfmerkmal wird einzeln bewertet und das Ergebnis in dem dafür vorgesehenen Bewertungskästchen angekreuzt. Sind die Bedingungen für eine Bewertung nicht erfüllt, z. B. wenn das Brot verdorben ist, fällt es aus der Bewertung heraus, es wird die 0 angekreuzt.

2. Vorgang der Prüfung

Die vorliegende Probe wird anhand der Merkmalseigenschaften geprüft. Jede Merkmalseigenschaft wird mit 1 bis 5 Punkten bewertet. Bei Abweichungen von der Höchstpunktzahl (5) muss die betreffende Merkmalseigenschaft unterstrichen und die Punktzahl angekreuzt bzw. eingekreist werden. Kommt es innerhalb eines Prüfmerkmals zu zwei oder mehr gleichen Merkmalsabwertungen, so gelten folgende Regelungen:

a) Bei Nennungen unterschiedlicher Punktzahlen innerhalb eines Prüfmerkmals wird die niedrigste als Bewertungsgrundlage herangezogen.

b) Bei Mehrfachnennungen derselben Punktzahl innerhalb eines Prüfmerkmals wird die nächstniedrige als Bewertungsgrundlage genommen.

3. Berechnung der Qualitätszahl

a) Gewichtete Bewertung
Die angekreuzte Bewertung eines Prüfmerkmals wird mit dem dazugehörenden Gewichtungsfaktor multipliziert. Das Teilergebnis wird als „gewichtete Bewertung" bezeichnet und in das betreffende Kästchen eingetragen.

b) Gewichtete Gesamtbewertung
Erst wenn für alle Prüfmerkmale die „gewichteten Bewertungen" errechnet sind, werden diese zur „gewichteten Gesamtbewertung" addiert.

c) Qualitätszahl
Anschließend wird die „gewichtete Gesamtbewertung" durch die Summe der Gewichtungsfaktoren dividiert. Das Endergebnis wird Qualitätszahl genannt.

4. Prämierungsvoraussetzungen

Im Falle einer Prämierung muss jedes Prüfmerkmal mit mindestens 3 Punkten bewertet sein.

V. Verkaufskunde

Erfolgreich verkaufen – Schlüssel der Zukunft

Der Erfolg eines Bäckereiunternehmens entscheidet sich immer stärker im Verkauf. Die Qualifikation der Verkäuferin ist ein entscheidender Faktor für den langfristigen wirtschaftlichen Aufbau einer Bäckerei. Zusätzlich vermittelt Kompetenz der Mitarbeiterin im Verkauf Sicherheit und Erfolgserlebnisse. Wissen schafft Autorität im Team und Erfolg beim Verkauf. Gerade Aushilfskräfte und ungelernte Mitarbeiter werden gerne diese Schritte zum Erfolg mitgehen.

Kann man Verkaufen lernen? Gibt es die geborene Verkäuferin, oder sind bestimmte Charaktereigenschaften notwendig?

Das sind Fragen, die dann auftauchen, wenn von einer besonderen verkäuferischen Leistung die Rede ist oder wenn Probleme der Aus- und Weiterbildung von Verkaufskräften diskutiert werden.

Natürlich wird es eine einfallsreiche, kontaktfreudige, wortgewandte und nicht so leicht zu entmutigende und aus der Fassung zu bringende Persönlichkeit im Verkauf erheblich leichter haben als ein eher statisch veranlagter, in sich gekehrter und schnell zu verunsichernder Mensch. Aber – eine Garantie, um im Verkauf ohne Ausnahme nur Erfolge verbuchen zu können, sind die genannten Eigenschaften nicht. In der Praxis entscheidet ein ganz anderer Faktor darüber: **Das Interesse an der Arbeit.**

Damit relativiert sich der weit verbreitete Glaube an die geborene Verkäuferin, und die Frage, ob Verkaufen nicht doch – zumindest bis zu einem gewissen Grad – lehr- und damit lernbar sei, erscheint plötzlich in einem erheblich anderen Licht. Denn

- Selbstbewusstsein ohne Achtung vor dem anderen und wirklicher Bereitschaft, den Kunden nicht nur ernst, sondern ihn auch so zu nehmen, wie er ist oder sich – zunächst – gibt,
- Wortgewandtheit ohne solide Wissensbasis und das tatsächliche Bemühen, auch die Sprache des Kunden nicht nur wirklich zu verstehen, sondern in der konkreten Verkaufsunterhaltung auch zu sprechen, um ihn kompetent beraten und mit der eigenen Botschaft auch erreichen zu können,

führt in der über den Tag hinausgreifenden Betrachtung ins verkäuferische Abseits und beschert eher den Verlust als den Gewinn von Kunden und damit Marktanteilen.

Gerade unter dem Blickwinkel der **„Erfolgsrezepte im Verkauf"** im neuen Jahrtausend kann das Motto aufgestellt werden **„Wohin geht die Reise im Verkauf?"**

Folgende **Schlagwörter** geben einen Überblick über wichtige Kriterien für eine erfolgreiche Verkäuferin im Bäckerfachgeschäft:

- **Kunden im Mittelpunkt – wie bekommt man sie dahin?**
- **Was bedeutet der Wertewandel in der Gesellschaft für die Entwicklungen im Verkauf?**
- **Kunden unter der Informationsdusche – wo bleibt das Kauferlebnis?**
- **Produkt- oder Kundenvorteile – wer oder was hat denn nun die Vorteile?**
- **Kunden kaufen Unterschiede – wie können wir sie schaffen?**
- **Schritt halten im Wettlauf der Serviceleistungen.**
- **Die Arbeitszeit im Verkauf wird immer teurer – wird sie auch effizienter genutzt?**
- **Was macht Verkaufsgespräche schneller?**
- **Richtig reagieren, wenn der Wettbewerb ins Gespräch kommt.**

Die drei Säulen des Verkaufens

Das „magische Dreieck" erfolgreichen Verkaufens wird von den drei großen „W" gebildet: **WAS? WEM? WIE?**, d. h.
– gründliche stocksolide Angebots-, Produkt- beziehungsweise Warenkenntnisse, das Wissen um Verkaufsmodalitäten und -konditionen, die Kenntnis der Mitbewerber und ihrer Stärken sowie Schwächen im Vergleich zu den eigenen Vorzügen und Schwächen **(= Was?)**

in Verbindung mit

– der Fähigkeit, Kunden einzuschätzen, sie in ihrer Persönlichkeit zu erfassen, verkaufstaktische und strategische Schlüsse daraus ziehen zu können und die wirkliche Bereitschaft, sich dann und damit auf den Kunden einzustellen, ohne zum profillosen „Gummiwesen" zu werden (= **Wem?**)

unterstützt durch

– fundiertes Wissen über die Gesetzmäßigkeiten der Gesprächs- und Verhandlungsführung, der Kunst zu argumentieren, ohne zu überrumpeln, die Darstellung des Verkaufsobjektes und auch der eigenen Person (= **Wie?**)

Auf diesen drei Säulen ruht erfolgreiches Verkaufen, und diese lassen sich „aufbauen", d. h., das „Material", aus dem sie „erstellt" werden können, ist vermittelbar. Damit entzieht sich das Verkaufen können in grundsätzlicher Betrachtung nicht der Lehr- und Lernbarkeit. Wie „hoch" diese Säulen werden können, das hängt selbstverständlich von den individuellen Voraussetzungen ab, von denen das Interesse der Arbeit die wesentlichste ist.

Prüfungsfragen aus der Verkaufskunde

(Siehe auch Seite 141 ff.)

Welche technischen Fertigkeiten gehören zum Aufgabenbereich einer Verkäuferin?

– Herrichten der Backwaren für den Verkauf.
– Einräumen der Backwaren in Regale und Fächer.
– Aufbau auf der Theke und in Glasaufsatz.
– Herrichten der Gebäcktheke und der Schnellverkaufstheke mit Ausstellungsetagen, der Sahneklimatheke und des in die Arbeitsplatten eingelassenen Messerbechers.
– Verkaufen und Bedienen.
– Verpacken der Backwaren.

- Fertigmachen von Paketen.
- Ausführung einfacher Garnierung.
- Portionieren von Sahne (Sahnespender).
- Aufschneiden von Torten und Streifen.
- Bedienen der Registrierkasse.
- Geld einnehmen, Geld wechseln, Geld herausgeben.
- Schleifenbinden.
- Klarsichtpackungen versiegeln.
- Zusammenstellen von bunten Platten.
- Dekorieren des Schaufensters.
- Auspreisen und Deklarieren der Waren.
- Bedienen und Reinigen von Maschinen und Geräten.
- Sauberhalten des Arbeitsplatzes.

Man unterscheidet zwischen 2 Verkaufsarten: dem Aushändigungs- und dem Beratungsverkauf.

a) Nennen Sie je 3 typische Unterscheidungsmerkmale dieser Verkaufsarten!

a) *Aushändigungsverkauf*
1. Der Kauf geht schnell vonstatten, ohne Beratung durch die Verkäuferin.
2. Der Kunde hat einen festen Kaufwunsch.
3. Die Verkäuferin händigt lediglich die Ware aus und kassiert den Kaufpreis.

Beratungsverkauf
1. Der Kauf erfordert Zeit, im Mittelpunkt steht die Beratung durch die Verkäuferin.
2. Der Kunde ist nicht auf ein bestimmtes Erzeugnis festgelegt.
3. Die Verkäuferin hat die Möglichkeit, Einfluss auf den Kunden zu nehmen.

b) Beschreiben Sie 2 Möglichkeiten, die eine gute Fachverkäuferin hat, um einen Kunden von einem reinen Aushändigungsverkauf zu einem Beratungsverkauf zu führen!

b) Die Verkäuferin kann diesen Kunden unaufdringlich auf andere Erzeugnisse hinweisen, ihn auf Sonderangebote, auf Qualitätsunterschiede und Preisvorteile aufmerksam machen.

Die Verkäuferin muss aktiv werden. Freundliche, gezielte Fragen zeigen ihr, wofür der Kunde die gewünschte Ware braucht. Hier kann dann die Beratung

Verkaufskunde 121

einsetzen, an deren Ende ein ganz anderer Kaufwunsch des Kunden stehen kann.

Welche Anforderungen stellt man an den Charakter einer Verkäuferin?

a) gleichbleibende Freundlichkeit
b) ungezwungene Höflichkeit
c) gute Laune und Liebenswürdigkeit
d) Selbstbeherrschung und Takt
e) Pünktlichkeit, Ordnungsliebe und Ehrlichkeit
f) Geschäftsinteresse
g) Hilfsbereitschaft

Wie muss das äußere Erscheinungsbild einer Verkäuferin aussehen?

a) gepflegtes Aussehen
b) moderne Berufskleidung
c) absolute Sauberkeit

Welche äußerlichen Merkmale wirken auf die Kundschaft abstoßend?

a) unangenehmer Körpergeruch
b) Ausschläge
c) unreine Haut
d) unnatürliches Make-up und übertriebener Parfümgeruch
e) unsaubere Hände
f) zu lange und farbig lackierte Fingernägel
g) schadhafte Zähne
h) ungepflegte Frisur
i) müder Gang, übernächtigtes Gesicht
k) nicht zur Figur passende und unsaubere Berufskleidung

Welche unhygienischen Handlungen stoßen ebenfalls die Kundschaft ab?

a) Haare in Ordnung bringen während des Bedienens
b) sich kratzen und einen Bogen Einschlagpapier anfassen
c) Benetzen der Finger am Mund, um Papier aufzunehmen
d) Hineinpusten in Tüten, um diese zu öffnen
e) Benutzen eines schmutzigen Taschentuches
f) unkontrolliertes Niesen

Welche geistigen Anforderungen muss eine Verkäuferin erfüllen?	a) Konzentrationsvermögen b) gutes Gedächtnis c) gute Umsicht (Sorgfalt, Genauigkeit, Gründlichkeit) d) Sprachgewandtheit e) sicheres Rechnen f) fundiertes Fachwissen (u. a. richtiges Ausstellen von Rechnungen und Quittungen, Kundenberatung)
Verschiedene andere Eigenschaften gehören aber noch zum perfekten Verkauf. Nennen Sie einige!	a) Die Verkäuferin muss Menschenkenntnis besitzen. b) Die Verkäuferin muss individuell bedienen. c) Das Kennen der Namen und Titel der Stammkunden ist wichtig. d) Peinliche Verwechslungen vermeiden. e) Kleine Wünsche und Angewohnheiten der Kunden sich merken
Was wissen Sie über Begrüßung und Anrede?	a) Begrüßung und Anrede sind von großer Bedeutung. b) Die Begrüßung kann sich unterschiedlich vollziehen. c) Die Begrüßung kann erfolgen, wenn der Kunde eintritt. d) Die Begrüßung kann erfolgen, wenn der Kunde an den Verkaufstisch herantritt. e) Die Stammkundschaft wird mit dem Namen angesprochen.
Bilden Sie ein Beispiel der Begrüßung und Anrede bei Laufkundschaft!	„Guten Tag! Bitte, womit kann ich dienen?"
Wie bedienen Sie richtig?	Hat der Kunde seinen Kaufwunsch geäußert, wird er nach folgenden Grundsätzen bedient: a) korrekte Erfüllung des Kaufwunsches b) flinke Bedienung

Verkaufskunde

c) Ermittlung des richtigen Verkaufspreises
d) richtiger Geldwechsel
e) höfliche Verabschiedung

Eine Kundin behauptet, sie hätte Ihnen einen Schein von 50 DM gegeben. Sie haben jedoch auf 20 DM herausgegeben.
a) Wie können Sie sich vor derartigen Reklamationen schützen?
b) Was können Sie in der aktuellen Situation unternehmen?

a) 1. aufmerksam arbeiten
2. Höhe des erhaltenen Scheines laut bestätigen
3. Wechselgeld deutlich vorzählen
4. Schein außerhalb der Kasse deponieren, bis die Kundin bestätigt hat, dass das Wechselgeld stimmt.
b) Kundin auf Kassenabrechnung am Abend hinweisen; gibt sie sich damit nicht zufrieden, sofort Kassenabrechnung machen.

Warum verwendet man heute überwiegend Registrierkassen?

a) Sie errechnen die Verkaufsleistung der Verkäuferin nach Umsatz und Kundenzahl.
b) Sie zeigen die Zahl der Bar- und Kreditverkäufe sowie die Anzahl der bezahlten Rechnungen.
c) Die Ausgabebelege werden festgehalten.
d) Sie berechnen auch Rabattabzüge.
e) Der Bon zeigt Firma, Warenart, Nummer und Datum.
f) Sie zeigen Einzelbeträge und den Endbetrag.

Wie geht das Wechseln des Geldes richtig vor sich?

a) Geldschein oder Geldstück in der Hand behalten oder in dem Kassenteller liegen lassen.
b) Beim Zurückgeben des Wechselgeldes zählt man der Kundschaft das Geld auf dem Zahlteller vor.
c) Kindern wickelt man das Wechselgeld ein.

Welche Arten von Waagen kennen Sie?	a) Tafelwaagen mit Gewichten b) Schnellwaagen (Tachometerwaagen)
Welchem Zweck dient der Glasaufsatz?	a) vorteilhaftes Aufbauen der Backwaren b) Schutz der Backwaren vor Anhauchen, Anfassen, Anniesen und Diebstahl
Wie muss die Platte der Theke gearbeitet sein?	Die Tischplatte muss sauber, glatt und leicht abwaschbar sein. Marmorplatten werden bevorzugt.
Welchem Zweck dient die Kühltheke?	Sie dient zur Kühllagerung wärmeempfindlicher Backwaren. Ihr wesentlicher Zweck ist die Frischhaltung leicht verderblicher Lebensmittel für wenige Stunden oder über Tag und Nacht. Die Temperaturen liegen je nach der zu kühlenden Backware zwischen +2 und +8 °C; sehr wichtig ist eine ausreichende Luftumwälzung.
Welche Arbeitsgeräte braucht eine Bäckerei- oder Konditoreiverkäuferin?	Messer, Sägen, Gebäckzangen, Kuchenheber, Tortenheber, Kuchen- und Tortenplatten, Tabletts, Verpackungsmaterial.
Wie behandeln Sie den Messertank?	Reinigen und öfter das Wasser wechseln.
Welche Maschinen werden durch die Verkäuferin bedient?	Brotschneidemaschine, Sahnespender und Kaffeemaschine.
Wie behandeln Sie diese Geräte im Einzelnen?	a) Messer werden im Spülwasser gespült und fettfrei gemacht. b) Aluminiumgeräte werden mit Stahlwolle behandelt. c) Bestecke aus Silber können mit Silberwatte, Silbertuch oder Silberputzflüssigkeit geputzt werden. d) Messinggegenstände werden mit Metallputz gereinigt.

Verkaufskunde 125

e) Glasplatten und Porzellan werden in nicht zu heißem Spülwasser gespült, nachgespült und mit nicht faserndem Tuch getrocknet.

f) Glasaufsätze ebenso reinigen, jedoch mit Fensterleder nachreiben, um Fingerabdrücke zu beseitigen.

g) Marmorplatten reinigt man mit Seifenwasser, reibt nach, ledert ab und poliert mit erstklassigem Wachs.

Welche Arten von Schaufenstern gibt es?[*]

a) *Verkaufsfenster:*
Von der Verkaufsseite her zu erreichen. Von der ausgestellten Ware kann laufend verkauft werden. Es ist flach gehalten und ohne Rückwand.

b) *Dekorationsfenster:*
In der Absicht gestaltet, eine möglichst große Werbewirkung zu erzielen. Es lockt Vorübergehende zum Stehenbleiben an, veranlasst zum Betrachten der Backwaren. Hier besteht die Möglichkeit, auf saisonale bzw. örtliche oder überregionale Themen besonders einzugehen, wobei diese Dekoration 10 bis 14 Tage bestehen bleiben kann. Sehr empfindliche Ausstellungsstücke sollten evtl. durch frische appetitliche Waren ausgetauscht werden.

c) *Schaufenster mit Regalsystem:*
Es ist mit Gestellen und Auflegeplatten ausgestattet, die mit Ware vollbepackt werden. Unten Brote, darüber Weizengebäck und Feine Backwaren. Es gilt der Grundsatz: Schwere, größere Ware nach unten, leichtere nach oben.

---

[*] Ausführliche Bewertungsrichtlinien für Schaufenster siehe Seite 169, 12 Gestaltungspunkte von Schaufenstern siehe Seite 170 ff., 16 praktische Tipps zur Herstellung eines Werbeschaufensters siehe Seite 171 ff.

Welches ist der Zweck des Schaufensters?

a) Produktpräsentation und Darstellung der Leistungsfähigkeit des Betriebes (Visitenkarte)
b) Blickfang und Werbung
c) Beleuchtung des Ladens

Erklären Sie Blickfang und Blickpunkt des Schaufensters!

Blickfang:
Wenn man bei der Schaufensterdekoration nicht nur Backwaren als Werbezweck benutzt, sondern auch Dekorationsmaterial wie Streifen, Schilder, Pfeile, Bänder und Beschriftung.

Blickpunkt:
Nicht jeder Punkt im Schaufenster wird vom Betrachter gleichmäßig beachtet. Der Blick wendet sich meistens in die Mitte des Fensters. Die meistbeachtete Stelle liegt direkt unter Augenhöhe. Was sich hier im „Blickpunkt" befindet, fällt am meisten auf.

Welche Tipps würden Sie für die Dekoration des Schaufensters geben?

a) Schaufenster nicht mit allen möglichen Backwaren voll stopfen.
b) Gebäcke und Feine Backwaren kurzfristig wechseln.
c) Bewegliche Aufsätze, Stufen, Erhöhungen bei Neudekorationen in eine andere Stellung bringen.
d) Hin und wieder einmal nur ein einziges Produkt herausstellen.
e) Korrekte Preisschilder.
f) Einwandfreie Deklaration.
g) Werbematerial ist nur Hilfsmittel. Schöne, einwandfreie Qualitätsware ist die Hauptsache.
h) Hauptlaufrichtung der Passanten beachten.
i) Gepflegte Schaufensterscheibe.
j) Blendfreie Beleuchtung.
k) Kritische Betrachtung des Fensters von außen.

Wie reinigen Sie am besten die Schaufenster?	a) Innenseite zuerst säubern. b) Außenrahmen (Metall oder Holz) reinigen. c) Schaufensterscheibe (Kristallglas) mit lauwarmem Wasser unter Zusatz von Spiritus oder entsprechendem Putzmittel abwaschen. d) Mit Fensterleder abledern. e) Kalkspritzer mit Essig entfernen. f) Ölfarbflecken mit Terpentin entfernen. g) Fliegenschmutz mit Spiritus oder Salmiakwasser entfernen. h) Putzen während direkter Sonneneinstrahlung vermeiden. i) Leichtes Bestreichen mit Glyzerin beugt Beschlagen oder Gefrieren vor. j) Gefrorene Scheiben mit lauwarmem Salzwasser auftauen.
Nennen Sie mindestens 5 Gestaltungsgrundsätze für ein Schaufenster!	1. Es soll heller als die Umgebung sein (Licht lockt Leute). 2. Direkte Sonnenbestrahlung vermeiden (Markisen usw.). 3. Auslagen übersichtlich und für den Betrachter leicht erfassbar anordnen (weniger ist mehr!). 4. Handwerkliche Arbeit sollte im Mittelpunkt stehen. 5. Einheitliche Idee. 6. Es sollte der Jahreszeit oder besonderem Anlass entsprechen. 7. Blickfang verwenden. 8. Preisschilder einwandfrei lesbar und sorgfältig gestalten usw.
Was versteht man unter einem Saisonschaufenster?	Zu den Fest- und Feiertagen (Neujahr, Ostern, Pfingsten, Erntedankfest, Weihnachten) sowie zur Reise- und Urlaubszeit, Fastnacht, Woche des Brotes und

zum Nikolaustag wird nicht nur der Bedeutung entsprechend dekoriert, sondern auch die Warenausstellung entsprechend gestaltet.

Wie werden einfache Kuchen geschnitten?

Kuchen zum Kaffee, z. B. Blechkuchen und Obstkuchen, dürfen nicht nach Augenmaß geschnitten werden.
Für rechteckige Blechkuchen nimmt man den 10-teiligen Scherenteiler zu Hilfe.
Nachdem die Ränder abgetrennt sind, kann man mit der Einteilung und dem Schneiden beginnen.
Runde Obstkuchen sind von der Backstube her am Rand eingeteilt.
Benutzung des Sägemessers beim Durchschneiden in sägender Bewegung.
Bei Obstkuchen mit Decke zuerst die Decke durchschneiden und beim zweiten Schnitt den übrigen Kuchen.
Bei offenen Obstkuchen erst die Früchte und dann den Boden durchschneiden.

Wie schneiden Sie vorteilhaft die Torten?

Torten sind von der Backstube her eingeteilt (Tortenteiler). Sie werden vor den Augen des Kunden geschnitten (Verhinderung des Austrocknens). Das Messer muss im Wasser (Messertank) aufbewahrt sein. Siehe Fußnote Seite 129.
Der Schnitt muss glatt geführt werden. Nicht durchdrücken, sondern schneiden (hin- und herfahren).
Harter Schokoladeüberzug lässt sich nicht schneiden, er muss von der Backstube her mit warmem Tortenteiler oder heißem Messer durchschmolzen sein.
Sahnetorten müssen mit feuchtem Messer geschnitten werden.
Der Deckboden ist meist vorgeschnitten aufgelegt.

Was müssen Sie beim Belegen von Obsttörtchen beachten?	Von Früchten, die der Dose entnommen werden, muss vor dem Auflegen der Saft abtropfen; Zuckerwasser weicht den Boden auf. Früchte sind sauber aufzulegen, damit sie dem Törtchen einen appetitlichen Anblick verleihen. Pfirsiche und Aprikosen sollen leicht gestaffelt arrangiert werden. Eine rote Kirsche in der Mitte steigert das bildmäßige Aussehen. Wenn Obsttörtchen mit Sahne ausgarniert werden, wird am besten ein Tupfenrand ringsum gespritzt.
Was haben Sie beim Anrichten von Portionseis zu beachten?	Eisschalen müssen vorgekühlt sein. Eisportionierer in einem Gefäß mit Wasser aufbewahren* (Eis löst sich dann besser und bildet eine glatte Oberfläche), Aufbewahrungsgefäße von Eis nach der Entnahme schließen.
Wie richten Sie einen Eisbecher an?	Es gibt verschiedene Anrichtungsarten. Die Zusammenstellung besteht meist aus Speiseeis, Früchten, Saucen oder Gelees. Das Eis kommt nach unten zu liegen. Früchte und Saucen werden aufgefüllt. Den Abschluss bildet die Garnierung. Der Glasrand oder Becherrand muss sauber bleiben. Gläser oder Silberbecher sind vorgekühlt. Beim Glas (von allen Seiten kann man den Inhalt sehen) muss man vorsichtig füllen, damit der Inhalt nicht durcheinander läuft.

---

*Vorteilhaft sind Aufbewahrungsgefäße mit fließendem Wasser. Bei stehendem Wasser muss diesem zur Vermeidung von Bakterien usw. Zitronensäure (1 bis 2 %) zugesetzt werden.

Wie portionieren Sie Schlagsahne?	Mit dem Sahnespender (Gewicht der Portion ist automatisch eingestellt).
Warum ist der Sahneblasapparat zum Portionieren besser?	Er bläst gekühlte Luft ein. Die Sahne ist dadurch auf dem richtigen Stand. Das Blasen ist wirtschaftlicher und hygienischer. Das Volumen der Sahne ist gleichbleibend reguliert.
Welches Verpackungsmaterial steht Ihnen zur Verfügung?	Packpapier in verschiedenen Stärken. Weißes Einwickelpapier mit einseitigem Firmenaufdruck. Seidenpapier, Pergament- und Wachspapier. Klarsichtpackung, Spitz- und Flachtüten, gefütterte Tüten, Faltbeutel, Pappteller, Kuchen- und Tortenschachteln, Manschetten, Kapseln, Kordeln, Bänder.
Welchen Zweck erfüllt die Klarsichtpackung?	Die Klarsichtpackung verschönt und schützt, wobei das Produkt sichtbar bleibt.
Welches Verpackungsmaterial in dieser Art wird heute verwendet?	a) Beutel für Kleingebäck, Teegebäck usw. b) Bogen und Rollen für größere Stücke.
Welche Hilfsmittel benötigt man für diese Art der Verpackung?	a) Folienrollen mit Schneidevorrichtung b) Siegelkolben zum Verschweißen c) Siegelplatten d) Schrumpffolien e) Nahtsiegelgerät
Wie verpackt man Backwaren?	a) Brötchen usw. kommen in Tüten. b) Brot wird in Einwickelpapier eingeschlagen. c) Schnittbrot ist in Klarsichtpackung verpackt.

Verkaufskunde

d) Als Unterlage für Kuchen benutzt man einen rechteckigen Pappteller.
e) Feste Kuchen und Plunder legt man nach unten, darauf kann man empfindlichere Teile packen.
f) Feste und empfindliche Stückchen kann man nebeneinander aufbauen.
g) Butterkremgarnierungen muss man mit Fettpapier abdecken und erst dann einschlagen.
h) Ganze Torten sind am besten in Tortenbehältern verpackt; auch Fettkartons eignen sich zum Mitnehmen durch den Kunden. Bei Lieferungen eignet sich der Aluminiumbehälter am besten, wobei aber auch Styroporbehälter eine längere Kühlung gewährleisten.

Wie kann man Verpackungsmaterial einsparen?

Bogen, Tüten und Teller nie größer wählen als erforderlich. Nicht 2 oder 3 Bogen verwenden, wenn 1 Bogen genügt.

Ist Selbstbedienung im Bäcker- oder Konditorladen zweckmäßig?

In Bäckerfachgeschäften und deren Filialen kommt es vereinzelt vor, dass verschiedene Backwaren in Selbstbedienung angeboten werden, während in Konditoreien die Selbstbedienung nicht eingeführt ist. Wenn eine Selbstbedienungsabteilung besteht, dann muss die Backware stets eine Umhüllung haben, möglichst durchsichtig. Hierzu eignet sich die Klarsichtpackung. Sollte durch die Umhüllung eine Fertigpackung entstehen, sind die lebensmittel- und eichrechtlichen Kennzeichnungsvorschriften* zu beachten.

---

* Siehe Lebensmittel-Kennzeichnung, Seite 263 ff.

Wie verhalten Sie sich bei einer mündlichen Bestellung?	Bestellungen sind grundsätzlich in ein Bestellbuch einzutragen. Hierbei sind folgende Eintragungen zu machen: a) Name und Wohnort b) Warenart und Anzahl mit Preis c) Selbstabholung oder Zustellung d) Lieferzeit (Tag und Stunde) Der Meister oder Backstubenleiter ist vor der Zusage zu fragen, ob die gewünschte Bestellung auch ausgeführt werden kann.
Wie verhalten Sie sich bei einer telefonischen Bestellung?	Auch bei einer telefonischen Bestellung ist der Auftrag sofort in ein Bestellbuch einzutragen. Der Auftrag ist, um Irrtümer zu vermeiden, genau und deutlich zu wiederholen. Der Dank für den Auftrag und die höfliche Verabschiedung dürfen nie vergessen werden.
Wie verhalten Sie sich bei einer Reklamation oder Beschwerde?	Bitten Sie reklamierende Kunden in ein Hinterzimmer. Hören Sie sich die Beschwerde ruhig und aufmerksam an. Wenn der Kunde unhöflich wird, verfallen Sie nicht in den gleichen Ton. Entscheiden Sie, ob die Reklamation berechtigt ist oder nicht. Entschuldigen Sie sich für Fehler des Backbetriebes – und geben Sie die Beschwerde dorthin weiter, damit der Fehler in Zukunft nicht mehr vorkommt. Geben Sie dem Kunden möglichst immer Ersatz.
Was wissen Sie vom Umtausch der Backwaren?	Der Umtausch von Backwaren ist aus hygienischen Gründen gesetzlich verboten. Der Umtausch von Waren in festen, unbeschädigten Packungen ist möglich. Bei falscher Warenlieferung ist der Kunde zum Umtausch berechtigt.

Bei Lieferung von nicht einwandfreier Ware hat der Kunde das Recht, vom Kaufvertrag zurückzutreten. Er kann aber auch eine einwandfreie Ware verlangen; die fehlerhafte ist zurückzunehmen und vom Verkauf auszuschließen.

Welche Mengen an Backwaren würden Sie pro Person bei einem festlichen Anlass empfehlen?

Torten	2 Stücke oder 1 St. u. 1 Dessert
Obsttorten	1$^1/_2$ bis 2 Stücke
Obsttörtchen	2 bis 3 Stückchen
Dessertstücke	2 bis 3 Stücke
Petits fours	2 bis 3 Stückchen
Schlagsahne	70 bis 80 Gramm
Hefe- od. Blätterteig	3 bis 4 Stücke
Bunte Platte	1 Dessertstück u. 2 Kaffeegebäcke
Eisbomben oder Eisspeisen	$^1/_8$ Liter
Tee- u. Weingebäck	60 bis 70 Gramm
Käsegebäck	4 bis 5 Stücke
Salzgebäck	3 bis 4 Stücke

Die angeführten Mengen sind **Erfahrungs-** bzw. **Durchschnittswerte** und können selbstverständlich unter- oder überschritten werden!

Was bieten Sie zum Kaffee an?

Alle Arten von Kuchen, Blätter-, Plunder- und Hefeteig.

Was bieten Sie zum Tee an?

Belegte Brötchen, Teegebäck, vielleicht Teekuchen usw.

Was bieten Sie zum Wein an?

Zu lieblichem Wein ist Kleingebäck zu empfehlen.
Zu herbem Wein empfiehlt man belegte Brötchen, kleine Appetithäppchen aus verschiedenen Brotsorten, Salz- und Käsegebäck.

Was bieten Sie zum Bier an ?	Belegte Brötchen, Brezeln, Salzstangen, Salzwecken, Käsegebäck.
Welche Brotsorten empfehlen Sie zu Käseplatten?	Vollkornbrote und Pumpernickel. In Süddeutschland auch Baguette oder Weißbrot.
Was bietet man bei einer Faschingsveranstaltung an?	Fettgebäcke, Petits fours, Käse- und Salzgebäck, belegte Brötchen, Torten.
Welche Gebäcke empfehlen Sie zum Camping?	Dauergebäcke, Knäckebrot, Schnittbrot (Graubrot, Vollkornbrot in Klarsichtpackungen).
Ist ein Bedienen außer der Reihe statthaft?	Ein Bedienen außer der Reihe ist nur dann statthaft, wenn alle vorher kommenden Kunden einwilligen und die Verkaufshandlung nur kurze Zeit in Anspruch nimmt.
Wie erfolgt die Bedienung eines Spätkunden?	Spätkunden, die kurz vor Ladenschluss das Geschäft betreten, sind genauso freundlich zu bedienen wie die vorhergehenden. Sie haben kein Verständnis für eine ermüdete Verkäuferin.
Eine Kundin will einen Geschenkkauf machen. Mit welchen direkten Fragen führen Sie das Verkaufsgespräch?	Beispiele: a) Ist es für einen Herrn (Dame, junge Dame, Kind usw.)? b) Welchen Preis gedachten Sie anzulegen? c) Soll es zum Geburtstag sein? d) Ist es für eine Damengesellschaft bestimmt? e) Ist es für eine Party (Damen, Herren, Kinder, Schüler)?

Welche Überlegungen stellen Sie an, wenn Ihre Verkaufshandlung erfolglos geblieben ist?

a) Habe ich nicht höflich gegrüßt oder bedient?
b) Habe ich nicht verstanden, die Waren mit entsprechender Sachkenntnis zu empfehlen?
c) Habe ich die Geduld und Selbstbeherrschung verloren?
d) Lag es an der Entschlussunfähigkeit des Kunden?
e) Bei begründeten Mängeln an Backwaren werden diese der Backstube weitergegeben.

Welche Aufgaben haben Sie bei der Zusammenstellung von Lieferungen?

a) richtiges Einzählen der Waren
b) transportgerechte Verpackung
c) Beigabe des kontrollierten Lieferscheines oder der Rechnung
d) Nach Ablieferung Empfangsquittung verlangen!

Was verstehen Sie unter Zuempfehlen?

Darunter versteht man, den Kunden zu weiteren Käufen anzuregen. Die Verkäuferin muss hierbei vorsichtig sein. Der Kunde soll das Geschäft mit dem Gefühl verlassen, aus eigenem Antrieb gekauft zu haben.

Was verstehen Sie unter Werbung?

Werbung sind alle Maßnahmen, die dazu dienen, dem Bäckerei-/Konditoreibetrieb neue Kundschaft zuzuführen.

Was versteht man unter Marketing?

Marketing umfasst alle Maßnahmen, die ein Unternehmen trifft, um einen Markt aufzuspüren, zu schaffen, ihn zu erhalten oder zu vergrößern. Marketing will beim Kunden erreichen, dass das eigene Unternehmen gegenüber der Konkurrenz bevorzugt wird. Es ist Planung, Koordination und Kontrolle aller Unternehmensaktivitäten auf dem Markt.

Welche Werbemittel kennen Sie?

Beste Warenqualität, ansprechendes Schaufenster, Werbebriefe, Prospekte, Zeitungsinserate, Werbefotos, Lichttransparent, Karton-, Tüten- und Packpapieraufdruck, Diapositive fürs Kino.

Welche Werbearten gibt es?

Einzelwerbung, Gemeinschaftswerbung, Ausstellung.

Wie können Sie persönlich für den Betrieb werben?

a) optimale und kreative Schaufensterdekoration
b) korrekte Bedienung
c) geschmackvolle Zusammenstellung bunter Platten
d) Warenkenntnisse bei der Kundenberatung
e) ansprechendes und gepflegtes Äußeres als Verkäuferin im Laden

Was ist bei einer zweckdienlichen Laden- und Schaufensterbeleuchtung zu beachten?

a) Schlechtes Licht ermüdet die Augen der Verkäuferin.
b) Lieber 100 Watt mehr als zu wenig.
c) Beleuchtung so anbringen, dass weder Kunde noch Verkäuferin geblendet wird.
d) Licht soll sich nicht im Glasaufsatz spiegeln, sondern die Ware ausleuchten.
e) Seitenleuchten und Tiefstrahler, auch im Schaufenster, dürfen nicht blenden.
f) Sehr beliebt sind Leuchtstoffröhrenlampen. (Vorsicht bei der Wahl von Röhrenfarben.)

Verkaufskunde

Welche Fehler sollte eine Verkäuferin unbedingt vermeiden?

a) Gleichgültigkeit beim Bedienen
b) wiederholte Fehler beim Bedienen
c) zu langes Wartenlassen des Kunden
d) ungenügende Warenkenntnis bei der Beratung
e) Unhöflichkeit oder plumpe Vertraulichkeit
f) unreelles Verhalten, knappes Maß

Nennen Sie besondere Berufsunfälle!

a) Stürze von Treppen
b) Stürze von Leitern und behelfsmäßigen Auftritten
c) Ausgleiten auf glatten Fußböden
d) Unfälle an schadhaften elektrischen Leitungen und Steckern
e) Verbrennungen an Kaffeemaschinen und Aufheizgeräten
f) Verletzungen durch Messer, Sägen, Brotschneidemaschinen

Was versteht man unter rationeller Gestaltung des Verkaufs?

a) zweckmäßige Einrichtung und Raumaufteilung im Laden
b) übersichtliches Warenangebot
c) Vermeidung unnötiger Wege
d) Verkaufshilfe durch Selbstbedienungsabteilung
e) Ausnutzung der stillen Verkaufsstunden für Vorbereitungs- und Nebenarbeiten

Welche Arbeiten sind nach Ladenschluss zu tätigen?

a) Leicht verderbliche Kuchen und Torten zusammenstellen und in die Kühltheke bringen
b) Dauerbackwaren frisch präsentieren
c) Retouren registrieren
d) Theke, Regale, Messer, Sägen, Zangen, Messertank, Platten usw. säubern
e) Verpackungsmaterial ergänzen
f) Arbeitsplatz reinigen
g) eventuell Kassen abrechnen

Beim Verkaufsgespräch entsteht oftmals eine kundenfeindliche Situation, wie zum Beispiel die Frage eines Kunden: „Können Sie mir bitte ein Taxi rufen, da ich einen Arzttermin wahrnehmen muss?" Antwort der Verkäuferin: „Die nächste Telefonzelle ist auf dem Marktplatz."

a) Nennen Sie 3 Auswirkungen dieser kundenfeindlichen Situation!

a) 1. Verärgerung und Enttäuschung der Kunden;
2. gute Kunden gehen verloren;
3. Aufbau einer Stammkundschaft wird verhindert, die Kunden erzählen über ihre schlechten Erfahrungen, Rückgang neuer Kunden.

b) Geben Sie an, wie Sie sich als erfolgreiche Verkäuferin verhalten hätten!

b) Verkäuferin: „Sehr gern! Ich rufe sofort ein Taxi."

Worauf muss die Verkäuferin beim Bedienen eines ausländischen Kunden besonders achten?

1. klar und deutlich sprechen, ohne in eine Art Kindersprache zu verfallen;
2. statt Zahlen zu nennen auf Preisschilder zeigen;
3. genauso freundlich bedienen wie Einheimische, um Misstrauen und Unsicherheit abzubauen.

Nennen Sie verschiedene Kundentypen!*

Der entschlossene Kunde, der sachliche Kunde, der streitsüchtige Kunde, der impulsive Kunde, der schüchterne Kunde, der aufgeregte Kunde, der eilige Kunde, der nörgelnde Kunde, der gesprächige Kunde, der eingebildete Kunde, der schwatzhafte Kunde, der sparsame Kunde, der eigenwillige Kunde, der anspruchsvolle Kunde, die Hausfrau als Stammkunde, das Kind als Kunde usw.

---

*Den Umgang mit verschiedenen Kundentypen sowie das Kapitel „Verkaufsgespräche" siehe Seite 141 ff.

Nennen Sie Verhaltensregeln, wenn im Laden Hochbetrieb herrscht!

1. genügend Verpackungsmaterial bereit legen;
2. für ausreichendes Wechselgeld sorgen;
3. Ausführung aller Vorarbeiten, wie z. B. Herrichten der Bestellungen;
4. Nervosität und Hektik vermeiden;
5. freundliche und zügige Bedienung der Reihe nach;
6. Beschränkung des Verkaufsgespräches auf das Wesentliche.

VI. Der Kunde – das Verkaufsgespräch

Kleine Kundentypologie, mit deren Hilfe man erfolgreich auf die Eigenarten der Verbraucher eingehen kann

Soll der Verkaufsvorgang das entsprechende Ergebnis bringen, dann muss sich die Verkäuferin vor dem Verkauf auf den Kunden einstellen, seine besonderen Eigenschaften zu erkennen versuchen und bei der Bedienung entsprechend berücksichtigen. Jeder Mensch – so auch der Kunde – ist in seiner individuellen Prägung und seiner Persönlichkeit verschieden, und daher gibt es kein Rezept oder Schema, nach dem man alle Kunden richtig behandelt. Was für den einen Kunden richtig ist, kann bei einem anderen völlig fehl am Platze sein.

Jeder Kundenkontakt beginnt deshalb mit einer stillen Analyse. Die Verkäuferin muss versuchen, die Eigenart des Kunden herauszufinden. Das Rezept heißt: Augen auf und das Geschehene richtig deuten, denn jeder Kunde gibt ungewollt Auskunft über sich durch Wort und Tat, Kleidung sowie Haltung und durch all die Kleinigkeiten im Umgang mit anderen.

An den folgenden Beispielen soll nun gezeigt werden, welche Kennzeichen die **verschiedenen Kundentypen** charakterisieren, wie sie zu behandeln sind und was beim Entschlüsseln der Kundenmentalität helfen kann, denn **Verkaufen will gelernt sein!**

1. Der sachliche Kunde

Erkennungszeichen: Er hält nichts von Übertreibungen. Dieser Kunde liebt sachliche Argumentation und Information und bildet sich danach sein Urteil.

Behandlungsweise: Gute und fundierte Argumentation ohne Übertreibung – wie sie ein Verstandesmensch erwartet.

2. Der schwatzhafte Kunde

Erkennungszeichen: Jeder Mensch hungert nach Anerkennung. Beim schwatzhaften Kunden drückt sich dies in einem übergroßen Mitteilungsbedürfnis aus.

Behandlungsweise: Geduld zeigen, nicht bedrängen. Nicht „zuviel" auf einmal anbieten. Suggestivfragen anwenden; nicht auf endlose Gespräche einlassen.

3. Der nörgelnde Kunde

Erkennungszeichen: Dieser Typ – auch Alles- oder Besserwisser genannt – hält nur die eigene Meinung für richtig, ist sehr empfindlich und stark ichbezogen. Er macht keine Fehler – so glaubt er – und sucht die Schuld immer beim anderen.

Behandlungsweise: Nicht mit ihm streiten! Auf seine Ideen eingehen und ihm Recht geben – also zustimmen. Man darf ihm nicht „das Gesicht" rauben.

4. Der streitsüchtige Kunde

Erkennungszeichen: Der grobe und unfreundliche Kunde ist fast immer anderer Meinung und wartet förmlich auf die „passende" Gelegenheit.

Behandlungsweise: Ruhig bleiben, nicht widersprechen! Er lässt sich durch geduldiges Zuhören am leichtesten besänftigen. Wenn der „Dampf" abgelassen ist, evtl. durch geschickte Fragen „an die Leine nehmen".

5. Der schweigsame Kunde

Erkennungszeichen: Es ist schwer, seine Wünsche oder Widerstände zu erkennen, da er weder Zustimmung noch Ablehnung äußert.

Behandlungsweise: Präzise Fragen stellen, um ihn zur Antwort oder zumindest zu einer Reaktion zu zwingen und ihn aus der Reserve zu locken.

6. Der unentschlossene Kunde

Erkennungszeichen: Er wird ungern vor Entscheidungen gestellt und kann sich nur langsam und sehr zögernd – zur eigenen und anderer Leute Qual – zu einem Entschluss durchringen.

Behandlungsweise: Im Tempo auf ihn einstellen. Nach lebendigem Angebot sofort auf den Abschluss zustreben. Entscheidungen für ihn treffen, ihm dabei Gelegenheit geben, sein Gesicht zu wahren. Also: beweglich sein und zügig auf das Ziel hinarbeiten.

7. Der impulsive Kunde

Erkennungszeichen: Er ist schnell ungeduldig, manchmal sprunghaft und unterbricht seine Gesprächspartner oft. Er ist ein Mensch der Tat und handelt impulsiv aufgrund spontaner Eingebungen. Er erwartet auch bei seinen Partnern Konzentration und Aktivität. Er liebt keine Langatmigkeit, verfällt in unruhige Bewegungen und läuft unter Umständen weg oder schaut woanders hin.

Behandlungsweise: Eine gute Zuhörerin sein. Interesse zeigen. Den Gesprächspartner durch gezielte Fragen zur Sache bringen. Die Initiative der Gesprächsführung in die „eigene Hand" bekommen.

8. Der sichere und entschlossene Kunde

Erkennungszeichen: Sicheres und zielstrebiges Auftreten deuten auf die oben genannten Eigenschaften hin. Er bedient sich einer klaren Sprechweise und äußert seinen Kaufwunsch sehr bestimmt.

Behandlungsweise: Solche Kunden sind beliebt. Die Verkäuferin soll nicht viel fragen, sondern schnell und sicher die Ware vorlegen. Eine kurze, sachliche Beratung führt schnell zum Erfolg.

9. Der schüchterne Kunde

Erkennungszeichen: Er ist unsicher im Auftreten, spricht leise und ungenau. Hat vielleicht keine guten Warenkenntnisse und stellt geringe Ansprüche.

Behandlungsweise: Freundlich und ruhig bedienen und sein Interesse für die guten Backwaren wecken.

10. Der sachverständige Kunde

Erkennungszeichen: Zu den sachverständigen Kunden gehören die Fachleute. Auch viele Hausfrauen, die gerne daheim backen, gehören dazu. Sie prüfen die Waren eingehend und sprechen sich sachkundig aus. Sie stellen nicht viele Fragen.

Behandlungsweise: Die Verkäuferin soll sich ihrer Fachsprache bedienen und die Ware selbst für sich sprechen lassen. Der Kunde weiß ja Bescheid und muss als Fachmann anerkannt werden. Es wäre nicht ratsam, fachliche Ratschläge zu geben.

11. Der sparsame Kunde

Erkennungszeichen: Er versucht zu handeln, ist pedantisch, wählt beim Kauf vorsichtig, sucht nach Vorteilen, lehnt Luxus und Aufwand ab, fragt nach dem Preis, ist oft etwas altmodisch gekleidet.

Behandlungsweise: Auf Sparsamkeit eingehen, nicht mit teuren Angeboten belästigen, auf Sonderverkäufe hinweisen, Vorteile einer Ware eingehend besprechen.

12. Der eigenwillige Kunde

Erkennungszeichen: Er hat eine ausgeprägte und selten zu beeinflussende Ansicht. Er kommt mit konkreten Wünschen und will diese verwirklicht sehen.

Behandlungsweise: Die Wünsche des Kunden exakt ermitteln und respektieren, Vorurteile nicht antasten, höchstens Widersprüche mit „Ja-aber"-Methode einleiten.

13. Der gebildete Kunde

Erkennungszeichen: Er ist zurückhaltend und höflich, hat im Allgemeinen wenig Verständnis für Extravaganzen, drückt sich gewählt aus und bleibt bei aller Aufgeschlossenheit distanziert.

Behandlungsweise: Wünsche erfragen und Bedienung exakt ausführen. Zurückhaltung üben im Gespräch, Hinweise auf Warenqualität und Neuheiten sind erwünscht.

14. Der anspruchsvolle Kunde

Erkennungszeichen: Er wünscht erlesene Ware und gute Bedienung. Prüft Ware und Wert genau und ist unbestechlich. Lässt sich nichts aufschwatzen, bleibt Herr der Situation. Er ist stets gut gekleidet.

Behandlungsweise: Die Wünsche genau ermitteln und exakt ausführen. Hinweise auf qualitativ hochwertige Ware machen. Dieser Kunde ist für Neuheiten aufgeschlossen und wünscht eingehende Auskunft.

15. Der eilige Kunde

Erkennungszeichen: Er schaut nervös um sich und immer wieder auf die Uhr, spricht schnell und unruhig, versucht sich vorzudrängen, ist schweigsam und mit seinen Gedanken beschäftigt.

Behandlungsweise: Alles tun, um die Bedienungszeit zu verkürzen. Verzögerungen vermeiden, durch schnelle Bewegungen andeuten, dass man seiner Eile entgegenkommt.

16. Die Hausfrau als Stammkunde

Erkennungszeichen: Hausfrauen als Stammkunden kaufen im Allgemeinen gern ein. Sie schätzen den persönlichen Kontakt in „ihren Geschäften" und die gleichmäßig gute Ware. Das Geld spielt allerdings für sie eine große Rolle, denn sie verwalten daheim meist eine bestimmte Summe Haushaltsgeld.

Behandlungsweise: Die Bedienung ist oft nicht so einfach, weil die Hausfrau Vor- und Nachteile abwägt und auch übergenau werden kann. Die bekannten Eigenschaften sollten entsprechend respektiert werden. Ein persönliches Wort oder Kurzgespräch hilft, die Bedienung freundlich zu gestalten. Eine neue Backware empfehlen.

17. Das Kind als Kunde

Das Kind, das im Auftrag der Eltern einkauft, bringt den Einkaufszettel mit; es kauft gerne ein.

Behandlungsweise: Das Kind nicht zugunsten anderer Kunden warten lassen. Es wird bedient und behandelt wie ein Erwachsener. Damit werden die Eltern zufrieden gestellt. Sorgfältiges Einpacken der Ware, Rückgabe des Wechselgeldes in die Geldbörse, Kassenzettel beilegen, kleine Zugabe, freundliche Verabschiedung.

Das Verkaufsgespräch

Der Verkauf ist nicht nur eine rechtliche, technische und warenkundliche Angelegenheit, sondern auch ein psychologischer Vorgang.

Es ist deshalb wichtig, dass die Verkäuferin, wenn sie erfolgreich verkaufen will, die Wechselwirkungen zwischen Kunden und sich selbst erkennt und versteht. Sie muss daher über den Ablauf und das Ziel des Verkaufsgesprächs Bescheid wissen. Es beginnt mit der *Begrüßung* und der *Anrede* des eintretenden Kunden.

Wie angenehm wird es empfunden, wenn freundliche Worte der Begrüßung den Kunden empfangen.

Das Gespräch hat bereits begonnen, denn die gute *Kontaktaufnahme* hat stattgefunden.

Die Anrede des Kunden – vielleicht auch noch mit dem Namen – ist von besonderer Bedeutung: Der Kunde fühlt sich persönlich angesprochen; er weiß, dass man von ihm Notiz genommen hat. Er wendet sich deshalb der Verkäuferin etwas freier, ja sogar vertrauensvoll zu.

Jetzt ist der Augenblick gekommen, durch geschicktes Fragen zu erfahren, welche Kaufwünsche (Brot, Feingebäck usw. und Geschmacksrichtung) der Kunde hat.

Nicht immer hat der Kunde eine bestimmte Vorstellung von dem, was er kaufen will; vielleicht hat er dann den Wunsch, beraten zu werden. In diesem Fall wird die Verkäuferin den richtigen Ton finden müssen. Das verlangt oft Fingerspitzengefühl. Es folgt also eine geschickte Demonstration der Backware, ohne bei der Beratung den Kunden zu bevormunden. In den meisten Fällen ist der Kunde für einen fachmännischen Rat dankbar und wird ihn auch befolgen.

Selbstverständlich braucht die Verkäuferin gute Warenkenntnisse, um eine richtige Empfehlung geben zu können. Nach der abschließenden Beratung wird die routinierte Verkäuferin den richtigen Augenblick erkennen, um dem Kunden für dieses oder jenes Gebäck den Preis zu nennen. Nachdem die geschickte Verkäuferin die Ware einwandfrei und transportsicher verpackt hat, wird sie den Kunden mit Worten des Dankes und guten Wünschen verabschieden.

Alle Verkäuferinnen, die fach- und sachkundig geschult sind, die einen gepflegten Wortschatz besitzen und darüber hinaus sauber und adrett gekleidet sind, werden für den Kunden immer angenehm und für das Geschäft wertvolle und unentbehrliche Mitarbeiterinnen sein.

Für ein **erfolgreiches Verkaufsgespräch** könnten **nachfolgende Grundsatzregeln** eine **wertvolle Hilfe** sein:
1. Kontaktaufnahme (Begrüßung und Anrede)
2. Erfragen und Erfüllen des Kaufwunsches
3. Das Verkaufsgespräch in gutem Deutsch führen
4. Wirkungsvolles Vorlegen der gewünschten Ware
5. Hinweis durch gute Warenkenntnisse auf den Verkaufswert
6. Fachausdrücke erläutern!
7. Überzeugende Redewendungen gebrauchen!
8. Dank für den Einkauf nicht vergessen!
9. Freundliche Verabschiedung

Neben dem normalen Verkaufsgespräch wird es immer wieder vorkommen, dass Abweichungen vom normalen Verkaufsvorgang und verschiedene Situationen im Ladengeschäft spezielle Gespräche erfordern.

Solche Gespräche sind dann notwendig, wenn die Verkäuferin mit **folgenden Situationen** konfrontiert wird:
1. Bedienen mehrerer Kunden gleichzeitig
2. Spätkunden, die kurz vor Ladenschluss das Geschäft betreten
3. Geschenkkäufe
4. Beschwerden
5. Reklamationen
6. Umtausch von Backwaren

Beispiele verschiedener Situationsgespräche

1. Kunde beschwert sich über altes Brot

Kunde: Ich habe heute morgen ein frisches Brot bei Ihnen verlangt, und jetzt habe ich festgestellt, dass Sie mir doch eines von gestern gegeben haben.
Verkäuferin: Haben Sie das Brot dabei, damit ich nachprüfen kann, ob es auch stimmt?
Kunde: Nein, ich habe es nicht dabei – können Sie sich nicht mehr an mich erinnern?
Verkäuferin: Nein, wir haben so viele Kunden jeden Tag, da kann man sich nicht an jedes Gesicht erinnern. Es wäre aber wichtig, dass Sie das Brot mitbringen, damit ich prüfen kann, ob Ihre Beanstandung berechtigt ist.
Kunde: Lassen Sie nur, das Brot werde ich schon behalten, aber ich möchte Sie bitten, mir in Zukunft schon frisches Brot zu geben . . .

2. Kunde drängelt sich vor, er hat es eilig

Kunde 1: Entschuldigen Sie, können Sie mir noch schnell fünf Brötchen geben?
Kunde 2: Ich war eher im Laden als Sie!
Kunde 1: Ja, ich muss schnell ins Büro, ich habe keine Zeit.
Kunde 2: Ich habe auch keine Zeit!
Verkäuferin: Ich würde Sie gerne bedienen, wenn Frau Schneider nichts dagegen hat.
Kunde 1: Sie können mir doch schnell die fünf Brötchen geben!
Kunde 2: Ich muss auch weg, ich muss zum Bus!
Verkäuferin: Ich werde mich beeilen. Sie bekommen Ihre fünf Brötchen, und Frau Schneider ist jetzt auch schon dran. So, bitte . . .
Ich hoffe, Sie sind jetzt beide zufrieden.

3. Ein Kunde möchte ein besonderes Brot und bittet um Beratung

Kunde: Wir haben eine Feier zu Hause, und einige Gäste sind Brotfeinschmecker, denen ich etwas bieten möchte. Deshalb wollte ich Sie fragen, ob Sie mir etwas Entsprechendes anbieten können.
Verkäuferin: Gerne; vielleicht haben Sie schon im Schaufenster und hier im Regal etwas gesehen. Hier haben wir Schwarzwälder Brot und Quarkstuten oder hier mit jeweils viel Ballaststoffen Berliner Landbrot sowie Dreikorn- und Weizenflockenbrot.

Was darf ich Ihnen anbieten?
Kunde: Geben Sie mir bitte das Berliner Landbrot.
Verkäuferin: Gerne, bitte.

4. Kunde beschwert sich über verdorbene Ware

Kunde: Guten Tag. Vielleicht können Sie sich an mich erinnern. Ich war gestern bei Ihnen und habe Bienenstich und eine Torte gekauft. Dies habe ich meinen Gästen serviert, doch die Sahne war schlecht, und die Torte war ungenießbar. Ich habe Sie noch gefragt, ob sie frisch ist, und Sie haben ja gesagt. Wie kommt so etwas vor, dass die Sahne in wenigen Stunden schlecht ist? Habe ich die Torte falsch gelagert, oder woran lag es?
Verkäuferin: Ich kann es mir gar nicht richtig erklären, dass die Sahne schlecht war. Vielleicht haben Sie die Torte nicht richtig kalt gestellt. Sollte es trotz richtiger Lagerung vorgekommen sein, bitte ich Sie, dies zu entschuldigen. Natürlich bekommen Sie die Torte ersetzt. Haben Sie diese dabei?
Kunde: Nein, wir haben sie weggeworfen.
Verkäuferin: Ich frage in der Backstube nach, was da vorgekommen ist, und sage Ihnen das nächste Mal Bescheid.
Kann ich sonst noch etwas für Sie tun?
Kunde: Ja, ich möchte . . .

5. Eine erbetene Ware ist nicht vorrätig

Kunde: Ich möchte gerne vier Stückchen Blätterteiggebäck.
Verkäuferin: Oh, es tut mir leid, wir backen so viel anderes Gebäck. Blätterteig ist gerade nicht da, aber wir haben noch eine große Auswahl an anderen Feinen Backwaren.
Kunde: Wieso haben Sie die Blätterteigstücke denn gerade heute nicht? Ich kaufe doch jeden Tag bei Ihnen, und Sie wissen doch, was ich meistens kaufe.
Verkäuferin: Ja, schon, aber es kann doch sicher einmal etwas anderes sein. Möchten Sie nicht einmal ein anderes Produkt probieren? Zum Beispiel . . .
Kunde: Hmmh, ich probier's mal . . .

6. Kunde möchte sich über das Verhalten einer Verkäuferin beim Chef beschweren

Kunde (hat Verschiedenes gekauft): Ich möchte Ihren Chef sprechen.
Verkäuferin: Der ist im Moment nicht da!
Kunde: Wann kann ich ihn denn sprechen?
Verkäuferin: Oh, das weiß ich nicht, vielleicht morgen.
Inhaber (kommt zufällig herein, hörte den letzten Teil mit): Na, was haben wir denn?
Kunde: Ich hätte eine kleine Beschwerde. Um es dezent auszudrücken: Man wird hier nicht gerade sehr freundlich bedient; das ist mir schon ein paarmal aufgefallen, auch heute wieder. Ich weiß nicht, ob Ihre Mitarbeiterin einen schlechten Tag erwischt hat oder ob es Absicht war.
Inhaber: Danke, dass Sie damit zu mir kommen. Ich kann es mir auch nicht so recht erklären. Fräulein Edelmann ist sonst sehr ruhig und ausgeglichen. Es war vorhin eine andere Kundin da, die etwas Hektik hereinbrachte. Es ist schon manchmal nervenaufreibend und schwierig, den ganzen Tag ruhig zu bleiben.
Wenn Sie es nochmals miteinander versuchen würden? Sicher entschuldigt Fräulein Edelmann sich auch . . .
(Die Verkäuferin entschuldigt sich, und der Kunde verlässt nach kurzem Dialog ruhig den Laden.)

Der Kunde – das Verkaufsgespräch

Die Todsünden im Verkauf

1. Die Unfreundlichkeit der Verkäuferinnen und damit im besonderen Maße das desinteressierte Gesicht des Verkaufspersonals. Ein entspannter Gesichtsausdruck, das Lächeln, ist das A und O; denn das Lächeln ist neben dem gesprochenen Wort der wichtigste Schlüssel zum Herzen seiner Kunden.

2. Fehlender Blickkontakt zum Kunden. Wenn die Verkäuferin keinen Blickkontakt zum Kunden hat, fühlt er sich nicht persönlich angesprochen, kauft nicht mehr so gerne. Ganz wichtig ist auch der Blickkontakt noch einmal, wenn die Verkäuferin sich vom Kunden verabschiedet.

3. Eine hohe monotone Stimmlage und auch generell zu leises Sprechen. Das ist in Bäckereien immer wieder ein Problem, weil viele Geräusche im Verkaufsraum doch sehr stark ablenken. Eine Verkäuferin, die zu leise spricht und keinen Blickkontakt zum Kunden hat, zeigt ganz klar einen großen Unsicherheitsfaktor.

4. Ein ungepflegtes Äußeres, ein ungepflegtes Erscheinungsbild. Immer wieder ist gerade in Bäckereien festzustellen, dass Inhaber und Inhaberinnen sich sehr viel Gedanken über die Berufskleidung machen, die heute wirklich schick ist. Aber, was dann so darunter getragen wird, ist oft weniger schick. Da ist es manchmal der Norwegerpulli oder unter einer rot-weiß gestreiften Schürze eine schwarze Bluse. Das ganze Erscheinungsbild wird dadurch kaputtgemacht.

5. Zu starkes Parfüm. Viele Impulskäufe in einer Bäckerei werden aufgrund der gut riechenden Ware getätigt. Und wenn Verkäuferinnen sehr stark Parfüm aufgelegt haben, wird dieser Geruch kaputtgemacht und der Umsatz wesentlich schlechter.

6. Privatgespräche hinter der Theke. Diese sind absolut menschlich. Nur in dem Moment, wenn ein Kunde die Bäckerei betritt, müssen sie beendet sein. Das verstehen viele Verkäuferinnen nicht. Es wird immer wieder Desinteresse gezeigt, indem man sich weiter unterhält.

7. Kunden, die ein Verkaufsgespräch führen. Es sind nicht Verkäuferinnen, die das Verkaufsgespräch führen, sondern sie reagieren nur auf Fragen von Kunden. Zehn Brötchen über die Theke schleudern, das macht schon ein Mädchen mit 13 Jahren exzellent und dazu „Bitte schön" und „Danke schön", „Einen schönen Tag noch". Die **Verkäuferin soll in der aktiven Rolle sein,** denn das Verkaufen beginnt doch erst da, wo der Kunde nicht weiß, was er will.

Heißes Eisen: Kunden-Beschwerden

Wesentliche Punkte bei der Beschwerdeannahme sind

a) Freundliches und aufmerksames Anhören des Kunden, ohne ihn zu unterbrechen. Anschließend das Wesentliche der Beschwerde durch höfliche Fragen herauskristallisieren. Jede Peinlichkeit vermeiden.

b) Kleinigkeiten und Nebensächlichkeiten sind großzügig unter dem Motto „Der Kunde hat immer Recht" – ohne Umschweife und ohne lange Diskussion – höflich zu akzeptieren. Der „Stein des Anstoßes" ist zu beseitigen oder die Beseitigung zu versprechen.

c) Bei Beschwerden über andere Verkäuferinnen ist eine verbindliche Zurückhaltung geboten: Niemals sofort und blindlings dem Kunden beistimmen. Zur Klärung solcher Angelegenheiten sollte grundsätzlich der Vorgesetzte verständigt werden, dem in diesen Fällen alles Weitere zu überlassen ist.

d) Hat der Kunde offensichtlich Unrecht, so kann er nur mit großem psychologischem Fingerspitzengefühl und Einfühlungsvermögen davon überzeugt werden.
Oberstes Gebot: Keinen Augenblick die Ruhe verlieren, stets höflich und verbindlich bleiben. Niemals Überheblichkeit oder gar Ironie aufkommen lassen. Sachlich und stichhaltig argumentieren.
Es ist immer zu bedenken, dass ein brüsk oder unter peinlichen und verletzenden Umständen abgewiesener Kunde nicht nur verloren geht, sondern auch seinen gesamten Verwandten- und Bekanntenkreis in diesem Sinne beeinflusst. Vor einem Kunden, der aus reiner Rechthaberei, übler Laune, Einbildung oder gar Böswilligkeit auf seinem Standpunkt beharrt, braucht man zwar nicht unter Missachtung der Menschenwürde zu Kreuze kriechen, aber er sollte nicht noch mehr gereizt und verärgert werden. Niemals darf jedenfalls das Beschwerdegespräch zu einer Auseinandersetzung ausarten. Die Verkaufskraft sollte sich selbst in den hartnäckigsten Fällen darauf beschränken, in aller Freundlichkeit ihre Ansicht zu wiederholen und bedauern, dass es ihr

beim allerbesten Willen nicht möglich sei, sich unter den gegebenen Umständen der Meinung des Beschwerdeführenden anzuschließen.

e) Bei allen gerechtfertigten Beschwerden, gleichgültig ob sie kleine oder große Dinge betreffen, sollte nie vergessen werden, dass ein klares „Ich bitte um Entschuldigung" psychologisch der beste Balsam ist und oft schon die reinsten Wunder vollbracht hat. Und niemand vergibt sich etwas, wenn er noch einen Schritt weitergeht, indem er sich ehrlich und aufrichtig bei dem Kunden dafür bedankt, dass er gekommen ist und mit seiner Beschwerde der Firma nutzt. Denn seine Kritik zeigt einen Mangel, der vielleicht bisher so manchen weniger mutigen und offenen Kunden verscheucht hat, was nun durch die Hilfe des Beschwerdeführenden für die Zukunft vermieden werden kann.
Mit solchen auf Wahrheit beruhenden einsichtsvollen Argumenten wird erreicht, dass sich Verkaufskraft und Kunde mit dem Gefühl großer Hochachtung trennen.

Extra-Service für Kinder und Senioren

Fachverkäuferinnen sollten jeden Kunden gleich höflich und freundlich bedienen. Es gibt aber dennoch Kundengruppen, die einen „Extra-Service" beanspruchen dürfen: alte Leute und Kinder.
Manchmal sind ältere Leute schon seit Jahren Stammkunden des Bäckerfachgeschäfts. Sie fühlen sich hier ein bisschen zu Hause und wollen entsprechend bevorzugt bedient werden. Deshalb einige Tipps für den netten Umgang mit Senioren:

- Werden Sie nicht ungeduldig, wenn ältere Kunden etwas langsam bei der Auswahl der Waren, beim Bezahlen und beim Einpacken sind. Helfen Sie lieber.

- Nehmen Sie sich, wenn es möglich ist, Zeit für ein kleines, auch persönliches Gespräch.

- Bieten Sie zum Beispiel gebrechlichen Kunden an, wenn sie sich nicht wohl fühlen, die Brötchen vorbeizubringen.

- Empfehlen Sie alten Menschen, nicht gerade zu Spitzenzeiten ins Geschäft zu kommen. Damit Sie mehr Zeit für sie haben.

- Machen Sie Senioren auf Sonderangebote aufmerksam, denn alte Menschen haben oft nicht viel Geld.

Kinder sind die Kunden von morgen. Sie können aber ihre Mütter schon heute beeinflussen, ein bestimmtes Geschäft zu bevorzugen. Ihr Bäckerfachgeschäft zum Beispiel, weil Kinder dort besonders nett bedient werden:

- Achten Sie darauf, ein Kind, das allein einkauft, rechtzeitig zu bedienen. Oft drängen sich Erwachsene vor – und Kinder können sich nicht wehren.
- Geben Sie sich bei kleinen Kunden die gleiche Mühe in der Auswahl der Waren.
- Beobachten Sie, ob die Kinder das Wechselgeld sicher verwahren, und legen Sie den Kassenbon für die „Abrechnung" zu Hause sichtbar in die Einkaufstasche.
- Fragen Sie die Mütter, ob Sie den Kindern eine kleine Belohnung geben dürfen.

Das Einpacken von Backwaren

Das Ein- und Verpacken muss die Verkäuferin sachgemäß vornehmen.
Backwaren, insbesondere Konditorei-Erzeugnisse, sind mehr oder weniger empfindlich gegen Druck; sie verlangen also eine behutsame und pflegliche Behandlung.
Die verkauften Backwaren werden so auf den Verkaufsplatz der Ladentheke gelegt, dass sie der Kunde beim Verpacken sehen kann. Dieser Thekenplatz muss selbstverständlich genügend Platz bieten und frei von jeden Backwarenkrümeln sein.
Das Verpackungsmaterial muss natürlich vorrätig gehalten werden und günstig zu greifen sein.
Die verschiedenen Arten der Backwaren, vor allen Dingen der Konditorei-Erzeugnisse, verlangen geradezu auch eine verschiedene Behandlung.
Während es einfach ist, sämtliche Brot- und Brötchensorten, auch Berliner Pfannkuchen, in Einwickelpapier bzw. in eine Tüte zu verpacken, wird es andererseits nicht zweckmäßig sein, bei Blätterteigstücken ebenso zu verfahren.
Schwieriger wird es dann, wenn Tortenstücke verschiedener Art auf Pappteller arrangiert, mit Sahneabdeckpapier getrennt oder abgedeckt werden müssen.

Hieraus wird ersichtlich, dass sich die Verpackung nach Art der Empfindlichkeit der Backware zu richten hat. Die überaus praktischen Verpackungsmaterialien sind einer geschickten Verkäuferin sehr behilflich. Das Verpacken der gekauften Backwaren ist sicherlich eine Empfehlung für einen weiteren Kauf. Ein leichter Faltkarton oder eine Tragetasche entsprechender Größe ist zum Transport unbedingt anzuraten. Ganze Torten gehören immer in eine Tortenschachtel. Bei Geschenkverpackungen muss die Verkäuferin mit besonderem Geschmack und einer ganz persönlichen Note die Verpackung harmonisch vollenden. Bringt der Kunde Feingebäck, Torten oder Geschenke wegen unsachgemäßer Verpackung zerdrückt oder unansehnlich nach Hause, dann ist das für ihn ein Grund zur Beschwerde, oder aber er kommt nicht wieder ins Geschäft.

Verpackungsmaterial verwendet man nie größer als erforderlich. Die Verkäuferin muss darauf achten, nicht unnötig Verpackungsmaterial zu vergeuden. Verpackungsmaterial ist heutzutage sehr teuer, und übermäßiger Verbrauch erhöht die Geschäftsunkosten.

Das Verpackungsmaterial

Ein breit gefächertes Angebot von Verpackungsmaterialien und Papierwaren stellt heutzutage die Verpackungsindustrie den Verkäuferinnen in Bäckereien und Konditoreien zur Verfügung. Das gesamte Verpackungsmaterial, das in der Praxis Eingang gefunden hat, muss den Bestimmungen des Lebensmittel- und Bedarfsgegenständegesetzes bzw. der Lebensmittelhygiene-Verordnung entsprechen, denn dieses Material ist ein Bedarfsgegenstand, der mit den Lebensmitteln (Backwaren) unmittelbar in Berührung kommt. Sämtliches Verpackungsmaterial mit Druck darf nur einseitig (Außenseite) bedruckt sein; in Papptellern findet man die Firmenbezeichnung oder den Namenszug ohne Druckfarbe eingeprägt. Neben der Schutzfunktion des Verpackungsmaterials kann dieses durch Aufdruck des Geschäftsnamens oder von Spezialitäten der Bäckerei/Konditorei als wirksamer Werbeträger dienen und durch entsprechende Aufmachung zum Kauf der verpackten Ware anreizen.

Die gebräuchlichsten Papierarten zum Einpacken von Brotsorten, Feinen Backwaren und Konditorei-Erzeugnissen sind

Rollenpapier (weiß, rosa, gelb, mit oder ohne Druck) verschiedener Breiten,

Spitzenpapier (rund oder rechteckig, verschiedene Durchmesser und Maße),

Brotseide, Kuchenseide und Packseide verschiedener Größen,

Sahneabdeckpapier, paraff. Sahneabdeckpapier, perg. Sahneabdeckpapier,

Servietten-Flausch, Papier-Falthandtücher usw.,

Faltenbeutel, Bodenbeutel, Pariser Brotbeutel usw.,

Spitztüten mit oder ohne Druck,

Papier-Tragetaschen, Plastik-Tragetaschen,

Gebäckkapseln,

Tortenböden, Pappteller, Tortenspitzen, Tortenschachteln, Gebäckschalen, Papptrennstreifen usw.

Neben diesen Papierwaren zum Einpacken sind die Klarsichtfolien als Verpackungsmaterial nicht mehr wegzudenken. Diese Verpackungsmaterialien besitzen folgende Eigenschaften:

Schutz des verpackten Feingebäcks gegen Staub, Mikroorganismen (Schimmelsporen und Bakterien), Wasserdampf und Luft. Bei fettreichem Gebäck ist es auch vorteilhaft, wenn dieses Verpackungsmaterial das Licht nur in geringem Maße durchlässt. Wenn die Backware eingefrostet werden soll, muss die Verpackung kältebeständig sein. Wird Wert auf die Werbung gelegt, dann muss die Klarsichtpackung auch bedruckbar sein.

Folgende Verpackungsmaterialien, die meistens aus regenerierter Zellulose hergestellt sind, werden verwendet:

Zellglas. Diese Folie ist glasklar, staub- und mikrobendicht und undurchlässig für Luft. Auch hält sie das Aroma der Backware und verhütet das Austrocknen.

Schrumpffolie ist aus Kunststoff hergestellt, deren besondere Eigenschaft es ist, dass sie beim Erwärmen um ca. 45 Prozent schrumpft und sich hauteng um die verpackte Ware legt.

Polyäthylen-Flach-, -Falten- und -Bodenfaltenbeutel bestehen ebenfalls aus Kunststoff, der in dünnen Folien durchsichtig, in dickeren Schichten weiß ist. Die Folien sind geschmeidig, kältebeständig und undurchlässig für Wasserdampf. Diese Beutel sind verschweißbar und können bedruckt werden.

Polypropylen-Folien sind ganz durchsichtig und geschmeidig. Sie sind sehr gut kältebeständig, aroma-, wasserdampf- und gasdicht. Sie werden meist als Schrumpffolien geliefert.

Aluminiumfolie besteht aus Reinaluminium; sie ist wasserdampf-, gas-, aroma- und lichtundurchlässig. Man kann sie bedrucken. Sie ist am besten bei Dauerbackwaren zu verwenden.

Dosen-Verpackung. Es sind verzinnte und innen goldlackierte Weißblechdosen. In diesen Dosen kann gebacken werden; vor dem Einlegen der Masse werden sie mit Pergamentpapier ausgelegt (Sandmassen und Rodonkuchen).

VII. Dekoratives Gestalten

(Schriftschreiben) für Verkäuferinnen sowie Bewertungsrichtlinien für Schaufenstergestaltung

Auf den folgenden Seiten werden verschiedene Schriften mit den zugehörigen Satzzeichen und Ziffern gezeigt; außerdem zu jedem Alphabet ein Anwendungsbeispiel für die Theke oder das Schaufenster.
Durch eifriges Üben mit dem entsprechenden Material sollte die Verkäuferin sich im Schreiben dieser Schriften so weit vervollkommnen, dass sie die Schilder für die Auslage in ansprechender Weise selbst schreiben und gestalten kann.
Die Schriften auf den Seiten 163 und 164 werden mit der Rundfeder (Schnurzug), die auf den Seiten 165 bis 168 mit der Breitfeder (Bandzug) geschrieben. Die gleiche Wirkung kann mit entsprechenden Pinseln oder Filzschreibern erreicht werden. Durch Mischungen und Abwandlungen der Buchstaben sind natürlich auch eigene Vorstellungen zu verwirklichen.
Das Alphabet auf Seite 166 wurde aus Gründen der besseren Lesbarkeit geringfügig umgestellt.
Bei Prüfungsarbeiten sind in Baden-Württemberg als Geräte Zeichenfedern, Pinsel, Tusche, farbige Filzstifte, Schere u. a. zugelassen, nicht aber Schriftschablonen und Abreibebuchstaben. Im Allgemeinen werden zwei Aufgaben gestellt. So ist zum Beispiel ein Preisschild in Postkartengröße zu schreiben und ein Plakat zu gestalten. Beim Plakat können zur Schrift noch gestalterische Elemente nach freier Wahl eingesetzt werden. Text und Papiergröße werden bei Prüfungen genau vorgeschrieben.
Bei den Übungen sollte man also bestrebt sein, die Schriften nicht nur in der gezeigten Größe, sondern auch in plakativer Vergrößerung zu beherrschen.

Aufgaben zum dekorativen Gestalten

Aufgabe 1
Blattgröße: A3
Hilfsmittel: Zeichengeräte, Schere, Federn, Tusche, farbige Filzstifte, jedoch keine Schablonen

Fertigen Sie ein werbewirksames Plakat im Format A3 mit folgendem Text: „Für Ihr nächstes Fest empfehlen wir unseren Partyservice" Einteilung, Schriftart, Schriftgröße und Verzierung sind freigestellt.

Schneiden Sie aus einem A3-Zeichenblatt ein Herz aus, Format zirka 15 cm breit, 16 cm hoch. Beschriften Sie dieses Herz mit folgendem Text:
„Köstliche Pralinen für Ihre Liebsten"
100-g-Mischung 12,– DM
Einteilung, Schriftart und Schriftgröße sind freigestellt.

Aufgabe 2
Blattgröße: A4, A3
Hilfsmittel: Zeichengeräte, Federn, Tusche, Filzstifte, Buntstifte, jedoch keine Schablonen

Gestalten Sie ein farbiges Plakat mit folgendem Text:
„Zum Kinderfest Leckeres für Ihre Kleinen"
Gestalten Sie Schrift, Motiv und Farbe dem Anlass „Kinderfest" entsprechend.

Fertigen Sie ein Preisschild mit Umrandung an, das folgenden Text beinhaltet:
„Eiswaffeln" 100 g 4,10 DM
(Größe: 7 x 12 cm auf einem DIN-A4-Blatt)
Gestalten Sie Schrift und Umrandung des Preisschilds dem Artikel entsprechend.

Aufgabe 3
Blattgröße: A3
Hilfsmittel: Zeichengeräte, Federn, Tusche, Farbstifte, jedoch keine Schablonen

Ihr Betrieb veranstaltet eine Aktionswoche für Kaffeegebäcke. Fertigen Sie dazu eine werbewirksame Preistafel mit folgendem Text:
Für Ihre Kaffeetafel:

Apfelstrudel mit Zimtzucker	1 Stück	3,80 DM
Rhabarberkuchen, erfrischend	1 Stück	3,60 DM
Erdbeerkuchen, mit frischen, aromatischen Früchten	1 Stück	3,70 DM
Brioches, französische Hefeteigspezialität	1 Stück	2,20 DM

Aufgabe 4
Blattgröße: A3, A5
Hilfsmittel: Zeichengeräte, Farbstifte, Schere, Klebstoff, jedoch keine Schablonen
Fertigen Sie ein Aufstellschild für das Café. Das Schild soll die Gesamtgröße A5 haben. Falten Sie es zur Größe A6, so dass es auf dem Tisch frei stehen kann. Der Text lautet:
„Vanilleeis – mit heißen Himbeeren – 1 Portion 8,50 DM"

Aufgabe 5
Blattgröße: A3, A5
Hilfsmittel: Zeichengeräte, Farbstifte, Schere, Klebstoff
Gestalten Sie ein werbewirksames Plakat im Format A3 mit dem Text:
„Probieren Sie schon in der Adventszeit unsere reiche Auswahl an Weihnachtsgebäcken"

Aufgabe 6
Bäckerei Kirner feiert Firmenjubiläum, und die diesbezügliche Vorlage soll als Thekenaufsteller dienen. Übertragen Sie den nachfolgenden Text in das Vorlagenmotiv.
100 Jahre Bäckerei Kirner.
Wir feiern – feiern Sie mit uns!
1 Tasse Kaffee und 1 Stück Käsekuchen zusammen nur 4,80 DM

Aufgabe 7
Anlässlich der im Spätsommer stattfindenden „Apfel-Aktionswoche" soll eine neue Werbelinie entworfen werden.
Bäckermeister Knoll lässt seine Verkäuferinnen einen Ideenwettbewerb bestreiten.
Es sollen zum Thema passende Plakate, Thekenaufsteller, Preisschilder und Handzettel gestaltet werden.
Skizzieren Sie auf einem DIN-A4-Blatt ein zum Thema passendes Logo, und beschriften Sie dieses mit folgendem Text:

Neu! „Apfel mit Schuss"
Feine Apfelsahnetorte mit Calvados
Stück 4,20 DM

Aufgabe 8

Bäckerei Gerd Hefe stellt selbst Suppennudeln her. Für die 1000-g-Tüte soll ein neues, werbewirksames Etikett entworfen werden. Herr Hefe setzt deshalb unter seinen Angestellten einen Preis für das schönste Etikett aus.
Entwerfen Sie ein Etikett mit folgenden Angaben und dem Firmenlogo:
Bäckerei Gerd Hefe, Ratsgasse 1, 76137 Karlsruhe, Suppennudeln, Eierteigwaren, 1000 g
Schneiden Sie das Firmenlogo aus, und kleben Sie es an geeigneter Stelle auf.
Bestimmen Sie geeignete Schriftgrößen, Farbgebung und Einteilung.

Firmenlogo:

Aufgabe 9

Am 15. März eröffnet Ihr Geschäft (Name frei wählbar) die erste Filiale. Die Adresse lautet: Am Ring 7…
Skizzieren Sie einen Handzettel, mit dem auf die Filialeröffnung hingewiesen wird. Die äußere Form des Handzettels können Sie beliebig wählen. Sie soll aber die Maße eines DIN-A4-Blattes nicht überschreiten. Die Skizze soll mit Farben angefertigt werden.
Anmerkung:
Die unten stehenden Beispiele sollen Ihnen helfen, zwischen den Begriffen „Entwerfen", „Skizzieren" und „Gestalten" zu unterscheiden.
Sie sollten dieses Motiv <u>nicht</u> verwenden.

"Entwerfen"

"Skizzieren"

"Gestalten"

ABCDEFGHIJ
KLMNOPQRS
TUVWXYZ.,;:!?
abcdefghijklm
nopqrsßtuvw
xyz1234567890

UNSERE
TAGES-
SPEZIALITÄT
Früchtekuchen

ABCDEFGHIJ
KLMNOPQRS
TUVWXYZ.,;:!?
abcdefghijklm
nopqrsßtuvw
xyz1234567890

Apfeltaschen
*Stück **2,50***

ABCDEFGHIJ
KLMNOPQRS
TUVWXYZ.,;:!?
abcdefghijklm
nopqrsßtuvw
xyz1234567890

Krokantstangen

Stück **2,30**

ABCDEFGHI
KLMNOPQ
RSTUVWXYZ
abcdefghijkmln
opqrßstuvwxyz
1234567890 .,;:!?

Fürs Baby
Löffelbiskuits

ABCDEFGHIJKLMN
OPQRSTUVWXYZ
abcdefghijklmn
opqrsßtuvwxyz
1234567890.,;:!?

Montags
geschlossen

ABCDEFGHIJ
KLMNOPQRS
TUVWXYZ.,:!?
abcdefghijklm
nopqrsſßtuvw
xyz 1234567890

Schwarzwälder
Landbrot
1000g 5.20

Bewertungsrichtlinien für Schaufenstergestaltung

Bewertungsgruppen	Bewertungsmerkmale	Höchstpunktzahl
1. Warenpräsentation	Sortimentsquerschnitt- oder Saisonfenster mit ausreichender Sortimentstiefe, – werbewirksame Platzierung der Gebäckgruppen – äußeres Erscheinungsbild der Backwaren	20
2. Dekoration	Einsatz und richtige Anwendung von Dekorationsmitteln, Aufbau – Farbgestaltung – Textaussage	20
3. Schaustück Blickfang	Eigenproduktion bevorzugt Platzierung Ergänzung zum Fenster	20
4. Raumgestaltung	Vordergrund – Mittelpunkt – Hintergrundgestaltung Gesamtaufbau Raumnutzung	10
5. Sauberkeit	Sauberkeit des Fensters, des Tuches, sauberes Ein- und Aufsetzen der Waren, Sauberkeit der ganzen Anlage	10
6. Gesamteindruck	Gesamteindruck Werbewirksamkeit verkaufsfördernde Wirkung	10
7. Preis- und Hinweisschilder	Originalität, Sauberkeit, Beachtung der Gesetzesvorschrift für Preisauszeichnung	10
	Gesamtpunktzahl	100

Gestaltung von Schaufenstern

Was man bei der Warenauslage im Fenster besonders beachten muss

1. Nur so viele Waren in die Schaufensterauslage bringen, wie der Betrachter in etwa 12 Sekunden erfassen kann. Es ist besser, die Warenauslage häufiger zu wechseln, als alle Waren gleichzeitig zeigen zu wollen; das wäre eine so genannte Speisekartenauslage (alles anbieten, was man hat).

2. Die Waren im Schaufenster so ordnen, dass zusammengehörige Artikel einzelne Gruppen bilden und von anderen getrennt sind. Das erleichtert die Übersicht.

3. Es ist günstiger, die Waren unter einem Thema oder einer Leitidee zu zeigen, als sie unzusammenhängend in das Blickfeld des Betrachters zu stellen.

4. Waren bitte so anordnen, dass Schwerpunkte entstehen; nicht über die ganze Auslagefläche gleichmäßig verteilen.

5. Stets alle Artikel von der günstigsten Seite zeigen. Der Betrachter muss sie gut erkennen können. Kleine Waren müssen weiter vorne stehen, damit sie deutlich zu erkennen sind.

6. Man kann die Wirkung der kleinen Waren dadurch heben, dass man den gleichen Artikel in zwei oder drei Exemplaren zeigt.

7. Ein Artikel erscheint jedoch als Massen- oder Ramschware, wenn man ihn zu oft im Fenster auslegt.

8. Waren, die durch die Fensterauslage eine qualitative oder im Erscheinungsbild eine Einbuße erleiden, sollte man nicht selbst, sondern durch Attrappen zeigen.

9. Waren, die in der Auslage eine Betonung erfahren sollen, z. B. bei Neueinführung eines Artikels, kann man durch Auslagehilfen (Sockel, Untersätze, Bänder, Beleuchtung, Farbkontrast) und durch bevorzugte Platzanordnung hervorheben.

10. Beim Dekorieren der Waren darauf achten, dass sie gut stehen und nicht durch Erschütterungen ins Wanken geraten bzw. umfallen können.

11. Die Gesetzesvorschrift der Preisauszeichnung beachten! Jeder Artikel, der im Schaufenster erscheint, muss ein gut sichtbares, leicht lesbares Preisschild tragen.
12. Täglich nachsehen, ob noch alle Artikel den richtigen Platz haben. So vermeiden Sie, dass in der Auslage herabgefallene, umgefallene oder abgebrochene Sachen, verwelkte Blumen und tote Fliegen die Wirkung stören.

Praktische Tipps zur Herstellung eines Werbeschaufensters

Sauberkeit ist oberstes Gebot, deshalb vor der Dekoration die Scheibe innen und außen reinigen!

1. Bespannung (Tuch) in arteigenen Farben wählen.
2. Bei der Dekoration keine 5 Brote übereinander legen.
3. Mit Kleiderbügeln aus Holz, Peddigrohr oder Bambus lassen sich Plakate gut aufhängen.
4. Runde Plakate und Körbe verwenden, alles, was rund ist, wird vom Auge besser aufgenommen.
5. Korbwaren im Satz einkaufen. Bei einer Art im Fenster bleiben. Höhe der Körbe 10 bis 15 cm.
6. Helle Körbe in der Spülmaschine reinigen.
7. Bei der Dekoration auf der Bespannung arbeiten (praktischer, sicherer).
8. Einen Plastikwerkzeugkasten bereitstellen, der – immer greifbar – folgende Werkzeuge enthalten sollte:
   – Hammer, Schere, Zickzackschere
   – Seitenschneider
   – Teppichmesser
   – Eisenstecknadeln
   – größere Dekorationsnadeln
   – Perlonfaden, verschiedene Stärken, 30/40/80er
   – Blumendraht, vernickelt, um schwere Gegenstände (Räder) aufhängen zu können

- Spachtel (um Folien aufzukleben)
- evtl. Makramekordel
- doppelseitiges Klebeband
- Klebepads
- verschiedene Klebstoffe, z. B. für Holz, Styropor usw.
- aufrollbares Bandmaß

9. Ährenstrauß mit kariertem Band bündeln!
   Im großen, blauen Müllsack aufbewahren, bietet Schutz vor Ungeziefer und Beschädigung.
10. Anbringung des Blickfangs in Augenhöhe!
    Ende des 1. Drittels auf der linken Seite.
    Blick der Passanten geht
    - zuerst in die Mitte,
    - dann nach rechts,
    - dann nach links, insgesamt 4 bis 6 Sekunden lang.
11. Folien, Plakate und Poster immer flach lagern.
12. Folien im Sommer morgens früh oder abends spät auf die Scheibe kleben (Sommerhitze im Glas).
13. Beim Aufbringen der Folie die zu beklebende Scheibe mit Prilwasser befeuchten. Die Folie lässt sich verschieben und später auch wieder besser abziehen.
14. Die Folie im Winter zum Abziehen mit warmem Wasser befeuchten.
15. Die Folie mit einem Spachtel auf der Scheibe glatt streichen. Luftblasen lassen sich besser entfernen.
16. Reihenfolge der Dekoration:
    Bespannung, Aufbau, Blickfang, dann zügig durchdekorieren.

VIII. Technische Mathematik

(Bei den Preisen handelt es sich aus kartellrechtlichen Gründen um fiktive Angaben. Es soll lediglich der Rechenweg dargelegt werden.) Alle angegebenen DM-Beträge können mit dem Faktor 1 Euro = 1,95583 DM umgerechnet werden.

Verhältnisrechnen

Aufgabe 1
Aus einer Masse von 450 g bekommt man 25 Windbeutel. Es werden 40 Windbeutel hergestellt.
Wie viel kg Masse müssen hergestellt werden?

Lösung

25 Windbeutel $\;\widehat{=}\;$ 450 g Masse
40 Windbeutel $\;\widehat{=}\;$? g Masse

$$\frac{450 \times 40}{25} = 720 \text{ g} = \textbf{0,720 kg Masse}$$

Aufgabe 2
Für 220 Sahneteilchen braucht man 5,5 Liter Sahne.
Wie viel Teilchen bekommt man bei Verwendung von 3,5 Liter?

Lösung

5,5 Liter Sahne $\;\widehat{=}\;$ 220 Sahneteilchen
3,5 Liter Sahne $\;\widehat{=}\;$? Sahneteilchen

$$\frac{220 \times 3,5}{5,5} = \textbf{140 Stück}$$

Aufgabe 3

Der Fettverbrauch zum Backen von 90 Berlinern beträgt 495 g.
Wie viel Berliner kann man mit 605 g Fett backen?

Lösung

495 g Fett $\widehat{=}$ 90 Berliner
605 g Fett $\widehat{=}$? Berliner

$$\frac{90 \times 605}{495} = \textbf{110 Berliner}$$

Aufgabe 4

Eine Kundin bestellt für einen Kindergeburtstag 9 Tüten Bonbonmischung zu je 125 g. Es sollen Schokolinsen (1,35 DM/100 g), Zitronenbonbons (1,19 DM/100 g), Sahnekaramellen (1,55 DM/100 g) und Lakritzen (0,97 DM/100 g) im Verhältnis 2 : 3 : 3 : 1 gemischt werden.
Wie viel kostet eine Tüte Bonbonmischung?

Lösung

2 : 3 : 3 : 1 = 9 Teile Mischung
9 Teile   = 1,125 kg Mischung (9 Tüten à 0,125 kg)

2 Teile   = $\frac{1,125 \text{ kg} \times 2}{9}$ = 0,250 kg *1,35 DM/100 g* 3,38 DM

3 Teile   = $\frac{1,125 \text{ kg} \times 3}{9}$ = 0,375 kg *1,19 DM/100 g* 4,46 DM
                                       0,375 kg *1,55 DM/100 g* 5,81 DM

1 Teil   = $\frac{1,125 \text{ kg}}{9}$ = 0,125 kg *0,97 DM/100 g* 1,21 DM

                                       1,125 kg Mischung   14,86 DM
                                       0,125 kg Mischung   **1,65 DM/Tüte**

Prozentrechnen

Aufgabe 1

Folgender Auftrag ist ausgeführt worden:
66 Stück Sahnegebäck   je Stück 3,— DM
90 Stück Obsttörtchen   je Stück 2,50 DM
Wie viel DM hat der Kunde bei Gewährung von 3 % Skonto zu zahlen?

Technische Mathematik

Lösung

3,— DM x 66 = 198,— DM
2,50 DM x 90 = 225,— DM
 423,— DM

100 % ≙ 423,— DM
3 % ≙ ?$$ DM

$\dfrac{423 \times 3}{100}$ = 12,69 DM = 3 %

Rechnungsbetrag 423,— DM
./. 3 % Skonto 12,69 DM
 **410,31 DM** hat der Kunde zu zahlen.

Aufgabe 2

Ein Kunde hat Ihrem Geschäft folgenden Auftrag gegeben:
80 Brezeln je 0,90 DM
60 Roggenbrötchen je 0,70 DM
15 Zwiebelbrote je 2,50 DM
10 Krustenbrote je 2,80 DM
10 Französische Weißbrote je 3,— DM

a) Auf welchen Betrag lautet die Rechnung?
b) Wie hoch ist der Mehrwertsteuer-Anteil (7 %)?
c) Wie viel muss er zahlen, wenn er bei Barzahlung 3 % Skonto erhält?

Lösung

a) 80 x 0,90 DM = 72,— DM
 60 x 0,70 DM = 42,— DM
 15 x 2,50 DM = 37,50 DM
 10 x 2,80 DM = 28,— DM
 10 x 3,— DM = 30,— DM
 **209,50 DM**

b) 107 % ≙ 209,50 DM
 7 % ≙ ?$$ DM

$\dfrac{209{,}50 \times 7}{107}$ = **13,71 DM**

c) 100 % ≙ 209,50 DM Rechnungsbetrag 209,50 DM
   3 % ≙ ? DM ./. 3 % Skonto 6,29 DM

   $\dfrac{209{,}50 \times 3}{100}$ = **6,29 DM** **203,21 DM**

Aufgabe 3
Von einer Rechnung dürfen bei Zahlung innerhalb von einer Woche 3 % Skonto = 104,40 DM einbehalten werden.
a) Wie hoch war der Rechnungsbetrag?
b) Wie viel DM MwSt. wurden bezahlt?

Lösung
a) 3 % ≙ 104,40 DM
    100 % ≙ ? DM

$\dfrac{104{,}40 \times 100}{3}$ = **3480,— DM**

b) 107 % ≙ 3480,— DM
   7 % ≙ ? DM

$\dfrac{3480 \times 7}{107}$ = **227,66 DM**

Aufgabe 4
Eine Bäckerei mit angeschlossenem Lebensmittelgeschäft verkaufte im 1. Halbjahr für 453 014,50 DM Backwaren und für 72 320,50 DM Handelswaren.

a) Wie hoch war der Gesamtumsatz der Bäckerei im 1. Halbjahr?
b) Wie viel Prozent des Umsatzes entfallen auf Backwaren, wie viel Prozent auf Handelswaren?

Lösung
a)   453 014,50 DM
   + 72 320,50 DM
   525 335,— DM

b) $\dfrac{100 \times 453\,014{,}50}{525\,335}$ = **86,2 %** Backwarenanteil

100,0 % Gesamtumsatz
./. 86,2 % Backwarenumsatz
13,8 % Handelswarenumsatz

Aufgabe 5
Eine Verkäuferin erhielt nach einer Lohnerhöhung von 3,5 % einen Nettolohn von 1950,— DM. Wie hoch war ihr vorheriger Lohn?

Lösung
103,5 % $\hat{=}$ 1950,— DM
100,0 % $\hat{=}$? DM

$$\frac{1950,- \times 100}{103,5} = \underline{\underline{1884,06 \text{ DM}}}$$

Aufgabe 6
Der Preis eines Sandkuchens ist um 5 % erhöht worden; der Sandkuchen kostet jetzt 7,50 DM. Wie viel hat er vorher gekostet?

Lösung
105 % $\hat{=}$ 7,50 DM
100 % $\hat{=}$? DM

$$\frac{7,50 \times 100}{10} = \underline{\underline{7,14 \text{ DM}}}$$

Aufgabe 7
Eine Bäckerei stellt einfachen Hefezopf her; Stückpreis 7,80 DM/500 g. Ein Butter-Hefezopf wird zum Stückpreis von 4,10 DM/250 g verkauft. Berechnen Sie den Preisunterschied auf der Basis des einfachen Hefezopfes in %!

Lösung
Einf. Hefezopf	15,60 DM/kg
Butter-Hefezopf	16,40 DM/kg
Differenz	0,80 DM/kg

15,60 DM/kg $\hat{=}$ 100 %
0,80 DM/kg $\hat{=}$? %

$$\frac{100 \times 0,8}{15,60} \approx \underline{\underline{5,13 \text{ \% Preisunterschied}}}$$

Rohstoffrechnen

Aufgabe 1
Wie viel Liter Vollmilch mit 3,5 % Fettgehalt sind notwendig, um 2 kg Butter herzustellen, die einen Mindestfettgehalt von 82 % haben soll?

Lösung
Fettgehalt der Butter = $\frac{2000 \times 82}{100}$ = 1640 g Fett

3,5%   ≙   1 640 g
100,0%   ≙   ? g

$\frac{1640 \times 100}{3,5}$ = 46 857 g = **46,857 Liter Vollmilch**

Aufgabe 2
Für eine Bestellung müssen 116 Windbeutel mit Sahne gefüllt werden. Wie viel Liter Sahne sind dazu notwendig, wenn für ein Gebäckstück durchschnittlich 48,8 cm³ Sahne verwendet werden und die Volumenzunahme im Sahneautomat (Sahnebläser) 105,8 % beträgt?

Lösung
   1000 cm³ Sahne
+ 1058 cm³ Volumensteigerung
   2058 cm³ Sahnevolumen

$\frac{116 \times 48,8}{2058}$ = 5660,8 cm³ : 2058 = **2,75 = 2¾ Liter Sahne**

Nährwertrechnen

Aufgabe 1
Zwieback enthält 61,5 % Kohlenhydrate, 10,5 % Eiweiß und 4,5 % Fett. Berechnen Sie den Nährwert eines Päckchens Zwieback (Inhalt 225 g) in Kilojoule!
1 g Kohlenhydrat = 4,10 kcal
1 g Eiweiß   = 4,10 kcal
1 g Fett   = 9,30 kcal
1 kcal   = 4,18 kJ

Lösung

2,25 x 61,5 ≈ 138 g Kohlenhydrate
         x 4,1 ≈ 566 kcal x 4,18 ≈ 2366 kJ

2,25 x 10,5 ≈ 24 g Eiweiß
         x 4,1 ≈ 98 kcal x 4,18 ≈ 410 kJ

2,25 x 4,5 ≈ 10 g Fett
         x 9,3 = 93 kcal x 4,18 ≈ 389 kJ
                = **757 kcal**   = **3165 kJ**

oder 138 g x 17 = 2346 kJ
       24 g x 17 = 408 kJ
       10 g x 37 = 370 kJ
                    3124 kJ

Aufgabe 2

Berechnen Sie die Zusammensetzung und den Nährwert von 1,6 Liter Vollmilch bei folgender Zusammensetzung:
Wasser 87,5 %, Milchzucker 4,7 % (17 kJ/g), Eiweiß 3,6 % (17 kJ/g), Fett 3,5 % (37 kJ/g), Mineralstoffe 0,7 %.

Lösung

Wasser   87,5 % $= \dfrac{1,6 \times 87,5}{100}$ = **1,4000 Liter**

Milchzucker   4,7 % $= \dfrac{1,6 \times 4,7}{100}$ = 0,0752 Liter = **75 g**

Eiweiß   3,6 % $= \dfrac{1,6 \times 3,6}{100}$ = 0,0576 Liter = **58 g**

Fett   3,5 % $= \dfrac{1,6 \times 3,5}{100}$ = 0,0560 Liter = **56 g**

Mineralstoffe 0,7 % $= \dfrac{1,6 \times 0,7}{100}$ = 0,0112 Liter = **11 g**

```
1 g Milchzucker   =  17 kJ
75 g Milchzucker  =  17 x 75   =  1275 kJ
1 g Eiweiß        =  17 kJ
58 g Eiweiß       =  17 x 58   =   986 kJ
1 g Fett          =  37 kJ
56 g Fett         =  37 x 56   =  2072 kJ
                     Nährwert  =  4333 kJ
```

Aufgabe 3
Ermitteln Sie den Nährstoffgehalt in g und Brennwert in kJ eines Pausenbrotes (1 g Eiweiß und 1 g Kohlenhydrate liefern 17 kJ, 1g Fett 37 kJ), das folgendermaßen zusammengesetzt ist:

	Gewicht	Eiweiß	Fett	Kohlenhydr.
Mischbrot	100 g	7 % (7,0 g)	1 % (1,0 g)	52 % (52,0 g)
Butter	20 g	1 % (0,2 g)	82 % (16,4 g)	–
Fleischwurst	60 g	12 % (7,2 g)	22 % (13,2 g)	–

Lösung

	Eiweiß	Fett	Kohlenhydr.
100 g Mischbrot	7,0 g	1,0 g	52,0 g
20 g Butter	0,2 g	16,4 g	–
60 g Fleischwurst	7,2 g	13,2 g	–
	14,4 g	30,6 g	52,0 g

```
Eiweiß          14,4 x 17 kJ  =   244,8 kJ
Fett          + 30,6 x 37 kJ  =  1132,2 kJ
Kohlenhydrate + 52,0 x 17 kJ  =   884,0 kJ
                                 2261,0 kJ
```

Das Pausenbrot enthält **14,4 g** Eiweiß, **30,6 g** Fett und **52 g** Kohlenhydrate, der Joulegehalt beträgt **2261 kJ**.

Aufgabe 4

In der Pause trinkt ein Schüler ¼ Liter (250 g) Milch. Nährstoffgehalt der Milch = 3,2 % Eiweiß, 3,5 % Fett und 4,8 % Kohlenhydrate.
a) Wie viel Energie in kJ liefert ¼ Liter Milch, wenn 1 g Eiweiß und 1 g Kohlenhydrate je 17 kJ und 1 g Fett 37 kJ liefern?
b) Wie viel Liter Milch müsste er trinken, wenn er damit den Tagesbedarf (=10 000 kJ) decken möchte?

Lösung

a) Eiweiß:
100 % = 250 g
3,2 % = ? g = 250 : 100 x 3,2 = 8 g x 17 kJ = 136,00 kJ

Fett:
100 % = 250 g
3,5 % = ? g = 250 : 100 x 3,5 = 8,75 g x 37 kJ = 323,75 kJ

Kohlenhydrate:
100 % = 250 g
4,8 % = ? g = 250 : 100 x 4,8 = 12 g x 17 kJ = 204,00 kJ
zusammen: **527,75 kJ**

¼ Liter Milch liefert **527,75 Kilojoule.**
b) 527,75 kJ = 0,250 Liter
10 000,00 kJ = ? Liter = 0,250 : 527,75 x 10 000 = **4,737 Liter**

Es müssten **4,737 Liter** Milch getrunken werden, um den Tagesbedarf zu decken.

Aufgabe 5

Ein Lehrling wiegt 64 kg.
a) Wie viel g Eiweiß, Fett und Kohlenhydrate muss er täglich zu sich nehmen, wenn der Nährstoffbedarf je kg Körpergewicht 1 g Eiweiß, 1 g Fett und 6 g Kohlenhydrate beträgt?
b) Wie viel kJ nimmt er täglich zu sich, wenn 1 g Eiweiß und 1 g Kohlenhydrate je 17 kJ und 1 g Fett 37 kJ liefern?

Lösung

a) Eiweiß   64 x 1 g = 64 g
   Fett   64 x 1 g = 64 g
   Kohlenhydrate 64 x 6 g = 384 g   zusammen **512 g**

Tägliche Nährstoffmenge in Gramm = **512 g**

b) Eiweiß   64 x 17 kJ = 1088 kJ
   Fett   64 x 37 kJ = 2368 kJ
   Kohlenhydrate 384 x 17 kJ = 6528 kJ   zusammen **9984 kJ**

Tägliche Nährstoffmenge in Kilojoule = **9984 kJ**

Brotausbeute/Gebäckausbeute

Aufgabe 1

Aus 40 kg Mehl erhält man 72 Brote mit 750 g Gebäckgewicht.
Wie hoch ist die Brotausbeute (BA)?
(Die Brotausbeute – BA – kann auch als Gebäckausbeute – GA – bezeichnet werden.)

Lösung

72 Brote x 0,750 kg Brotgewicht = 54,000 kg Gesamtbrotgewicht

aus 40,000 kg Mehl erhält man 54,000 kg Brot
aus 100,000 kg Mehl erhält man   ? kg Brot

$$\frac{54,000 \times 100}{40}$$ 135 kg Brot = **BA 135**

Aufgabe 2

Bäckermeister Back stellt aus 45,500 kg Weizenmehl und 19,500 kg Roggenmehl 182 Weizenmischbrote mit je 500 g Gebäckgewicht her.
Welche Gebäckausbeute (GA) ergibt sich demnach für diese Brote?

Technische Mathematik

Lösung

45,500 kg Weizenmehl + 19,500 kg Roggenmehl = 65,000 kg Gesamtmehl
182 Brote x 0,500 kg Brotgewicht = 91,000 kg Gesamtgebäckgewicht
aus 65,000 kg Mehl erhält man 91,000 kg Gebäck
aus 100,000 kg Mehl erhält man   ? kg Gebäck

$\dfrac{91{,}000 \times 100}{65{,}000}$ 140 kg Brot = **GA 140**

Volumenausbeute

Aufgabe 1

Bei einem Vergleichsbackversuch erhielt man aus 250 g Mehl A ein Gebäckvolumen von 1050 cm^3, Mehl B hatte eine Volumenausbeute von 464.
a) Welches Mehl brachte die höhere Volumenausbeute?
b) Um wieviel Punkte lag die Volumenausbeute höher?

Lösung

250 g Mehl ergaben 1050 cm^3 Gebäckvolumen
100 g Mehl ergaben   ? cm^3 Gebäckvolumen

$\dfrac{1050 \times 100}{250}$ = 420 cm^3 Gebäckvolumen

a) **Mehl B** brachte die höhere Volumenausbeute.

b) Die Volumenausbeute lag um **44 Punkte** höher.

Aufgabe 2

Ein Roggenbrot hat eine Gebäckausbeute von 140 und eine Volumenausbeute von 310. Berechnen Sie das Gebäckvolumen, wenn das Gebäckgewicht 750 g beträgt.

Lösung

Berechnung des Mehlanteils:
zu 140,000 kg Brot benötigt man 100,000 kg Mehl
zu 0,750 kg Brot benötigt man ? kg Mehl

$$\frac{100{,}000 \times 0{,}750}{140{,}000}\qquad 0{,}536 \text{ kg Mehl} = 536 \text{ g Mehl}$$

Berechnung des Gebäckvolumens:
aus 100 g Mehl erhält man 310 cm³ Volumen
aus 536 g Mehl erhält man ? cm³ Volumen

$$\frac{310 \times 536}{100}\qquad \mathbf{1661{,}6\ cm^3\ Gebäckvolumen}$$

Backverlust

Aufgabe 1

Laut Backzettel sind folgende Mischbrote herzustellen:
20 Stück zu 750 g, 35 Stück zu 1 kg, 25 Stück zu 1250 g und 15 Stück zu 1500 g. Es wird ein durchschnittlicher Backverlust von 12,9 % erwartet.
Wie viel Teig ist herzustellen?

Lösung

```
   20 x 0,75 kg  =  15,000 kg
+  35 x 1,00 kg  =  35,000 kg
+  25 x 1,25 kg  =  31,250 kg
+  15 x 1,50 kg  =  22,500 kg
```

Gesamtbrotmenge   **103,750 kg**

Technische Mathematik 185

Teiggewicht 100,0 %
./. Backverlust 12,9 %

Gebäckgewicht 87,1 %

$$\frac{103{,}75 \times 100}{87{,}1} = \underline{\underline{119{,}116 \text{ kg}}}$$

Herzustellende Teigmenge: **119,116 kg**

Aufgabe 2
Ein Geselle stellt Zwieback her. Der Teig wiegt 12,800 kg. Nach dem Backen wiegt er nur noch 11,008 kg. Weitere 24 % verliert der Zwieback beim Rösten.

Berechnen Sie:
a) das Gewicht des fertigen Zwiebacks,
b) den Prozentsatz des Backverlustes!

Lösung

a) 100 % ≙ 11,008 kg Einback
 ./. 24 % ≙ 2,642 kg Röstverlust

 76 % ≙ **8,366 kg Zwieback**

b) 12,800 kg Teig
 ./. 11,008 kg Einback
 1,792 kg Backverlust

 12,800 kg ≙ 100 %
 1,792 kg ≙ ?

$$\frac{100\ \% \times 1{,}792}{12{,}800} = \underline{\underline{\textbf{14 \% Backverlust}}}$$

Aufgabe 3

Ein Teekuchen soll einschließlich 50 g Glasur 600 g wiegen. Der Backverlust beträgt 22 %.
Wie viel g Masse müssen eingewogen werden?

Lösung

Teekuchen unglasiert 550 g

Eingewogene Masse = $\dfrac{550 \times 100}{78}$ ≈ **705 g**

Mischungsrechnen

Aufgabe 1

Aus 4 Gebäcksorten sind 3,5 kg Mischung im Verhältnis 1,5 : 1,5 : 2 : 2 herzustellen.

a) Welche Mengen sind von den einzelnen Sorten abzuwiegen?

b) Wie teuer kommen 100 g dieser Gebäckmischung, wenn die Preise der Sorte I = 1,30 DM/100 g, Sorte II = 1,50 DM/100 g, Sorte III = 1,60 DM/100 g und Sorte VI = 1,90 DM/100 g betragen?

Lösung

a) 3,5 kg : 7 Anteile = 0,5 kg/Anteil

I =	0,5 kg x 1,5	= **0,750 kg** x 13,— DM/kg	= 9,75 DM
II =	0,5 kg x 1,5	= **0,750 kg** x 15,— DM/kg	= 11,25 DM
III =	0,5 kg x 2,0	= **1,000 kg** x 16,— DM/kg	= 16,— DM
IV =	0,5 kg x 2,0	= **1,000 kg** x 19,— DM/kg	= 19,— DM
	7 Teile		= 56,— DM

b) 56,— DM : 3,5 kg = 16,— DM/kg = **1,60 DM/100 g**

Technische Mathematik

Aufgabe 2

Die beiden folgenden Gebäckmengen werden miteinander vermischt.
3125 g Waffelgebäck je 125 g = 1,90 DM
1875 g Sandgebäck je 125 g = 1,50 DM

Wieviel DM kosten 125 g dieser Mischung?

Lösung

$$\frac{1{,}90 \times 3125}{125} = 47{,}50 \text{ DM kostet die 1. Sorte}$$

$$\frac{1{,}50 \times 1875}{125} = 22{,}50 \text{ DM kostet die 2. Sorte}$$

3125 g kosten 47,50 DM
1875 g kosten 22,50 DM
5000 g kosten 70,— DM

5000 g kosten 70,— DM
 125 g kosten ? DM

$$\frac{70 \times 125}{5000} = \mathbf{1{,}75 \text{ DM}}$$

Die nachfolgenden Mischungsrechnungen sind mit dem Mischungs-(Andreas-)kreuz zu lösen:

Aufgabe 1

Für Milchbrötchen soll ein Teig aus 12 kg Mehl hergestellt werden. Als Zuguss soll Magermilch (0,3 % Fettgehalt) verwendet werden. Da für Milchbrötchen jedoch Vollmilch (3,5 % Fettgehalt) vorgeschrieben ist, muss der fehlende Fettanteil durch Zusatz von Butterreinfett (99,5 % Fettgehalt) ergänzt werden.

a) Berechnen Sie das Mischungsverhältnis von Magermilch und Butterreinfett!
b) Wie viel Magermilch und Butterreinfett werden für 7 kg Zuguss benötigt?

Lösung

a) Magermilch 0,3 % — 96,0   30 Teile
Vollmilch   3,5 %   gekürzt
Butterreinfett 99,5 % — 3,2   **1 Teil**

zusammen 31 Teile

Das Mischungsverhältnis ist **30 : 1**.

b) zu 31 Teilen = 7,0 kg
    zu 1 Teil   = ? kg   = 7,0 kg x 1 : 31   = 0,226 kg
    Magermilch   = 1 x 0,226 kg   = **6,780 kg**
    Butterreinfett   = 1 x 0,226 kg   = **0,226 kg**

Für 7 kg Zuguss werden **0,226 kg** Butterreinfett und **6,780 kg** Magermilch benötigt.

Aufgabe 2

Bäcker- und Konditormeister Zimmermann temperiert zum Überziehen seiner Sachertorten in der Regel Kuvertüre mit einem Fettgehalt von 45 %. Da er aber lediglich Kuvertüre mit einem Fettgehalt von 35 % zur Verfügung hat, erhöht er den Fettgehalt mit Kakaobutter (100 % Fett).

a) In welchem Verhältnis muss er die Kuvertüre und die Kakaobutter mischen?

b) Welche Kakaobuttermenge muss er zu 2,2 kg Kuvertüre (35 % Fett) geben, um den gewünschten Fettgehalt von 45 % zu erhalten?

Lösung

a) Kakaobutter 100 % — 10   **2 Teile**
    Mischung   45 %   gekürzt
    Kuvertüre   35 % — 55   **11 Teile**

Das Mischungsverhältnis ist **2 : 11**.

b) 11 Teile = 2,2 kg
   2 Teile = ? kg   2,2 kg : 11 x 2 = **0,400 kg**

Es müssen **0,400 kg** Kakaobutter zugegeben werden.

Aufgabe 3
Sie sollen eine Keksmischung herstellen; 250 g kosten 2,70 DM. Zur Verfügung haben Sie Sorte A = 250 g je 2,40 DM, Sorte B = 250 g je 3,10 DM.
a) In welchem Verhältnis müssen Sie mischen?
b) Von Sorte A haben Sie einen Rest von 5,6 kg. Wieviel brauchen Sie von Sorte B, damit die Mischung richtig ist?

Lösung

a) Sorte A 250 g   2,40   40   **4 Teile von A**
   Mischung   2,70   gekürzt
   Sorte B 250 g   3,10   30   **3 Teile von B**

b) von Sorte A Rest 5,6 kg = 4 Teile
                               1 Teil = 1,4 kg
   von Sorte B nötig   3 Teile = 3 x 1,4 kg = **4,2 kg**

Aufgabe 4
Bäcker Frisch mischt Zugussflüssigkeit. Er hat 10 Liter 80 °C heißes Wasser zur Verfügung, und weiß, dass die Zugusstemperatur 28 °C betragen muss. Das Wasser aus der Leitung hat eine Temperatur von 12 °C.
Wieviel Liter Leitungswasser muss er zum heißen Wasser zulaufen lassen?

Lösung

Wasser   80 °C   16   **4 Teile**
                  28 °C   gekürzt
Wasser   12 °C   52   **13 Teile**

Mischungsverhältnis 4 : 13
4 Teile entsprechen 10 Liter Wasser
1 Teil entspricht 2,5 Liter Wasser
13 Teile entsprechen **32,5 Liter Wasser**

Er muss **32,5 Liter** Leitungswasser zulaufen lassen.

Aufgabe 5
Eine Bonbonmischung soll hergestellt werden, von der 2 kg 17,50 DM kosten sollen.
Zur Mischung stehen 2 Sorten zur Verfügung:
1. Sorte = 5 kg zum Preis von 46,25 DM
2. Sorte = 3 kg zum Preis von 25,65 DM

a) Wie groß ist das Mischungsverhältnis?
b) Wieviel kg von jeder Sorte sind notwendig, wenn 14,7 kg Bonbonmischung hergestellt werden sollen?

Lösung

Preis für 1 kg Mischung	= 17,50 DM : 2 = 8,75 DM
Preis für 1 kg, Sorte 1	= 46,25 DM : 5 = 9,25 DM
Preis für 1 kg, Sorte 2	= 25,65 DM : 3 = 8,55 DM

a) Sorte 1   9,25 ＼   ／ 0,20   2 Teile von 1
   Mischung   ＞ 8,75 ＜   gekürzt
   Sorte 2   8,55 ／   ＼ 0,50   5 Teile von 2

   Mischungsverhältnis **2 : 5** = 7 Teile

b) 7 Teile = 14,7 kg = Mischung
   1 Teil = 14,7 kg : 7   = 2,1 kg
   2 Teile = 2,1 kg x 2   = **4,2 kg von Sorte 1**
   5 Teile = 2,1 kg x 5   = **10,5 kg von Sorte 2**

   Gesamt   = **14,7 kg Mischung**

Zinsrechnen

Aufgabe 1

Ein Bäckermeister investiert 56 000,— DM in seinen Betrieb.
a) Wie viel Zinsen hätte dieses Kapital gebracht, wenn er es für 18 Monate zu einem Zinssatz von 6 % bei seiner Bank angelegt hätte?
b) Hat sich die Investition gelohnt, wenn er in dieser Zeit einen Mehrgewinn von 6500,— DM erzielt?

Lösung

a) Zinsen = $\dfrac{K \times p \times t}{100 \times 360}$

Zinsen = $\dfrac{56\,000 \times 6 \times 18}{100 \times 12}$ = **5040,– DM Zinsen** für 18 Monate

b) 6500,— DM
   ./. 5040,— DM
   1460,— DM

Die Investition hat sich gelohnt, da er **1460,— DM** mehr erlöst.

Aufgabe 2

Ein Meister zahlt eine Rechnung für eine Kasse über 14 366,— DM 20 Tage nach dem Zahlungsziel.
Daraufhin fordert die Lieferfirma 8,5 % Verzugszinsen (pro Jahr).
a) Welchen Betrag muss der Meister nachzahlen?
b) Wie viel DM hätte er insgesamt sparen können, wenn er bar mit 2 % Skonto bezahlt hätte?

Lösung

a) 100,0 % $\hat{=}$ 14 366,— DM
    8,5 % $\hat{=}$?   DM

$\dfrac{14366 \times 8,5}{100}$ = **1221,11 DM**

360 Tage ≙ 1221,11 DM
20 Tage ≙ ? DM

$\dfrac{1211,11 \times 20}{360}$ **67,84 DM** muss der Meister nachzahlen.

b) 100 % ≙ 14 366,— DM
    2 % ≙ ? DM

$\dfrac{14\,366 \times 2}{100}$ = **287,32 DM**

Zinsen für 20 Tage = 67,84 DM
+ Skontobetrag = 287,32 DM
Gesamtersparnis **355,16 DM**

Aufgabe 3

Am 28. Oktober war eine Rechnung über 650,— DM fällig. Sie bezahlen am 16. Dezember, darum berechnet Ihnen der Lieferer 8 % Verzugszinsen. Wie viel DM zahlen Sie mehr, wenn Sie bei Barzahlung 3 % Skonto hätten abziehen können?

Lösung

Überzogene Zeit vom 28. Oktober bis 16. Dezember = 48 Tage

$\dfrac{650 \times 8 \times 48}{100 \times 360}$ = 6,93 DM Verzugszinsen

Skonto: 650,— DM x 3 % = 19,50 DM
Unterschied: verlorener Nachlass 19,50 DM
              + Verzugszinsen 6,93 DM
              Sie müssen **26,43 DM** mehr zahlen.

Technische Mathematik

Aufgabe 4

Durch Umschulden konnte Bäcker- und Konditormeister Weber den Zinssatz für sein Baudarlehen (Darlehensstand 96 000,— DM) von 7,75 % auf 6,5 % senken.
Um wie viel DM verringert sich dadurch seine monatliche Belastung?

Lösung

7,75 % ./. 6,5 % = 1,25 %

$$\text{Zinsen} = \frac{K \times p \times t}{100 \times 12} = \frac{96\,000,- \times 1{,}25 \times 1}{100 \times 12} = \underline{\mathbf{100,-\ DM}}$$

Die monatliche Belastung verringert sich um **100,— DM**.

Aufgabe 5

Ein Bäcker- und Konditormeister benötigt für seinen Betrieb einen Kredit in Höhe von 150 000,— DM. Seine Bank macht ihm folgendes Angebot:

Laufzeit des Kredits = 7 Jahre
Bearbeitungsprovision = 2,5 %
Zinssatz = 8,5 %

a) Wie viel DM beträgt die Auszahlung nach Abzug der Bearbeitungsprovision?
b) Wie viel DM betragen die Kreditkosten im Jahr unter Berücksichtigung der Provision und der Zinsen?

Lösung

a) Auszahlung: 100 %, = 150 000,— DM
                     2,5 % =   ?   DM

$$\frac{150\,000 \times 2{,}5}{100} = 3750\ \text{DM}$$

150 000,— DM − 3750,— DM = **146 250,— DM**

Die Auszahlung beträgt **146 250,— DM**.

b) Provision pro Jahr: 3750 DM : 7 = **535,71 DM**
Zinsen pro Jahr: 100 % = 150 000,— DM
8,5 % = ? DM

$$\frac{150\,000 \times 8{,}5}{100} = 12\,750\text{ DM}$$

Kreditkosten pro Jahr: = Provision pro Jahr + Zinsen pro Jahr
= 535,71 DM + 12 750,— DM = **13 285,71 DM**

Die Kreditkosten für 1 Jahr betragen **13 285,71 DM**.

Aufgabe 6

Eine Bäckerei benötigt kurzfristig einen Kredit für die Renovierung einer Filiale. Zwei verschiedene Banken machen ein Angebot:
Bank A: Kredit über 30 600,— DM; nach 8 Monaten Rückzahlung von insgesamt 32 946,— DM.
Bank B: Kredit über 32 400,— DM; nach 10 Monaten und 12 Tagen Rückzahlung von insgesamt 35 839,80 DM.
Welche Bank bietet den günstigeren Kredit?

Lösung

Bank A:
$$Z = 2346\text{,— DM} \quad p = \frac{Z \times 100}{K \times t} = \frac{2346 \times 100 \times 12}{30\,600 \times 8} = \underline{\underline{\mathbf{11{,}5\,\%}}}$$

Bank B:
$$Z = 3439{,}80\text{,— DM} \quad p = \frac{Z \times 100}{K \times t} = \frac{3439{,}80 \times 100 \times 360}{32\,400 \times 312} = \underline{\underline{\mathbf{12{,}25\,\%}}}$$

Die **Bank A** ist günstiger.

Technische Mathematik

Umsatzrechnen

Aufgabe 1

Durch die Einstellung einer neuen Filialleiterin wurde in einer Filiale in den ersten $2^1/_2$ Monaten ein Umsatz von 210 662,50 DM erreicht. Der gesamte Umsatz des Vorjahres betrug 842 650,— DM.
a) Wie hoch ist der Jahresumsatz der neuen Filialleiterin zu erwarten, wenn man mit dem Umsatz der ersten $2^1/_2$ Monate hochrechnet?
b) Um wie viel DM wird sie den Vorjahresumsatz überschreiten?
c) Um wie viel % wird sie den Vorjahresumsatz steigern?

Lösung

a) Hochrechnung auf 12 Monate

Umsatz $= \dfrac{210\,662{,}50 \times 12}{2{,}5} =$ **1 011 180,— DM**

b) Vergleich mit Vorjahr   1 011 180,— DM
                                    ./. 842 650,— DM

Umsatzdifferenz   **168 530,— DM**

c) Umsatzsteigerung $= \dfrac{168\,530 \times 100}{842\,650}$ **= 20 %**

Aufgabe 2

Eine Bäckerei hatte bei einer Verkaufsfläche von 60 m² 487 500,— DM Umsatz. Nach der Erweiterung um 20 m² stieg er auf 667 875,— DM.
a) Auf wie viel % beläuft sich der Gesamtumsatz?
b) Wie groß war der Umsatz je m² vor und nach der Erweiterung?
c) Hat sich die Erweiterung gelohnt?

Lösung

a)   487 500,— DM $\,\hat{=}\,$ 100 %
     667 875,— DM $\,\hat{=}\,$? %

$\dfrac{100 \times 667\,875}{487\,500}$ = **137 % Gesamtumsatz**

b) 487 500,— DM : 60 m² = **8125,— DM/m²** vor der Erweiterung

667 875,— DM : 80 m² = **8348,44 DM/m²** nach der Erweiterung

c) Ja, es wurden **223,44 DM je m²** mehr umgesetzt.

Kalkulation

Aufgabe 1
Bei einem Handelsaufschlag von 28 % kostet eine Schachtel Pralinen 14,95 DM ohne MwSt. im Verkauf.
a) Zu welchem Nettopreis konnte die Firma einkaufen?
b) Wie hoch ist die Handelsspanne in DM und %?

Lösung

a) 128 % = 14,95 DM
   100 % = ? DM

$$\frac{14{,}95 \times 100}{128} = \underline{\mathbf{11{,}68\ DM}}$$

Der Nettoeinkaufspreis beträgt **11,68 DM**.

b) Handelsspanne in DM: 14,95 DM ./. 11,68 DM = **3,27 DM**
   Handelsspanne in %:   14,95 DM = 100 %
                          3,27 DM = ? %

$$\frac{100 \times 3{,}27}{14{,}95} = \underline{\mathbf{21{,}9\ \%}}$$

Die Handelsspanne beträgt **21,9 % und 3,27 DM**.

Technische Mathematik 197

Aufgabe 2

Ein Karton Pralinen wiegt brutto 5 kg. Tara ist 300 g. Der Nettoverkaufspreis für diese Ware ist 120,— DM. Sie verpacken die Pralinen in Cellophanbeutel zu je 100 g. Dabei haben Sie einen Einwiegeverlust von 5 %. Wie hoch kommt der Bruttopreis für 1 Beutel, wenn Sie 7 % Mehrwertsteuer aufschlagen?

Lösung

Bruttogewicht	5000 g	Nettopreis	120,— DM
./. Tara	300 g	+ 7 % MwSt.	8,40 DM
Nettogewicht	4700 g	Bruttopreis	128,40 DM
./. 5 % Verlust	235 g		
	4465 g		

Verkauft werden **4465 g** in 100-g-Tüten ≈ 44 Tüten

44 Tüten kosten 128,40 DM
 1 Tüte kostet 128,40 DM : 44 = **2,92 DM**

Aufgabe 3

Der Einkaufspreis für 1 kg Kaffee beträgt 14,50 DM.
Der Verkaufspreis für 0,5 kg Kaffee ist auf 9,75 DM festgesetzt worden.
Errechnen Sie den Handelsaufschlag in Prozent!
(Hinweis: Der Handelsaufschlag beinhaltet in dieser Aufgabe die Verkaufskosten, das Risiko, den Gewinn und die Mehrwertsteuer.)

Lösung

9,75 DM x 2 = 19,50 DM   19,50 DM
                              ./.14,50 DM
                              5,— DM Handelsaufschlag

14,50 DM ≙ 100 %
 5,— DM ≙ ? %

$$\frac{100 \times 5}{14,50} = 500 : 14,50 = \textbf{34,48 \% Handelsaufschlag}$$

Aufgabe 4

Es werden Kokosmakronen hergestellt aus
1000 g Zucker, je kg zu 1,60 DM
  500 g Kokosraspeln, je kg zu 2,65 DM
  450 g Eiweiß (15 Eiklar) je 0,15 DM
  50 g Mehl, je kg zu 0,65 DM

a) Berechnen Sie die Materialkosten!
b) Wie viel Beutel mit 125 g Füllung erhalten wir bei $16^2/_3$ % Backverlust?

Lösung

a) 1,000 kg Zucker   je 1,60 DM   =   1,60 DM
    0,500 kg Kokosraspeln   je 2,65 DM   =   1,33 DM
    0,450 kg Eiweiß = 15 Eiklar   je 0,15 DM   =   2,25 DM
    0,050 kg Mehl   je 0,65 DM   =   0,03 DM

    2,000 kg Masse   Materialkosten   **5,21 DM**

b) 100 %   = 2,000 kg   Masse
   $16^2/_3$ % = 0,333 kg   Verlust
              1,667 kg   Gebäck

1667 g : 125 g = 13,34
Wir erhalten **13 Beutel** mit 125 g Füllung.

Aufgabe 5

Eine Sendung mit Dauerbackwaren wiegt brutto 6,5 kg.

a) Wie viel Päckchen je 125 g muss sie enthalten, wenn der Karton 250 g wiegt?
b) 1 kg Dauerbackwaren kostet brutto für netto 8,80 DM. Wie viel kostet ein Päckchen?

Lösung

a)   6,500 kg brutto
     ./. 0,250 kg Tara
        6,250 kg netto : 0,125 kg = **50 Päckchen**

b) 6,5 kg x 8,80 DM = 57,20 DM : 50 = **1,14 DM/Päckchen**

Aufgabe 6

Kalkulieren Sie den Verkaufspreis für Berliner Pfannkuchen!

Rezept:
4000 g	Weizenmehl, Type 405	je kg	0,70 DM
800 g	Feinbackkrem	je kg	3,60 DM
200 g	Hefe	je kg	2,40 DM
12	Eier	je St.	0,22 DM
1600 g	Vollmilch	je kg	1,16 DM
	Salz und Gewürze	für	0,90 DM

Dieses Rezept ergibt 180 Berliner Pfannkuchen. Des Weiteren werden je Berliner benötigt:

5 g Siedefett   je kg 5,45 DM   10 g Konfitüre je kg 3,20 DM
5 g Puderzucker je kg 1,90 DM

Die Stundenleistung beträgt 120 Stück bei einem Stundenkostensatz von 88,— DM. Für Gewinn und Risiko (Marge) werden insgesamt 35 % veranschlagt. Die ermäßigte Mehrwertsteuer in Höhe von 7 % ist zu berücksichtigen.

Zu welchem Preis ist 1 Berliner im Laden zu verkaufen?

Lösung

		Preis je kg	Gesamtpreis
4,000 kg	Weizenmehl, Type 405	0,70 DM	2,80 DM
0,800 kg	Feinbackkrem	3,60 DM	2,88 DM
0,200 kg	Hefe	2,40 DM	0,48 DM
12	Eier	0,22 DM/St.	2,64 DM
1,600 kg	Vollmilch	1,16 DM	1,86 DM
	Salz und Gewürze		0,90 DM
	Materialkosten des Teiges		11,56 DM
1,800 kg	Konfitüre	3,20 DM	5,76 DM
0,900 kg	Puderzucker	1,90 DM	1,71 DM
0,900 kg	Siedefett	5,45 DM	4,91 DM
	Materialkosten		23,94 DM
	+ Betriebskosten (88,— DM x 1,5)		132,— DM
	Selbstkosten		155,94 DM
	+ Marge (35 %)		54,58 DM
	Nettoverkaufspreis (Erlös)		210,52 DM
	+ Mehrwertsteuer (7 %)		14,74 DM
	Bruttoverkaufspreis		**225,26 DM**

Stückpreis: 225,26 DM : 180 = **1,25 DM**

Aufgabe 7

Ein Stück Johannisbeer-Schnitte kostet im Laden 2,50 DM. Berechnen Sie den Preis für eine Schnitte im Café bei einem Café-Aufschlag von 22 % und einem MwSt.-Satz von 16 %!

Lösung

Bruttoverkaufspreis	= 2,50 DM	
./. MwSt. (7 %)	= 0,16 DM	(2,50 : 107 x 7)
Nettoverkaufspreis	= 2,34 DM	
+ Café-Aufschlag (22 %)	= 0,51 DM	(2,34 : 100 x 22)
Nettoverkaufspreis Café	= 2,85 DM	
+ MwSt. (16 %)	= 0,46 DM	(2,85 : 100 x 16)
Bruttoverkaufspreis Café	= **3,31 DM**	

Der Café-Preis der Johannisbeer-Schnitte beträgt **3,31 DM**.

Aufgabe 8

Bäcker- und Konditormeister Schmidt kalkuliert anhand folgender Daten den Verkaufspreis für eine runde Geburtstagstorte mit einfachem Dekor:

Materialkosten 10,05 DM Arbeitszeit (AZ) 54 Minuten
Stundenkostensatz (SKS) 72,00 DM Risiko und Gewinn 30 %

Minutenkostensatz = MKS (= SKS : 60); MwSt. 7 %
Welchen kalkulatorischen Verkaufspreis ermittelt Bäcker- und Konditormeister Schmidt?

Lösung

Materialkosten	= 10,05 DM	
+ Betriebskosten (AZ x MKS)	= 64,80 DM	(54,— x 1,20 DM)
Selbstkosten	= 74,85 DM	
+ Risiko und Gewinn (30 %)	= 22,46 DM	(74,85 : 100 x 30)
Nettoverkaufspreis Café	= 97,31 DM	
+ MwSt. (7 %)	= 6,81 DM	(97,31 : 100 x 7)
Bruttoverkaufspreis	= **104,12 DM**	

Der kalkulatorische Verkaufspreis beträgt **104,12 DM**.

Technische Mathematik

Aufgabe 9

Die Materialkosten für 1 Stück Sahnetorte betragen 0,64 DM. Betriebskosten je Stück: 1,2 Minuten à 0,95 DM. Gewinn und Risiko (Marge) 28 %, Café-Aufschlag 25 %. Wie teuer wird das Stück Sahnetorte im Café bei einem MwSt.-Satz von 16 % verkauft?

Lösung

Materialkosten	= 0,64 DM
+ Betriebskosten (1,2 x 0,95)	= 1,14 DM
Selbstkosten	= 1,78 DM
+ Marge 28 %	= 0,50 DM
Nettopreis	= 2,28 DM
+ Café-Aufschlag 25 %	= 0,57 DM
Nettopreis (Café)	= 2,85 DM
+ Mehrwertsteuer 16 %	= 0,46 DM
Bruttoverkaufspreis je Stück	= **3,31 DM**

Aufgabe 10

Der Nettowarenwert von Backwaren beträgt 117,60 DM. Für Risiko und Gewinn wurden 24 % veranschlagt.
a) Berechnen Sie die Höhe der Selbstkosten!
b) Für wie viel DM werden diese Backwaren im Laden angeboten?

Lösung

a) Netto: 124 % = 117,60 DM
   SK   100 % = ?   DM

$$\frac{117{,}60 \times 100}{124} = \underline{\underline{94{,}84 \text{ DM}}}$$

b) Netto: 117,60 DM
   + 7 % MwSt.   8,23 DM
   Brutto: **125,83 DM**

Aufgabe 11

Im Laden werden Ihre Croissants für 1,40 DM pro Stück verkauft. Der Kalkulation liegen folgende Daten zugrunde:

Materialkosten für 60 Stück	= 11,82 DM
Gesamtarbeitszeit für 60 Stück	= 40 Minuten
Risiko und Gewinn	= 23 %
Mehrwertsteuer	= 7 %

Wie teuer ist die Betriebskostenminute anzusetzen?

Lösung

Bruttoverkaufspreis	107 %	= 84,00 DM	(60 x 1,40 DM)
./. MwSt.	7 %	= 5,50 DM	(84 : 107 x 100)
Nettoverkaufspreis	123 %	= 78,50 DM	
./. Risiko und Gewinn	23 %	= 14,68 DM	(78,5 : 123 x 23)
Selbstkosten		= 63,82 DM	
./. Materialkosten		= 11,82 DM	
Betriebskosten		= 52,00 DM	

Betriebskostenminute = 40 Min = 52,00 DM
  1 Min = ? DM

52,00 : 40 = **1,30 DM/Minute**

Die Betriebskostenminute ist mit **1,30 DM** anzusetzen.

Kassenbestand

Aufgabe 1

Eine Kundin kommt aufgeregt in den Laden: Sie hat am Morgen bei Ihnen eingekauft und mit einem 100-Mark-Schein bezahlt. Nun glaubt sie, dass Ihre Kollegin aus der Frühschicht ihr nur auf 50 DM herausgegeben hat.

Um den Sachverhalt zu klären machen Sie einen Kassensturz:

Technische Mathematik

Wechselgeldeinlage am Morgen	150,— DM
Einnahmen bis jetzt laut Kassenrolle	1478,74 DM
Bezahlung von Putzmitteln	30,— DM
Paketgebühr	10,— DM
vom Untermieter bezahlte Miete	250,— DM
im Augenblick in der Kasse vorhanden	1888,74 DM

Ist die Kundin im Recht?

Lösung

Einnahmen:		Ausgaben:	
Wechselgeldeinlage	150,— DM	Bezahlung von Putzmitteln	30,— DM
Einnahmen	1478,74 DM	Paketgebühr	10,— DM
Miete	250,— DM	Summe	40,— DM
Summe	1878,74 DM		

Berechneter Kassenbestand:
1878,74 DM ./. 40,— DM Ausgaben = **1838,74 DM**

Tatsächlicher Kassenbestand: **1888,74 DM**.

Es sind **50 DM zu viel in der Kasse,** die Kundin hatte Recht.

Aufgabe 2

Der Zettel mit dem Kassenbestand des Vortages ist verloren gegangen. Berechnen Sie nach folgenden Angaben, wie viel Geld in der Kasse gewesen sein muss.

In der Kasse waren:	
Einnahmen laut Kontrollstreifen	4633,35 DM
Lieferantenrechnung, bar bezahlt	428,78 DM
Privatentnahme	245,20 DM
Bankeinzahlung	3800,— DM
Kassenbestand bei Geschäftsschluss	462,34 DM

Lösung

	Kassenbestand bei Geschäftsschluß	462,34 DM
+	Lieferantenrechnung	428,78 DM
+	Privatentnahme	245,20 DM
+	Bankeinzahlung	3800,— DM
./.	Bareinnahmen	4633,35 DM
=	**Wechselgeld**	**302,97 DM**

Der Kassenbestand des Vortages betrug **302,97 DM.**

Abschreibung

Aufgabe 1

Ein Sahnebläser kostet 2700,— DM.
a) Wie hoch ist der jährliche Abschreibungsbetrag bei einem Abschreibungssatz von 12,5 % (linear)?
b) Welchen Buchwert hat der Sahnebläser nach 5 Jahren?

Lösung

a) 100 : 12,5 = 8 Jahre
2700,- DM : 8 = **337,50 DM**/Jahr Abschreibung

b) 337,50 x 5 = 1687,50 DM

```
  2700,— DM
./. 1687,50 DM
  1012,50 DM  Buchwert nach 5 Jahren
```

Aufgabe 2

Eine neue Kühltheke kostet 18 800,— DM. Die Lebensdauer beträgt 8 Jahre.
a) Berechnen Sie die lineare Abschreibung in DM und Prozent!
Diese Theke wird nach 6 Jahren für 6304,34 DM verkauft.
In diesem Betrag sind 16 % Mehrwertsteuer enthalten.

b) Wie hoch ist der Verlust bzw. Gewinn beim Verkauf in DM und Prozent?

Lösung

a) 18 800,— DM : 8 = **2350,— DM**

18 800,— DM ≙ 100 %
2 350,— DM ≙ ? %

$$\frac{100 \times 2350}{18\,800} = \underline{\mathbf{12{,}5\,\%}}$$

Technische Mathematik 205

b) Verkaufspreis mit MwSt. = 116 % ≙ 6 304,34 DM
   Verkaufspreis ohne MwSt. = 100 % ≙ ?

$$\frac{6\,304{,}34 \times 100}{116} = 5\,434{,}78 \text{ DM}$$

Neupreis	= 18 800,— DM
./. Abschreibung nach 6 Jahren	= 14 100,— DM
Buchwert nach 6 Jahren	= 4 700,— DM
Verkaufspreis ohne MwSt.	= 5 434,78 DM
./. Buchwert nach 6 Jahren	= 4 700,— DM
Gewinn	**734,78 DM**

4 700,— DM ≙ 100 %
734,78 DM ≙ ? %

$$\frac{100 \times 734{,}78}{4\,700} = \mathbf{15{,}6\ \%}$$

Kundenrechnung

Aufgabe 1

Bei einer Bestellung von 36 Kuchenstücken zu je 3,— DM (Ladenpreis), 88 Dänischen Plunderteilen zu je 1,75 DM (Ladenpreis) und 1,25 kg Teegebäck (4,80 DM/100 g im Laden) werden 18 % Rabatt gewährt. Auf welchen Betrag stellen Sie die Rechnung aus, und wie viel DM ermäßigte Mehrwertsteuer muss abgeführt werden?

Lösung

36 Kuchen	à 3,— DM	=	108,— DM	
88 Plunder	à 1,75 DM	=	154,— DM	
1,25 kg Teegebäck	à 48,— DM/kg	=	60,— DM	
	Brutto	=	322,— DM	$\frac{322 \times 7}{107}$
	./. 7 % MwSt.	=	21,07 DM	
	Netto	=	300,93 DM	$\frac{300{,}93 \times 18}{100}$
	./. 18 % Rabatt	=	54,17 DM	
	Netto (red.)	=	246,76 DM	$\frac{246{,}76 \times 7}{100}$
	+ 7 % MwSt.	=	17,27 DM	
	Rechnungsbetrag:		**264,03 DM**	

Aufgabe 2

An das Hotel „Adler" wurden geliefert:

150 Deutsche Plunderteilchen	Stück	1,75 DM
80 Pasteten	Stück	1,50 DM
4 Obstkuchen	Stück	32,— DM
6 Sahnetorten	Stück	42,— DM
120 Dessertstückchen	Stück	2,20 DM

Die Preise sind Nettopreise. Es werden 15 % Rabatt gewährt.
Die ermäßigte Mehrwertsteuer ist zu berücksichtigen!
Erstellen Sie die Kundenrechnung!

Lösung

150 Deutsche Plunderteilchen	je	1,75 DM =	262,50 DM
80 Pasteten	je	1,50 DM =	120,— DM
4 Obstkuchen	je	32,— DM =	128,— DM
6 Sahnetorten	je	42,— DM =	252,— DM
120 Dessertstückchen	je	2,20 DM =	264,— DM
			1026,50 DM
	./. 15 % Rabatt	=	153,98 DM
			872,52 DM
	+ 7 % MwSt.	=	61,08 DM
Rechnungsbetrag			**933,60 DM**

Aufgabe 3

An das Hotel „Goldener Hirsch" wurden folgende Waren geliefert:
Von Montag bis Samstag täglich

75 Tafelbrötchen	Nettopreis 0,45 DM/Stück
5 Toastbrote	Nettopreis 2,80 DM/Stück
6 Weizenmischbrote	Nettopreis 4,10 DM/Stück
3 Roggenmischbrote	Nettopreis 4,40 DM/Stück

zusätzlich am Samstag

40 Stück Käsekuchen	Nettopreis 2,80 DM/Stück
80 Stück Apfelkuchen	Nettopreis 3,00 DM/Stück

Das Hotel erhält auf die Nettopreise 15 % Rabatt

a) Schreiben Sie eine ordnungsgemäße Wochenrechnung!
   (Die Mehrwertsteuer in Höhe von 7 % ist zu berücksichtigen.)
b) Berechnen Sie den Barzahlungsbetrag, wenn 2,5 % Skonto gegeben werden.

Lösung

a) | Stück | Warenbezeichnung | Einzelpreis | Gesamtpreis |
   |---|---|---|---|
   | 450 | Tafelbrötchen | 0,45 DM | 202,50 DM |
   | 30 | Toastbrote | 2,80 DM | 84,— DM |
   | 36 | Weizenmischbrote | 4,10 DM | 147,60 DM |
   | 18 | Roggenmischbrote | 4,40 DM | 79,20 DM |
   | 40 | Käsekuchen | 2,80 DM | 112,— DM |
   | 80 | Apfelkuchen | 3,00 DM | 240,— DM |
   | | | | 865,30 DM |
   | | ./. 15 % Rabatt | | 129,80 DM |
   | | | | 735,50 DM |
   | | + 7 % Mehrwertsteuer | | 51,49 DM |
   | | = **Rechnungsbetrag** | | **792,99 DM** |

b) Rechnungsbetrag   792,99 DM
   ./. 2,5 % Skonto   19,83 DM
   = **Barzahlungsbetrag**   **773,16 DM**

Rabatt und Skonto

Aufgabe 1

Die Bäckerei-Konditorei Korn liefert an das Gasthaus „Schönblick" verschiedene Backwaren zum Netto-Rechnungsbetrag von 784,95 DM. Es werden 8,5 % Rabatt und bei Zahlung innerhalb von 10 Tagen 3 % Skonto gewährt.

Welcher Betrag muss bei Zahlung innerhalb von 10 Tagen überwiesen werden?

Lösung

Rechnungsbetrag	= 784,95 DM
./. 8,5 % Rabatt	= 66,72 DM
= Netto-Rechnungsbetrag	= 718,23 DM
+ 7 % Mehrwertsteuer	= 50,28 DM
= Brutto-Rechnungsbetrag	= 768,51 DM
./. 3 % Skonto	= 23,55 DM
= Zahlungsbetrag	**745,46 DM**

Es müssen **745,46 DM** überwiesen werden.

Aufgabe 2

Bäckermeister Braun bestellt einen Büroschrank für 1850,— DM zuzüglich Mehrwertsteuer. Die Firma gewährt 8 % Rabat. Für Zahlungen innerhalb von 14 Tagen werden 2 % Skonto eingeräumt.

Welchen Betrag muss Meister Braun überweisen, wenn er 8 Tage nach Erhalt der Lieferung bezahlt?

Lösung

Rechnungsbetrag	= 1850,— DM
./. 8 % Rabatt	= 148,— DM
= Netto-Rechnungsbetrag	= 1702,— DM
+ 16 % Mehrwertsteuer	= 272,32 DM
= Brutto-Rechnungsbetrag	= 1974,32 DM
./. 2 % Skonto	= 39,49 DM
= Zahlungsbetrag	**1934,83 DM**

Meister Braun muss **1934,83 DM** überweisen.

IX. Gesetzeskunde   Stand: September 2000

Welche fachlichen Leitsätze, Gesetze, Verordnungen und Richtlinien muss die Bäckerei-Fachverkäuferin hauptsächlich beachten?

	Seite
Arbeitsrechtliches Gesetz zur Förderung von Wachstum und Beschäftigung	210
Berufsbildungsgesetz	213
Berufsgenossenschaft	218
Bundeserziehungsgeldgesetz	222
Diätverordnung/Diabetikerbackwaren	229
Infektionsschutzgesetz	230
Jugendarbeitsschutzgesetz	231
Ladenschlussgesetz	237
Lebensmittel- und Bedarfsgegenständegesetz	239
Preisangabenverordnung	243
Wettbewerbsrecht	246
Weitere allgemeine Rechts- und Fachgebiete	253
Zusatzstoff-Zulassungsverordnung	261

Arbeitsrechtliches Gesetz zur Förderung von Wachstum und Beschäftigung

(Arbeitsrechtliches Beschäftigungsförderungsgesetz vom 25. September 1996 mit Wirkung vom 1. Oktober 1996)

Dieses Artikelgesetz umfasst Änderungen folgender Rechtsvorschriften:

- Entgeltfortzahlungsgesetz
- Kündigungsschutzgesetz
- Bundesurlaubsgesetz
- Gesetz über arbeitsrechtliche Vorschriften zur Beschäftigungsförderung
- Bürgerliches Gesetzbuch
- Arbeitsplatzschutzgesetz
- Betriebsverfassungsgesetz
- Übergangsregelung zum Konkursrecht
- Arbeitsschutzgesetz
- Gesetz über Betriebsärzte, Sicherheitsingenieure und andere Fachkräfte für Arbeitssicherheit
- Berufsbildungsgesetz
- Bundeserziehungsgeldgesetz

Nennen Sie die wichtigsten Änderungen zum
a) Entgeltfortzahlungsgesetz
b) Kündigungsschutzgesetz
c) Bundesurlaubsgesetz
d) Gesetz über arbeitsrechtliche Vorschriften zur Beschäftigungsförderung

a) Entgeltfortzahlungsgesetz (EFZG)

Seit 1. Janaur 1999 gilt wiederum die 100%ige Entgeltfortzahlung im Krankheitsfall, anstatt 80 %. Außerdem dürfen Rehabilitationszeiten und Kuren, für die ein gesetzlicher Anspruch auf Entgeltfortzahlung besteht, nicht mehr auf den Urlaub angerechnet werden. Im Unterschied zur früheren Regelung werden bei der Bemessung der Entgeltfortzahlung aber Überstundenvergütungen nicht mehr berücksichtigt. Der Anspruch auf Entgeltfortzahlung entsteht erst nach einer 4-wöchigen, ununterbrochenen Dauer des Arbeitsverhältnisses. Die Entgeltfortzahlung als solche erstreckt sich bis zu einem Zeitraum von 6 Wochen.

Besteht bei Erkankung eines Kindes für den Arbeitnehmer Anspruch auf Entgeltfortzahlung nach dem EFZG?

Nein, es besteht laut § 45 Sozialgesetzbuch (SGB) V ein Anspruch auf Krankengeld, wobei Versicherte anspruchsberechtigt sind, wenn es nach ärztlichem Zeugnis erforderlich ist, dass sie zur Beaufsichtigung, Betreuung oder Pflege ihres erkrankten und versicherten Kindes der Arbeit fernbleiben, eine andere in ihrem Haushalt lebende Person das Kind nicht beaufsichtigen, betreuen oder pflegen kann und das Kind das 12. Lebensjahr noch nicht vollendet hat. Anspruch auf Krankengeld besteht pro Kalenderjahr für jedes Kind längstens für 10 Arbeitstage, für allein erziehende Versicherte längstens für 20 Arbeitstage. Der Anspruch ist jedoch begrenzt auf nicht mehr als 25 Arbeitstage, für allein erziehende Versicherte auf nicht mehr als 50 Arbeitstage je Kalenderjahr.

b) Kündigungsschutzgesetz (KSchG)

Am 1.1.1999 trat der Kündigungsschutz wieder bei Betrieben ab 5 Arbeitnehmern ein, wobei Teilzeitkräfte mit einer Wochenarbeitszeit bis zu 20 Stunden mit 0,5 und mit nicht mehr als 30 Stunden mit 0,75 Teilen zu berücksichtigen sind. Liegen die beiden o.g. Punkte vor, bedarf es neben der Einhaltung der Kündigungsfrist eines besonderen gesetzlichen Grundes für eine rechtmäßige Kündigung. Das Gesetz unterscheidet insoweit zwischen personen- und betriebsbedingten Gründen. Dies ist im wesentlichen nichts Neues. Neu ist allerdings, dass die bei betriebsbedingten Gründen vorzunehmende Sozialauswahl wieder schwieriger wird.

Welche Kündigungsbeschränkungen bestehen gemäß dem Kündigungsschutzgesetz?

Kündigungen sind gemäß dem KSchG rechtsunwirksam, wenn sie sozial ungerechtfertigt sind. Sozial ungerechtfertigt ist eine Kündigung dann, wenn sie nicht durch verhaltens-, personenbedingte Gründe oder dringend betriebliche Erfordernisse bestimmt ist (§ 1 Abs. 2 KSchG).

Sind die Kündigungsfristen im Kündigungsschutzgesetz geregelt?

Nein, sondern im § 622 BGB, sofern tarifvertragliche Regelungen keine Abweichungen beinhalten.

c) Bundesurlaubsgesetz (BUrlG)

Urlaubsentgelt

Das Urlaubsentgelt bemisst sich nach dem durchschnittlichen Arbeitsverdienst, den der Arbeitnehmer in den letzen 13 Wochen vor dem Beginn des Urlaubs erhalten hat, mit Ausnahme des zusätzlich für Überstunden gezahlten Arbeitsverdienstes. Der gesetzliche Mindesturlaub beträgt 24 Werktage im Kalenderjahr. Übersteigende tarifvertragliche Regelungen sind jeweils zu beachten.

d) Gesetz über arbeitsrechtliche Vorschriften zur Beschäftigungsförderung

Die Befristung eines Arbeitsvertrags ist bis zu einem Zeitraum von 2 Jahren zulässig. Bis zur Gesamtdauer ist auch die höchstens dreimalige Verlängerung eines befristeten Arbeitsvertrags erlaubt.
Die Befristung des Arbeitsvertrags ist ohne die o. g. Einschränkungen gestattet, wenn der Arbeitnehmer bei Beginn des befristeten Arbeitsverhältnisses das 60. Lebensjahr vollendet hat. Die Befristung ist nicht zulässig, wenn zu einem vorhergehenden unbefristeten Arbeitsvertrag oder zu einem vorhergehenden befristeten Arbeitsvertrag gemäß Beschäftigungsförderungsgesetz ein enger sachlicher Zusammenhang besteht. Ein solcher enger sachlicher Zusammenhang ist insbesondere anzunehmen, wenn zwischen den Arbeitsverträgen ein Zeitraum von weniger als 4 Monaten liegt.
Die Zulässigkeit der Befristung des Arbeitsvertrags aus anderen Gründen bleibt unberührt. Will der Arbeitnehmer geltend machen, dass die Befristung seines Arbeitsvertrags rechtsunwirksam ist, so muss er innerhalb von 3 Wochen nach dem vereinbarten Ende des befristeten Arbeitsvertrags Klage beim zuständigen Arbeitsgericht auf Feststellung erheben, dass das Arbeitsverhältnis aufgrund der Befristung nicht beendet ist. §§ 5 bis 7 des Kündigungsschutzgesetzes gelten entsprechend.

Gesetzeskunde

Berufsbildungsgesetz

Berufsbildungsgesetz vom 14.8.1969, zuletzt geändert durch Gesetz vom 25.3.1998 (BGBl. I S. 596)

Was besagt das Berufsbildungsgesetz?

Berufsbildung im Sinne dieses Gesetzes sind die Berufsausbildung, die berufliche Fortbildung und die berufliche Umschulung. Die Berufsausbildung hat eine breit angelegte berufliche Grundbildung, und die für die Ausübung einer qualifizierten beruflichen Tätigkeit notwendigen fachlichen Fertigkeiten und Kenntnisse werden in einem geordneten Ausbildungsgang vermittelt. Sie hat ferner den Erwerb der erforderlichen Berufserfahrungen zu ermöglichen. Die berufliche Fortbildung soll dem Zweck dienen, die beruflichen Kenntnisse und Fertigkeiten zu erhalten, zu erweitern, der technischen Entwicklung anzupassen oder beruflich aufzusteigen.

Die berufliche Umschulung soll zu einer anderen beruflichen Tätigkeit befähigen.

Welche Bezeichnungen hat der Gesetzgeber anstelle früher gebräuchlicher Begriffe geschaffen?

Statt Lehrvertrag:	„Berufsausbildungsvertrag"
Statt Lehrzeit:	„Ausbildungszeit"
Statt Lehrherr:	„Ausbilder"
Statt Lehrling:	„Auszubildender" (Im Bereich des Handwerks ist die alte Bezeichnung „Lehrling" wieder gebräuchlich.)
Statt Erziehungsbeihilfe:	„Vergütung"

Welche Angaben sind zwingend im Berufsausbildungsvertrag aufzuführen?

1. Art, sachliche und zeitliche Gliederung sowie Ziel der Berufsausbildung, insbesondere die Berufstätigkeit, für die ausgebildet werden soll.
2. Beginn und Dauer der Berufsausbildung.
3. Ausbildungsmaßnahmen außerhalb der Ausbildungsstätte.
4. Dauer der regelmäßigen täglichen Ausbildungszeit.
5. Dauer der Probezeit.
6. Zahlung und Höhe der Vergütung.

7. Dauer des Urlaubs.
8. Ein in allgemeiner Form gehaltener Hinweis auf die Tarifverträge, die auf das Berufsausbildungsverhältnis anzuwenden sind.
9. Voraussetzungen, unter denen der Berufsausbildungsvertrag gekündigt werden kann.

Wichtig: Dem Berufsausbildungsvertrag muss bei Jugendlichen unbedingt die Bescheinigung über die ärztliche Erstuntersuchung beigefügt sein.

Welche Pflichten werden dem Ausbildenden auferlegt?

Der Ausbildende hat
1. dafür zu sorgen, dass dem Auszubildenden die Fertigkeiten und Kenntnisse vermittelt werden, die zum Erreichen des Ausbildungsziels erforderlich sind, und die Berufsausbildung in einer durch ihren Zweck gebotenen Form planmäßig, zeitlich und sachlich gegliedert so durchzuführen, dass das Ausbildungsziel in der vorgesehenen Ausbildungszeit erreicht werden kann,
2. selbst auszubilden oder einen Ausbilder ausdrücklich damit zu beauftragen,
3. dem Auszubildenden kostenlos die Ausbildungsmittel, insbesondere Werkzeuge und Werkstoffe, zur Verfügung zu stellen, die zur Berufsausbildung und zum Ablegen von Zwischen- und Abschlussprüfungen, auch so weit solche nach Beendigung des Berufsausbildungsverhältnisses stattfinden, erforderlich sind,
4. den Auszubildenden zum Besuch der Berufsschule sowie zum Führen von Berichtsheften anzuhalten, so weit solche im Rahmen der Berufsausbildung verlangt werden, und diese durchzusehen,
5. dafür zu sorgen, dass der Auszubildende charakterlich gefördert sowie sittlich und körperlich nicht gefährdet wird,
6. dem Auszubildenden nur Verrichtungen zu übertragen, die dem Ausbildungszweck dienen und seinen körperlichen Kräften angemessen sind,
7. bei Beendigung des Berufsausbildungsverhältnisses dem Auszubildenden ein Zeugnis auszustellen. Hat der Ausbildende die Berufsausbildung nicht selbst durchgeführt, so soll auch der Ausbilder das Zeugnis unterschreiben,
8. den Auszubildenden für die Teilnahme am Berufsschulunterricht sowie an den Zwischen- und Abschlussprüfungen freizustellen. Auch beim Besuch von überbetrieblichen Unterweisungslehrgängen (außerhalb des Betriebs) ist der Auszubildende freizustellen.

Gesetzeskunde

Welche Pflichten hat der Auszubildende?

Der Auszubildende hat sich zu bemühen, die Fertigkeiten und Kenntnisse zu erwerben, die erforderlich sind, um das Ausbildungsziel zu erreichen. Dabei ist er insbesondere verpflichtet,
1. die ihm im Rahmen seiner Berufsausbildung aufgetragenen Verrichtungen sorgfältig auszuführen,
2. an Ausbildungsmaßnahmen teilzunehmen, für die er freigestellt wird,
3. den Weisungen zu folgen, die ihm im Rahmen der Berufsausbildung vom Ausbildenden oder von anderen weisungsberechtigten Personen erteilt werden,
4. die für die Ausbildungsstätte geltende Ordnung zu beachten,
5. Werkzeuge, Maschinen und sonstige Einrichtungen pfleglich zu behandeln,
6. über Betriebs- und Geschäftsgeheimnisse Stillschweigen zu bewahren.

Wie setzt sich der Gesellenprüfungsausschuss zusammen?

Der Gesellenprüfungsausschuss setzt sich aus mindestens 3 Mitgliedern zusammen, die für die Prüfungsgebiete sachkundig und für die Mitwirkung im Prüfungswesen geeignet sind. Eine Erweiterung des Prüfungsausschusses ist möglich. Dem Prüfungsausschuss müssen aber als Mitglieder selbstständige Handwerker und Arbeitnehmer in gleicher Zahl sowie mindestens ein Lehrer einer berufsbildenden Schule angehören, welche von der zuständigen Stelle für längstens 5 Jahre berufen werden. Die Mitglieder haben Stellvertreter, die bei Verhinderung an deren Stelle treten. Die Mindestzusammensetzung stellt sich also wie folgt dar:
1. Ein selbstständiger Handwerker
2. Ein Arbeitnehmer (Geselle)
3. Ein Lehrer einer berufsbildenden Schule

Von dieser Mindestzusammensetzung darf nur abgewichen werden, wenn die erforderliche Zahl von Mitgliedern des Prüfungsausschusses nicht berufen werden kann.
Die selbstständigen Handwerker müssen in dem Handwerk, für das der Prüfungsausschuss errichtet ist, die Meisterprüfung abgelegt haben oder zum Ausbilden berechtigt sein. Die Arbeitnehmer müssen die Gesellenprüfung im Handwerk, für das der Prüfungsausschuss errichtet ist, abgelegt oder eine entsprechende Abschlussprüfung in

einem anerkannten Ausbildungsberuf nach §25 BBiG bestanden haben und handwerklich tätig sein.
Für jedes Mitglied können mehrere Stellvertreter vorhanden sein. Dies erscheint sehr zweckmäßig, um im Verhinderungsfalle einzelner Mitglieder bei jeder Prüfung die ordnungsgemäße Zusammensetzung des Prüfungsausschusses zu gewährleisten.

Bis zu welcher Höhe dürfen die Sachbezüge auf die Ausbildungsvergütung angerechnet werden?

Nach § 10 Abs. 2 des Berufsbildungsgesetzes können bei Auszubildenden mit Kost und Wohnung die Sachbezugswerte angerechnet werden, jedoch nicht über 75 % der Bruttoausbildungsvergütung hinaus.

Das bedeutet aber nicht, dass dem Auszubildenden in jedem Fall 25 % der Bruttovergütung ausgezahlt werden müssen. Liegt die Ausbildungsvergütung z. B. über monatlich 630 DM (Geringverdienergrenze, Stand 1.1.2000), so sind die verbleibenden 25 % um den Arbeitnehmeranteil zur Sozialversicherung zu kürzen und der Restbetrag auszuzahlen. Bis zur Geringverdienergrenze hat der Arbeitgeber ausschließlich die Sozialversicherungsbeiträge zu tragen.

Wann und wie viel Berufsausbildungsverträge sind der Handwerkskammer einzureichen?

Der Berufsausbildungsvertrag ist unverzüglich nach Abschluss bei der Handwerkskammer zur Eintragung vorzulegen. Für die Eintragung in die Lehrlingsrolle werden bei der Handwerkskammer 4 Ausfertigungen des Berufsausbildungsvertrags benötigt. Von den zuständigen Handwerkskammern werden dazu Durchschreibe-Formularsätze angeboten.

Wer wird zur Gesellenprüfung zugelassen?

Jeder Auszubildende, der seine Ausbildungszeit zurückgelegt hat oder dessen Ausbildungszeit nicht später als 2 Monate nach dem Prüfungstermin endet. Des Weiteren, wer an der vorgeschriebenen Zwischenprüfung teilgenommen sowie vorgeschriebene Berichtshefte geführt hat und dessen Berufsausbildungsverhältnis in das Verzeichnis der Berufsausbildungsverhältnisse eingetragen ist. An die Stelle des Berichtshefts tritt bei Bäckerlehrlingen bzw. Verkaufslehrlingen der Ausbildungsnachweis nach der am 1.8.1983 bzw. 1.8.1986 jeweils in Kraft getretenen Ausbildungsordnung.

Hinweise für Arbeitgeber und Auszubildende!

a) Ärztliche Bescheinigung
Zunächst muss dem Arbeitgeber bei noch nicht 18-Jährigen eine ärztliche Bescheinigung vorgelegt werden. Die ärztliche Untersuchung darf bei Beginn der Ausbildung allerdings nicht länger als 14 Monate zurückliegen. 12 Monate nach Aufnahme der ersten Beschäftigung hat sich der Ausbildende die Bescheinigung eines Arztes darüber vorlegen zu lassen, dass der Jugendliche nachuntersucht worden ist (§ 33 JArbSchG). Die Nachuntersuchung darf nicht länger als 3 Monate zurückliegen. Der Ausbildende soll den Auszubildenden 9 Monate nach Aufnahme der ersten Beschäftigung nachdrücklich auf den Zeitpunkt, bis zu dem der Auszubildende die Bescheinigung über die erste Nachuntersuchung vorzulegen hat, hinweisen und ihn auffordern, die Nachuntersuchung bis dahin durchführen zu lassen. Durch die Untersuchungen wird der Gesundheits- und Entwicklungsstand des Jugendlichen festgestellt, insbesondere auch, ob die Gesundheit des Jugendlichen durch die Ausübung bestimmter Arbeiten gefährdet werden könnte. Wird jedoch die ärztliche Bescheinigung über die erste Nachuntersuchung nicht vorgelegt, muss der Auszubildende damit rechnen, dass sein Ausbildungsverhältnis im Verzeichnis bei der zuständigen Handwerkskammer gelöscht wird (vgl. § 32 Abs. 2 Satz 2 BBiG). Wenn der Ausbildende den Vorschriften vorsätzlich oder fahrlässig zuwiderhandelt, kann er mit einer Geldbuße bis zu 5000 DM belegt werden (§ 59 JArbSchG).

b) Lohnsteuerkarte
Jeder, der beschäftigt ist, benötigt eine Lohnsteuerkarte. Er bekommt sie kostenlos bei der Stadt- oder Gemeindeverwaltung. Die Steuerkarte ist beim Arbeitgeber abzugeben.

c) Krankenversicherung
Wer einen Beruf ergreift, muss Mitglied einer Krankenkasse werden. Im Bereich des Handwerks ist dies normalerweise die Innungskrankenkasse. Die Innungskrankenkassen sind die speziellen Krankenkassen für das Handwerk mit einer langen Tradition, die bis ins Mittelalter, in die Zeit der Zünfte und Gesellenbrüderschaften, zurückreicht. Die Anmeldung bei der Krankenkasse besorgt der Betrieb. Der Mitgliedsbeitrag, den der Arbeitgeber in der Regel zur Hälfte trägt, wird gleich vom Entgelt einbehalten und an die Krankenkasse überwiesen. Bei einer Ausbildungsvergütung von nicht

mehr als 630 DM (Stand 1.1.2000) trägt der Arbeitgeber die Kosten allein.

d) Rentenversicherung/Arbeitslosenversicherung
Damit die Beiträge zur Rentenversicherung auf dem Rentenkonto gespeichert werden können – dies ist für die spätere Rente außerordentlich wichtig – wird ein **Versicherungsnachweisheft** mit einer **Versicherungsnummer** benötigt. Beides wird vom Arbeitgeber zusammen mit der Anmeldung zur Kranken-, Renten- und Arbeitslosenversicherung über die Krankenkasse beantragt.
Berufsanfänger, die über das 17. Lebensjahr hinaus die Schule besucht haben, lassen sich von der Schule vorsorglich eine Schulzeitbescheinigung ausstellen, sofern die Zeugnisse keine genaue Auskunft über die Schulzeit geben. Bei Vorlage dieser **Schulzeitbescheinigung** meldet die Krankenkasse diese Zeiten als „Anrechnungszeiten" an die Rentenversicherung; sie werden später bei der Rentenberechnung berücksichtigt. Bei der Renten- und Arbeitslosenversicherung gilt ebenfalls: Die Hälfte der Beiträge zahlt im Allgemeinen der Arbeitgeber; für Auszubildende, die nicht mehr als 630 DM (Stand 1.1.2000) brutto verdienen, zahlt der Arbeitgeber den vollen Betrag.

e) Unfallversicherung
Grundsätzlich sind alle Arbeitnehmer, also auch Auszubildende, gegen die Folgen eines Arbeitsunfalls versichert. Der gesetzliche Unfallversicherungsschutz besteht für Unfälle, die bei der Arbeit oder auf den direkten Wegen zu oder von der Arbeitsstelle geschehen. Die Beiträge zur gesetzlichen Unfallversicherung trägt der Arbeitgeber allein.

Berufsgenossenschaft (BG)

Was sind die Berufsgenossenschaften (BGen)?

BGen sind fachlich nach Gewerbezweigen gegliederte Körperschaften des öffentlichen Rechts, in denen die Unternehmer der einzelnen Gewerbezweige für den Bereich der Unfallversicherung zusammengeschlossen sind. Die gesetzliche Unfallversicherung ist ein Zweig der deutschen Sozialversicherung (ebenso wie die Krankenversicherung und die Rentenversicherung). Ihre Rechtsgrundlage ist das Sozialgesetzbuch (SGB) VII. Die Organe der gewerblichen Berufsgenossenschaften sind der Vorstand und die Vertreterversammlung, die jeweils zu gleichen Teilen aus Vetretern der Unternehmer und der Arbeitnehmer zusammengesetzt sind, welche für die Dauer von 6 Jahren gewählt werden.

Nennen Sie die Aufgaben der BGen!

Die BGen haben folgende Aufgaben:
– Arbeits- und Wegeunfälle, Berufskrankheiten und arbeitsbedingte Gesundheitsgefahren zu verhüten,
– die Gesundheit und Leistungsfähigkeit nach einem Arbeitsunfall (einer Berufskrankheit) wiederherzustellen und zu entschädigen,
und zwar mit allen geeigneten Mitteln (§ 1 SGB VII).
Da sowohl der Unternehmer als auch die Betriebsangehörigen bei Arbeitsunfällen und Berufskrankheiten der Beschäftigten bzgl. des Personenschadens grundsätzlich von der Schadenersatzpflicht freigestellt sind (§§ 104, 105, 106 SGB VII), sind die Berufsgenossenschaften für die Entschädigung ausschließlich zuständig.

Zu welcher BG gehören Bäckereien und Konditoreien, und welche Berufe sind noch angeschlossen?

Bäckereien und Konditoreien sind Mitglieder der BG Nahrungsmittel und Gaststätten, Dynamostraße 7–11, 68165 Mannheim. Nach deren Satzung gehören u. a. Betriebe zur Herstellung von Nahrungs- und Genussmitteln (außer Fleischer und Zuckerherstellung), von Futtermitteln, von alkoholischen und alkoholfreien Getränken, Mineralbrunnen sowie Betriebe des Gaststätten- und Beherbergungsgewerbes dazu. Außerdem sind ihr die Schausteller zugeteilt worden. Die Zuständigkeit erstreckt sich auf die gesamte Bundesrepublik.

Wie setzt sich der versicherte Personenkreis zusammen?

Beitragspflichtiges Mitglied ist jeder Unternehmer eines Betriebs der angeschlossenen Gewerbezweige. Die Mitgliedschaft beginnt zwangsläufig mit der Eröffnung bzw. Übernahme des Unternehmens (binnen einer Woche ist das Unternehmen anzumelden). Gegen Arbeitsunfälle und Berufskrankheiten versichert ist jede Person, die in einem Arbeits-, Dienst- oder Ausbildungsverhältnis steht. Der versicherte Personenkreis ist im Einzelnen in den §§ 2 bis 6 SGB VII bestimmt. Unternehmer und ihre im Unternehmen tätigen Ehegatten sind bei der BG Nahrungsmittel und Gaststätten kraft Satzung mit der Pflichtversicherungssumme versichert; eine Zusatzversicherung für diesen Personenkreis ist auf Antrag möglich.

Was ist versichert?

Kurz gesagt, alle Unfälle, die ein Versicherter im Zusammenhang mit seiner beruflichen Tätigkeit erleidet (Arbeitsunfälle). Dazu gehören auch Unfälle auf dem Weg zum oder vom Arbeitsplatz. Der Versicherungsschutz umfasst darüber hinaus eine Reihe beruflich verursachter Erkrankungen, sofern diese als Berufskrankheiten in der Berufskrankheitenverordnung aufgenommen sind.

Was ist bei einem Arbeitsunfall zu tun?

Nach einem Unfall mit Arbeitsunfähigkeit von mehr als 3 Tagen oder Todesfolge hat der Unternehmer eine Unfallanzeige in zweifacher Ausfertigung an die Berufsgenossenschaft Nahrungsmittel und Gaststätten und eine weitere Ausfertigung an das zuständige Gewerbeaufsichtsamt zu übersenden. Tödliche Unfälle und solche

Gesetzeskunde

Unfälle, bei denen mehr als 3 Personen verletzt werden, sind der Berufsgenossenschaft unverzüglich – auch telefonisch oder per Telefax – zu melden.

Wie wird der Beitrag zur Berufsgenossenschaft ermittelt?

Der Beitragsanteil des einzelnen Unternehmers richtet sich nach dem Gesamtentgelt der Versicherten (Arbeitsentgelt der Arbeitnehmer, Versicherungssummen für Unternehmer und deren Ehegatten), nach der Gefahrklasse und nach dem Beitragsfuß, der nach Ablauf eines jeden Kalenderjahres aufgrund der Umlagerechnung der BG festgestellt wird. Darüber hinaus werden Nachlässe auf den Beitrag gewährt, sofern die Eigenbelastung des Unternehmens geringer ist als die Durchschnittsbelastung aller Unternehmen.

Muß der Unternehmer bei der Ermittlung des Beitrages mitwirken?

Da das Gesamtentgelt, d. h. die Summe der gezahlten Löhne und Gehälter, eine der Grundlagen für die Beitragsberechnung ist, ist der Unternehmer gesetzlich verpflichtet, bis zum 11. Februar eines jeden Jahres einen Lohnnachweis für das abgelaufene Kalenderjahr bei der Berufsgenossenschaft einzureichen. Vordrucke werden ihm übersandt.

Über Versicherung der Unternehmer, Beiträge, Lohnnachweis, Gefahrtarif, Unfallverhütung, Umfang der Versicherung, Leistungen, Heilbehandlung, Berufshilfe, Übergangsgeld, Verletztenrente, Leistungen im Todesfall, Jahresarbeitsverdienst und Feststellungsverfahren gibt ein Merkblatt Auskunft, das direkt bei der Berufsgenossenschaft Nahrungsmittel und Gaststätten, Dynamostraße 7–11, 68165 Mannheim, angefordert werden kann.

Bundeserziehungsgeldgesetz (BerzGG)* und Mutterschutzgesetz (MuSchG)

Mit welchen beiden Gesetzen wird der Arbeitgeber bei Schwangerschaft einer Mitarbeiterin tangiert?	Mutterschutzgesetz, Bundeserziehungsgeldgesetz.
Wozu sind Arbeitnehmerin und Arbeitgeber hinsichtlich des Arbeitsverhältnisses bei Schwangerschaft verpflichtet?	Werdende Mütter sind verpflichtet, dem Arbeitgeber ihre Schwangerschaft und den mutmaßlichen Tag der Entbindung mitzuteilen, sobald ihnen ihr Zustand bekannt ist. Dieser wiederum muss dem zuständigen Gewerbeaufsichtsamt Mitteilung machen. Der Arbeitgeber darf die Mitteilung der werdenden Mutter Dritten nicht unbefugt offenbaren.
Welche wesentlichen Vorschriften des MuSchG hat der Arbeitgeber zu beachten?	Kündigungsverbot der werdenden Mutter, Beschäftigungsverbote, Vorschriften über Mehr-, Nacht-, Sonn- und Feiertagsarbeit, Mutterschaftsgeld sowie Zuschuss zum Mutterschaftsgeld.
Was besagt das Mutterschutzgesetz im Hinblick auf das Beschäftigungsverbot a) vor und b) nach der Entbindung?	a) Die Beschäftigungsverbote für werdende Mütter sind im MuSchG (§§ 3 und 4) aufgeführt. Werdende Mütter dürfen danach nicht beschäftigt werden, soweit nach ärztlichem Zeugnis Leben oder Gesundheit von Mutter und/oder Kind bei Fortdauer der Beschäftigung gefährdet ist. In den letzten 6 Wochen vor der Entbindung darf eine werdende Mutter nicht beschäftigt werden, es sei denn, sie erklärt sich zur Arbeitsleistung ausdrücklich bereit.

* Novellierung des Bundeserziehungsgeldgesetzes: 1. Januar 2001

b) Nach dem MuSchG dürfen Frauen bis zum Ablauf von 8 Wochen nach der Entbindung nicht beschäftigt werden. Für Mütter von Früh- oder Mehrlingsgeburten verlängert sich diese Frist auf 12 Wochen. Bei Frühgeburten verlängert sich die 12-Wochen-Schutzfrist zusätzlich um den Zeitraum, um den sich die Mutterschutzfrist im Einzelfall vor der Entbindung aufgrund der Frühgeburt verkürzt hat.

Beispiel: Kommt das Frühgeborene 5 Wochen vor dem eigentlichen Termin zur Welt, so werden diese 5 Wochen, die der Mutter an Mutterschutzfrist entgangen sind, zusätzlich zu den 12 Wochen Mutterschutzfrist für Frühgeburten (bei „pünktlichen" Geburten 8 Wochen) gewährt.

Was ist eine Frühgeburt i. S. des MuSchG?

Unter Frühgeburt ist eine Entbindung zu verstehen, bei der das Kind, bei Mehrlingsgeburten das schwerste der Kinder, ein Geburtsgewicht unter 2500 Gramm hat. Ebenso Kinder, die trotz höheren Geburtsgewichts noch nicht voll ausgebildete Reifezeichen (an Rumpf, Haut, Fettpolstern, Nägeln, Haaren und äußeren Geschlechtsorganen) aufweisen oder/und wegen verfrühter Beendigung der Schwangerschaft einer wesentlich höheren Pflege bedürfen. (Quelle: Schreiben des Bundesministeriums für Arbeit vom 5.5.1962 – III b 2/1490/62, das noch heute Gültigkeit hat).

Gibt es weitere Beschäftigungsverbote laut Mutterschutzgesetz?

Werdende Mütter dürfen nicht mit schweren körperlichen Arbeiten und nicht mit Arbeiten beschäftigt werden, bei denen sie schädlichen Einwirkungen von gesundheitsgefährdenden Stoffen oder Strahlen, von Staub und von Hitze ausgesetzt sind.

Werdende Mütter dürfen insbesondere nicht beschäftigt werden mit Arbeiten, bei denen regelmäßig Lasten von mehr als 5 kg Gewicht oder gelegentlich Lasten von mehr als 10 kg Gewicht ohne mechanische Hilfsmittel bewegt oder befördert werden müssen.

Werdende Mütter dürfen nach Ablauf des 5. Monats der Schwangerschaft nicht mit Arbeiten beschäftigt werden, bei denen sie ständig stehen müssen, wenn diese Beschäftigung täglich 4 Stunden überschreitet.

Wie gestaltet sich die wirtschaftliche Absicherung der Arbeitnehmerin in Bezug auf die Mutterschutzkosten während der vorab genannten Beschäftigungsverbote?

Frauen, die in der gesetzlichen Krankenversicherung versichert sind, erhalten Mutterschaftsgeld von der Krankenkasse in Höhe des in den letzten 3 Monaten vor Beginn der Schutzfrist erzielten durchschnittlichen Nettoarbeitsentgelts bis zu höchstens 25 DM pro Kalendertag. Der Differenzbetrag zu einem höheren Nettoarbeitsentgelt ist vom Arbeitgeber auszuzahlen, wobei in Kleinbetrieben bis zu 20 Beschäftigten die zuständigen gesetzlichen Krankenkassen die wesentlichen Mutterschutzkosten den Arbeitgebern voll zu erstatten haben, ohne dass die Möglichkeit besteht, in der Satzung der Krankenkasse dieses zu beschränken.

Was muss der Arbeitgeber bei Entgelterhöhungen beachten?

Bei der Berechnung des Arbeitgeberzuschusses nach § 14 Abs. 1 MuSchG sind auch die in den Mutterschutzfristen wirksam werdenden allgemeinen Entgelterhöhungen ab dem Zeitpunkt ihrer jeweiligen Wirksamkeit einzubeziehen.

Wie ist die Anzahl der beschäftigten Arbeitnehmer im Hinblick auf die Mutterschutzkosten zu ermitteln?

Die Anzahl der beschäftigten Arbeitnehmer errechnet sich aus dem Vorjahr; hier dürfen mindestens an 8 Kalendermonaten nicht mehr als 20 Arbeitnehmer gemeldet gewesen sein.
Arbeitnehmer, deren Stundenzahl wöchentlich 10 Stunden oder monatlich 45 Stunden nicht übersteigt, sowie Schwerbehinderte werden bei der Berechnung nicht berücksichtigt.
Teilzeitbeschäftigte mit einer wöchentlichen Arbeitszeit von bis zu 20 Stunden werden mit 0,5 Teilen und mit einer wöchentlichen Arbeitszeit von bis zu 30 Stunden mit 0,75 Teilen angesetzt.

Gibt es Vorschriften über die Einschränkung von Mehrarbeit, Nacht- und Sonntagsarbeit von werdenden und stillenden Müttern?

Ja, werdende und stillende Mütter dürfen nicht mit Mehrarbeit, nicht in der Nacht zwischen 20.00 Uhr und 6.00 Uhr und nicht an Sonn- und Feiertagen beschäftigt werden.

Was ist unter Mehrarbeit in diesem Sinne zu verstehen?

Mehrarbeit in diesem Sinne ist jede Arbeit, die von Frauen unter 18 Jahren über 8 Stunden täglich oder 80 Stunden in der Doppelwoche oder von Frauen über 18 Jahren mehr als $8^1/_2$ Stunden täglich oder 90 Stunden in der Doppelwoche hinaus geleistet wird.

Kann der Arbeitgeber während der Schwangerschaft bzw. des Erziehungsurlaubs kündigen?	Nein, eine Kündigung während der Schwangerschaft, ab dem Zeitpunkt, von dem an Erziehungsurlaub verlangt worden ist, höchstens jedoch 6 Wochen vor Beginn des Erziehungsurlaubs, während des Erziehungsurlaubs und bis zum Ablauf von 2 Monaten nach Beendigung des Erziehungsurlaubs ist grundsätzlich nicht möglich. Laut Mutterschutzgesetz kann die Arbeitnehmerin noch innerhalb von 2 Wochen nach Erhalt der Kündigung mitteilen, dass sie schwanger ist, so dass die Kündigung somit rechtsunwirksam wird.
Gilt das Kündigungsverbot lt. Mutterschutzgesetz auch für im Haushalt beschäftigte Mitarbeiterinnen?	Ja, das Kündigungsverbot gem. § 9 MuSchG gilt auch für Frauen mit hauswirtschaftlichen, erzieherischen oder pflegerischen Arbeiten, die den in Heimarbeit Beschäftigten gleichgestellt sind.
Was hat sich im Hinblick auf die Zustimmung der zuständigen obersten Landesbehörde bei der Kündigung einer schwangeren Arbeitnehmerin geändert?	Entsprechend der bisherigen Verwaltungshandhabung ist nunmehr im Gesetz selbst festgelegt, dass die für die Zustimmung zur Kündigung einer Schwangeren zuständige oberste Landesbehörde* die Einwilligung zur Kündigung in besonderen Fällen nur erteilen darf, wenn „kein Zusammenhang mit dem Zustand der Frau während der Schwangerschaft oder ihrer Lage bis zum Ablauf von 4 Monaten nach der Entbindung besteht".

* In den einzelnen Bundesländern unterschiedlich geregelt: In Baden-Württemberg, Bayern, Bremen, Niedersachsen, Sachsen, Sachsen-Anhalt und Schleswig-Holstein die örtlichen Gewerbeaufsichtsämter; in Berlin das Landesamt für Arbeitsschutz, Gesundheitsschutz und technische Sicherheit; in Brandenburg, Mecklenburg-Vorpommern und Thüringen die Ämter für Arbeitsschutz und Sicherheitstechnik; in Hamburg die Behörde für Arbeit, Gesundheit und Soziales; in Hessen die Regierungspräsidenten; in Nordrhein-Westfalen die Bezirksregierungen; in Rheinland-Pfalz das Landesamt für Umweltschutz und Gewerbeaufsicht sowie im Saarland das Landesamt für Arbeitssicherheit, Immissionsschutz und Gesundheit. (Quelle: Broschüre über Erziehungsgeld/-urlaub vom Bundesministerium für Familie, Senioren, Frauen und Jugend; Stand: 1. Januar 2000.)

Die zuständige Aufsichtsbehörde kann in erster Linie bei Betriebsstilllegungen bzw. schwerwiegenden Verhaltensfehlern der schwangeren Arbeitnehmerin eine Kündigung ausnahmsweise für zulässig erklären. Die gesetzliche Regelung schreibt die Schriftform der Kündigung, unter Angabe des zulässigen Kündigungsgrundes, nach einer vorherigen Zustimmung der entsprechenden Aufsichtsbehörde vor.

Mit welcher Frist kann die Arbeitnehmerin das Arbeitsverhältnis zum Ende des Erziehungsurlaubs kündigen?

Die Arbeitnehmerin kann das Arbeitsverhältnis zum Ende des Erziehungsurlaubs mit einer Frist von 3 Monaten kündigen.

Was besagt das Bundeserziehungsgeldgesetz in Bezug auf die Gewährung
a) des Erziehungsurlaubs und
b) des Erziehungsgelds?

a) Anspruch auf Erziehungsurlaub im Anschluss an die 8-wöchige Schutzfrist hat neben der Mutter auch wahlweise der Vater. Der Urlaub kann für dieselbe Zeit nur von einem der Erziehungsberechtigten beansprucht werden. Entscheidend ist, dass dieser das Sorgerecht für das Kind hat und es in seinem Haushalt lebt. Voraussetzung ist ferner, dass der Berechtigte das Kind selbst erzieht sowie betreut und seinen Wohnsitz im Geltungsbereich des Bundeserziehungsgeldgesetzes hat. Er darf während des Erziehungsurlaubs keine oder keine volle Erwerbstätigkeit ausüben.
Erziehungsurlaub wird bis zur Vollendung des 3. Lebensjahres des Kindes gewährt. Mindestens 4 Wochen vor Beginn des Erziehungsurlaubs hat der Arbeitnehmer diesen bei seinem Arbeitgeber zu beantragen.

Dabei muss der Arbeitnehmer verbindlich erklären, für welchen Zeitraum oder für welche Zeiträume er den Erziehungsurlaub in Anspruch nehmen will. Eine Inanspruchnahme von Erziehungsurlaub oder ein Wechsel unter den Berechtigten ist nur dreimal zulässig. Für jeden vollen Kalendermonat, den die/der Beschäftigte als Erziehungsurlaub nimmt, kann ihr/sein Erholungsurlaub um je $1/12$ des jeweiligen Jahresurlaubs gekürzt werden.

b) Erziehungsgeld* wird im Anschluss an die 8-wöchige Schutzfrist bis zur Vollendung des 24. Lebensmonats gewährt. Das Erziehungsgeld beträgt bis zu 600 DM pro Kalendermonat; es ist abhängig von den Einkommensverhältnissen.

Bis zu welchem Zeitpunkt muss ein/eine Arbeitnehmer/in Erziehungsurlaub beantragen?

Gemäß § 16 BErzGG muss der/die Arbeitnehmer/in die Inanspruchnahme des Erziehungsurlaubs spätestens 4 Wochen vor dem Zeitpunkt, ab dem er/sie ihn in Anspruch nehmen will, dem Arbeitgeber bekannt geben. Gleichzeitig muss er/sie erklären, für welchen Zeitraum er/sie den Erziehungsurlaub nehmen wird.

---

* Zuständig sind in Baden-Württemberg die Landeskreditbank; in Bayern, Hessen, Mecklenburg-Vorpommern, Nordrhein-Westfalen, Saarland, Sachsen-Anhalt und Thüringen die Versorgungsämter; in Berlin und Hamburg die Bezirksämter (Abteilung Jugend); in Brandenburg und Rheinland-Pfalz die Jugendämter der Landkreise, kreisfreien Städten und großen kreisangehörigen Städte; in Bremen das Amt für Soziale Dienste sowie in Bremerhaven das Amt für Familie und Jugend; in Niedersachsen die kreisfreien Städte, Landkreise und in einigen Fällen auch kreisangehörige Gemeinden; in Sachsen das Amt für Familie und Soziales sowie in Schleswig-Holstein die Außenstellen des Landesamtes für Soziale Dienste. (Quelle: Broschüre über Erziehungsgeld/-urlaub vom Bundesministerium für Familie, Senioren, Frauen und Jugend; Stand: 1. Januar 2000.)

Aufgrund der bestehenden Hinweispflicht des Arbeitgebers soll dieser noch vor Ablauf der im ersten Absatz genannten 4-Wochen-Frist den/die Arbeitnehmer/in schriftlich zur Abgabe der Erklärung über die Inanspruchnahme des Erziehungsurlaubs auffordern.
Der Arbeitgeber muss die Möglichkeit geben, den Antrag auch noch nachträglich zu stellen.

Diätverordnung / Diabetikerbackwaren*

Was versteht man unter Diabetikerbackwaren, und welche gesetzlichen Bestimmungen sind bei der Herstellung zu beachten?

Die einschlägigen Bestimmungen der Verordnung über diätetische Lebensmittel vom Januar 1982, letztmals geändert am 24.6.1994, erlauben folgende Diätbackwaren: Diätetische Backwaren für Diabetiker, Diätetische Backwaren für Natriumempfindliche (kochsalz- bzw. natriumarme Backwaren), Diätetische Backwaren für Zöliakiekranke (glutenfreie Backwaren). Die Forderungen der Diätverordnung nach Zusatzstoffbeschränkung, Deklaration usw. sind zu beachten und im Anhang auf Seite 293 ff. nachzulesen.

Für den Diabetiker ist es von Vorteil, wenn die BE (Broteinheiten) angegeben sind. 1 BE $\triangleq$ der Menge des Lebensmittels, die auf den Stoffwechsel des Diabetikers die gleiche Wirkung ausübt wie 12 g Monosacchariden, entsprechend einer 25 g schweren Scheibe Vollkornbrot. In die BE-Berechnung müssen alle Kohlenhydrate sowie die Zuckeraustauschstoffe Sorbit und Xylit einbezogen werden.

---

* Siehe auch Anhang Seite 293 ff.

Infektionsschutzgesetz (ehemals Bundesseuchengesetz)*

Welche sog. „Belehrungsvorschriften" müssen nach dem Infektionsschutzgesetz (IfSG) ab 1. Januar 2001 beachtet werden?

Mit dem neuen Infektionsschutzgesetz wird die bisher bestehende Untersuchungspflicht, wonach bei Erstaufnahme einer Tätigkeit in einem Lebensmittelunternehmen die betreffende Person ein amtliches Untersuchungszeugnis vorzulegen hat, abgeschafft. Diese Untersuchungspflicht besteht im neuen IfSG nicht mehr. Der neue Ansatz im Gesetz präferiert die „Belehrungen" anstelle der Untersuchungen. Personen, die erstmals gewerbsmäßig eine bestimmte Tätigkeit in einem Lebensmittelunternehmen aufnehmen, müssen durch eine „Bescheinigung des Gesundheitsamts" nachweisen, dass sie über die Tätigkeitsverbote sowie die ihnen obliegenden Pflichten durch das Gesundheitsamt oder einen vom Gesundheitsamt beauftragten Arzt belehrt wurden und dass keine gesundheitlichen Hinderungsgründe bestehen.

Ein weiterer neuer Punkt im Infektionsschutzgesetz ist, dass Arbeitgeber diejenigen Personen, die die im IfSG bezeichneten Tätigkeiten mit bestimmten Lebensmitteln ausüben, einmal jährlich eigenverantwortlich und betriebsseitig über die Tätigkeitsverbote und Verpflichtungen zu belehren haben. Die „Teilnahme an der Belehrung" ist zu dokumentieren.

---

* Ablösung des Bundesseuchengesetzes durch das Infektionsschutzgesetz: 1. Januar 2001

Jugendarbeitsschutzgesetz (JArbSchG)

(zuletzt geändert durch Gesetz vom 24. Februar 1997)

Geben Sie die Altersgruppen nach dem JArbSchG für a) Kinder und b) Jugendliche an!

a) 1 bis 15 Jahre (früher 14)

b) 15 bis 18 Jahre (früher 14)

Dürfen Kinder ab 13 Jahren in einer Bäckerei beschäftigt werden, und wenn ja, für wie lange?

Grundsätzlich gilt ein Beschäftigungsverbot für Kinderarbeit bis zur Vollendung des 15. Lebensjahres. Nunmehr dürfen aber Kinder ab 13 Jahren mit Einwilligung des Personensorgeberechtigten mit „leichten und für Kinder geeigneten Beschäftigungen" betraut werden. Dazu zählen Botengänge, Austragen von Werbehandzetteln, Nachhilfeunterricht, Babysitting oder Betreuungsleistung älterer Mitbürger. Das zeitliche Limit für diese Tätigkeiten beläuft sich auf 2 Stunden bzw. in landwirtschaftlichen Familienbetrieben auf 3 Stunden täglich bei einer maximalen 5-Tage-Woche, so dass insgesamt nicht mehr als 10 bzw. 15 Stunden wöchentlich gearbeitet werden darf. Kinder dürfen nicht zwischen 18.00 Uhr und 8.00 Uhr, nicht vor dem Schulunterricht und nicht während des Schulunterrichts beschäftigt werden.

Zu welchen Tageszeiten und wie lange dürfen
a) **Jugendliche und**
b) **volljährige Auszubildende in Bäckereien beschäftigt werden und**
c) **auf welche Zeiten des Beschäftigungsbeginns ist bei Jugendlichen zu achten?**

a) Jugendliche dürfen nicht mehr als 40 Stunden wöchentlich und 8 Stunden täglich beschäftigt werden. Berufsschultage mit mehr als 5 Unterrichtsstunden von mindestens 45 Minuten werden auf die wöchentliche Beschäftigungsdauer mit 8 Stunden angerechnet. Eine Beschäftigung vor einem vor 9.00 Uhr beginnenden Berufsschulunterricht ist nicht gestattet.

b) Volljährige Lehrlinge können im Rahmen der Regelungen des Arbeitszeitgesetzes wie Arbeitnehmer beschäftigt werden.
Eine Beschäftigung vor einem vor 9.00 Uhr beginnenden Berufsschulunterricht ist nicht gestattet. Bei volljährigen Auszubildenden ist jedoch lediglich die tatsächliche Berufsschulzeit inkl. Pausen zu berücksichtigen. Demgemäß ist die tatsächliche Berufsschulunterrichtszeit von der Arbeitszeitgrenze in Höhe von 48 Wochenstunden in Abzug zu bringen.

c) Jugendliche (männliche und weibliche) über 16 Jahre dürfen in Bäckereien und Konditoreien zu Ausbildungszwecken ab 5.00 Uhr, über 17 Jahre ab 4.00 Uhr beschäftigt werden. Für jugendliche Hilfsarbeiter u. ä. gilt grundsätzlich der 6-Uhr-Beginn.

Im Übrigen dürfen Jugendliche nur in der Zeit von 6.00 Uhr bis 20.00 Uhr beschäftigt werden. In Betrieben, in denen die Beschäftigten in außergewöhnlichem Grade der Einwirkung von Hitze ausgesetzt sind, kann die zuständige Aufsichtsbehörde, in der Regel das Gewerbeaufsichtsam, in der warmen Jahreszeit eine Beschäftigung Jugendlicher (d. h. in diesem Falle auch solche, bei denen Jugendliche noch nicht 16 Jahre alt oder Hilfsarbeiter sind) ab 5.00 Uhr zulassen (§ 14).

Können Auszubildende über 18 Jahre nach dem Berufsschulunterricht noch in den Betrieb bestellt werden, auch wenn diese 5 Schulstunden hatten?

Ja, da die Gleichstellung der Lehrlinge über 18 Jahre mit Jugendlichen gem. § 9 Abs. 4 JArbSchG gestrichen wurde und die Regelung mit einem Beschäftigungsverbot nach 5 Unterrichtsstunden nur jugendliche Auszubildende betrifft.

An wie viel Tagen in der Woche dürfen Jugendliche beschäftigt werden, und was ist bei der Einteilung zu beachten?

Lediglich an 5 Tagen, wobei berücksichtigt werden sollte, dass die beiden Ruhetage möglichst aufeinander folgen.

Was ist bei der Samstagsarbeit im Zusammenhang mit dem JArbSchG zu beachten?

Werden Jugendliche am Samstag beschäftigt, ist ihnen die 5-Tage-Woche durch Freistellung an einem anderen berufsschulfreien Arbeitstag derselben Woche sicherzustellen. In Betrieben mit einem Betriebsruhetag in der Woche kann die Freistellung auch an diesem Tag erfolgen, wenn die Jugendlichen an diesem Tag keinen Berufsschulunterricht haben. Können Jugendliche in offenen Verkaufsstellen des Bäcker- und Konditorenhandwerks am Samstag nicht 8 Stunden beschäftigt werden, kann der Unterschied zwischen der tatsächlichen und der höchstzulässigen Arbeitszeit von 8 Stunden an dem Tag bis 13.00 Uhr ausgeglichen werden, an dem die Jugendlichen freizustellen sind.

Definieren Sie den Begriff „tägliche Arbeitszeit"!	Die tägliche Arbeitszeit ist die Zeit vom Beginn bis zum Ende der täglichen Beschäftigung ohne die Ruhepausen (§ 4).
Wie verhält es sich mit Entgelt und Freistellung des jugendlichen Auszubildenden im Hinblick auf die schriftliche Prüfung?	Jugendliche dürfen an dem Arbeitstag, welcher der schriftlichen Abschlussprüfung unmittelbar vorangeht, nicht beschäftigt werden. Dieser Tag wird mit 8 Stunden, der Prüfungstag selbst mit der Zeit der Prüfung einschließlich der Pausen auf die Arbeitszeit angerechnet. Ein Entgeltausfall darf nicht eintreten (§ 10).
Was ist beim Einrichten von Ruhepausen für Jugendliche zu beachten?	Jugendlichen müssen im voraus feststehende Ruhepausen von angemessener Dauer gewährt werden. Die Ruhepausen müssen mindestens betragen bei einer Arbeitszeit von mehr als $4^1/_2$ bis 6 Stunden = 30 Minuten und bei einer Arbeitszeit von mehr als 6 Stunden = 1 Stunde. Als Ruhepause gilt nur eine Arbeitsunterbrechung von mindestens 15 Minuten. Die Ruhepausen müssen in angemessener zeitlicher Lage gewährt werden: frühestens 1 Stunde nach Beginn und spätestens 1 Stunde vor Ende der Arbeitszeit. Länger als $4^1/_2$ Stunden dürfen Jugendliche nicht ohne Ruhepausen beschäftigt werden. Der Aufenthalt während der Ruhepausen ist in den Arbeitsräumen nur gestattet, wenn die Arbeit in diesen Räumen während dieser Zeit eingestellt ist (§ 11).

Was ist im Hinblick auf die Sonntagsbeschäftigung und Feiertagsruhe bei Jugendlichen zu berücksichtigen?	An Sonntagen dürfen Jugendliche grundsätzlich nicht beschäftigt werden. Am 24. und 31. Dezember nach 14.00 Uhr sowie an gesetzlichen Feiertagen dürfen Jugendliche nicht beschäftigt werden (§ 18). Zulässig ist die Beschäftigung Jugendlicher allerdings an Sonntagen bei Betrieben mit Gaststättenkonzession. In diesem Falle dürfen Jugendliche auch an gesetzlichen Feiertagen beschäftigt werden, mit Ausnahme am 25. Dezember, 1. Januar, Ostermontag und am 1. Mai.
Welche Urlaubsansprüche gelten nach dem JArbSchG?	Der Urlaub beträgt jährlich mindestens 30 Werktage, wenn der Jugendliche zu Beginn des Kalenderjahres noch nicht 16 Jahre alt ist, mindestens 27 Werktage, wenn der Jugendliche zu Beginn des Kalenderjahres noch nicht 17 Jahre alt ist, mindestens 25 Werktage, wenn der Jugendliche zu Beginn des Kalenderjahres noch nicht 18 Jahre alt ist (§ 19).

Was ist bei der gesundheitlichen Betreuung von Jugendlichen zu berücksichtigen?

a) Ein Jugendlicher darf nur beschäftigt werden, wenn er innerhalb der letzten 14 Monate von einem Arzt untersucht worden ist und dem Arbeitgeber eine von diesem Arzt ausgestellte Bescheinigung vorliegt (§ 32).
Ein Berufsausbildungsvertrag mit einem Jugendlichen wird nur in die Lehrlingsrolle eingetragen, wenn auch die ärztliche Bescheinigung über die Erstuntersuchung zur Einsicht vorgelegt wird (§ 29 Abs. 1 Nr. 3 der Handwerksordnung).

b) 1 Jahr nach der Arbeitsaufnahme muss der Arbeitgeber sich die Bescheinigung über die erste Nachuntersuchung vorlegen lassen.

Die Nachuntersuchung darf nicht länger als 3 Monate zurückliegen. Der Arbeitgeber soll den Jugendlichen 9 Monate nach Aufnahme der ersten Beschäftigung ausdrücklich auf den Zeitpunkt der Vorlage der Bescheinigung hinweisen.

Legt der Jugendliche die Bescheinigung nicht nach Ablauf 1 Jahres vor, muss der Arbeitgeber innerhalb 1 Monats schriftlich dazu auffordern und darauf hinweisen, dass er nach Ablauf von 14 Monaten nach Aufnahme der ersten Beschäftigung ihn nicht weiterbeschäftigen darf, solange er die Bescheinigung nicht vorgelegt hat.

Je eine Durchschrift des Aufforderungsschreibens hat der Arbeitgeber dem Personensorgeberechtigten, der Aufsichtsbehörde und, so weit er besteht, dem Betriebsrat zuzusenden (§ 33).

Ein Berufsausbildungsvertrag wird in der Lehrlingsrolle gelöscht, wenn die Bescheinigung über die erste Nachuntersuchung nicht spätestens am Tage der Anmeldung des Auszubildenden zur Zwischenprüfung zur Einsicht vorgelegt und dieser Mangel nicht nach einer Fristsetzung durch die Handwerkskammer gem. § 23 a Abs. 2 der Handwerksordnung behoben wird.

c) Nach Ablauf jedes weiteren Jahres kann der Jugendliche sich erneut untersuchen lassen. Der Arbeitgeber soll den Jugendlichen auf diese Möglichkeit rechtzeitig hinweisen und darauf hinwirken, dass der Jugendliche ihm auch diese Bescheinigung vorlegt (§ 34).

d) Der Arzt soll unter bestimmten Voraussetzungen, wie gesundheitliche Schwächen usw., eine außerordentliche Nachuntersuchung anordnen (§ 35).

e) Scheidet der Jugendliche aus dem Beschäftigungsverhältnis aus, so hat der Arbeitgeber ihm die ärztlichen Bescheinigungen auszuhändigen (§ 41 Abs. 2). Der neue Arbeitgeber darf ihn erst beschäftigen, wenn ihm die Bescheinigungen vorliegen (§ 36).

f) Enthält die ärztliche Bescheinigung einen Vermerk über Arbeiten, durch die er die Gesundheit oder die Entwicklung des Jugendlichen für gefährdet hält, so darf der Jugendliche mit solchen Arbeiten nicht beschäftigt werden. Die zuständige Aufsichtsbehörde, in der Regel das Gewerbeaufsichtsamt, kann im Einvernehmen mit dem Arzt Ausnahmen zulassen (§ 40).

Gesetzeskunde

g) Der Arbeitgeber hat die ärztlichen Bescheinigungen bis zur Beendigung der Beschäftigung, längstens jedoch bis zur Vollendung des 18. Lebensjahres des Jugendlichen, aufzubewahren (§ 41).

Ladenschlussgesetz (LadSchlG)*

Am 1. November 1996 wurde das Ladenschlussgesetz novelliert. Nennen Sie die Regelungsinhalte des LadSchlG im Hinblick auf die

a) allgemeinen Öffnungszeiten
b) für das Bäcker- und Konditorenhandwerk
c) für Bäckereien und Konditoreien mit Gaststättenkonzession

a) Allgemeine Öffnungszeiten

Montag bis Freitag	6.00 Uhr	bis 20.00 Uhr
Samstag	6.00 Uhr	bis 16.00 Uhr
24. Dezember (sofern Werktag)	6.00 Uhr	bis 14.00 Uhr
Advents-Samstage	6.00 Uhr	bis 18.00 Uhr

b) Bäcker- und Konditorenhandwerk

Montag bis Freitag	5.30 Uhr	bis 20.00 Uhr
Samstag	5.30 Uhr	bis 16.00 Uhr
Sonn- und Feiertage	Herstellung und Verkauf von Bäckerei- und Konditoreiwaren für 3 Stunden (die jeweilige Landes-VO ist zu berücksichtigen)	
2. Weihnachtsfeiertag, Oster- und Pfingstmontag	keine Öffnungserlaubnis!	
24. Dezember (sofern Werktag)	5.30 Uhr bis 14.00 Uhr	

---

* Siehe auch Anhang Seite 308 ff.

24. Dezember als Sonntag	Öffnungszeiten sind von den einzelnen Landesregierungen durch Rechts-VO festgesetzt
Advents-Samstage	5.30 Uhr bis 18.00 Uhr

Der Frühbeginn ab 5.30 Uhr ist ausschließlich dem Bäcker- und Konditorenhandwerk vorbehalten, während der Einzelhandel erst ab 6.00 Uhr öffnen darf.

c) Bäckereien und Konditoreien mit Gaststättenkonzession
Es ist zu beachten, dass für die Betriebe mit vorliegender Gaststättenerlaubnis – bezogen auf die konzessionierten Räumlichkeiten – weitere Öffnungsmöglichkeiten bestehen, die über die allgemeinen Öffnungszeiten und den Sonderstatus des Bäcker- und Konditorenhandwerks hinaus Möglichkeiten der Öffnung und Beschäftigung von Arbeitnehmern sowie Auszubildenden bieten.

Die Landesregierungen werden ermächtigt, durch Rechtsverordnungen zu bestimmen, dass in Städten mit über 200 000 Einwohnern zur Versorgung der Berufspendler und der anderen Reisenden mit Waren des täglichen Ge- und Verbrauchs sowie mit Geschenkartikeln

1. Verkaufsstellen auf Personenbahnhöfen des Schienenverkehrs und

2. Verkaufsstellen innerhalb einer baulichen Anlage, die einen Personenbahnhof des Schienenverkehrs mit einem Verkehrsknotenpunkt des Nah- und Stadtverkehrs verbindet,

an Werktagen von 6.00 Uhr bis 22.00 Uhr geöffnet sein dürfen; sie haben dabei die Größe der Verkaufsfläche auf das für diesen Zweck erforderliche Maß zu begrenzen.

Verkaufspersonal
Für das Verkaufspersonal, welches an Sonntagen arbeitet, gilt § 17 Ladenschlussgesetz. Danach dürfen die Verkäuferinnen in Bäckereien grundsätzlich 3 Stunden lang am Sonntag beschäftigt werden, zusätzlich für Vorbereitungs- und Abschlussarbeiten insgesamt 30 Minuten.

Werden Arbeitnehmer länger als 3 Stunden beschäftigt, muss jeder zweite Sonntag beschäftigungsfrei bleiben oder in jeder zweiten Woche ein Nachmittag ab 13.00 Uhr.

Bei einer Beschäftigung länger als 3 Stunden (also mit Vor- und Nacharbeiten) muss jeder dritte Sonntag beschäftigungsfrei bleiben, und an einem Werktag derselben Woche darf dann ab 13.00 Uhr keine Tätigkeit mehr erfolgen.

Alternativ besteht die Möglichkeit, die Freizeit am Samstag oder Montagvormittag bis 14.00 Uhr zu gewähren.

Lebensmittel- und Bedarfsgegenständegesetz (LMBG)

Was bezweckt das Lebensmittel- und Bedarfsgegenständegesetz (LMBG)?

Der Verbraucher soll vor Täuschung und gesundheitlicher Gefährdung geschützt werden. Ergänzend gelten eine ganze Reihe besonderer Vorschriften, wie Aromen-, Butter-, Diät-, Kakao-, Lebensmittelkennzeichnungs-, Milch-, Nährwertkennzeichnungs-, Speiseeis-, Zusatzstoff-Zulassungs-Verordnung usw.

Was sind Lebensmittel im Sinne dieses Gesetzes?

Alle Stoffe, die dazu bestimmt sind, von Menschen in unverändertem, zubereitetem oder verarbeitetem Zustand gegessen, gekaut oder getrunken (verzehrt) zu werden, so weit sie nicht überwiegend zu anderen Zwecken als zur Ernährung oder zum Genuss verzehrt werden. Zu Lebensmitteln gehören auch Umhüllungen oder Überzüge, die dazu bestimmt sind, mitverzehrt zu werden, oder bei denen der Mitverzehr vorauszusehen ist.

Was ist im Sinne des LMBG verboten?

1. Lebensmittel für andere derart herzustellen oder zu behandeln, dass ihr Verzehr geeignet ist, die Gesundheit zu schädigen.

2. Stoffe, deren Verzehr geeignet ist, die Gesundheit zu schädigen, als Lebensmittel in den Verkehr zu bringen.

3. Erzeugnisse, die keine Lebensmittel sind, bei denen jedoch auf Grund ihrer Form, ihres Geruchs, ihrer Farbe, ihres Aussehens, ihrer Aufmachung, ihrer Etikettierung, ihres Volumens oder ihrer Größe vorhersehbar ist, dass sie von den Verbrauchern, insbesondere von Kindern, mit Lebensmitteln verwechselt und deshalb zum Munde geführt, gelutscht oder geschluckt werden können (mit Lebensmitteln verwechselbare Erzeugnisse), derart für andere herzustellen oder zu behandeln oder in den Verkehr zu bringen, dass infolge ihrer Verwechselbarkeit mit Lebensmitteln eine Gefährdung der Gesundheit hervorgerufen wird; dies gilt nicht für Arzneimittel, die einem Zulassungs- oder Registrierungsverfahren unterliegen.

4. Bei dem gewerbsmäßigen Herstellen oder Behandeln von Lebensmitteln nicht zugelassene Zusatzstoffe zu verwenden.

5. Bei Lebensmitteln eine nicht zugelassene Bestrahlung mit ultravioletten oder ionisierenden Strahlen anzuwenden.

6. Zum Verzehr nicht geeignete Lebensmittel gewerbsmäßig in den Verkehr zu bringen.

7. a) Nachgemachte Lebensmittel,
   b) Lebensmittel, die hinsichtlich ihrer Beschaffenheit von der Verkehrsauffassung abweichen und dadurch in ihrem Wert, insbesondere in ihrem Nähr- oder Genusswert, oder in ihrer Brauchbarkeit nicht unerheblich gemindert sind, oder
   c) Lebensmittel, die geeignet sind, den Anschein einer besseren als der tatsächlichen Beschaffenheit zu erwecken,
   ohne ausreichende Kenntlichmachung gewerbsmäßig in den Verkehr zu bringen.
8. Lebensmittel unter irreführender Bezeichnung, Angabe oder Aufmachung gewerbsmäßig in den Verkehr zu bringen oder mit irreführenden Darstellungen oder sonstigen Aussagen zu werben.
9. Im Verkehr mit Lebensmitteln oder in der Werbung für Lebensmittel Aussagen zu machen, die sich auf die Beseitigung, Linderung oder Verhütung von Krankheiten beziehen (absolutes Verbot der gesundheitsbezogenen Werbung).

Wann ist ein Lebensmittel nach dem LMBG gesundheitsschädigend?

Wenn es bestimmte feststellbare Eigenschaften aufweist, die auf die normale menschliche Gesundheit ohne Rücksicht auf individuelle Eigenschaften regelmäßig eine schädigende Wirkung haben. Eine tatsächliche Gesundheitsschädigung braucht im Einzelfall nicht einzutreten.

Wann liegt eine Irreführung im Sinne des LMBG vor?

Insbesondere dann, wenn

a) Lebensmitteln Wirkungen beigelegt werden, die ihnen nach Erkenntnissen der Wissenschaft nicht zukommen oder die wissenschaftlich nicht hinreichend gesichert sind,

b) zur Täuschung geeignete Bezeichnungen, Angaben, Aufmachungen, Darstellungen oder sonstige Angaben bzw. Aussagen über die Herkunft der Lebensmittel, ihre Menge, ihr Gewicht, über den Zeitpunkt der Herstellung oder Abpackung, über ihre Haltbarkeit oder über sonstige Umstände, die für ihre Bewertung mitbestimmend sind, verwendet werden.

Welches Recht haben die kontrollierenden Behörden nach dem LMBG?

a) Während der üblichen Betriebs- oder Geschäftszeit Grundstücke und Betriebsräume, in denen Lebensmittel gewerbsmäßig hergestellt, behandelt oder in den Verkehr gebracht werden, zu betreten.

b) Alle geschäftlichen Schrift- und Datenträger, insbesondere Aufzeichnungen, Frachtbriefe, Herstellungsbeschreibungen und Unterlagen über die bei der Herstellung verwendeten Stoffe, einzusehen und hieraus Abschriften oder Auszüge anzufertigen.

c) Einrichtungen und Geräte zur Beförderung von Lebensmitteln zu besichtigen und zu kontrollieren.

d) Von natürlichen und juristischen Personen und nicht rechtsfähigen Personenvereinigungen alle erforderlichen Auskünfte, insbesondere solche über die

Herstellung, die zur Verarbeitung gelangenden Stoffe und deren Herkunft zu verlangen.

e) Proben zum Zwecke der Untersuchung zu entnehmen, wobei eine Gegenprobe zu hinterlassen ist. Eine finanzielle Entschädigung für Proben aus eigener und fremder Herstellung ist grundsätzlich nicht zu leisten. Für Proben aus fremder Herstellung kann in Ausnahmefällen bei Vorliegen einer unbilligen Härte eine Entschädigung bis zur Höhe des Verkaufspreises verlangt werden.

Preisangabenverordnung*

Die novellierte Verordnung zur Regelung der Preisangaben ist zum 14. März 1985 in Kraft getreten, mit Änderung am 22. Juli 1997 und völliger Neuregelung zum 1. September 2000.

Fertigverpackungen müssen lt. der Novellierung seit 1. 9. 2000 mit einem Endpreis und einem Grundpreis ausgezeichnet werden. Grundpreis ist dabei der Preis je Mengeneinheit einschließlich der Umsatzsteuer und sonstiger Preisbestandteile, unabhängig von einer Rabattgewährung. Auf die Angabe des Grundpreises kann verzichtet werden, wenn diese mit dem Endpreis identisch ist.

Die bisher grundpreisbefreiten Nennfüllmengen (bisher Anlage 3 der Fertigverpackungs-VO) 10-20-25-30-40-50-125-150-175-200-300-400-500-600-750-1000-1250-1500-1750-2000-3000-4000-5000-6000-7000-8000-9000-10 000 g entfallen.

Die richtige Preisauszeichnung für stückweise als lose Ware verkaufte Bäckereierzeugnisse ist der Endpreis pro Stück, d. h. Brötchen, die nach der Stückzahl lose verkauft werden, bedürfen keiner Grundpreisangabe. Gemäß § 2 der neuen Verordnung müssen ebenfalls Waren, die unverpackt, also lose, nach Gewicht verkauft werden, sowohl mit dem Endpreis als auch mit dem Grundpreis deklariert werden.

Die Preisangaben müssen dem Angebot oder der Werbung eindeutig zugeordnet, leicht erkennbar und deutlich lesbar oder sonst gut wahrnehmbar sein.

---

* Siehe auch Lebensmittel-Kennzeichnung Seite 263 ff. sowie im Anhang Seite 349 ff.

Alle Waren, die in Schaufenstern, Schaukästen, innerhalb oder außerhalb des Verkaufsraums, auf Verkaufsständen oder in sonstiger Weise sichtbar ausgestellt werden, und Waren, die vom Verbraucher unmittelbar entnommen werden können, sind durch Preisschilder oder Beschriftung der Ware auszuzeichnen. Eine Beschriftung unverpackter Backwaren ist kaum vorstellbar, so dass die Preisauszeichnung in erster Linie durch Preisschilder an oder auf der Ware erfolgen muss. Zulässig ist auch, dass eine Auszeichnung an den Brot- und Brötchenregalen durch Preisschilder erfolgt. Wer vorsätzlich gegen diese Preisangabenverordnung verstößt, handelt ordnungswidrig und muss mit Konsequenzen der Lebensmittelaufsichtsbehörde rechnen.

Was ist über die Grundpreisangabe bekannt?

Die mit der Grundpreisangabe verbundenen neuen Vorschriften traten zum 1. September 2000 in Kraft. Somit müssen sowohl Waren in Fertigpackungen als auch unverpackte Waren, die nach Gewicht verkauft werden, mit dem Endpreis und zusätzlich mit dem Grundpreis deklariert werden. Dies gilt auch im Falle der Werbung für die Waren. Der Preis ist auf jeweils 1 kg zu beziehen, wobei bei Waren, deren Gewicht üblicherweise 250 g nicht übersteigt, der Grundpreis auf 100 g bezogen werden darf. Auch im Falle des Bedienungsverkaufs sind die Geschäfte zur Angabe des Grundpreises verpflichtet, wenn das Warensortiment im Rahmen eines Vertriebssystems bezogen wird.
Kleinbetriebe ohne Filialen sind – jedenfalls zumindest für eine Übergangsfrist – von dieser Regelung ausgenommen. Auch unverpackt verkauftes Kleingebäck, wie Brötchen, bedarf keiner Grundpreisangabe.

Anmerkung:
Von Seiten der Bundesländer wurde mitgeteilt, dass bzgl. der kleinen Einzelhandelsgeschäfte mit Filialen wegen der Auslegung in Sachen „Vertriebssystem" besonderer Abstimmungsbedarf besteht, um einen prakti-

Gesetzeskunde

Was besagt die Verordnung über Preisangaben für Bäckereien und Konditoreien mit angeschlossenem Café?

kablen und einheitlichen Vollzug zu gewährleisten.

Diese Verordnung bestimmt, dass Inhaber von Gaststättenbetrieben (dazu gehören im Sinne der Verordnung auch Bäckereien mit angeschlossenem Café) Preisverzeichnisse für Speisen und Getränke in ausreichender Zahl auf den Tischen aufzulegen oder jedem Gast vor Entgegennahme von Bestellungen und auf Verlangen bei Abrechnungen vorzulegen haben. Ferner ist neben dem Eingang zur Gaststätte ein Preisverzeichnis anzubringen, aus dem die Preise für die wesentlichen Getränke und, bei regelmäßigem Angebot warmer Speisen, die Preise für die Gedecke und Tagesgerichte ersichtlich sind.

Was versteht man unter Deklarationspflicht?*

Für eine Reihe von Erzeugnissen besteht die Pflicht zur Deklaration, nämlich dann, wenn sie in ihrer Beschaffenheit von der Verbrauchererwartung bzw. dem redlichen Handwerks- und Handelsbrauch abweichen. Das gilt für solche Erzeugnisse, die zwar aus verschieden wertvollen Rohstoffen hergestellt und im Aussehen gleich oder ähnlich sind, aber wesentliche Preisunterschiede aufweisen. Beispiel: Am Äußeren kann man nicht erkennen, ob eine Ware aus Marzipan oder Persipan hergestellt wurde. Deshalb muss an dem Erzeugnis ein Schildchen „Aus Persipan hergestellt" sein. Man versteht also unter Deklaration die Pflicht, bekannt zu geben, dass für dieses Produkt der billigere Rohstoff verwendet wurde. Dies gilt auch für Kuvertüre und Schokoladenfettglasur usw.

---

* Besondere Deklarationspflichten enthalten die Zusatzstoff-Zulassungsverordnung sowie die QUID-Kennzeichnung (mengenmäßige Zutatenkennzeichnung auf Fertigpackungen).

Wettbewerbsrecht

a) Einleitung

Die Werbung mit der Qualität und dem Preis von Waren ist Grundsatz des deutschen Wettbewerbsrechts. Das Prinzip der Wahrheit und Klarheit soll obenan stehen. Das Wettbewerbsrecht dient gleichermaßen dem Schutz der Unternehmen wie auch dem des Verbrauchers.

Drei Grundsätze sind besonders zu beachten:

1. Ein Vorgehen gegen den Unternehmer ist auch dann möglich, wenn persönlich kein Verschulden vorliegt. Auch für Handlungen der Mitarbeiter oder Beauftragten hat der Unternehmer einzustehen.

2. Für die Rechtssituation ist nicht das entscheidend, was der Unternehmer sich bei der Werbung gedacht hat, sondern einzig und allein die Vorstellung und der Eindruck, der beim flüchtigen Betrachten entsteht.

3. So wie Unwissenheit nicht vor Strafe schützt, rechtfertigen selbstverständlich auch Wettbewerbsverstöße anderer keine eigenen. Deshalb kann sich auch niemand darauf berufen, eine fremde Werbung nachgeahmt zu haben.

b) Irreführende Werbung

Wie schon erwähnt, muss jede Werbung wahr und klar sein. Ist sie dies nicht, besteht die Gefahr einer Irreführung des Verbrauchers. In der Rechtsprechung wird eine Aussage bereits dann als irreführend angesehen, wenn sie auch nur von einem kleinen, nicht ganz unbeachtlichen Teil der angesprochenen Verbraucher missverstanden werden kann.

Aber auch eine wahre Werbung kann irreführend sein.

Beispiel: Eine Bäckerei wirbt: „Wir backen unser Brot ohne jegliche chemischen Konservierungsstoffe!"

Der Gesetzgeber verbietet Konservierungsstoffe bei Brot (außer bei Schnittbrot). Alle Bäcker müssen daher ihr Brot ohne Konservierungsstoffe backen. Das weiß aber der Verbraucher nicht. Er meint, dieser Bäcker böte ihm etwas Besonderes. Es handelt sich um eine irreführende Werbung mit Selbstverständlichkeiten.

c) Vergleichende Werbung*

Aufgrund der neuesten Rechtsprechung des Bundesgerichtshofs ist vergleichende Werbung grundsätzlich zulässig, wenn der Vergleich nicht irreführend ist, nachprüfbare und typische Eigenschaften miteinander verglichen werden und der Mitbewerber nicht herabgesetzt oder verunglimpft wird.

Wenn an vergleichende Werbung gedacht wird, wird dringend dazu geraten, hier zunächst noch sehr zurückhaltend zu sein, da das Wettbewerbsrecht sehr stark von der Rechtsprechung abhängig ist. Daher sollte abgewartet werden, wie die Gerichte diese neue BGH-Rechtsprechung aufgrund der zwei Urteile vom 5. Februar und vom 23. April 1998 umsetzen, und in welchen Fällen ein Vergleich für zulässig erachtet wird und in welchen nicht. Ohne rechtliche Beratung bzw. Rücksprache mit dem zuständigen Landesinnungsverband sollte daher eine vergleichende Werbung nicht vorgenommen werden.

d) Lockvogelangebote

Lockvogelangebote sind unzulässig, das ist klar. Schwieriger wird es schon, wenn es gilt herauszufinden, was eigentlich ein Lockvogelangebot ist. Der klassische Fall ist die Werbung mit der besonders günstigen Preisgestaltung einer Ware, die der Verbraucher als beispielhaft für die gesamte Preiskalkulation des Sortiments ansieht, während in Wirklichkeit alle anderen Artikel normal kalkuliert sind. Wenn also ein einzelner Artikel, mit dem der Verbraucher eine genaue Preisvorstellung verbindet, besonders preiswert angeboten wird, so muss das Angebot als Sonderangebot deklariert werden.

Ein Lockvogelangebot liegt weiterhin vor, wenn Waren besonders herausgestellt werden, diese Waren aber nicht oder nicht in ausreichender Menge vorhanden sind. Als Faustregel gilt, dass etwa ein Dreitagesbedarf vorhanden sein muss. Dabei muss aber die höhere Nachfrage bei sehr günstigen Angeboten einkalkuliert werden.

Meist handelt es sich bei Lockvogelangeboten um Waren, die unter Einstand angeboten werden. Man will damit einerseits den Eindruck

---

* Durch die Rechtsprechung des Bundesgerichtshofs wird die EU-Richtlinie von vergleichender Werbung vom Oktober 1997 bereits direkt in Deutschland angewandt. Eine diesbezügliche Änderung des UWG-Gesetzes wird im Jahre 2001 erwartet und ist dann entsprechend zu beachten.

ganz besonderer Preiswürdigkeit erwecken, möchte andererseits aber den Verlust, der mit jedem verkauften Stück entsteht, einschränken und bemüht sich daher, den Abverkauf der Verlustbringer in Grenzen zu halten. Leider hält die Rechtsprechung Untereinstandsangebote, wenn auch in Grenzen, für zulässig.

e) **Preisgegenüberstellungen**
Seit dem 1.8.1994 sind Preisgegenüberstellungen, auch blickfangmäßig, wieder erlaubt. So kann z. B. geworben werden: „Unser Hausbrot vorher 5,98 DM, jetzt 4,98 DM." Zulässig bleibt deshalb auch die Preisgegenüberstellung mit der unverbindlichen Preisempfehlung des Herstellers, z. B. „X-Marmelade unverbindliche Preisempfehlung 2,98 DM – unser Preis 1,98 DM". Es muss sich aber um einen Markenartikelhersteller handeln, und die Preisempfehlung muss auch von einem Teil der Anbieter eingehalten werden.
Die Gegenüberstellung mit der unverbindlichen Preisempfehlung kann auch blickfangmäßig in der Zeitung usw. erfolgen. Es muss aber dabei deutlich gemacht sein, dass es sich bei dem höheren Preis um die unverbindliche Preisempfehlung des Herstellers handelt.

f) **Preisauszeichnung**
Die Verordnung über Preisangaben verpflichtet die Bäckereien zur Auszeichnung der Brote und Backwaren gegenüber den Letztverbrauchern:
Die angebotenen Waren oder Dienstleistungen müssen mit deutlich sichtbaren Preisen versehen sein. Verstößt eine Bäckerei bewusst und wiederholt gegen diese Vorschrift, so bekommt sie es nicht nur mit Bußgeldbescheiden wegen der damit verbundenen Ordnungswidrigkeit zu tun. Es kann ihr auch passieren, nach dem Wettbewerbsrecht herangezogen zu werden. Dies gilt insbesondere dann, wenn eine Bäckerei die Preisauszeichnung überhaupt unterlässt.

g) **Preisnachlässe (Rabatte)**
Das Rabattgesetz schreibt vor, dass die Ankündigung oder Gewährung von Rabatten bei Waren des täglichen Bedarfs, also auch unseres Bäckereisortiments, gegenüber dem Letztverbraucher 3 %* nicht übersteigen darf. Hier sind mehrere Verstöße von Bäckereien bekannt: Eindeutig unstatthaft ist es z. B., wenn über Land fahrende

---
* Dies gilt bei Ducklegung des Buches im September 2000; soll vom Gesetzgeber aber gestrichen bzw. novelliert werden.

Bäckereien beim Kauf eines Brots auf einer so genannten Rabattkarte einen Stempel geben und bei der Vorlage einer zehnmal abgestempelten Karte ein Brot umsonst abgeben.
Erlaubt ist hingegen die Rabattgewährung gegenüber Mitarbeitern des eigenen Betriebs bei deren Anschaffungen für ihren eigenen Bedarf und den ihrer Kinder sowie die Gewährung von Rabatten gegenüber Wiederverkäufern.

h) Unzulässige Sonderveranstaltungen – zulässige Sonderangebote

Gerade beim Sonderveranstaltungsrecht haben schon einige Bäckereiinhaber schmerzliche Erfahrungen machen müssen. Sonderveranstaltungen sind nämlich grundsätzlich untersagt. Das Wettbewerbsrecht definiert Sonderveranstaltungen als Aktionen außerhalb des regelmäßigen Geschäftsverkehrs, bei denen der Eindruck besonderer Kaufvorteile erweckt wird. Charakteristisch für Sonderveranstaltungen ist, dass das ganze Sortiment oder ganze Warengruppen zu einem günstigen Preis angeboten werden. Davon zu unterscheiden sind zulässige Sonderangebote, d. h. einzelne nach Güte und Preis gekennzeichnete Waren. Zulässig: Sonderangebot „Apfel- und Kirschkuchen besonders herabgesetzt", unzulässig: „Alle Feinbackwaren herabgesetzt."
Sonderangebote dürfen zeitlich begrenzt werden. So etwa: Unser Hausbrot zum Sonderpreis von 3,95 DM vom 12. bis 17. September. Jedoch dürfen Sonderangebote zeitlich nicht zu eng begrenzt werden. So wäre ein auf 3 Tage beschränktes Angebot oder ein Angebot nur für den Weihnachtsmarkt je nach konkreter Ausgestaltung der Werbung unter Umständen unzulässig unter dem Gesichtspunkt des „übertriebenen Anlockens".
Ganz wichtig ist, dass bei der Bewerbung von Sonderangeboten für einen bestimmten Zeitraum unter Datumsangabe der Werbende dafür geradezustehen hat, dass die Ware bis zum letzten in der Werbung angegebenen Tag tatsächlich verfügbar ist.

i) Eröffnungsverkauf

Bei Eröffnungsangeboten gestattet die Rechtsprechung massierte Sonderangebote. Auch hier dürfen aber nicht ganze Warengruppen oder gar das ganze Sortiment herabgesetzt angeboten werden.
Vorsicht geboten ist aber bei der Werbung für „Eröffnungspreise", da die Rechtsprechung darin die Ankündigung einer unzulässigen

Sonderveranstaltung sieht. Es sollten immer deutlich die reduzierten Artikel herausgestellt werden.

j) Jubiläumsverkäufe

Jubiläumsverkäufe, die den Charakter einer Sonderveranstaltung haben, sind nur alle 25 Jahre nach Aufnahme der Geschäftstätigkeit zulässig.

Jubiläumsangebote, die nicht den Eindruck einer Sonderveranstaltung erwecken, sind im Rahmen des § 7 Abs. 2 UWG zulässig. Bedingung ist hierbei, dass einzelne nach Güte und Preis gekennzeichnete Waren ohne zeitliche Begrenzung angeboten werden und diese Angebote sich in den regelmäßigen Geschäftsbetrieb einfügen (sog. Sonderangebote).

Grundsätzlich gibt es bei den Jubiläumsverkäufen strenge Auflagen: Die Verkäufe müssen im Monat des Jubiläumstags beginnen und dürfen nicht länger als 12 Werktage dauern. Wird ein Jubiläumsverkauf durchgeführt, muss dem Publikum allerdings ein besonderer Preisvorteil geboten werden, andernfalls liegt wiederum irreführende Werbung vor.

Zulässig ist es außerdem, einen bloßen Hinweis auf das Alter der Bäckerei zu geben, wenn damit weder eine Sonderaktion noch sonstige Vorteile für die Kundschaft angekündigt werden.

k) Herstellerwerbung

Im allgemeinen Wettbewerbsrecht ist der Hinweis, man sei selbst Hersteller, im Geschäftsverkehr mit Endverbrauchern untersagt. Mit diesem Verbot soll erreicht werden, dass bei Endverbrauchern der Eindruck erweckt wird, durch den direkten Kauf beim Hersteller könne er einen Preisvorteil nutzen, da der Zwischen- und Einzelhandel ausgeschaltet wird.

Bei den Bäckereien ist die Sachlage anders, da es der Regelfall ist, dass die eigenen Produkte an Endverbraucher abgegeben werden. Es liegt somit keine Verbrauchertäuschung vor, wenn eine Bäckerei etwa bei Keks oder Pumpernickel den Hinweis auf die eigene Herstellung gibt. Im Gegensatz zu Einkaufszentren, die dem Verbraucher möglicherweise einen Preisvorteil suggerieren wollen, gibt der Bäckereibetrieb mit dem Verweis auf die eigene Herstellung nur einen Hinweis auf seine besondere handwerkliche Qualität. Beim Verbraucher kann nicht der Eindruck erweckt werden, dass hierdurch ein besonderer Preisvorteil gewährt werden soll.

Gesetzeskunde

l) Gesundheitsbezogene Werbung
Verboten ist es ebenfalls, in der Werbung auf krankheitsverhindernde Wirkungen von Lebensmitteln wie Brot oder Backwaren hinzuweisen. Dieses Verbot gilt nicht nur für die Werbung, sondern auch für Angaben im Verkaufsgespräch oder auf der Verpackung.

m) Werbegeschenke und Zugaben
Werbegeschenke, die Kunden aus besonderem Anlass (Weihnachten, Ostern, Heirat, Geburt usw.) gemacht werden, sind zulässig, sofern sie nach ihrem Wert und der Art der Geschäftsbeziehung nicht geeignet sind, den Kunden unsachlich zu beeinflussen. Wenn also eine Bäckerei ihren langjährigen Kunden zu Weihnachten oder Silvester einen Kalender oder Kugelschreiber schenkt, ist dagegen nichts einzuwenden. Auch ein oder zwei Krapfen wären noch zulässig.
Sehr wichtig ist aber, dass diese Geschenke nicht im Rahmen eines Kaufs gewährt werden, dann handelt es sich nämlich nicht mehr um ein noch zulässiges Werbegeschenk, sondern um eine verbotene Zugabe. Wenn der Krapfen dem Kunden Silvester an die Haustür mit freundlicher Empfehlung übersandt wird, handelt es sich um ein zulässiges Werbegeschenk, erhält derselbe Kunde den Krapfen, wenn er ohnehin in der Bäckerei Brot kauft, handelt es sich um eine Zugabe.
Zugaben, die einen höheren Wert als ca. –,50 DM haben, sind unzulässig. Dabei ist der Wert maßgeblich, den die Ware für den Kunden hat, nicht etwa der Einstandspreis des Bäckers. Auch Zugaben in Form von Dienstleistungen sind nur in diesen engen Grenzen möglich.
Auch Zugaben, die wegen ihrer Geringfügigkeit zulässig sind, dürfen nicht als kostenlos bezeichnet werden. Wird z. B. im Laden für den Kunden der Kaffee gemahlen oder ein Laib Brot in Scheiben geschnitten, so handelt es sich um eine zulässige, weil geringfügige Dienstleistung. Diese darf aber nicht als kostenlos oder unentgeltlich bezeichnet werden, weil der Gesetzgeber davon ausgeht, dass kein Kaufmann etwas verschenken kann, sondern diese Leistung in seiner Kalkulation berücksichtigt haben muss, der Kunde also letztendlich für die Zugabe zahlt. Derartige Leistungen könnten also etwa mit „unser Kundendienst für Sie ..." angekündigt werden.
Zulässig ist die Abgabe von Kundenzeitschriften, z. B. der „Bäckerblume".

n) Ladenschlussgesetz/Arbeitszeitgesetz

Systematische Verstöße gegen ordnungsrechtliche Vorschriften sind zusätzlich wettbewerbswidrig. Betriebe, die sich durch den Verstoß gegen derartige Gesetze einen Wettbewerbsvorteil verschaffen, müssen mit Konsequenzen rechnen.

Beim Wettbewerbsrecht für die Wirtschaft handelt es sich nicht um eine schikanöse Maßregelei. Das Wettbewerbsrecht schützt vielmehr unsere Betriebe gegen rücksichtsloses Vorgehen großer marktbeherrschender Unternehmen, denen jedes Mittel recht sein könnte, um Verdrängungswettbewerb auszuüben.

o) Abmahnungsbefugnis von Gebührenvereinen

Auch weiterhin können Vereine, die über eine erhebliche Anzahl von Mitgliedern verfügen, Wettbewerbsverstöße im Interesse ihrer Mitglieder verfolgen. So genannte Gebührenvereine, die nur aus Interesse an den Abmahngebühren tätig sind, sind nicht mehr zur Abmahnung berechtigt.

Im Falle des Erhalts einer Abmahnung sollte man sich deshalb immer mit dem zuständigen Fachverband oder der Handwerkskammer in Verbindung setzen.

Stand dieser Darstellung ist September 2000. Auf mögliche Änderungen durch die europäische Gesetzgebung wird hingewiesen.

Weitere allgemeine Rechts- und Fachgebiete

u. a. Aromen, Buttergebäck, Quellstoffe, Restbrot, Kaufverträge

Was bezeichnet man als Aromen?

Aromen sind konzentrierte Zubereitungen von Geruchsstoffen oder Geschmacksstoffen, die dazu bestimmt sind, Lebensmitteln einen besonderen Geruch oder Geschmack zu verleihen (ausgenommen einen nur süßen, salzigen oder sauren Geschmack). Sie können flüssig, pasten- oder pulverförmig sein. Aromen sind wegen ihres starken Geruchs und Geschmacks weder zum unmittelbaren Genuss bestimmt noch dazu geeignet. Entsprechend der in den Aromen enthaltenen Aromastoff-Arten werden Aromen definiert und gekennzeichnet als Aromen mit natürlichen und/oder naturidentischen und/oder künstlichen Aromastoffen. Es sind ausdrücklich alle im Aroma enthaltenen Aromastoff-Arten aufzuführen.

Aromastoffe sind:

a) „natürlich", wenn sie aus natürlichen Ausgangsstoffen ausschließlich durch physikalische oder fermentative Verfahren gewonnen werden,

b) „naturidentisch", wenn sie den natürlichen Aromastoffen chemisch gleich sind, aber durch chemische Synthese hergestellt werden,

c) „künstlich", wenn sie weder den natürlichen noch den naturidentischen Aromastoffen zuzuordnen sind.

Die Kennzeichnung des aromatisierten verpackten Lebensmittels erfolgt nach § 6 Abs. 5 Lebensmittel-Kennzeichnungsverordnung. Grundsätzlich bedarf es einer Deklaration als „Aroma", wobei bei besonderen Hinweisen, beispielsweise „natürliches Aroma", nur die jeweiligen Aromastoffe zum Einsatz kommen, entsprechend a) bis c).

Wann darf man die Bezeichnung

a) Buttergebäck und
b) Butterbrot verwenden?

a) Bei Buttergebäck muss ausschließlich Butter, Butterreinfett oder Butterfett verarbeitet werden, und zwar in folgenden Mengen: mindestens 10 kg Butter, 8,2 kg Butterreinfett oder 8,6 kg Butterfett, jeweils auf 100 kg Getreide/Getreidemahlerzeugnisse. Andere Fette – außer als Trennmittel – werden nicht verwendet.

b) Bei Butterbrot müssen folgende Mengenangaben beachtet werden: mind. 5 kg Butter, 4,1 kg Butterreinfett oder 4,3 kg Butterfett auf 100 kg Getreide/Getreidemahlerzeugnisse.

Wann darf Zwieback als Nährzwieback verkauft werden?

Wenn auf 100 kg Getreidemahlerzeugnisse und/oder Stärke mind. 10 kg Butter und 10 kg Eier oder 3,5 kg Eigelb verarbeitet werden und als Zuguss nur Milch verwendet wird.

Was versteht man unter Honigkuchen?

Unter Honigkuchen versteht man lebkuchenartige Gebäcke mit reinem Bienenhonig in einer Menge von mindestens 50 % der verwendeten Zuckerarten.

In welche Gruppen teilt man Quellstoffe nach ihrer Wirkung ein?

a) Gelierstoffe
b) Dickungsmittel

Ihrer Herkunft nach kann man sie einteilen in

1. pflanzliche
2. tierische Quellstoffe

Nennen Sie pflanzliche Quellstoffe!	*Agar-Agar* wird durch Auskochen von Rotalgen gewonnen (Herkunft: Ostasien, Spanien und Westafrika). *Alginate* werden hergestellt aus Meerespflanzen (Braunalgen) aus Norwegen und den USA (Ost- und Westküste).
Nennen Sie einen Quellstoff tierischer Herkunft!	*Gelatine* ist ein farbloser und – bei guter Qualität – geschmacksneutraler Leim, der aus den Häuten und Knochen von Schlachttieren hergestellt wird.
Aus welchen Rohstoffen werden folgende Spirituosen gewonnen? a) Rum b) Whisky c) Calvados d) Wodka e) Arrak f) Maraschino	a) Zuckerrohr b) Gerste oder Mais c) Äpfeln d) Kartoffeln e) Reis f) Kirschen
Was sind „Light"- bzw. „Leicht"-Produkte?	Diese Produkte bietet der Markt als Variante zu altbekannten Lebensmitteln an, wobei die Begriffe „light" oder „leicht" lebensmittelrechtlich nicht geschützt bzw. definiert sind. Mit einer solchen Kennzeichnung müssen nicht unbedingt bestimmte Eigenschaften des Produkts verknüpft sein. „Light" kann beispielsweise „leichter bekömmlich", „leicht verdaulich", „kalorienarm" oder „alkoholfrei" heißen, wobei diese Eigenschaften bei dem so bezeichneten Lebensmittel natürlich auch in wesentlichem Maße vorhanden sein müssen. Diese Produkte entstehen z. B. durch Aufschäumen mit Luft oder wenn in fetthalti-

gen Lebensmitteln Wasser das Fett ersetzt. Der Begriff „light" wird von Herstellern nahezu beliebig verwendet, sogar für herkömmliche Milchprodukte der Magerstufe. So darf Käse mit einem Fettgehalt bis 32,5 % in der Trockenmasse (das entspricht der Dreiviertelstufe) als „Leicht"- oder „Light-Käse" verkauft werden. Verglichen mit Magerquark (2 % Fett in der Trockenmasse) ist also mancher so genannte „Leicht-Käse" eine wahre Kalorienbombe.

Was versteht man unter Restbrot?

In der Definition für Brot ist die Verwendung von Restbrot nicht erwähnt. Entsprechend früher gesetzlicher Regelungen, die ebenfalls durch die Verabschiedung des Getreidegesetzes ersatzlos außer Kraft gesetzt sind, aber seither als allgemeiner Verarbeitungsbrauch angesehen werden, waren bis zu 3 % bei allen Mehlbroten gestattet. Bei Schrot- und Vollkornbroten lag diese Grenze bei 10 % (berechnet auf Getreideerzeugnisse).

Der Restbrotgehalt wird als unentbehrlich zur Verbesserung der Frischhaltung und des Geschmacks bezeichnet. Das Restbrot muss allerdings im eigenen Betrieb angefallen sein und darf den Betrieb nicht verlassen haben.

Verschimmeltes, verschmutztes oder anderweitig verdorbenes Restbrot darf nicht verwendet werden.

Was ist eine Broteinheit (BE)?

Die Broteinheit gilt als eine Menge von insgesamt 12 Gramm Monosachariden, verdaulichen Oligo- und Polysachariden sowie Sorbit und Xylit.

Was versteht man unter Brennwert?	Der Brennwert ist der berechnete Energiegehalt eines Lebensmittels, wobei der Berechnung für

1 g Fett	37 kJ (oder 9 kcal)
1 g Eiweiß	17 kJ (oder 4 kcal)
1 g Kohlenhydrate	17 kJ (oder 4 kcal)
1 g Ethylalkohol	29 kJ (oder 7 kcal)
1 g organ. Säuren	13 kJ (oder 3 kcal)

zugrunde gelegt werden.

Was bezeichnet man als pH-Wert?	Der pH-Wert ist das Maß für die Wasserstoffionenaktivität in einer Lösung. Der pH-Wert gibt die saure, neutrale oder alkalische Reaktion einer Lösung an.
Welches Gesetz muss im Café ausgehängt sein?	Das Jugendschutzgesetz.
Dürfen Rabatte und Zugaben gewährt werden?	Das *Rabattgesetz* bestimmt: Bei Barzahlung ist Rabatt bis zu 3 % gestattet.* Die Rabattgewährung ist nur zulässig, wenn sie allen Kunden unaufgefordert bewilligt wird. Sonderpreise und Sonderrabatte dürfen gewährt werden an: Wiederverkäufer, Großabnehmer und Betriebsangehörige. Die *Zugabenverordnung* bestimmt: Es ist verboten, im geschäftlichen Verkehr neben einer Ware eine Zugabe anzubieten, es sei denn, es handelt sich um geringwertige Kleinigkeiten (wie Bonbons an Kinder).

---

* Dies gilt bei Drucklegung des Buches im September 2000; soll vom Gesetzgeber aber gestrichen bzw. novelliert werden.

Was müssen Sie über den unlauteren Wettbewerb wissen?*	a) Das Gesetz bezeichnet als unlauteren Wettbewerb solche Handlungen, die gegen die guten Sitten verstoßen. (Irreführende Angaben über geschäftliche Verhältnisse, insbesondere Beschaffenheit, Ursprung, Herstellungsart oder Preisbemessung von Waren.) b) Unlauteren Wettbewerb begeht auch, wer unwahre Behauptungen über seinen Konkurrenten aufstellt. c) Das Gesetz verbietet auch den Verrat von Geschäftsgeheimnissen, das Abwerben von Arbeitskräften sowie das Gewähren und Annehmen von so genannten Schmiergeldern.
Was versteht man unter QUID-Kennzeichnung?	Ab dem 1. Januar 2001 unterliegen Lebensmittel und Backwaren in Fertigpackungen der so genannten QUID-Kennzeichnung (QUID = Quantitative Ingredients Declaration). Verstanden wird hierunter die mengenmäßige Angabe bestimmter, oft wertbestimmender Zutaten, und hiermit wird eine Antwort auf unterschiedliche nationale Verkehrsauffassungen innerhalb der EU gegeben, und es sollen Irreführungen vermieden werden.
Kaufen und Verkaufen sind gesetzlich geregelt. Wo sind die Bestimmungen über das Kaufen und Verkaufen zu finden?	Im BGB (Bürgerliches Gesetzbuch) und im HGB (Handelsgesetzbuch).

---

* Ausführliche Darstellung des Wettbewerbsrechts siehe Seite 246 ff.

Gesetzeskunde

Was versteht man unter einem so genannten Privatkauf?

Wenn z. B. ein Bäckermeister sein privat genutztes Auto an einen Privatnutzer verkauft.

Was bezeichnet man als Handelskauf?

Verkauft der Bäckermeister dem Metzgermeister Brot, Brötchen, Kuchen usw. aus seinem Geschäft, so tut er dies gewerbsmäßig; das wird als Handelskauf bezeichnet.

Was ist unter einem Kaufvertrag zu verstehen?

Eine verpflichtende Abmachung zwischen Käufer und Verkäufer. Beide Vertragspartner einigen sich mündlich oder schriftlich über Art, Menge, Qualität, Preis der Ware, Lieferungsort, Liefertermin, Zahlungsbedingungen und Erfüllungsort.

Warum führt das Kaufen und Verkaufen über den Ladentisch auch zum Abschluss eines Kaufvertrages?

Hier handelt es sich um einen mündlich geschlossenen Vertrag, der dem schriftlich geschlossenen Vertrag rechtlich gleichsteht. Die Schriftform ist nur bei ganz bestimmten Vertragsabschlüssen vorgeschrieben.

Wer kann einen Vertrag rechtswirksam abschließen?

Einen Vertrag kann rechtswirksam abschließen, wer geschäftsfähig ist. Kinder bis zum 7. Lebensjahr und Geisteskranke sind geschäftsunfähig.
Eine Ausnahme besteht hier für Verträge von Minderjährigen im Rahmen des sog. „Taschengeldparagraphen" (§ 110 BGB). Jugendliche zwischen 7 und 18 Jahren sind beschränkt geschäftsfähig. Unbeschränkt geschäftsfähig wird man mit der Vollendung des 18. Lebensjahres.

Wie ist die Rechtslage für jugendliche Verkäuferinnen?	Für jugendliche Verkäuferinnen hat der Gesetzgeber bestimmt, dass sie im Rahmen ihrer Berufsausbildung und Berufsausübung geschäftsfähig sind.
Ist eine Verkäuferin für das vereinnahmte Geld verantwortlich?	Bei der Abrechnung der Endbeträge der Registrierkasse ist die Verkäuferin dann verantwortlich, wenn im Betrieb eine Einzelkontrolle der Verkaufskräfte durch Kennzeichnung auf dem Bon (Kontrollstreifen) durchgeführt wird.
Dürfen Auszubildende zu Hausarbeiten im Meisterhaus herangezogen werden?	Nein. Auszubildenden dürfen nur solche Tätigkeiten übertragen werden, die dem Ausbildungszweck dienen und ihren körperlichen Kräften angemessen sind.
Darf eine ausgelernte Verkäuferin im Haushalt mitarbeiten?	Ja, wenn eine diesbezügliche vertragliche Regelung besteht oder sich die ausgelernte Verkäuferin zur Hilfe im Haushalt verpflichtet hat.

Zusatzstoff-Zulassungsverordnung*

Was wissen Sie über den Begriff der Zusatzstoffe?

Hierdurch wird der bis 1975 geltende Begriff „Fremdstoffe" abgelöst. Bei den Zusatzstoffen handelt es sich um Stoffe, die dazu bestimmt sind, Lebensmitteln zur Beeinflussung ihrer Beschaffenheit oder zur Erzielung bestimmter Eigenschaften oder Wirkungen zugesetzt zu werden.
Zur Zeit sind in der Zusatzstoff-Zulassungsverordnung 296 Zusatzstoffe allgemein oder für bestimmte Lebensmittel, teilweise mit Höchstmengenbeschränkungen, zugelassen.

Welche Stoffe sind ausgenommen?

Stoffe, die natürlicher Herkunft oder den natürlichen chemisch gleich sind und nach allgemeiner Verkehrsauffassung überwiegend wegen ihres Nähr-, Geruchs- oder Geschmackswerts oder als Genussmittel verwendet werden, sowie Trink- und Tafelwasser.

Bei welchen Backwaren werden Backtriebmittel verwendet?

Sie werden bei Backpulvergebäck verwendet, und zwar nur in einer maximalen Anwendungsmenge von 10 g/kg verzehrfertiges Erzeugnis.

Was ist bei Einsatz von Hirschhornsalz zu beachten

Dieses darf nur zur Herstellung von flachen Feinen Backwaren verwendet werden, und zwar mit einer Höchstmenge von 1 g Ammoniak pro kg Trockenmasse.

---

* Siehe auch Anhang Seite 363 ff.

Für welche Backwaren sind Emulgatoren zugelassen?	Für Feine Backwaren, Weizenkleingebäcke und Knabbererzeugnisse mit einer maximalen Anwendungsmenge von zusammen 20 g/kg verzehrfertiges Erzeugnis.
Ist die Verwendung von Zuckerkulör zulässig?	Ja, nicht jedoch bei Brot und Kleingebäck sowie bei Lebensmitteln, bei denen auf Malz, Karamell, Kakao, Schokolade, Kaffee oder Tee hingewiesen wird.
Welche Zusatzstoffe dürfen zur Konservierung von Backwaren verwendet werden?	Sorbinsäure, z. B. bei Schnittbrot, sowie Propionsäure (zulässig bei bestimmten Backwaren), z. B. abgepacktes und geschnittenes Brot, Roggenbrot, Brot mit reduziertem Energiegehalt, vorgebackenes und abgepacktes Brot, abgepackte Feine Backwaren.
Wer überwacht die Durchführung aller lebensmittelrechtlichen Vorschriften?	Die Ordnungsbehörden der Bundesländer.

X. Lebensmittel-Kennzeichnung

Die wesentlichen Kennzeichnungsbestimmungen für Brot und Backwaren
Stand: September 2000

Nach der **Verordnung über Preisangaben**
der **Lebensmittel-Kennzeichnungsverordnung**
dem **Eichgesetz** und
der **Fertigpackungsverordnung**

Inhaltsverzeichnis

1. Verordnung über Preisangaben
2. Kennzeichnung von Brot und Backwaren in Fertigpackungen
3. Kennzeichnungsvorschriften für verpacktes Ganzbrot
4. Kennzeichnungsvorschriften für Scheibenbrot in Fertigpackungen
5. Gewichtsvorschriften für Brot
6. Kennzeichnungsvorschriften für Feine Backwaren
7. Ergänzende wichtige Bestimmungen
   zu den bisherigen Ausführungen
8. Eigene Kontrollen des Betriebsinhabers, Kontrollgeräte
   und Aufzeichnungen

1. Verordnung über Preisangaben*
(v. 14. 3. 1985, mit Änderung v. 22. 7. 1997 und völliger Neuregelung am 1. 9. 2000)

Bei allen im Schaufenster und im Laden angebotenen Waren müssen die geforderten Endpreise (einschl. Umsatzsteuer) und unter bestimmten Voraussetzungen auch die Grundpreise angegeben werden (vgl. hierzu Kapitel „Gesetzeskunde", Rubrik „Preisangabenverordnung", Seite 243. So weit es der allgemeinen Verkehrsauffassung entspricht, sind die Verkaufseinheit und die Gütebezeichnung anzugeben, und zwar durch Preisschilder oder Beschriftung der Ware.

Die Preisauszeichnung ist sorgfältig vorzunehmen und immer wieder zu kontrollieren; Abmahnvereine können gebührenpflichtige und strafbewehrte Unterlassungserklärungen fordern, da die Nichtauszeichnung einen Verstoß gegen das Gesetz gegen den unlauteren Wettbewerb bedeutet.

Aus hygienischen Gründen dürfen die Preisschilder nicht in Backwaren gesteckt werden.

2. Kennzeichnung von Brot und Backwaren einschl. Feinen Backwaren in Fertigpackungen

2.1 Grundsätzliches

Die Vorschriften der Lebensmittel-Kennzeichnungsverordnung (LMKV) gelten für die Kennzeichnung aller Lebensmittel in Fertigpackungen im Sinne des § 6 Abs. 1 des Eichgesetzes, die dazu bestimmt sind, an den Verbraucher abgegeben zu werden (§ 1 Abs. 1 LMKV).

Fertigpackungen sind Erzeugnisse in Verpackungen beliebiger Art, die in Abwesenheit des Käufers abgepackt und verschlossen werden, wobei die Menge des darin enthaltenen Erzeugnisses ohne Öffnen oder merkliche Änderung der Verpackung nicht verändert werden kann (§ 6 Abs. 1 EichG).

Verbraucher ist derjenige, an den das Lebensmittel zur persönlichen Verwendung oder zur Verwendung im eigenen Haushalt abgegeben wird. Dem Verbraucher stehen gleich Gaststätten, Einrichtungen zur Gemeinschaftsverpflegung sowie Gewerbetreibende, so weit sie das Lebensmittel zum Verbrauch innerhalb ihrer Betriebsstätte beziehen.

---
* Siehe auch Seite 243 ff. sowie im Anhang Seite 349 ff.

Lebensmittel-Kennzeichnung

Alle unsere Betriebe, die Brot und Backwaren in Fertigpackungen an

– den Lebensmitteleinzelhandel, Kantinen, Gaststätten usw. liefern

oder

– im eigenen Geschäft in Selbstbedienungsform (liegt vor, wenn ein Einkaufskorb o. ä. zur Verfügung gestellt wird) anbieten,

unterliegen den Vorschriften der Lebensmittel-Kennzeichnungsverordnung.

Aber:

Nicht der Verordnung unterliegen Betriebe, wenn die Fertigpackungen mit Brot und Backwaren in der Verkaufsstätte zur alsbaldigen Abgabe an den Verbraucher hergestellt und dort im Bedienungsverkauf abgegeben werden (§ 1 Abs. 2 LMKV).

Für Filialbetriebe empfiehlt es sich daher, **die im Hauptbetrieb vorverpackten Fertigpackungen unverschlossen an die Filiale zu liefern und erst dort mit einem Clip zu verschließen,** d. h., den „Herstellungsprozess der Fertigpackung" erst in der Filiale zu beenden.

Wenn Sie verpflichtet sind, Ihre verpackten Backwaren zu kennzeichnen, müssen Sie die nachfolgenden Ausführungen sorgfältig studieren!

3. Kennzeichnungsvorschriften für verpacktes Ganzbrot und für verpackte Stücke eines geteilten Brots

3.1 Die Fertigpackung muss ausweisen (volle Kennzeichnung):

– Gewichtsangabe
– Verkehrsbezeichnung
– Mindesthaltbarkeitsdatum
– Zutatenverzeichnis
– Name und Anschrift des Herstellers
– Preisangabe

3.2 Ausnahmen zur vollen Kennzeichnung

3.2.1 Bei Fertigpackungen von Kleinbroten und Kleinstbroten bis 250 g **entfällt allein die Gewichtsangabe.** Die übrigen Kennzeichnungen sind auch für diese Fertigpackungen bindend.

3.2.2 Erfolgt die Herstellung der Fertigpackungen **in den Verkaufsstätten** – also auch in den Filialen – ist **Gewichts- und Preiskennzeichnung allein ausreichend.** Allerdings wird „alsbaldige **dortige** Abgabe" an den Verbraucher und „kein Verkauf in **Selbstbedienung**" vorausgesetzt. (Zur „Selbstbedienung" beachte Text Seite 265. „Alsbaldige Abgabe" bedeutet: Abgabe am Tag der Herstellung oder am darauf folgenden Tag.) Unter der weiteren Voraussetzung, dass diese Fertigpackungen **von Hand hergestellt** sind, braucht die Gewichtsangabe **nur** auf einem Schild auf oder neben der Packung zu erfolgen.

3.3 Erläuterungen zu den einzelnen Kennzeichnungen

3.3.1 Verkehrsbezeichnung

Unter Verkehrsbezeichnung ist eine allgemein verständliche Bezeichnung zu verstehen. Für Brotsorten beispielsweise:

Weizenbrot	Roggenmischbrot	Weizenschrotbrot
Weizentoastbrot	Roggenbrot	Roggenvollkornbrot
Weizenmischbrot	Roggenschrotbrot	Weizenvollkornbrot
		usw.

Zusätzlich können bisher geführte Handelsbezeichnungen, Phantasienamen usw. verwendet und auf die Fertigpackung aufgedruckt werden.

3.3.2 Mindesthaltbarkeitsdatum

Grundsätzlich muss jeder Betrieb die Zeitspanne der Mindesthaltbarkeit seiner Backwaren aus Erfahrung nach seinem Ermessen festlegen. Die spezifischen Eigenschaften der Backwaren – insbesondere Geschmack, Geruch, Krumenbeschaffenheit – müssen bis zum aufgedruckten Mindesthaltbarkeitsdatum ausreichend erhalten bleiben.
Um beim Verbraucher keine falschen Vorstellungen zu erreichen, empfiehlt sich der nachstehende Textvorschlag für Plakate, Handzettel u. ä.:
In zunehmendem Maße steht auf Lebensmittelpackungen die Angabe „Mindestens haltbar bis ..." Das Datum gibt dem Verbraucher Information und Hilfe beim Einkauf und bei der häuslichen Vorratshaltung. Ein verpacktes Lebensmittel, das richtig gelagert wird, behält **mindestens** bis zu dem angegebenen Datum seine typischen Eigenschaften wie Geschmack, Nähr- und Gebrauchswert sowie Aussehen und

Konsistenz. Sind **besondere** Lagerbedingungen erforderlich, wird darauf hingewiesen.
Ist das Mindesthaltbarkeitsdatum überschritten, muss das Lebensmittel deshalb nicht weggeworfen werden.
Denn das Mindesthaltbarkeitsdatum ist **kein** Verfallsdatum, **kein** letztes Verkaufs- oder letztes Verzehrdatum.
Das Überschreiten des Datums bedeutet nicht, dass das Lebensmittel in seiner Beschaffenheit wesentlich beeinträchtigt oder gar gesundheitlich bedenklich geworden ist.
Wir überzeugen uns durch Kontrollen davon, dass das Lebensmittel noch einwandfrei ist. Dies sollte bei der häuslichen Vorratshaltung auch geschehen.
Die Bundesforschungsanstalt in Detmold hat für verpacktes Brot so genannte „durchschnittliche Mindesthaltbarkeitsspannen" in einer Grafik dargestellt, die Ihnen als Anhaltspunkt dienen kann (siehe Seite 269 und 270).

Also für

Weizenbrot	100 % Weizenmehl	ca. 2,5 Tage
Weizentoastbrot	100 % Weizenmehl	ca. 8,0 Tage
Weizenmischbrot	60 % / 40 %	ca. 5,0 Tage
Roggenmischbrot	60 % / 40 %	ca. 7,0 Tage
Roggenbrot	100 % Roggenmehl	ca. 10,0 Tage
Roggenschrotbrot	100 % Roggenbackschrot	ca. 12,0 Tage
Weizenschrotbrot	100 % Weizenschrot	ca. 4,5 Tage

Im vorangegangenen Abschnitt wurden als Verkehrsbezeichnungen noch Roggenvollkornbrot und Weizenvollkornbrot aufgeführt. Als Schrotbrote sind ihnen die Spannen 12,0 bzw. 4,5 Tage zuzuordnen. Sofern die dargestellten Mindesthaltbarkeitsspannen für eigene Fertigpackungen von Broten verwendet werden, wird empfohlen, diese nicht zu überschreiten.

Ausnahme

Die Kennzeichnung mit dem Mindesthaltbarkeitsdatum ist nicht erforderlich bei Fertigpackungen mit Backwaren, die üblicherweise innerhalb 24 Stunden nach ihrer Herstellung verzehrt werden. Das trifft im Wesentlichen für verpackte Klein- und Kleinstbrote (= Brötchen) mit einem Gewicht bis 250 g zu.

3.3.3 Zutatenverzeichnis

Dieses Verzeichnis muss **alle Rohstoffe** im Zeitpunkt der Teigherstellung aufzeigen, die zur Herstellung des Brots verwendet wurden, beginnend mit dem Rohstoff der größten Menge und anschließender Aufzählung der übrigen Rohstoffe in absteigender Mengenfolge. Gewichtsangaben für die einzelnen Rohstoffe sind nicht erforderlich.

Das zugefügte Wasser erscheint in der Aufstellung entsprechend seinem Anteil **nach dem Ausbacken**.

Das folgende Beispiel für „verpacktes Roggenmischbrot" soll die Darstellung des Zutatenverzeichnisses deutlich machen:

Zutaten: Mehl (Roggen, Weizen)   „Backmittel"
              Wasser   Hefe, Salz

Die Bezeichnung „Zutaten" oder „Zutatenverzeichnis" darf nicht fehlen.

Die allgemeine Bezeichnung der „zusammengesetzten Zutat" „Backmittel" ist nicht immer ausreichend. Welcher spezielle Text dem Begriff Backmittel hinzugefügt werden muss, ist bei der Lieferfirma zu erfragen.

Eine „zusammengesetzte Zutat" kann auch im Betrieb selbst hergestellt werden; zum Beispiel Sauerteig, Brühstück, Quellstück.

Beträgt der Anteil der zusammengesetzten Zutat mindestens 25 % des fertigen Produkts, ist nach der Bezeichnung „Sauerteig" einzufügen: Roggenvollkornschrot, Wasser, Salz.

Wird bei der Verkehrsbezeichnung auf Sauerteig hingewiesen (z. B. Roggenvollkornbrot mit Sauerteig), muss außerdem der prozentuale Anteil angegeben werden.

Brot Mindesthaltbarkeitsdatum

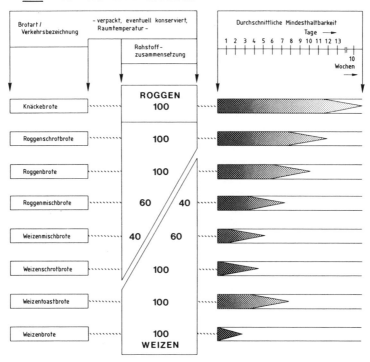

Lebensmittel-Kennzeichnung

Kleingebäck — Mindesthaltbarkeitsdatum

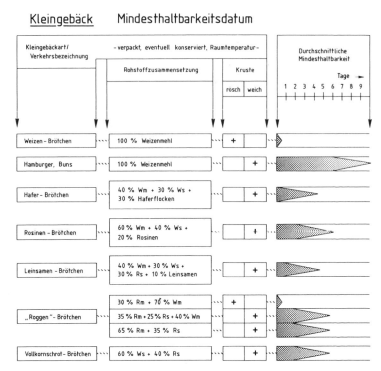

Lebensmittel-Kennzeichnung

Beispiele für die Kennzeichnung

Toastbrot
Rezept:
1 000 g Mehl (550)
  80 g Toastbackmittel
  70 g Hefe
  50 g Backmargarine
  20 g Salz
 520 g Wasser

1 740 g
ergibt 3 Brote à 580 g Teig

Gebäckgewicht	1 530 g
abzüglich Zutaten (ohne Wasser)	1 220 g
verbleibender Wasseranteil	310 g

Kennzeichnung:
Toastbrot
Gewicht: 500 g, Preis _____
mindestens haltbar bis _____
Bäckerei _____

Zutaten:
Weizenmehl	Hefe
Wasser	Backmargarine
Backmittel (Emulgator, Stabilisator)	Salz

Rheinische Vollkornschnitten
Rezept:
Salzsauer: 3500 g R-Vollkornschrot, grob
 (700 g Anstellgut)
   70 g Salz
3 500 g Wasser

7 070 g Salzsauer

Quellstück:
3 000 g R-Vollkornschrot, grob
3 000 g Wasser

6 000 g Quellstück

Teig:
 7 070 g Salzsauer
 6 000 g Quellstück
 3 500 g R-Vollkornschrot, fein
 130 g Hefe
 130 g Salz
 500 g Rübenkrautsirup
 1 500 g Wasser

18 830 g Teig

Kennzeichnung:
Rheinische Vollkornschnitten
Roggenvollkornbrot mit Sauerteig

Gewicht: 500 g, Preis ─────────────
mindestens haltbar bis ─────────────
Bäckerei ─────────────

Zutaten:
Sauerteig, 37 % vom Teig   Wasser
(Roggenvollkornschrot, Wasser, Salz) Rübenkrautsirup
Quellstück   Salz
(Roggenvollkornschrot, Wasser)   Hefe
Roggenvollkornschrot

4. Kennzeichnungsvorschriften für Scheibenbrot in Fertigpackungen

4.1 **Die Fertigpackung muss ausweisen (volle Kennzeichnung):**
 – Füllgewicht
 – Verkehrsbezeichnung des Inhalts
 – Mindesthaltbarkeitsdatum
 – Zutatenverzeichnis
 – Name und Anschrift des Herstellers bzw. Verpackers oder Verkäufers
 – Preisangabe

4.2 Ausnahme zur vollen Kennzeichnung

4.2.1 Schnittbrotpackungen mit einer Füllmenge bis 100 g sind von der Angabe des Füllgewichts befreit, jedoch nicht von übrigen Kennzeichnungen.

4.2.2 Erfolgt die Herstellung der Scheibenbrotpackungen in den Verkaufsstätten – also auch in den Filialen –, ist Gewichts- und Preiskennzeichnung „allein ausreichend".

Allerdings wird alsbaldige dortige Abgabe an den Verbraucher und kein Verkauf in Selbstbedienung vorausgesetzt.

Für Scheibenbrot-Fertigpackungen bis 100 g Füllgewicht ist somit **allein** die Preisauszeichnung erforderlich.

Unter der weiteren Voraussetzung, dass diese Fertigpackungen „von Hand" hergestellt sind, braucht die Gewichtsangabe **nur** auf einem Schild auf oder neben der Packung zu erfolgen.

4.3 Erläuterungen zu den einzelnen Kennzeichnungen

4.3.1 Verkehrsbezeichnungen

Siehe hierzu: Erläuterungen unter „Verkehrsbezeichnungen" für verpacktes Ganzbrot, Seite 265 ff.

4.3.2 Mindesthaltbarkeitsdatum

Siehe hierzu: Erläuterungen unter „Mindesthaltbarkeitsdatum" für verpacktes Ganzbrot, Seite 265 ff.

Zu ergänzen ist, dass die für Ganzbrot dargestellten Spannen der Mindesthaltbarkeit – auf verpacktes Schnittbrot angewandt – etwas knapper zu bemessen sind.

4.3.3 Zutatenverzeichnis

Siehe hierzu: Erläuterungen unter „Zutatenverzeichnis" für verpacktes Ganzbrot, Seite 268.

5. Gewichtsvorschriften für Brot

5.1 Ganzbrot

5.1.1 Unverpackt und verpackt sind für 1 Brot und für **Stücke eines geteilten Brots** folgende Gewichte zu empfehlen:
500 g, 750 g, 1000 g, 1250 g, 1500 g, 1750 g, 2000 g, 2500 g, 3000 g, darüber hinaus nur ein Vielfaches von 1000 g, also 4000 g usw., bis 10 000 g (für Stangenbrot auch 400 g).
Sollten Sie andere Gewichte wählen, besteht die Pflicht zur Grundpreisangabe (DM/kg).
Das Gewicht des Brots ist auf dem Brot oder durch ein Schild auf oder neben dem Brot anzugeben.

5.1.2 Für Kleinbrote und Kleinstbrote (Brötchen) sind bis 250 g alle Gewichte zulässig, ohne Pflicht zur Gewichtsangabe.

5.2 Scheibenbrot (in Fertigpackungen)

5.2.1 Für Scheibenbrote in Packungen sind folgende Füllgewichte zu empfehlen: 125 g, 250 g, 500 g, 750 g, 1000 g, 1250 g, 1500 g, 1750 g, 2000 g, 2500 g, 3000 g und darüber hinaus nur ein Vielfaches von 1000 bis 10 000 g.

Sollten Sie andere Füllmengen wählen, besteht die Pflicht zur Grundpreisangabe (DM/kg).

5.2.2 **Bei Packungen** mit einem Füllgewicht bis zu „**100 g**" ist die Angabe des Füllgewichts nicht erforderlich.

5.3 Schriftgröße der Gewichtsangabe auf Fertigpackungen

Nennfüllmenge	Schriftgröße
5 g – 50 g	2 mm
mehr als 50 g – 200 g	3 mm
mehr als 200 g – 1000 g	4 mm
mehr als 1000 g	6 mm

Lebensmittel-Kennzeichnung

6. Kennzeichnungsvorschriften für Feine Backwaren

6.1 Definition
Feine Backwaren sind Erzeugnisse, die auf **90 Teile Mehl** mindestens **10 Teile Fett und/oder Zucker** und/oder andere Feine Backwaren charakterisierende Rohstoffe – wie Rosinen usw. – enthalten.

6.2 Unverpackt
unterliegen **Feine Backwaren** wie Butterkuchen, Bienenstich, Kopenhagener, Berliner, Dessertstücke aller Art nur einer Stückpreisauszeichnung.
Dagegen sind Feine Backwaren, wie z. B. Heidesand, Herrenkringel, sowie Teegebäck aller Art, die „lose" nach Gewicht verkauft werden, mit dem Preis von 100 g oder 1 kg auszuzeichnen.

6.3 Fertigpackungen mit Feinen Backwaren

6.3.1 Die Fertigpackungen müssen aufweisen (volle Kennzeichnung):
– Gewichtsangabe
– Verkehrsbezeichnung des Inhalts
– Mindesthaltbarkeitsdatum oder Verbrauchsdatum
– Zutatenverzeichnis
– Name und Anschrift des Herstellers
– Preisangabe

6.3.2 Ausnahmen zur vollen Kennzeichnung
Siehe hierzu: Ausnahmen unter „Kennzeichnungsvorschriften für Scheibenbrot" auf Seite 273. Dort dargestellte Ausnahmen für Scheibenbrot in Fertigpackungen gelten gleichlautend auch für Feine Backwaren in Fertigpackungen.
Einschränkend sind Fertigpackungen mit Dauerbackwaren **nur** mit Füllgewichten **unter 50 g** (nicht 100 g) **von der Gewichtskennzeichnung befreit.**

6.3.3 Erläuterungen zu den einzelnen Kennzeichnungen

6.3.3.1 Gewichtsangabe – Preisangabe – Grundpreisangabe
Fertigverpackungen müssen lt. der Novellierung vom 1. September 2000 mit einem Endpreis und einem Grundpreis ausgezeichnet werden.

Grundpreis ist dabei der Preis je Mengeneinheit einschließlich der Umsatzsteuer und sonstiger Preisbestandteile, unabhängig von einer Rabattgewährung. Auf die Angabe des Grundpreises kann verzichtet werden, wenn dieser mit dem Endpreis identisch ist.

Die bisher grundpreisbefreiten Nennfüllmengen (bisher Anlage 3 der Fertigverpackungs-VO) 10-20-25-30-40-50-125-150-175-200-300-400-500-600-750-1000-1250-1500-1750-2000-3000-4000-5000-6000-7000-8000-9000-10 000 g entfallen. Bei Fertigverpackungen bis 250 g darf als Grundpreis der Preis für 100 g angegeben werden. Ansonsten ist der Grundpreis auf 1 kg zu beziehen. Die richtige Preisauszeichnung für stückweise als lose Ware verkaufte Bäckereierzeugnisse ist der Endpreis pro Stück, d. h. Brötchen, die nach der Stückzahl lose verkauft werden, bedürfen keiner Grundpreisangabe. Gemäß § 2 der neuen Verordnung müssen ebenfalls Waren, die unverpackt, also lose nach Gewicht verkauft werden, sowohl mit dem Endpreis als auch mit dem Grundpreis deklariert werden. Das gilt auch im Falle der Werbung für die Ware. Der Preis ist jeweils auf 1 kg zu beziehen. Bei Waren, deren Gewicht üblicherweise 250 g nicht übersteigt, darf der Grundpreis auf 100 g bezogen werden. Im Ergebnis bedeutet dies, dass Brot grundpreispflichtig wird, weil es nach Gewicht verkauft wird. Zu beachten sind jedoch die Regelungen bei den sog. kleinen Einzelhandelsgeschäften mit Filialen. Hier geht es insbesondere um die Auslegung in Sachen „Vertriebssystem", wobei von Seiten der einzelnen Bundesländer besonderer Abstimmungsbedarf besteht, um einen praktikablen und einheitlichen Vollzug zu gewährleisten. Kleinbetriebe ohne Filialen sind – zumindest für eine Übergangsfrist – von der Regelung bzgl. der Grundpreisangabe ausgenommen.

6.3.3.2 Verkehrsbezeichnung
Unter Verkehrsbezeichnung sind allgemein verständliche Bezeichnungen zu verstehen, für Feine Backwaren beispielsweise:

Rosinenbrot, Stuten, Biskuittortenboden, Sandkuchen, Klöben, Stollen usw. Eine Hilfe bei der Ermittlung der richtigen Verkehrsbezeichnung geben die Leitsätze für Feine Backwaren (siehe Anhang, Seite 320 ff.).

6.3.3.3 Mindesthaltbarkeitsdatum
Die Mindesthaltbarkeit ist – voll ausgeführt – beispielsweise wie folgt anzugeben: „Mindestens haltbar bis 3. September 2001."

Für das Datum der Mindesthaltbarkeit sind folgende Kurzangaben zugelassen, und zwar genügt für Haltbarkeitsspannen:

– bis zu 3 Monaten Tag und Monat (z. B.: 3. September)
– über 3 Monate Monat und Jahr (z. B. Ende Januar 2001)

Ausnahme:
Fertigpackungen mit Feinen Backwaren, die normalerweise innerhalb 24 Stunden nach Herstellung verzehrt werden, benötigen kein Mindesthaltbarkeitsdatum.
Die Zeitspanne der Mindesthaltbarkeit muss jeder Betrieb aus seiner Erfahrung nach seinem Ermessen festlegen. Feine Backwaren, die in Erwartung eines besonderen Genusses verzehrt werden, müssen ihre speziellen charakteristischen Eigenschaften – feiner spezieller Geschmack, Aroma, Frische der Krume – bis zum aufgedruckten Mindesthaltbarkeitsdatum „ausreichend gut" behalten.
Ist die Mindesthaltbarkeit von besonderen Faktoren abhängig, muss darauf hingewiesen werden.

Beispiel: Florentiner, mindestens haltbar bis 30. 9.
Kühl und trocken lagern!
Vor Sonnenlicht schützen!

Die Grafik der Bundesforschungsanstalt in Detmold gibt für eine Reihe von Feinen Backwaren folgende Mindesthaltbarkeitsspannen an (s. Seite 278):

Plunder	etwa 1,5 Tage
schweres Hefegebäck (Stollen	2 Monate
Sandtorte (ungefüllt) und	
Rührkuchen, je nach Schwere	1–2 Monate
Mürbegebäck und auch Makronen	etwa 3 Monate
Baumkuchen	2 Monate

Die Übersicht auf der folgenden Seite dürfte die eigens festzulegenden Mindesthaltbarkeitsspannen erleichtern, so z. B. für Butterkuchen, Streuselkuchen und Schnecken, die etwa dem Plunder entsprechen.
Bei in mikrobiologischer Hinsicht sehr leicht verderblichen Lebensmitteln, die nach kurzer Zeit eine unmittelbare Gefahr für die menschliche Gesundheit darstellen könnten, ist anstelle des Mindesthaltbarkeitsdatums das Verbrauchsdatum anzugeben.
Diesem Datum ist die Angabe „Verbrauchen bis" voranzustellen, verbunden mit dem Datum selbst oder einem Hinweis darauf, wo das Datum in der Etikettierung zu finden ist.

Feine Backwaren — Mindesthaltbarkeitsdatum

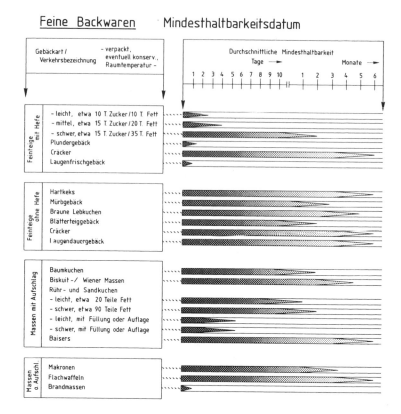

Diesen Angaben ist eine Beschreibung der einzuhaltenden Aufbewahrungsbedingungen hinzuzufügen.

Das Datum besteht aus der unverschlüsselten Angabe von Tag, Monat und gegebenenfalls Jahr, und zwar in dieser Reihenfolge. Die genannten Lebensmittel dürfen nach Ablauf des Verbrauchsdatums nicht mehr in den Verkehr gebracht werden.

Zutatenverzeichnis

Allgemeine Vorschriften und Beispiele von Zutatenverzeichnissen

Das Verzeichnis muss „alle" Zutaten aufzeigen, die zur Herstellung verwendet wurden, beginnend mit dem Rohstoff der größten Menge und anschließender Aufzählung der übrigen Rohstoffe in absteigender Mengenfolge. Gewichtsangaben für die einzelnen Rohstoffe sind nicht erforderlich. Die beiden folgenden Beispiele von Fertigpackungen „Englischer Kuchen" und „Sandtorte" mögen die Darstellung von Zutatenverzeichnissen deutlich machen.

Englischer Kuchen

Zutaten: Weizenmehl
Zucker
Margarine
Rosinen
Eier
Milch
Backpulver
Zitronenaroma
(natürlich)

Sandtorte

Zutaten: Weizenpuder
und
Weizenmehl
Zucker
Margarine
Eier
Salz
Zitronenaroma
(natürlich)

Weitere Beispiele auf den folgenden Seiten.

Hefezopf

Rezept:
1000 g Mehl
150 g Backmargarine
140 g Zucker
100 g Ei
  80 g Vollmilchpulver
  60 g Hefe
400 g Wasser
200 g Sultaninen
  10 g Salz
    8 g Zitronenaroma, natürlich

aufgestreut werden:
  30 g Hagelzucker
  20 g Mandeln

1798 g ohne Wasser

1913 g Gebäck
./. 1798 g Zutaten ohne Wasser
 115 g Wasseranteil im Gebäck

Kennzeichnung:
Hefezopf
Gewicht: 500 g, Preis ─────────────
mindestens haltbar bis ─────────────
Bäckerei/Konditorei ─────────────

Zutaten:
Weizenmehl
Sultaninen
Zucker
Wasser
Margarine
Ei
Vollmilchpulver
Hefe
Mandeln
Salz
Aroma, natürlich

Bitte beachten:
Beträgt der Wasseranteil im gebackenen Kuchen oder Brot 5 % oder weniger, braucht Wasser nicht angegeben zu werden.

Sandkuchen (ohne Aufschlagmittel)

Rezept:
1000 g Backmargarine
1000 g Zucker
1000 g Vollei
  10 g Salz
  12 g Zitronenaroma, natürlich
    8 g Vanillearoma, naturidentisch
 650 g Mehl
 650 g Weizenpuder
  24 g Backpulver
 120 g Kuvertüre zum Überziehen

Kennzeichnung:
Sandkuchen
Gewicht: 400 g, Preis _____
mindestens haltbar bis _____
Bäckerei/Konditorei _____

Zutaten:
Margarine	Kuvertüre
Zucker	Backpulver
Ei	Aroma
Weizenmehl	Salz
Stärke	Aroma

Stollen (von 10 kg Mehl)

Rezept:

5000 g Mehl (550) 730 g Hefe 2600 g Milch	Vorteig: TT 24° C TR 40
4000 g Backmargarine 1160 g Zucker 500 g Vollei 200 g Eigelb 100 g Salz 50 g Stollengewürz	emulgieren

30 g Vanille, naturidentisch
 5000 g Mehl
 6000 g Sultaninen
  100 g Rum
 1200 g Zitronat
 1200 g Orangeat
 1800 g Mandeln, gestiftet, geröstet
  500 g Wasser
 1000 g Erdnussfett zum Streichen
  650 g Zucker zum Bestreuen

Kennzeichnung:
Stollen
Gewicht: 1000 g, Preis _____
mindestens haltbar bis _____
Bäckerei/Konditorei _____

Zutaten:
Weizenmehl
Sultaninen
Backmargarine
Milch
Zucker
Mandeln
Zitronat
Orangeat
Fett, pflanzlich
Hefe
Ei
Wasser
Eigelb
Salz
Rum
Gewürze
Aroma

Die Bezeichnung „Zutaten" oder „Zutatenverzeichnis" darf nicht fehlen.
Mit welchem Text zusammengesetzte Rohstoffe in der Zutatenliste aufgeführt werden müssen, ist bei der Lieferfirma zu erfragen, wenn die gelieferte Packung der Zutat das nicht ausweist.

Erläuterungen zu einigen ausgewählten Zutaten

- Für **Triebmittel** aller Art – wie Backpulver, Hirschhornsalz usw. – ist in der Zutatenliste der Klassenname „Backtriebmittel" in Verbindung mit der Verkehrsbezeichnung, z. B. Backpulver, nur dann anzugeben, wenn die in dem Backtriebmittel enthaltenen Zusatzstoffe noch eine technologische Wirkung haben.
- Der **Konservierungsstoff** ist mit der Bezeichnung Konservierungsstoff Sorbinsäure oder Konservierungsstoff E 200 in der Zutatenliste aufzuführen. Die Angabe in der Zutatenliste reicht aus. Eine Doppelkennzeichnung wird nicht verlangt.
- Bei **Farbstoffen** als Zutat ist in der Zutatenliste die Bezeichnung „Farbstoff" in Verbindung mit der Verkehrsbezeichnung oder der E-Nummer anzugeben.
- **Aromastoffe** sind mit der „Verkehrsbezeichnung" in der Zutatenliste aufzuführen und mit dem zusätzlichen Vermerk „natürlich" oder „naturidentisch" oder „künstlich", z. B. „Zitronenaroma, natürlich", zu kennzeichnen.
Solche Verkehrsbezeichnungen müssen gelieferte Aromenpackungen ausweisen. Der Lieferant ist dazu verpflichtet.

7. Ergänzende wichtige Bestimmungen zu den bisherigen Ausführungen

7.1 Vorschriften für die Art der Kennzeichnungen von Fertigpackungen

7.1.1 Die Kennzeichnungen sind grundsätzlich auf der Fertigpackung selbst oder auf einem Etikett auf der Fertigpackung auszuweisen, und zwar

7.1.2 an gut sichtbarer Stelle und deutlich lesbar.

7.1.3 Die Schrift muss unverwischbar sein. Das gilt insbesondere für Stempelfarbe zum Aufdrucken des Mindesthaltbarkeitsdatums.

7.1.4 Von den Kennzeichnungen müssen mindestens
– Verkehrsbezeichnung,
– Füllgewicht und Mindesthaltbarkeitsdatum
in **einem Gesichtsfeld** liegen und mit einem Blick erfasst werden können.

7.1.5 **Die Füllgewichte sind in Gramm oder Kilogramm anzugeben, und zwar mit folgenden Schriftgrößen:**

	Füllgewichte	Schriftgröße
	5 g bis 50 g	2 mm
mehr als	50 g bis 200 g	3 mm
mehr als	200 g bis 1000 g	4 mm
mehr als	1000 g	6 mm

Unbestimmte Gewichtsangaben wie **etwa** 200 g oder 200 **bis** 220 g sind nicht zulässig.

7.2 **Wesentliches zur Genauigkeit der Gewichtsangabe**
Für die Herstellung von Backwaren brauchen keine geeichten Waagen verwendet werden,
aber im Mittel darf das gekennzeichnete Gewicht nicht unterschritten werden.

Beispiel:
Es werden 20 kennzeichnungspflichtige Sandtorten à 400 g hergestellt. Diese 20 Sandtorten müssen zusammen mindestens 8000 g wiegen, damit das Nenngewicht von 400 g im Mittel nicht unterschritten wird.
Im Einzelnen sind zum Zeitpunkt des Verkaufs folgende Minusabweichungen nach § 22 Abs. 3 Fertigpackungs-VO zulässig:

Nenngewicht der Packung	% der Nennfüllmenge	g der Nennfüllmenge
5 – 50	18	–
50 – 100	–	9
100 – 200	9	–
200 – 300	–	18
300 – 500	6	–
500 – 1000	–	30
mehr als 1000	3	–

Keine der vorne genannten Sandtorten à 400 g darf somit weniger als 376 g (400 g ./. 6 %) wiegen. Im Mittel müssen trotz eventueller Gewichtsabweichung einzelner Sandtorten bis 376 g alle 20 Sandtorten mindestens 8000 g wiegen.

Sollte unter den Sandtorten eine mit einem Gewicht von 375 g sein, darf sie nicht als 400-g-Sandtorte angeboten werden, auch wenn das Mittelgewicht aller 20 Sandtorten 8000 g beträgt. Die 375-g-Sandtorte müsste gesondert als 375-g-Sandtorte gekennzeichnet angeboten werden, mit der Verpflichtung zur Angabe des Grundpreises.

7.3 Für Zuckerwaren, Süßwaren, Teigmassen aus Getreideerzeugnissen zum Backen, Paniermehl sowie alle anderen in den Betrieben hergestellten Waren gelten nach § 22 Fertigpackungsverordnung zum Zeitpunkt der Herstellung der Fertigpackungen folgende Minusabweichungen:

Minusabweichung

Nenngewicht der Packung	% der Nennfüllmenge	g der Nennfüllmenge
5 – 50	9	–
50 – 100	–	4,5
100 – 200	4,5	–
200 – 300	–	9
300 – 500	3	–
500 – 1000	–	15
1000 – 10 000	1,5	–

Diese Minusabweichungen dürfen von höchstens 2. v. H. der Fertigpackungen überschritten werden. Auch hier gilt zusätzlich die Mittelwertforderung des § 22 (1) Nr. 1 FPVO. Beim erstmaligen gewerbemäßigen in den Verkehr bringen darf keine Fertigpackung eine größere Minusabweichung haben, als in der Tabelle zu 7.2 angegeben ist.

Beispiel:
Es werden 50 Packungen zu 100 g Paniermehl hergestellt. 2 % davon, d. h. also 1 Packung, darf eine größere Minusabweichung als 4,5 g haben (lt. Tabelle in 7.3). Beim Verkauf darf keine Packung ein größeres Untergewicht als 9 g (lt. Tabelle in 7.2) aufweisen. Zusätzlich müssen alle 50 Packungen mindestens 5000 g (Nettogewicht) wiegen, damit das Nenngewicht von 100 g im Mittel nicht unterschritten wird.

7.4 Zur Genauigkeit des Gewichts bei verpacktem und unverpacktem Ganzbrot

Folgende Minusabweichungen eines einzelnen Brots sind, bezogen auf den Zeitpunkt der Herstellung, 1 Stunde nach Backofenentnahme zulässig:

Gewicht des Brots	Minusabweichung
500 g bis 1000 g	15 g
über 1000 g	1,5 %

Bei Herstellung von z. B. 20 Broten à 1000 g muss trotz der im einzelnen zulässigen Minusabweichung bis 15 g das Gesamtgewicht aller 20 Brote im Mittel mindestens 20 000 g betragen.

Anzumerken ist, dass sich die Minusabweichungen entweder prozentual von der Nennfüllmenge oder mit einem festen Gewichts- bzw. Volumenwert berechnen, um an der Schnittstelle Mengenstufen zu vermeiden.

Wird ein Brot zu einem späteren Zeitpunkt, also nach dem Zeitpunkt der Herstellung, von den Beamten der Eichämter geprüft, werden folgende **Austrocknungsverluste** berücksichtigt (nach den Verwaltungsrichtlinien des Bundeswirtschaftsministers aus dem Jahre 1975):

Prüfung von

	nach					
unverpacktem Ganzbrot	1 Std.	2 Std.	4 Std.	6 Std.	10 Std.	24 Std.
Weizenbrot	1,7 %	2,2 %	2,8 %	3,2 %	3,9 %	
Roggen- und Mischbrot	0,8 %	1,1 %	1,4 %	1,6 %	2,0 %	
verpacktem Ganzbrot						
Weizenbrot	1,0 %	1,8 %	2,5 %	2,75 %	3,0 %	4,0 %
Roggen- und Mischbrot	0,5 %	0,9 %	1,2 %	1,4 %	1,5 %	2,0 %
Pumpernickel	0,3 %	0,5 %	0,6 %	0,7 %	0,8 %	1,0 %
Vollkornbrot	0,2 %	0,3 %	0,4 %	0,5 %	0,7 %	1,0 %
Schrotbrot	0,25 %	0,35 %	0,45 %	0,5 %	0,5 %	1,0 %
Schnittbrot	0,5 %	1,0 %	1,2 %	1,4 %	1,5 %	2,0 %

Lebensmittel-Kennzeichnung 287

Beispiel:
Geprüft werden 10 Weizenbrote à 1000 g, unverpackt, 5 Stunden nach Entnahme aus dem Ofen, also 4 Stunden nach dem Zeitpunkt der Herstellung.

Nenngewicht	1000 g
./. Austrocknungsverlust 2,8 %	28 g
	972 g

Das mittlere Gewicht aller 10 Brote muss mindestens 9720 g betragen. Bei einem einzelnen Brot wäre außerdem eine Minusabweichung von 15 g zulässig.

7.5 Schnittbrot

Die Herstellung der Schnittbrotpackungen ist ohne geeichte Waagen zulässig, aber das Gewicht darf im Mittel nicht kleiner sein als das Nenngewicht.

Folgende Minusabweichungen sind, bezogen auf den Zeitpunkt der Herstellung, zulässig:

Packung	**Minusabweichung bis**
125 g	4,5 %
250 g	9 g
500 g	15 g
750 g	15 g
ab 1000 g	1,5 %

Auch wenn einige Packungen zulässige Minusgewichte aufweisen, muss das Gewicht aller Packungen im Mittel stimmen.

Beispiel:
10 Packungen Toastbrot in Scheiben à 500 g müssen mindestens 5000 g wiegen, auch wenn einzelne Packungen bis zu 15 g Untergewicht haben dürfen.

Werden die Packungen später als 1 Stunde nach Herstellung geprüft, werden von den Eichbeamten folgende Austrocknungsverluste berücksichtigt:

Prüfung nach	1 Std.	2 Std.	4 Std.	6 Std.	10 Std.	24 Std.
Austrocknungs-						
verlust	0,5 %	1,0 %	1,2 %	1,4 %	1,5 %	2,0 %

Beispiel:
10 Packungen Schnittbrot à 500 g werden 10 Stunden nach Herstellung geprüft. Der Austrocknungsverlust beträgt 1,5 %.

Nenngewicht	500,0 g
./. Austrocknungsverlust	7,5 g
	492,5 g

Das mittlere Gewicht aller 10 Packungen muss also mindestens 4925 g betragen.

8. Eigene Kontrollen des Betriebsinhabers, Kontrollgeräte und Aufzeichnungen

8.1 Grundsätzliches

Alle Artikel, die nach Gewicht in Verkehr gebracht werden, müssen vom Hersteller mit geeigneten und geeichten Kontrollmessgeräten stichprobenweise so regelmäßig überprüft werden, dass die Einhaltung der Gewichtsvorschriften gewährleistet ist.

Die Kontrollwaagen müssen als „Kontrollmessgeräte für Packungen von . . . g bis zur Höchstlast" dauerhaft gekennzeichnet sein.

Die Ergebnisse der Überprüfungen sind so aufzuzeichnen, dass sie die Zeitpunkte der Überprüfung, die Mittelwerte und die Streuungen der Stichprobenprüfungen leicht erkennen lassen. Die Aufzeichnungen sind bis zu jeweils folgenden Prüfungen durch das Eichamt aufzubewahren und zur Einsicht vorzulegen. Wer jedoch unverpackte Backwaren in handwerklichen Betrieben herstellt, kann nach Rücksprache mit dem Eichamt von der Kontroll- und Aufzeichnungspflicht befreit werden. Voraussetzung dafür ist, dass die Einhaltung der Gewichtsvorschriften auf andere Weise gewährleistet ist.

8.2 Kontrollwaagen

8.2.1 Kontrollwaagen für unverpacktes Ganzbrot
Als Kontrollwaagen für unverpacktes Ganzbrot ist eine geeichte Handelswaage ausreichend.

8.2.2 Als Kontrollwaagen für Fertigpackungen sind nachfolgende geeichte Waagen erforderlich:

Gewicht der Fertigpackung	größter zulässiger Eichwert
von 10 g bis weniger als 50 g	0,2 g
von 50 g bis weniger als 150 g	0,5 g
von 150 g bis weniger als 500 g	1,0 g
von 500 g bis weniger als 2500 g	2,0 g
von 2500 g und mehr	5,0 g

Bei Neigungswaagen (Zeigerwaagen) entspricht der Eichwert dem Gewichtswert eines Teilabschnitts.

8.3. Sonderregelungen

Im Falle handwerklicher Herstellung von Fertigpackungen (bis etwa 100 Fertigpackungen gleicher Art) gelten Sonderregelungen:
- Vollprüfung („billiger") statt Stichprobenprüfung
- Kontrollwaagen mit geringen Anforderungen an den größten zulässigen Eichwert (**vor** Anschaffung einer Kontrollwaage bitte das zuständige Eichamt fragen!)
- Aufzeichnungspflichten in vereinfachter Form

ANHANG

Stand: September 2000

Aktuellste Gesetze, Verordnungen, Leitsätze, Richtlinien und Empfehlungen
(Jeweils im Original zitiert)

	Seite
Diätverordnung	293
Gentechnik	297
Gesetz über die Gleichbehandlung von Männern und Frauen am Arbeitsplatz	298
Gesetz zum Schutz der Beschäftigten vor sexueller Belästigung am Arbeitsplatz	299
Hygieneempfehlungen für Bäckereien, die Patisseriewaren und Eis herstellen	301
Hygieneregeln für die Behandlung und Verarbeitung frischer Eier und von Eiprodukten in Konditoreien und Bäckereien	305
Ladenschlussgesetz	308
Ladenschluss – Verordnung über den Verkauf bestimmter Waren an Sonn- und Feiertagen	318
Ladenschlusszeitenverordnung für die Verkaufsstellen auf Personenbahnhöfen der nicht bundeseigenen Eisenbahnen	319
Leitsätze für Feine Backwaren einschl. Dauerbackwaren	320
Leitsätze für Brot und Kleingebäck, mit tabellarischer Übersicht	333
Mehltypen-Regelung	342
Nährwert-Kennzeichnungsverordnung	343
Preisangabenverordnung	349
Reichsversicherungsordnung (Auszug bzgl. Schwangerschaft und Mutterschaft)	355

	Seite
Sachkundenachweis für Hackfleisch	357
Salmonellenerkrankungen	358
Speiseeis, Leitsätze	359
Speiseeisverordnung	362
Zusatzstoff-Zulassungsverordnung	363

Schautafeln und Abbildungen

Längsschnitt durch ein Weizenkorn	367
Weltgetreideerzeugung	368
Brotgetreide und andere Getreidearten (Übersicht) sowie Beschreibungen	368

Die Diätverordnung vom 21. 1. 1982 mit der letzten Änderung vom 24. 6. 1994 und Konsequenzen für den Hersteller von diätetischen Feinen Backwaren, diätetischen Süßwaren und Diätbrot

1. Diätetische Lebensmittel (allgemein)

Im Rahmen der Lebensmittelgesetzgebung befasst sich die Diätverordnung mit allen Vorschriften, die bei der Herstellung, Kennzeichnung und beim Vertrieb diätetischer Lebensmittel zu beachten sind. Diätetische Lebensmittel dürfen nur verpackt verkauft werden (Ausnahme: frische Backwaren, Käse vom Anschnitt).
Die Diätverordnung schreibt zunächst vor, was unter „diätetischen Lebensmitteln" zu verstehen ist.
Diätetische Lebensmittel sind Lebensmittel, die für eine besondere Ernährung bestimmt sind.
Lebensmittel sind für eine besondere Ernährung bestimmt, wenn sie

1. den besonderen Ernährungserfordernissen folgender Verbrauchergruppen entsprechen:
   a) bestimmter Gruppen von Personen, deren Verdauungs- oder Resorptionsprozess oder Stoffwechsel gestört ist oder
   b) bestimmter Gruppen von Personen, die sich in besonderen physiologischen Umständen befinden und deshalb einen besonderen Nutzen aus der kontrollierten Aufnahme bestimmter in der Nahrung enthaltener Stoffe ziehen können, oder
   c) gesunder Säuglinge oder Kleinkinder,
2. sich für den angegebenen Ernährungszweck eignen und mit dem Hinweis darauf in den Verkehr gebracht werden, dass sie für diesen Zweck geeignet sind, und
3. sich auf Grund ihrer besonderen Zusammensetzung oder des besonderen Verfahrens ihrer Herstellung deutlich von den Lebensmitteln des allgemeinen Verzehrs unterscheiden.

Nach § 2 ist es verboten, das Wort „diätetisch" oder Ähnliches sowie Bezeichnungen, die ein diätetisches Lebensmittel vortäuschen können, bei anderen Lebensmitteln zu verwenden. Als Ausnahmen gelten lediglich:
– Bei vorgefertigter Krankenkost für Krankenhäuser usw. sind Hinweise auf den „besonderen Ernährungszweck" erlaubt.
– Das Gleiche gilt für Lebensmittel, die für Säuglinge oder Kleinkinder geeignet sind.
Es ist allerdings auch bei „diätetischen Lebensmitteln" verboten, Aussagen zu machen, die sich auf die Beseitigung, Linderung oder Verhütung von Krankheiten beziehen. Gleichfalls dürfen keine schriftlichen Anleitungen zur Behandlung von Krankheiten mit Lebensmitteln gegeben werden. Dieses verbietet § 18 des LMBG.
Zulässig ist jedoch, bei
Lebensmitteln, die zur Behandlung von Störungen der Darmmotilität und der Darmflora sowie deren Folgeerscheinungen bei Säuglingen geeignet sind, die Aussage „Diätetisches Lebensmittel geeignet zur Behandlung der Säuglingsdyspepsie (Durchfallerkrankung beim Säugling) nur im Rahmen der ärztlichen Verordnung"; sofern sie zur Heilung geeignet sind, können sie zusätzlich als Heilnahrung bezeichnet werden.
Lebensmitteln zur Behandlung von Leberzell- oder Niereninsuffizienz, die im Eiweiß-, Aminosäure- und Elektrolytgehalt entsprechend angepasst sind,
Lebensmitteln, die zur Behandlung von angeborenen Stoffwechselstörungen geeignet sind,
die Aussage „Diätetisches Lebensmittel geeignet zur Behandlung von . . ., nur unter ständiger ärztlicher Kontrolle verwenden",

Lebensmitteln, die zur besonderen Ernährung bei
- Maldigestion oder Malabsorption,
- Störungen der Nahrungsaufnahme,
- Diabetes mellitus,
- chronisch entzündlichen Darmerkrankungen oder prä- oder postoperativer Behandlung bei Operationen des Darmes,
- chronischer Pankreatitis oder
- Gicht

geeignet sind, die Aussage „zur besonderen Ernährung bei ... im Rahmen eines Diätplanes"; bei diätetischen Lebensmitteln für Diabetiker kann auf diese Personengruppe in Verbindung mit der Bezeichnung zusätzlich hingewiesen werden.

2. Anforderungen an diätetische Lebensmittel für Diabetiker

Sind diätetische Lebensmittel für Diabetiker gedacht, müssen sie folgenden Anforderungen genügen (§ 12, DiätVO):
- Der Gehalt an Fett oder Alkohol darf nicht höher sein als bei vergleichbaren normalen Lebensmitteln.
- Ein Zusatz von Glucose, Invertzucker, Zucker, Milchzucker, Malzzucker, Glucosesirup oder Maltodextrin ist verboten, stattdessen sind die Zuckeraustauschstoffe Fructose, Sorbit, Mannit, Xylit und die Süßstoffe Saccharin und Cyclamat zugelassen. Ausnahme dieser Bestimmung: Milchzucker ist erlaubt als Trägerstoff für Süßstoffe, Maltodextrin ist zulässig als Trägerstoff mit Höchstmenge 2 % im Endlebensmittel.
- Diabetikerbrot darf höchstens 840 kJ (200 kcal) pro 100 g liefern.

3. Kennzeichnung diätetischer Lebensmittel

Die Kennzeichnung der diätetischen Lebensmittel unterliegt ebenfalls strengen Vorschriften. Sie ist noch weitgehender, als es die Lebensmittel-Kennzeichnungsverordnung für alle anderen Lebensmittel vorschreibt. So müssen sämtliche diätetischen Lebensmittel folgende Angaben enthalten (§ 19, DiätVO):
- Nennung der besonderen ernährungsbezogenen Eigenschaften bzw. des besonderen Ernährungszwecks,
- Besonderheiten in qualitativer und quantitativer Zusammensetzung,
- durchschnittlicher Gehalt an verwertbaren Kohlenhydraten, Fetten und Eiweißstoffen pro 100 g,
- physiologischer Brennwert in Kilojoule (Kilokalorien) oder kJ (kcal) pro 100 g,
- Kennzeichnung entsprechend der Lebensmittel-KennzeichnungsVO (Verkehrsbezeichnung, Firmenanschrift, Mindesthaltbarkeit, Füllmenge, Zutatenliste),
- Gewichtsangabe (lt. FertigpackungsVO).

Zusätzliche Kennzeichnungsvorschriften

Während die vorher genannte Kennzeichnung für alle diätetischen Lebensmittel gilt, sind für bestimmte Erzeugnisse zusätzliche Kennzeichnungsvorschriften zu beachten. So muss angegeben werden:
a) bei Portionspackungen oder Portionsmengen der Nährstoffgehalt (verwertbare Kohlenhydrate, Fette und Eiweißstoffe) und der Brennwert pro Portion,
b) bei Verwendung von Süßstoff „diätetisches Lebensmittel mit Süßstoff".

Angaben bei Diabetikerlebensmitteln

Bei Diabetikerlebensmitteln sind besonders anzugeben (§ 20, DiätVO):
1. Art und Menge pro 100 g der verwendeten Zuckeraustauschstoffe (Sorbit, Mannit, Xylit),
2. bei einem höheren Gehalt als 10 % der Zuckeraustauschstoffe Sorbit, Mannit oder Xylit „kann bei übermäßigem Verzehr abführend wirken",
3. Angabe der Broteinheiten (BE) als Kann-Vorschrift.

Anhang 295

4. Erlaubte Zusätze
Zur Herstellung von diätetischen Lebensmitteln sind folgende Zusätze ausdrücklich zugelassen (daher Höchstmengen beachten):
- Alle durch § 2 der Zusatzstoff-ZulassungsVO zugelassenen Stoffe (u. a. Dickungsmittel, Emulgatoren, Trennmittel, Überzugsmittel) (§ 6, DiätVO), so weit sie nicht ausdrücklich verboten sind (Anlage 1 a, DiätVO), wie z. B. verschiedene Trennwachse.
- Zuckeraustauschstoffe (Sorbit, Mannit, Xylit) für Diabetikerlebensmittel.
- Süßstoff (Saccharin, Cyclamat) (§ 8, DiätVO).
- Als Konservierungsmittel Sorbinsäure und deren Salze für Schnittbrot und brennwertvermindertes Brot sowie für brennwertverminderte Marmeladen, Konfitüren, Obstgelees usw. (Anlage 1, Liste A, Nr. 1 und 2, DiätVO).
- Alginate und Guarkernmehl für glutenfreie Backwaren und eiweißarme Backwaren sowie Johannisbrotkernmehl für andere Backwaren.
- Kochsalzersatz (z. B. Kalium-Adipinat) (Anlage 3, DiätVO). Die vorgeschriebene Kennzeichnung in diesem Fall lautet: „mit Kochsalzersatz" (§ 18, DiätVO).

5. Anforderungen an diätetische Backwaren für Säuglinge und Kleinkinder (Zwieback)
Spezielle Vorschriften müssen auch die Hersteller von Kinderzwieback beachten. Wenn dieser Zwieback für Säuglinge und Kleinkinder geeignet sein soll, hat er folgenden Anforderungen zu genügen (§ 14, DiätVO):
- Pro Kilogramm dürfen nicht mehr als 0,01 mg Rückstände (Pflanzenschutzmittel usw.) enthalten sein.
- Der Nitratgehalt pro Kilogramm darf höchstens 250 mg betragen.
- Diätetische Backwaren für Säuglinge und Kleinkinder müssen frei von Schleif- und Poliermitteln sowie von groben Spelzensplittern sein.
- Der Gehalt an mineralischen Bestandteilen, die in Salzsäure löslich sind, darf nicht mehr als 0,1 % betragen.
- Der Gehalt an wasserlöslichen Kohlenhydraten aus thermischem oder enzymatischem Stärkeabbau beim Backen und Rösten muss mindestens 12 % betragen.

6. Beispiel einer Kennzeichnung
Um die Übersicht zu erleichtern, soll nachfolgend als Beispiel die vollständige Kennzeichnung einer Diabetikerbackware zusammengefasst werden:
- Zutatenverzeichnis: Weizenmehl, Stärke, Ei, Backmargarine, **Zuckeraustauschstoff**, Sorbit, Salz, **Backtriebmittel***, Süßstoff **Saccharin**, Aroma
  * Hier müssen die Inhaltsstoffe des Backpulvers angegeben werden, in der Regel sind es Phosphat und Natriumhydrogencarbonat.
- Beim Aroma muss nicht mehr angegeben werden, ob es sich um ein Aroma mit natürlichen oder naturidentischen Aromastoffen handelt, dafür kann angegeben werden, um was für ein Aroma es sich handelt, beispielsweise Zitronenaroma. Auf ein natürliches Aroma darf nur hingewiesen werden, wenn es sich um ein Aroma mit ausschließlich natürlichen Aromastoffen handelt.
- Nährwerte: 100 g enthalten durchschnittlich
  - Gesamtkohlenhydrate .... 60 g
    davon Zuckeraustauschstoff Sorbit .... 18 g
  - Fett .... 22 g
  - Eiweiß .... 6 g
  - Brennwert .... 1900 kJ (455 kcal)
  - 1 BE entspricht .... 20 g

7. Probleme bei der Herstellung diätetischer Backwaren
7.1 Diabetikerbackwaren
Bei der Herstellung von Diabetikerbackwaren darf weder normaler Zucker noch Invertzucker (Honig und Invertzuckerkrem) verwendet werden. Backtechnisch können sich dadurch einige Schwierigkeiten ergeben. Verwendet man den Zuckeraustauschstoff Fruc-

tose, so zeigen sich rötliche Verfärbungen der Krume und eine zu starke Krustenbräunung. Es empfiehlt sich daher, bei allen Backwaren, die der Backofenhitze ausgesetzt werden, anstelle von Fruchtzucker Sorbit zu nehmen, der eine entsprechende Menge Saccharin enthalten sollte, um die Süßkraft von Zucker zu zeigen. Fructose eignet sich dagegen hervorragend zur Herstellung von nicht gebackenen Erzeugnissen, wie z. B. Krems, Schlagsahne oder ähnlichem.
Diabetikerbrot darf höchstens einen Brennwert von 840 kJ (200 kcal) pro 100 g liefern. Alle normalen Brotsorten liegen jedoch in ihrem Brennwert über 220 kcal pro 100 g. Will man also den Brennwert herunterdrücken, muss man einen Teil des Mehles (Kohlenhydrate) durch Wasser ersetzen. Eine Eiweißanreicherung hat keinen Sinn, da Eiweiß den gleichen Brennwert wie Kohlenhydrate hat. Ein solches Brot kann darüber hinaus auch als „brennwertvermindert", wie in der NährwertkennzeichnungsVO nachzulesen ist, bezeichnet werden.
Dr. Brümmer von der Bundesforschungsanstalt in Detmold empfiehlt zur Herstellung von Diabetikerbrot folgende Produktionsweise: Wegen des höheren Feuchtigkeitsgehaltes muss eine Teigausbeute von mindestens 225 erreicht werden. Dieses setzt eine ausreichende Wasserbindung im Teig voraus. Als Basis kann Roggenbackschrot oder Roggenvollkornschrot bei guter Eigenbackfähigkeit des Rohstoffes und optimaler Sauerteigführung dienen. Die Wasserbindung wird durch ein Quellstück aus Parboiledreisschrot mit einer Teigausbeute von 300 deutlich verbessert. Zusätzlich sollten Weizenkleber, Milcheiweiß und/oder grobe Weizenkleie verwendet werden. Als Dickungsmittel kann schließlich Carboxy-Methylcellulose in einer Menge von maximal 2 %, berechnet auf das Enderzeugnis, dienen. Als Konservierungsmittel sind Sorbinsäure und ihre Salze mit der Höchstmenge von 2 g/kg Brot zugelassen.
Es empfiehlt sich, wegen der sehr weichen Teige, in Kästen zu backen. Als Backtemperatur für ein 3-kg-Brot werden 160° C, als Backzeit 5 Stunden empfohlen.

7.2 Kleber-(gluten-)freie Backwaren
Es gibt Menschen, die auf Klebereiweiß außerordentlich empfindlich reagieren. Die entsprechenden Krankheiten heißen Zöliakie bei Kindern und Sprue bei Erwachsenen. Das bedeutet, dass für derartige Backwaren keine Mehle von Weizen, Roggen, Gerste oder Hafer verwendet werden dürfen. Als mehlartige Rohstoffe dienen lediglich Stärkemehle aus Mais, Kartoffeln oder Tapioka. Darüber hinaus müssen geeignete Quellstoffe zur Wasserbindung verwendet werden. Die Diätverordnung lässt hierfür die Dickungsmittel der Zusatzstoff-ZulassungsVO zu. Weiterhin sind die allgemein zugelassenen Emulgatoren, zu denen auch Lecithin gehört, erlaubt. Sind diese Backwaren jedoch für Säuglinge oder Kleinkinder bestimmt, dürfen als Quellstoffe nur Alginate und Guarkernmehl verarbeitet werden.

7.3 Natriumarme diätetische Backwaren
Bei Nierenleiden, Wasser- und Fettsucht, Magenleiden sowie Haut- und Schleimhautentzündungen werden häufig kochsalzfreie Kostformen vom Arzt vorgeschrieben. Da Kochsalz Natrium enthält, darf dieses nur bis zu einer bestimmten Menge in natriumarmen Backwaren enthalten sein. Als Kochsalzersatz bietet sich Kalium-Adipinat an, da dieses im geschmacklichen Effekt dem Kochsalz am nächsten kommt.
Eine natriumarme Backware darf als solche gekennzeichnet werden, wenn der Natriumgehalt nicht mehr als 120 mg pro 100 g beträgt. Bei einem Gehalt von nicht mehr als 40 mg Natrium pro 100 g darf das Erzeugnis „streng natriumarm" und „streng kochsalzarm" genannt werden.

8. Zusammenfassung
Die Diätverordnung enthält in ihrer aktuellen Fassung strenge Vorschriften, die den neuesten wissenschaftlichen Erkenntnissen angeglichen wurden. So gilt für Diabetikerbackwaren nicht mehr die Vorschrift, dass der Gesamtkohlenhydratgehalt gegenüber normalen

Backwaren 30 % niedriger sein muss. Es ist lediglich verboten, bestimmte Monosaccharide (Glucose) und Disaccharide (Rübenzucker, Malzzucker, Milchzucker) sowie Invertzucker zuzusetzen.
Besonderes Augenmerk muss auf die richtige Kennzeichnung von diätetischen Lebensmitteln gerichtet werden. Sie unterliegen nicht nur den entsprechenden Auflagen der Diätverordnung, sondern auch in vollem Umfang der Lebensmittel-Kennzeichnungsverordnung. Früher erlaubte werbliche Aussagen sind sehr eingeschränkt oder sogar verboten worden.
Bei der Herstellung diätetischer Backwaren treten häufig backtechnische Probleme auf. So hat z. B. Sorbit nicht das gleiche Bräunungsvermögen wie Backzucker. Um Diabetikerbrot, welches den Vorschriften entsprechend brennwertvermindert sein muss, herzustellen, ist ein hoher Wassergehalt nötig. Um eine erforderliche Teigausbeute von 225 zu erreichen, müssen wasserbindende Stoffe verschiedener Art verarbeitet werden. Auch auf die Herstellung von natriumarmen und glutenfreien Backwaren sowie auf die Anforderungen an Kinderzwieback wird eingegangen.

Gentechnik

Kaum eine andere Frage wird zur Zeit so kontrovers diskutiert wie die der sog. „grünen" Gentechnik. Kritiker betrachten den Eingriff in das Erbgut von Nutzpflanzen als unzulässig, möglicherweise sogar gefährlich. Befürworter sehen in ihrer Anwendung den Schlüssel zur Lösung des Problems der Welternährung auf umweltschonende Weise. Die europäischen Verbraucher sehen für sich jedenfalls in Lebensmitteln, die unter Verwendung gentechnisch veränderter Rohstoffe hergestellt werden, keinen Vorteil und lehnen es ab, solche Produkte zu kaufen. Die Europäische Union hat einstweilen die Zulassung weiterer gentechnisch veränderter Organismen (GVO) ausgesetzt.
Von jeher dienten Eingriffe des Menschen in die Natur dem Ziel, mehr und bessere Nahrung zu erzeugen, d. h., Pflanzen ertragreicher und widerstandsfähiger zu machen. Ohne die Erfolge dieser Bemühungen wäre die Menschheit längst verhungert.
1865 schrieb der Augustinermönch Johann Gregor Mendel die Ergebnisse seiner Versuche, verschiedene Erbsensorten zu kreuzen, nieder und wurde damit zum Wegbereiter der modernen Genetik. Seither richtete sich das Augenmerk der Forscher zunehmend auf die Zelle als kleinste Einheit allen Lebens. Seit etwa 50 Jahren ist die Struktur der Erb-Information, der DNA, bekannt. Seither ist das Verständnis der biologischen Vorgänge in der Zelle ständig gewachsen.
Bereits im Jahre 1999 hat die Weltbevölkerung die Zahl von 6 Milliarden Menschen überschritten. In den nächsten 30 Jahren werden weitere 2,5 bis 3 Milliarden Menschen hinzukommen. Sie zu ernähren, erscheint aus heutiger Sicht fast unmöglich, zumal schon jetzt nach Angaben der FAO 840 Millionen Menschen unter- und mangelernährt sind, die Anbauflächen ständig schrumpfen und auch die Meere bereits weitgehend leer gefischt sind. Neben einer Vielzahl anderer Maßnahmen kann die Anwendung der Gentechnologie dazu beitragen, auf umweltschonende Weise die Erträge auch an ungünstigen Standorten zu steigern und die Qualität, wie z. B. den Nährwert der pflanzlichen Agrarprodukte, zu erhöhen sowie den Einsatz von Agrochemikalien zu verringern. Bisher sind keine gesundheitlichen Schäden nachgewiesen, die durch den Verzehr von gentechnisch veränderten pflanzlichen Nahrungsmitteln hervorgerufen wurden.
Trotzdem sollten alle Methoden – ob klassische Züchtung oder durch Gentechnik erreichter Schutz der Pflanzen vor Krankheiten und Schädlingen, ob auf biologische Weise oder durch Einsatz chemischer Pflanzenschutzmittel – unvoreingenommen auf Umweltverträglichkeit und Nachhaltigkeit geprüft werden.

Gesetz über die Gleichbehandlung von Männern und Frauen am Arbeitsplatz

vom 13. August 1980 (BGBl. I S. 1308)[1]
Zuletzt geändert durch Gesetz zur Durchsetzung der Gleichberechtigung von Frauen und Männern
(Zweites Gleichberechtigungsgesetz – 2. GleiBG) vom 24. Juni 1994 (BGBl. I S. 1406)[1]

§ 611 a BGB Gleichbehandlung von Männern und Frauen

(1) Der Arbeitgeber darf einen Arbeitnehmer bei einer Vereinbarung oder einer Maßnahme, insbesondere bei der Begründung des Arbeitsverhältnisses, beim beruflichen Aufstieg, bei einer Weisung oder einer Kündigung, nicht wegen seines Geschlechts benachteiligen. Eine unterschiedliche Behandlung wegen des Geschlechts ist jedoch zulässig, soweit eine Vereinbarung oder eine Maßnahme die Art der vom Arbeitnehmer auszuübenden Tätigkeit zum Gegenstand hat und ein bestimmtes Geschlecht unverzichtbare Voraussetzung für diese Tätigkeit ist. Wenn im Streitfall der Arbeitnehmer Tatsachen glaubhaft macht, die eine Benachteiligung wegen des Geschlechts vermuten lassen, trägt der Arbeitgeber die Beweislast dafür, dass nicht auf das Geschlecht bezogene sachliche Gründe eine unterschiedliche Behandlung rechtfertigen oder das Geschlecht unverzichtbare Voraussetzung für die auszuübende Tätigkeit ist.

(2) Verstößt der Arbeitgeber gegen das in Absatz 1 geregelte Benachteiligungsverbot bei der Begründung eines Arbeitsverhältnisses, so kann der hierdurch benachteiligte Bewerber eine angemessene Entschädigung in Geld verlangen; ein Anspruch auf Begründung eines Arbeitsverhältnisses besteht nicht.

(3) Wäre der Bewerber auch bei benachteiligungsfreier Auswahl nicht eingestellt worden, so hat der Arbeitgeber eine angemessene Entschädigung in Höhe von höchstens drei Monatsverdiensten zu leisten. Als Monatsverdienst gilt, was dem Bewerber bei regelmäßiger Arbeitszeit in dem Monat, in dem das Arbeitsverhältnis hätte begründet werden sollen, an Geld- und Sachbezügen zugestanden hätte.

(4) Ein Anspruch nach den Absätzen 2 und 3 muss innerhalb einer Frist, die mit Zugang der Ablehnung der Bewerbung beginnt, schriftlich geltend gemacht werden. Die Länge der Frist bemisst sich nach einer für die Geltendmachung von Schadenersatzansprüchen im angestrebten Arbeitsverhältnis vorgesehenen Ausschlussfrist; sie beträgt mindestens zwei Monate. Ist eine solche Frist für das angestrebte Arbeitsverhältnis nicht bestimmt, so beträgt die Frist sechs Monate.

(5) Die Absätze 2 und 4 gelten beim beruflichen Aufstieg entsprechend, wenn auf den Aufstieg kein Anspruch besteht.

§ 611 b BGB Ausschreibung eines Arbeitsplatzes

Der Arbeitgeber darf einen Arbeitsplatz weder öffentlich noch innerhalb des Betriebs nur für Männer oder nur für Frauen ausschreiben, es sei denn, dass ein Fall des § 611a Abs. 1 Satz 2 vorliegt.

§ 612 Abs. 3 BGB Vergütung

(3) Bei einem Arbeitsverhältnis darf für gleiche oder für gleichwertige Arbeit nicht wegen des Geschlechts des Arbeitnehmers eine geringere Vergütung vereinbart werden als bei einem Arbeitnehmer des anderen Geschlechts. Die Vereinbarung einer geringeren Vergütung wird nicht dadurch gerechtfertigt, dass wegen des Geschlechts des Arbeitnehmers besondere Schutzvorschriften gelten. § 611a Abs. 1 Satz 3 ist entsprechend anzuwenden.

§ 612 a BGB Maßregelungsverbot

Der Arbeitgeber darf einen Arbeitnehmer bei einer Vereinbarung oder einer Maßnahme nicht benachteiligen, weil der Arbeitnehmer in zulässiger Weise seine Rechte ausübt.

---

[1] Aushangpflichtig auf Grund des 2. Gleichberechtigungsgesetzes (BGBl. I S. 1412).

Anhang 299

§ 61 b Arbeitsgerichtsgesetz
vom 2. Juli 1979, zuletzt geändert durch Gesetz vom 31. August 1998 (BGBl. I S. 2600)

Besondere Vorschriften für Klagen wegen geschlechtsbedingter Benachteiligung

(1) Eine Klage auf Entschädigung nach § 611a Abs. 2 des Bürgerlichen Gesetzbuches muss innerhalb von drei Monaten, nachdem der Anspruch schriftlich geltend gemacht worden ist, erhoben werden.

(2) Machen mehrere Bewerber wegen Benachteiligung bei der Begründung eines Arbeitsverhältnisses eine Entschädigung nach § 611a Abs. 2 des Bürgerlichen Gesetzbuches gerichtlich geltend, so ist auf Antrag des Arbeitgebers die Summe dieser Entschädigung auf sechs Monatsverdienste oder, wenn vom Arbeitgeber ein einheitliches Auswahlverfahren mit dem Ziel der Begründung mehrerer Arbeitsverhältnisse durchgeführt worden ist, auf zwölf Monatsverdienste zu begrenzen. So weit der Arbeitgeber Ansprüche auf Entschädigungen bereits erfüllt hat, ist der Höchstbetrag, der sich aus Satz 1 ergibt, entsprechend zu verringern. Dabei sind die bereits erfüllten Ansprüche jedoch jeweils nur bis zur Höhe des Betrags, der im Falle gerichtlicher Geltendmachung auf sie entfallen würde, zu berücksichtigen. Übersteigen die Entschädigungen, die den Klägern nach § 611a Abs. 2 des Bürgerlichen Gesetzbuches zu leisten wären, insgesamt den sich aus den Sätzen 1 bis 3 ergebenden Höchstbetrag, so verringern sich die einzelnen Entschädigungen in dem Verhältnis, in welchem ihre Summe zu dem Höchstbetrag steht.

(3) Stellt der Arbeitgeber einen Antrag nach Absatz 2 Satz 1, so wird das Arbeitsgericht, bei dem die erste Klage erhoben ist, auch für die übrigen Klagen ausschließlich zuständig. Die Rechtsstreitigkeiten sind von Amts wegen an dieses Arbeitsgericht zu verweisen; die Prozesse sind zur gleichzeitigen Verhandlung und Entscheidung zu verbinden.

(4) Auf Antrag des Arbeitgebers findet die mündliche Verhandlung nicht vor Ablauf von sechs Monaten seit Erhebung der ersten Klage statt.

(5) Die Absätze 1 bis 4 finden in den Fällen des § 611a Abs. 5 des Bürgerlichen Gesetzbuches nur in Unternehmen mit in der Regel bis zu 400 Arbeitnehmern entsprechende Anwendung. Für die Berechnung von Ansprüchen nach § 611a Abs. 2 des Bürgerlichen Gesetzbuches tritt an die Stelle des Monatsverdienstes der Unterschiedsbetrag zwischen dem tatsächlichen Monatsverdienst des Bewerbers und dem mit dem beruflichen Aufstieg verbundenen Monatsverdienst.

Gesetz zum Schutz der Beschäftigten vor sexueller Belästigung am Arbeitsplatz

(Beschäftigtenschutzgesetz)

vom 24. Juni 1994 (BGBl. I S. 1406)

§ 1 Ziel, Anwendungsbereich

(1) Ziel des Gesetzes ist die Wahrung der Würde von Frauen und Männern durch den Schutz vor sexueller Belästigung am Arbeitsplatz.

(2) Beschäftigte im Sinne dieses Gesetzes sind

1. die Arbeitnehmerinnen und Arbeitnehmer in Betrieben und Verwaltungen des privaten oder öffentlichen Rechts (Arbeiterinnen und Arbeiter, Angestellte, zu ihrer Berufsbildung Beschäftigte), ferner Personen, die wegen ihrer wirtschaftlichen Unselbstständig-

keit als arbeitnehmerähnliche Personen anzusehen sind. Zu diesen gehören auch die in Heimarbeit Beschäftigten und die ihnen Gleichgestellten; für sie tritt an die Stelle des Arbeitgebers der Auftraggeber oder Zwischenmeister;
2. die Beamtinnen und Beamten des Bundes, der Länder, der Gemeinden, der Gemeindeverbände sowie der sonstigen der Aufsicht des Bundes oder eines Landes unterstehenden Körperschaften, Anstalten und Stiftungen des öffentlichen Rechts;
3. die Richterinnen und Richter des Bundes und der Länder;
4. weibliche und männliche Soldaten (§ 6).

§ 2 Schutz vor sexueller Belästigung

(1) Arbeitgeber und Dienstvorgesetzte haben die Beschäftigten vor sexueller Belästigung am Arbeitsplatz zu schützen. Dieser Schutz umfasst auch vorbeugende Maßnahmen.

(2) Sexuelle Belästigung am Arbeitsplatz ist jedes vorsätzliche, sexuell bestimmte Verhalten, das die Würde von Beschäftigten am Arbeitsplatz verletzt. Dazu gehören
1. sexuelle Handlungen und Verhaltensweisen, die nach den strafgesetzlichen Vorschriften unter Strafe gestellt sind, sowie
2. sonstige sexuelle Handlungen und Aufforderungen zu diesen, sexuell bestimmte körperliche Berührungen, Bemerkungen sexuellen Inhalts sowie Zeigen und sichtbares Anbringen von pornographischen Darstellungen, die von den Betroffenen erkennbar abgelehnt werden.

(3) Sexuelle Belästigung am Arbeitsplatz ist eine Verletzung der arbeitsvertraglichen Pflichten oder ein Dienstvergehen.

§ 3 Beschwerderecht der Beschäftigten

(1) Die betroffenen Beschäftigten haben das Recht, sich bei den zuständigen Stellen des Betriebes oder der Dienststelle zu beschweren, wenn sie sich vom Arbeitgeber, von Vorgesetzten, von anderen Beschäftigten oder von Dritten am Arbeitsplatz sexuell belästigt im Sinne des § 2 Abs. 2 fühlen. Die Vorschriften der §§ 84, 85 des Betriebsverfassungsgesetzes bleiben unberührt.

(2) Der Arbeitgeber oder Dienstvorgesetzte hat die Beschwerde zu prüfen und geeignete Maßnahmen zu treffen, um die Fortsetzung einer festgestellten Belästigung zu unterbinden.

§ 4 Maßnahmen des Arbeitgebers oder Dienstvorgesetzten, Leistungsverweigerungsrecht

(1) Bei sexueller Belästigung hat
1. der Arbeitgeber die im Einzelfall angemessenen arbeitsrechtlichen Maßnahmen wie Abmahnung, Umsetzung, Versetzung oder Kündigung zu ergreifen. Die Rechte des Betriebsrates nach § 87 Abs. 1 Nr. 1, §§ 99 und 102 des Betriebsverfassungsgesetzes und des Personalrates nach § 75 Abs. 1 Nr. 2 bis 4a und Abs. 3 Nr. 15, § 77 Abs. 2 und § 79 des Bundespersonalvertretungsgesetzes sowie nach den entsprechenden Vorschriften der Personalvertretungsgesetze der Länder bleiben unberührt;
2. der Dienstvorgesetzte die erforderlichen dienstrechtlichen und personalwirtschaftlichen Maßnahmen zu treffen. Die Rechte des Personalrates in Personalangelegenheiten der Beamten nach den §§ 76, 77 und 78 des Bundespersonalvertretungsgesetzes sowie nach den entsprechenden Vorschriften der Personalvertretungsgesetze der Länder bleiben unberührt.

(2) Ergreift der Arbeitgeber oder Dienstvorgesetzte keine oder offensichtlich ungeeignete Maßnahmen zur Unterbindung der sexuellen Belästigung, sind die belästigten Beschäftigten berechtigt, ihre Tätigkeit am betreffenden Arbeitsplatz ohne Verlust des Arbeitsentgelts und der Bezüge einzustellen, so weit dies zu ihrem Schutz erforderlich ist.

(3) Der Arbeitgeber oder Dienstvorgesetzte darf die belästigten Beschäftigten nicht benachteiligen, weil diese sich gegen eine sexuelle Belästigung gewehrt und in zulässiger Weise ihre Rechte ausgeübt haben.

§ 5 Fortbildung für Beschäftigte im öffentlichen Dienst

Im Rahmen der beruflichen Aus- und Fortbildung von Beschäftigten im öffentlichen Dienst sollten die Problematik der sexuellen Belästigung am Arbeitsplatz, der Rechtsschutz für die Betroffenen und die Handlungsverpflichtungen des Dienstvorgesetzten berücksichtigt werden. Dies gilt insbesondere bei der Fortbildung von Beschäftigten der Personalverwaltung, Personen mit Vorgesetzten- und Leitungsaufgaben, Ausbildern sowie Mitgliedern des Personalrates und Frauenbeauftragten.

§ 6 Sonderregelungen für Soldaten

Für weibliche und männliche Soldaten bleiben die Vorschriften des Soldatengesetzes, der Wehrdisziplinarordnung und der Wehrbeschwerdeordnung unberührt.

§ 7 Bekanntgabe des Gesetzes

In Betrieben und Dienststellen ist dieses Gesetz an geeigneter Stelle zur Einsicht auszulegen oder auszuhängen.

Hygieneempfehlungen für Bäckereien, die Patisseriewaren und Eis herstellen

erarbeitet in Zusammenarbeit zwischen der Deutschen Gesellschaft für Hygiene und Mikrobiologie, dem Zentralverband des Deutschen Bäckerhandwerks sowie dem Deutschen Konditorenbund (Stand: Februar 1993).

1. Persönliche Hygiene im Produktionsbereich

Händedesinfektion
HD-Präparate benutzen oder nach dem Händewaschen ein Desinfektionsmittel ausreichend lange (mind. 30 Sekunden) einwirken lassen.
Hygiene-Seifenspender genau nach Anweisung des Herstellers benutzen! Auf ausreichende Einwirkung des Reinigungsmittels auf der Haut achten, mit warmem Wasser abspülen und Hände hygienisch einwandfrei (z. B. mit Einmalhandtüchern) trocknen.

WANN – Unmittelbar vor Arbeitsbeginn
– Vor der Zubereitung von Tortenfüllungen oder Cremes
– Vor dem Umgang mit Sahne
– Vor dem Umgang mit Speiseeis
– Nach dem Aufschlagen von Eiern: Salmonellengefahr
– Nach jedem Toilettenbesuch

Händewaschen mit Waschmitteln

WANN – Nach jedem Gang zum Entsorgungsbereich
– Nach dem Anfassen von schmutzigen Gegenständen, Verpackungsmaterial, Säcken usw.
– Nach Beendigung von Reinigungsarbeiten

Hand- und Armschmuck sowie Uhren während der Arbeit ablegen!
Fingernägel möglichst kurz schneiden und sauberhalten!
Keine Straßenkleidung während der Arbeit tragen und auf saubere Berufskleidung achten; eine Kopfbedeckung ist erwünscht!
Am Arbeitsplatz keine Mahlzeiten einnehmen, nicht rauchen!
Nicht in die Lebensmittel niesen oder husten!
Bei Verletzungen an Händen und Armen: Wunden durch wasserdichten Verband schützen!
Personen, die an **eitrigen Wunden** oder **Durchfallerkrankungen** leiden, müssen diese Erkrankungen sofort dem Betriebsinhaber oder seinem Vertreter anzeigen.

2. Hygienische Arbeitsweise im Produktionsbereich

Alle **Waren bei der Annahme sofort** auf Beschädigung der Verpackung, Einhaltung des Mindesthaltbarkeitsdatums und stichprobenartig auf Einhaltung der Temperatur **kontrollieren!**

Kühlpflichtige Lebensmittel muss der Lieferant bei Temperaturen von nicht über 7° C anliefern. Sie sind sofort kühl zu lagern oder sofort weiterzuverarbeiten.

So weit möglich, ist **Obst** vor der Verarbeitung sorgfältig zu reinigen bzw. zu waschen. **Eiklar, Eigelb** bzw. **Vollei** sofort nach dem Aufschlagen verarbeiten!

Keine Vorratshaltung aufgeschlagener unpasteurisierter Eier!

Keine Eierschalen in offene Behälter (Zuckersäcke usw.) werfen!

Wenn möglich, ist die Verarbeitung frischer Eier räumlich oder zeitlich von anderen Tätigkeiten zu trennen. Bei Verwendung industrieller Eiprodukte auf das Mindesthaltbarkeitsdatum achten, die Kühllagerung peinlich genau einhalten!

Wegen der möglichen Kontamination von Hühnereiern mit Salmonellen sollten auch frische Eier gekühlt gelagert werden.

Feine Backwaren mit **nicht durchgebackener Füllung oder Auflage** möglichst rasch herstellen und sofort anschließend kühl lagern! **Gelatinehaltige Produkte** umgehend verarbeiten oder kühl lagern. Gelatine ist ein ausgezeichneter Nährboden für Keime!

Bei Transporten leicht verderblicher Erzeugnisse in Filialen darauf achten, dass die Waren das Ziel in ausreichend kühlem Zustand erreichen. Auf hygienische Beschaffenheit der Transportmaterialien achten!

Bei Kühlung oder Frostlagerung auf Sauberkeit und Funktionsfähigkeit der Kühlungseinrichtung achten und **regelmäßig die notwendige Kühltemperatur kontrollieren! Tiefkühlräume und -schränke** werden bei längerfristiger Lagerung auf minus 20° C eingestellt!

Arbeitsräume gut beleuchten und ausreichend belüften; Ungeziefer fernhalten und Ursachen von Fremdgerüchen umgehend beseitigen! Keine Fahrzeuge, Kleider oder sonstige betriebsfremde Gegenstände in den Arbeitsräumen aufbewahren! Ausgenommen ist die in geschlossenen Schränken abgelegte Straßenkleidung der Beschäftigten.
Toilette und Waschgelegenheiten peinlich sauberhalten!

Anhang 303

3. Hygiene im Verkaufsbereich
Händedesinfektion
HD-Präparate benutzen oder nach dem Händewaschen ein Desinfektionsmittel ausreichend lange (mind. 30 Sekunden) einwirken lassen.
Hygiene-Seifenspender genau nach Anweisung des Herstellers benutzen! Auf ausreichende Einwirkung des Reinigungsmittels auf der Haut achten, mit warmem Wasser abspülen und Hände hygienisch einwandfrei (z. B. mit Einmalhandtüchern) trocknen.
WANN – Unmittelbar vor Arbeitsbeginn
– Nach jedem Toilettenbesuch

Händewaschen mit Waschmitteln
WANN – Nach Beendigung von Reinigungsarbeiten
– Nach jedem Gang zum Entsorgungsbereich
Auf Gerätehygiene achten. **Tortenheber, Messer usw.** entweder in fließendem Wasser aufbewahren oder das zum Aufbewahren und zur Reinigung benutzte Wasser häufig wechseln und Zitronen- oder Weinsäure zusetzen, bis eine mindestens 1,5-prozentige Lösung entstanden ist!
Hände nicht an der Kleidung abwischen!
Im Verkaufsbereich alle leicht verderblichen Waren gekühlt aufbewahren!
Längere Unterbrechungen der Kühlung (Stromausfall) vermeiden!

Speiseeis-Verkauf
Deckel der Vorratsbehälter nur während des Verkaufs öffnen!
Portionierer, wenn möglich, in fließendem Wasser aufbewahren.
Bei Portionierern, die nicht in fließendem Wasser stehen, regelmäßig Wasser in kurzen Abständen wechseln und Zitronen- oder Weinsäure dem Wasser zusetzen, bis eine mindestens 1,5-prozentige Lösung entstanden ist. Zur Ablage des Portionierers keine Schwammtücher oder Lappen verwenden!
Bei längeren Verkaufspausen Portionierer gründlich abspülen und in geeignete Reinigungs- und Desinfektionslösung einlegen. Bei Wiederverwendung gründlich mit Wasser nachspülen!
Regelmäßig die Aufbewahrungstemperatur aller Eisbehälter kontrollieren!

4. Speiseeis-Hygieneplan

Persönliche Hygiene
Nur in sauberer Kleidung, möglichst mit Kopfbedeckung, arbeiten.
Nach jedem Toilettenbesuch HD-Präparate benutzen oder Hände waschen und mit einem Desinfektionsmittel nach Angaben des Herstellers ausreichend lange (mind. 30 Sekunden) behandeln.
Alle Erkrankungen, besonders Durchfallerkrankungen sowie offene Wunden, eitrige Verletzungen usw., **sofort** dem Betriebsinhaber oder seinem Stellvertreter **anzeigen.**
Bei nichteitrigen Verletzungen an Händen und Armen Wunden durch wasserdichten Verband schützen!

Pasteurisieren
Eismix pasteurisieren (z. B. 40 Minuten bei 65° C zur Abtötung coliformer Bakterien; auf länderrechtliche Regelungen achten!). Neu-Infektionen **nach** dem Pasteurisieren vermeiden!

Vermeidung der Neu-Infektionen nach dem Pasteurisieren
Abkühlphase höchstens 90 Minuten, bei schnellem Herunterkühlen unter 10° C geringe Gefahr von Auskeimungen.
Zutaten besonders sorgfältig reinigen (z. B. Obst)!
Zutaten unmittelbar vor dem Gefrierprozess zugeben (z. B. Früchte, Kakao, Schokolade, Kokosraspel, Streusel)!
Nach dem Abkühlen Eismix unter plus 4° C gekühlt oder gefroren in geschlossenen Behältern aufbewahren!

Gerätehygiene
Vorspülgang: Speiseeiskocher, Arbeitsgeräte und Behälter mit warmem Wasser ausspülen.
Hauptspülgang: Reinigungs- und Desinfektionsmittel nach Empfehlung des Geräteherstellers anwenden.
Nachspülgang: Gründlich mit klarem Wasser nachspülen.
Das Innere des Speiseeisgerätes und der Behälter dürfen weder berührt noch mit einem Lappen ausgewischt werden!

Aufbewahrung
Bei Vorratshaltung Lagertemperatur minus 13° C.

Transport
Transporte von Speiseeis unter angemessener Kühlung durchführen. Möglichst Isolierbehälter benutzen, Speiseeis nicht auftauen lassen.

Hygieneplan für den Sahneposten
Diese Vorschrift gilt für **alle Mitarbeiter/innen,** die Schlagsahneautomaten **bedienen, reinigen** oder mit Vorbereitungsarbeiten beschäftigt sind.

Umgang mit Rohsahne
Bei voraussichtlich geringem Verbrauch kleine Packungen verwenden!
Vor dem Befüllen des Automaten Geruch und Geschmack der Rohsahne prüfen!
Nur den Tagesbedarf in den Sahneautomaten einfüllen!
Aufbewahrungstemperatur der Rohsahne von maximal plus 7° C einhalten!

Reinigung und Desinfektion des Sahneautomaten
WANN – Täglich vor dem Feierabend
– Nach längeren Betriebspausen vor Inbetriebnahme
WIE – Restliche, im Gerät verbliebene Sahne entfernen!
– Mit klarem warmem Wasser vorspülen!
– Vorratsbehälter mit Reinigungs- und Desinfektionspräparat säubern, Garniertülle und Ausbauteile in die Lösung im Vorratsbehälter legen. Reinigungs- und Desinfektionsmittel nach Angaben des Geräteherstellers anwenden!
– Vor Inbetriebnahme gründlich mit klarem Wasser durchspülen!
– Keine Lappen zum Auswischen verwenden!

Garniertülle
Nach längerer Standzeit des Sahneautomaten Garniertülle abschrauben, nach Angabe des Herstellers in Reinigungs- und Desinfektionslösung legen und gründlich nachspülen!

Sahne-Spritzbeutel
Wenn möglich, Einweg-Spritzbeutel verwenden!
Wiederverwendbare Spritzbeutel bei jeder längeren Unterbrechung der Arbeit im Kühlschrank aufbewahren; nach Beendigung der Arbeit ausspülen und nach Angabe des Herstellers in Reinigungs- und Desinfektionsmittel-Lösung legen. Gründlich nachspülen!

Anhang

Hygieneregeln für die Behandlung und Verarbeitung frischer Eier und von Eiprodukten in Konditoreien und Bäckereien

Herausgegeben vom Bundesinstitut für gesundheitlichen Verbraucherschutz und Veterinärmedizin, auf Grund des Beschlusses des Bundesrates vom 16. Dezember 1994.

Eier und eihaltige Speisen können eine der Ursachen der Salmonellenerkrankung des Menschen sein. Bei der Herstellung von Füllungen oder Auflagen für Feine Backwaren spielt das Hühnerei von jeher eine erhebliche, wenn nicht sogar zentrale Rolle und ist aus dem Konditoren- und Bäckerhandwerk nicht wegzudenken. In einigen Fällen können pasteurisierte Eiprodukte alternativ eingesetzt werden, da bei deren Herstellung vorhandene pathogene Erreger abgetötet werden. Als primär hygienisch einwandfreie Produkte sind sie durch unsachgerechte Behandlung äußerst anfällig gegenüber einer Rekontamination mit krankmachenden Bakterien. Aus diesem Grunde sind die Pasteurisierung und herstellereigene Kontrollen zur Erfüllung mikrobiologischer und chemischer Anforderungen kein Ersatz für die Hygiene bei der Lagerung und Verarbeitung von Eiprodukten! Eiprodukte sind daher mit der gleichen Sorgfalt zu behandeln wie andere hygienisch risikoreiche Lebensmittel!

Das Risiko einer Salmonellenerkrankung durch Feine Backwaren besteht im wesentlichen durch den Verzehr von

- Erzeugnissen mit Füllungen oder Auflagen, die unter Verwendung von rohen Eiern oder Eibestandteilen (Eiklar, Eigelb) hergestellt und nachfolgend nicht mehr erhitzt wurden. Salmonellen, die möglicherweise über das Ei in das Lebensmittel eingebracht wurden, finden hier beste Nährstoffbedingungen vor. Sofern keine rasche Abkühlung auf Temperaturen von mindestens +5° C bis +8° C erfolgt, können sich bereits geringe Keimzahlen, die in die Backwaren eingebracht wurden, ungehindert vermehren.
- Erzeugnissen, für deren Herstellung pasteurisierte, aber durch unsachgerechten Umgang rekontaminierte Eiprodukte verwendet werden und nachfolgend nicht mehr erhitzt wurden.
- Kochcremes oder erhitzten Zwischenprodukten für Cremes, die ungenügend, d. h. nicht salmonellenabtötend, erhitzt wurden und/oder nachfolgend langsam und unzureichend auskühlen. Diese Temperatur- und Nährstoffbedingungen sind optimal für die Vermehrung von Erregern, die nicht abgetötet oder durch Rekontamination (Gerätschaften, Ausgangsmaterialien, unbehandelte Eimassen usw.) in das Erzeugnis eingebracht wurden.

Die grundlegenden Anforderungen an die hygienische Behandlung von Lebensmitteln sind in Hygieneverordnungen festgelegt. Für das Konditoren- und Bäckerhandwerk sind von den jeweiligen Berufsverbänden in Zusammenarbeit mit der Deutschen Gesellschaft für Hygiene und Mikrobiologie (DGHM) Hinweistafeln für hygienisches Arbeiten im Produktions- und Verkaufsbereich, zur Schlagsahne- und Speiseeisherstellung sowie zur Personalhygiene herausgegeben worden.

Die Behandlung und Verarbeitung frischer Eier und von Eiprodukten bedarf besonderer Aufmerksamkeit, um das Risiko einer Salmonellenerkrankung durch Feine Backwaren zu mindern. Daher sind folgende Hygieneregeln zu beachten:

Hygieneregeln für die Behandlung und Verarbeitung frischer Eier

1. Einkauf von Hühnereiern

Es sind vorzugsweise Eier der Güteklasse A aus kontrollierten Legehennenbeständen zu verwenden.
Um einen Hinweis auf die Frische der Eier zu erhalten, ist beim Einkauf unbedingt auf das *Mindesthaltbarkeitsdatum* zu achten! Das Mindesthaltbarkeitsdatum beträgt höchstens

28 Tage nach dem Legen. Hühnereier müssen ab dem 18. Tag nach dem Legen bei Kühltemperaturen zwischen +5° C und +8° C aufbewahrt und befördert und innerhalb von 21 Tagen nach dem Legen an den Verbraucher abgegeben werden. Faustregel ist also:
- Beträgt die Differenz zwischen Mindesthaltbarkeitsdatum und Datum des Einkaufs weniger als zehn Tage, müssen die Eier kühl aufbewahrt und befördert werden.
- Beträgt die Differenz weniger als eine Woche, dürfen die Eier nicht mehr verkauft werden!

Das Mindesthaltbarkeitsdatum und die Verbraucherhinweise sind bei *verpackten Eiern* auf *der Verpackung* und bei *Eiern*, die *lose im Einzelhandel* oder vom *Erzeuger ab Hof*, auf *einem örtlichen Markt* oder im Verkauf an der Tür abgegeben werden, auf einem Schild auf oder neben der Ware oder auf einem *Begleitzettel* angegeben. Das Legedatum kann auf dem Ei und ggf. auch auf der Verpackung aufgestempelt worden sein.

Es sind die angegebenen *Verbraucherhinweise* zu berücksichtigen!

- Aufbewahrung bei Kühlschranktemperaturen,
- nach Ablauf des Mindesthaltbarkeitsdatums durcherhitzen!

Die eigenen Lagerzeiten der Eier vor deren Verarbeitung sind beim Einkauf unbedingt zu berücksichtigen!

2. Lagerung frischer Eier
Die Eier sollten nach dem Einkauf sofort in den Kühlschrank oder Kühlraum gebracht und bei Temperaturen zwischen +5° C und +8° C gelagert werden. Sie sollten getrennt (gesondertes Behältnis ist ausreichend!) von anderen Roh- und Zwischenprodukten sowie von fertigen Speisen aufbewahrt werden.

3. Aufschlagen der Eier
Die Eier sollten möglichst frisch, auf alle Fälle vor Ablauf des Mindesthaltbarkeitsdatums, verarbeitet werden. Um eine Vermehrung der Salmonellen während der Standzeiten des Eiaufschlagens auszuschließen, sollten die Eier erst unmittelbar vor dem Verarbeiten am Arbeitsplatz aufgeschlagen werden. Hierbei ist sicherzustellen, dass keine anderen Lebensmittel mit Eigelb, Eiweiß oder Schalenresten in Berührung kommen. Die *Eischalen nicht auskratzen!*

Sofern keine unmittelbare Verarbeitung der Eimassen erfolgt, sollte das Aufschlagen von Eiern auf Vorrat getrennt von den übrigen Arbeitsbereichen an einem separaten Arbeitsplatz, wenn möglich in einem separaten Raum erfolgen. Die Gefäße für die Gewinnung und Aufbewahrung der Eimassen sollten ausschließlich für diesen Zweck verwendet, entsprechend gekennzeichnet und nach der Verwendung gereinigt und desinfiziert werden. Die Eischalen sind unverzüglich von den Arbeitsflächen zu entfernen und in verschließbaren, nur für Abfall bestimmten Behältern zu sammeln.

4. Umgang mit aufgeschlagenem Ei
Die Eimassen sind unbedingt gekühlt aufzubewahren und sollten innerhalb von zwei Stunden nach dem Aufschlagen, in jedem Fall noch am Herstellungstag, verarbeitet werden. In diesem Zeitraum nicht verbrauchte Eimassen sollten zur Sicherheit nur noch zu Produkten verarbeitet werden, die anschließend durcherhitzt werden.

5. Behandlung der Produkte
Für Speisen, die mit rohen Bestandteilen von Hühnereiern hergestellt werden, sollten die verwendeten Hühnereier nicht älter als 21 Tage sein. Diese Speisen sind – auch bei Kühllagerung! – nur sehr begrenzt haltbar! Produkte oder Erzeugnisse, die unter Verwendung roher Bestandteile von Hühnereiern hergestellt und nicht ausreichend, d. h. nicht salmonellenabtötend, erhitzt wurden, sind innerhalb von zwei Stunden nach der Herstellung auf mindestens +7° C abzukühlen. Bei dieser oder einer niedrigeren Temperatur gehalten, sind diese Lebensmittel innerhalb von 24 Stunden nach ihrer Herstellung an den Verbraucher abzugeben.

Anhang 307

6. Reinigung und Desinfektion, Händehygiene
Nach dem Aufschlagen bzw. Anfassen von Eiern sollten die Hände sorgfältig gewaschen und desinfiziert werden, um einer Verschleppung von Salmonellen innerhalb des Betriebes vorzubeugen. Präparate zur Händedekontamination (sog. HD-Präparate) können alternativ benutzt werden. Einen Überblick über geprüfte und als wirksam befundene HD-Mittel gibt eine Liste der Deutschen Gesellschaft für Hygiene und Mikrobiologie (DGHM). Gefäße für die Gewinnung und Aufbewahrung von Eimassen, Gerätschaften, wiederverwendbare Behältnisse und Tischflächen, die mit roheihaltigen Produkten in Berührung kommen, sollten sofort nach Gebrauch gründlich gereinigt und möglichst auch desinfiziert werden. Für die Reinigung und Desinfektion in Lebensmittelbetrieben sollten nur Mittel verwendet werden, die geprüft und nachweislich für wirksam befunden wurden. Die Empfehlungen für Oberflächendesinfektionsmittel im Lebensmittelbereich sind der aktuellen Liste der Deutschen Veterinärmedizinischen Gesellschaft (DVG) zu entnehmen.

Hygieneregeln für die Verarbeitung von pasteurisierten Eiprodukten

1 Ankauf/Anlieferung; Lagerung
Beim Ankauf von Eiprodukten ist darauf zu achten, dass sie aus einem nach der Eiprodukte-Verordnung zugelassenen Betrieb stammen (Veterinärkontroll-Nr.!). Es ist eine Gebindegröße zu wählen, die dem durchschnittlichen Tagesbedarf entspricht. Bei der Anlieferung ist auf das Mindesthaltbarkeitsdatum sowie auf Angaben des Lieferanten/Herstellers zur vorgeschriebenen Transporttemperatur, Lagerung, Behandlung und Verarbeitung zu achten (Produktinformationen anfordern!). Transport- und Lagertemperatur entsprechend der Eiprodukte-Verordnung sind folgende:
- tiefgefrorene Eiprodukte: $-18°C$
- gefrorene Eiprodukte: $-12°C$
- flüssige Eiprodukte: $+4°C$

Die Lagertemperaturen sollten kontrolliert werden!

2. Verarbeitung
Flüssige Eiprodukte
Nach der Entnahme von Flüssigei sind die Behältnisse so zu verschließen, dass eine Verschmutzung ausgeschlossen werden kann. Angebrochene Packungen sind kühl zu lagern (max. $+4°C$) und möglichst rasch – innerhalb von 24 Stunden – aufzubrauchen. In dieser Zeit nicht aufgebrauchtes Flüssigei sollte anschließend nur für Feine Backwaren, die insgesamt durchgebacken werden, verarbeitet werden.

Tiefgefrorene Eiprodukte
Tiefgefrorene Eiprodukte sind entsprechend dem Bedarf rasch aufzutauen und nach dem Auftauen sofort zu verbrauchen.

Trockene Eiprodukte
Das Herstellen von Eisuspensionen sollte bedarfsgerecht vorgenommen werden. Die Suspensionen sind umgehend, anderenfalls bei kühler Lagerung (max. $+4°C$) im Laufe des Herstellungstages, zu verbrauchen.

3. Reinigung und Desinfektion, Händehygiene
An Gerätschaften, Gefäßen und insbesondere an den Händen verbleibende Reste von Flüssigei, aufgetautem Eiprodukt oder hergestellten Eisuspensionen sind ein idealer Nährboden für Bakterien!

Vor und nach jeglicher Behandlung und Verarbeitung von Eiprodukten sollten die Hände sorgfältig gewaschen und desinfiziert werden. Hierfür können auch Präparate zur Händedekontamination (sog. HD-Präparate) benutzt werden. Einen Überblick über geprüfte und als wirksam befundene HD-Präparate gibt eine Liste der Deutschen Gesellschaft für Hygiene und Mikrobiologie (DGHM). Um eine Rekontamination der pasteurisierten Eiprodukte zu vermeiden, sind für das Abfüllen von Flüssigei, die Herstellung von Eisuspensionen aus Trockenei sowie für das Auftauen gefrorener Eiprodukte nur gereinigte und desinfizierte Gefäße und Gerätschaften zu benutzen. Diese sollten sofort nach Gebrauch wieder gründlich gereinigt und möglichst auch desinfiziert werden. Die Empfehlungen für Oberflächendesinfektionsmittel im Lebensmittelbereich sind der aktuellen Liste der Deutschen Veterinärmedizinischen Gesellschaft (DVG) zu entnehmen.

Gesetz über den Ladenschluss
vom 28. November 1956 (BGBl. I S. 875), zuletzt geändert durch Gesetz vom 30. Juli 1996 (BGBl. I S. 1186)

(BGBl. III/FNA 8050 – 20)

Erster Abschnitt:

Begriffsbestimmungen

§ 1 Verkaufsstellen
(1) Verkaufsstellen im Sinne dieses Gesetzes sind
1. Ladengeschäfte aller Art, Apotheken, Tankstellen, Warenautomaten und Bahnhofsverkaufsstellen,
2. sonstige Verkaufsstände und -buden, Kioske, Basare und ähnliche Einrichtungen, falls in ihnen ebenfalls von einer festen Stelle aus ständig Waren zum Verkauf an jedermann feilgehalten werden. Dem Feilhalten steht das Zeigen von Mustern, Proben und ähnlichem gleich, wenn Warenbestellungen in der Einrichtung entgegengenommen werden,
3. Verkaufsstellen von Genossenschaften.

(2) Zur Herbeiführung einer einheitlichen Handhabung des Gesetzes kann das Bundesministerium für Arbeit und Sozialordnung im Einvernehmen mit dem Bundesministerium für Wirtschaft durch Rechtsverordnung mit Zustimmung des Bundesrates bestimmen, welche Einrichtungen Verkaufsstellen gemäß Absatz 1 sind.

§ 2 Begriffsbestimmungen
(1) Feiertage im Sinne dieses Gesetzes sind die gesetzlichen Feiertage[1].
(2) Reisebedarf im Sinne dieses Gesetzes sind Zeitungen, Zeitschriften, Straßenkarten, Stadtpläne, Reiselektüre, Schreibmaterialien, Tabakwaren, Schnittblumen, Reisetoilettenartikel, Filme, Tonträger, Bedarf für Reiseapotheken, Reiseandenken und Spielzeug geringeren Wertes, Lebens- und Genussmittel in kleineren Mengen sowie ausländische Geldsorten.

[1] Siehe dazu landesrechtliche Vorschriften.

Zweiter Abschnitt:

Ladenschlusszeiten

§ 3 Allgemeine Ladenschlusszeiten
(1) Verkaufsstellen müssen zu folgenden Zeiten für den geschäftlichen Verkehr mit Kunden geschlossen sein:
1. an Sonn- und Feiertagen[1],
2. montags bis freitags bis 6 Uhr und ab 20 Uhr,
3. samstags bis 6 Uhr und ab 16 Uhr,
4. an den vier aufeinanderfolgenden Samstagen vor dem 24. Dezember bis 6 Uhr und ab 18 Uhr,
5. am 24. Dezember, wenn dieser Tag auf einen Werktag fällt, bis 6 Uhr und ab 14 Uhr.

Verkaufsstellen für Bäckerwaren dürfen abweichend von Satz 1 den Beginn der Ladenöffnungszeit an Werktagen auf 5.30 Uhr vorverlegen. Die beim Ladenschluss anwesenden Kunden dürfen noch bedient werden.

(2) Empfehlungen über Ladenöffnungszeiten nach § 38 Abs. 2 Nr. 1 des Gesetzes gegen Wettbewerbsbeschränkungen sind auch unter Einbeziehung der Großbetriebsformen des Einzelhandels zulässig.

§ 4 Apotheken
(1) Abweichend von den Vorschriften des § 3 dürfen Apotheken an allen Tagen während des ganzen Tages geöffnet sein. An Werktagen während der allgemeinen Ladenschlusszeiten (§ 3) und an Sonn- und Feiertagen ist nur die Abgabe von Arznei-, Krankenpflege-, Säuglingspflege- und Säuglingsnährmitteln, hygienischen Artikeln sowie Desinfektionsmitteln gestattet.

(2) Die nach Landesrecht zuständige Verwaltungsbehörde hat für eine Gemeinde oder für benachbarte Gemeinden mit mehreren Apotheken anzuordnen, dass während der allgemeinen Ladenschlusszeiten (§ 3) abwechselnd ein Teil der Apotheken geschlossen sein muss. An den geschlossenen Apotheken ist an sichtbarer Stelle ein Aushang anzubringen, der die zur Zeit offenen Apotheken bekannt gibt. Dienstbereitschaft der Apotheken steht der Offenhaltung gleich.

§ 5 Zeitungen und Zeitschriften
Abweichend von den Vorschriften des § 3 dürfen Kioske für den Verkauf von Zeitungen und Zeitschriften
1. an Samstagen durchgehend von 6 Uhr bis 19 Uhr,
2. an Sonn- und Feiertagen von 11 Uhr bis 13 Uhr geöffnet sein.

§ 6 Tankstellen
(1) Abweichend von den Vorschriften des § 3 dürfen Tankstellen an allen Tagen während des ganzen Tages geöffnet sein.

(2) An Werktagen während der allgemeinen Ladenschlusszeiten (§ 3) und an Sonn- und Feiertagen ist nur die Abgabe von Ersatzteilen für Kraftfahrzeuge, so weit dies für die Erhaltung oder Wiederherstellung der Fahrbereitschaft notwendig ist, sowie die Abgabe von Betriebsstoffen und von Reisebedarf gestattet.

---

[1] Siehe dazu landesrechtliche Vorschriften.

§ 7 Warenautomaten

(1) Abweichend von den Vorschriften des § 3 dürfen Warenautomaten an allen Tagen während des ganzen Tages benutzbar sein.

(2) Für Warenautomaten, die Verkaufsstellen auf Personenbahnhöfen oder auf Flughäfen im Sinne der §§ 8 und 9 sind, treten an die Stelle der Vorschriften des Absatzes 1 die Vorschriften der §§ 8 und 9. Warenautomaten, die in Gaststätten oder Betrieben aufgestellt sind, unterliegen nicht den Vorschriften dieses Gesetzes.

(3) Das Bundesministerium für Arbeit und Sozialordnung wird ermächtigt, im Einvernehmen mit dem Bundesministerium für Wirtschaft zur Durchführung der Vorschrift des Absatzes 1 Rechtsverordnungen mit Zustimmung des Bundesrates zu erlassen, die den Verkauf aus Warenautomaten während der allgemeinen Ladenschlusszeiten (§ 3) näher regeln.

§ 8 Verkaufsstellen auf Personenbahnhöfen

(1) Abweichend von den Vorschriften des § 3 dürfen Verkaufsstellen auf Personenbahnhöfen von Eisenbahnen und Magnetschwebebahnen, so weit sie den Bedürfnissen des Reiseverkehrs zu dienen bestimmt sind, an allen Tagen während des ganzen Tages geöffnet sein, am 24. Dezember jedoch nur bis 17 Uhr. Während der allgemeinen Ladenschlusszeiten ist der Verkauf von Reisebedarf zulässig.

(2) Das Bundesministerium für Verkehr wird ermächtigt, im Einvernehmen mit den Bundesministerien für Wirtschaft sowie Arbeit und Sozialordnung durch Rechtsverordnung mit Zustimmung des Bundesrates Ladenschlusszeiten für die Verkaufsstellen auf Personenbahnhöfen vorzuschreiben, die sicherstellen, dass die Dauer der Offenhaltung nicht über das von den Bedürfnissen des Reiseverkehrs geforderte Maß hinausgeht; er (Bundesrat) kann ferner die Abgabe von Waren in den genannten Verkaufsstellen während der allgemeinen Ladenschlusszeiten (§ 3) auf bestimmte Waren beschränken.

(2a) Die Landesregierungen werden ermächtigt, durch Rechtsverordnung zu bestimmen, dass in Städten mit über 200 000 Einwohnern zur Versorgung der Berufspendler und der anderen Reisenden mit Waren des täglichen Ge- und Verbrauchs sowie mit Geschenkartikeln

1. Verkaufsstellen auf Personenbahnhöfen des Schienenfernverkehrs und

2. Verkaufsstellen innerhalb einer baulichen Anlage, die einen Personenbahnhof des Schienenfernverkehrs mit einem Verkehrsknotenpunkt des Nah- und Stadtverkehrs verbindet,

an Werktagen von 6 Uhr bis 22 Uhr geöffnet sein dürfen; sie haben dabei die Größe der Verkaufsfläche auf das für diesen Zweck erforderliche Maß zu begrenzen.

(3) Für Apotheken bleibt es bei den Vorschriften des § 4.

§ 9 Verkaufsstellen auf Flughäfen und in Fährhäfen

(1) Abweichend von den Vorschriften des § 3 dürfen Verkaufsstellen auf Flughäfen an allen Tagen während des ganzen Tages geöffnet sein, am 24. Dezember jedoch nur bis 17 Uhr. An Werktagen während der allgemeinen Ladenschlusszeiten (§ 3) und an Sonn- und Feiertagen ist nur die Abgabe von Reisebedarf an Reisende gestattet.

(2) Das Bundesministerium für Verkehr wird ermächtigt, im Einvernehmen mit den Bundesministerien für Wirtschaft sowie für Arbeit und Sozialordnung durch Rechtsverordnung mit Zustimmung des Bundesrates Ladenschlusszeiten für die in Absatz 1 genannten Verkaufsstellen vorzuschreiben und die Abgabe von Waren näher zu regeln.

(3) Die Landesregierungen werden ermächtigt, durch Rechtsverordnung abweichend von Absatz 1 Satz 2 zu bestimmen, dass auf internationalen Verkehrsflughäfen und in internationalen Fährhäfen Waren des täglichen Ge- und Verbrauchs sowie Geschenkarti-

kel an Werktagen während der allgemeinen Ladenschlusszeiten (§ 3) und an Sonn- und Feiertagen auch an andere Personen als an Reisende abgegeben werden dürfen; sie haben dabei die Größe der Verkaufsflächen auf das für diesen Zweck erforderliche Maß zu begrenzen.

§ 10 Kur- und Erholungsorte

(1) Die Landesregierungen können durch Rechtsverordnung bestimmen, dass und unter welchen Voraussetzungen sowie Bedingungen in Kurorten und in einzeln aufzuführenden Ausflugs-, Erholungs- und Wallfahrtsorten mit besonders starkem Fremdenverkehr Badegegenstände, Devotionalien, frische Früchte, alkoholfreie Getränke, Milch und Milcherzeugnisse im Sinne des § 4 Abs. 2 des Milch- und Fettgesetzes in der Fassung vom 10. Dezember 1952 (BGBl. I S. 811), Süßwaren, Tabakwaren, Blumen und Zeitungen sowie Waren, die für diese Orte kennzeichnend sind, abweichend von den Vorschriften des § 3 Abs. 1 Nr. 1 und 3

1. an jährlich höchstens 40 Sonn- und Feiertagen bis zur Dauer von 8 Stunden,
2. sonnabends bis spätestens 20 Uhr verkauft werden dürfen. Sie können durch Rechtsverordnung die Festsetzung der zugelassenen Öffnungszeiten auf andere Stellen übertragen. Bei der Festsetzung der Öffnungszeiten ist auf die Zeit des Hauptgottesdienstes Rücksicht zu nehmen.

(2) In den nach Absatz 1 erlassenen Rechtsverordnungen kann die Offenhaltung auf bestimmte Ortsteile beschränkt werden. Wird die Offenhaltung am Sonnabendnachmittag zugelassen, so muss gleichzeitig angeordnet werden, dass die Verkaufsstellen, die am Sonnabendnachmittag offenhalten dürfen, an einem bestimmten anderen Nachmittag derselben Woche ab 14 Uhr geschlossen sein müssen.

(3) Die Landesregierungen können durch Rechtsverordnung bestimmen, dass in einzeln aufzuführenden Orten, die in der Nähe der Bundesgrenze liegen, die Verkaufsstellen an Sonnabenden abweichend von der Vorschrift des § 3 Abs. 1 Nr. 3 bis 18 Uhr geöffnet sein dürfen[1]. In diesem Falle muss gleichzeitig angeordnet werden, dass die Verkaufsstellen an einem bestimmten anderen Nachmittag derselben Woche ab 14 Uhr geschlossen sein müssen.

(4) (gegenstandslos)

§ 11 Verkauf in ländlichen Gebieten an Sonntagen

Die Landesregierungen oder die von ihnen bestimmten Stellen können durch Rechtsverordnung bestimmen, dass und unter welchen Voraussetzungen sowie Bedingungen in ländlichen Gebieten während der Zeit der Feldbestellung und der Ernte abweichend von den Vorschriften des § 3 alle oder bestimmte Arten von Verkaufsstellen

1. an Sonn- und Feiertagen bis zur Dauer von zwei Stunden,
2. an Samstagen eine Stunde länger, als nach § 3 Abs. 1 Nr. 3 zulässig ist,

geöffnet sein dürfen, falls dies zur Befriedigung dringender Kaufbedürfnisse der Landbevölkerung erforderlich ist.

§ 12 Verkauf bestimmter Waren an Sonntagen

(1) Das Bundesministerium für Arbeit und Sozialordnung bestimmt im Einvernehmen mit den Bundesministerien für Wirtschaft und für Ernährung, Landwirtschaft und Forsten durch Rechtsverordnung mit Zustimmung des Bundesrates, dass und wie lange an Sonn- und Feiertagen abweichend von der Vorschrift des § 3 Abs. 1 Nr. 1 Verkaufsstellen für die Abgabe von Milch und Milcherzeugnissen im Sinne des § 4 Abs. 2 des Milch- und Fettge-

---

[1] Siehe auch landesrechtliche Vorschriften.

setzes in der Fassung vom 10. Dezember 1952, Bäcker- und Konditorwaren, frischen Früchten, Blumen und Zeitungen geöffnet sein dürfen[1].

(2) In den nach Absatz 1 erlassenen Rechtsverordnungen kann die Offenhaltung auf bestimmte Sonn- und Feiertage oder Jahreszeiten sowie auf bestimmte Arten von Verkaufsstellen beschränkt werden. Eine Offenhaltung am 2. Weihnachts-, Oster- und Pfingstfeiertag soll nicht zugelassen werden. Die Lage der zugelassenen Öffnungszeiten wird unter Berücksichtigung der Zeit des Hauptgottesdienstes von den Landesregierungen oder den von ihnen bestimmten Stellen durch Rechtsverordnung festgesetzt.

(3) (gegenstandslos)

§ 13 (aufgehoben)

§ 14 Weitere Verkaufssonntage

(1) Abweichend von der Vorschrift des § 3 Abs. 1 Nr. 1 dürfen Verkaufsstellen aus Anlass von Märkten, Messen oder ähnlichen Veranstaltungen an jährlich höchstens 4 Sonn- und Feiertagen geöffnet sein. Wird hiervon Gebrauch gemacht, so müssen die offenen Verkaufsstellen an den jeweils vorausgehenden Sonnabenden ab 14 Uhr geschlossen werden. Diese Tage werden von den Landesregierungen oder den von ihnen bestimmten Stellen durch Rechtsverordnung freigegeben.

(2) Bei der Freigabe kann die Offenhaltung auf bestimmte Bezirke und Handelszweige beschränkt werden. Der Zeitraum, währenddessen die Verkaufsstellen geöffnet sein dürfen, ist anzugeben. Er darf 5 zusammenhängende Stunden nicht überschreiten, muss spätestens um 18 Uhr enden und soll außerhalb der Zeit des Hauptgottesdienstes liegen.

(3) Sonn- und Feiertage im Dezember dürfen nicht freigegeben werden. In Orten, für die eine Regelung nach § 10 Abs. 1 Satz 1 getroffen ist, dürfen Sonn- und Feiertage nach Abs. 1 nur freigegeben werden, soweit die Zahl dieser Tage zusammen mit den nach § 10 Abs. 1 Nr. 1 freigegebenen Sonn- und Feiertagen 40 nicht übersteigt.

(4) Für Apotheken bleibt es bei den Vorschriften des § 4.

§ 15 Sonntagsverkauf am 24. Dezember

Abweichend von der Vorschrift des § 3 Abs. 1 Nr. 1 dürfen, wenn der 24. Dezember auf einen Sonntag fällt,

1. Verkaufsstellen, die gemäß § 12 oder den hierauf gestützten Vorschriften an Sonn- und Feiertagen geöffnet sein dürfen,
2. Verkaufsstellen, die überwiegend Lebens- und Genussmittel feilhalten,
3. alle Verkaufsstellen für die Abgabe von Weihnachtsbäumen

während höchstens 3 Stunden bis längstens 14 Uhr geöffnet sein. Die Öffnungszeiten werden von den Landesregierungen oder den von ihnen bestimmten Stellen durch Rechtsverordnung festgesetzt.

---

[1] Vgl. VO über den Verkauf bestimmter Waren an Sonn- und Feiertagen vom 21. 12. 1957 (BGBl. I S. 1881), geänd. durch G v. 30. 7. 1996 (BGBl. I S. 1186), deren § 1 lautet:

§ 1 (1) Abweichend von der Vorschrift des § 3 Abs. 1 Nr. 1 des Gesetzes über den Ladenschluss dürfen an Sonn- und Feiertagen geöffnet sein für die Abgabe

1. von frischer Milch: Verkaufsstellen für die Dauer von zwei Stunden,
2. von Bäcker- oder Konditorwaren: Verkaufsstellen von Betrieben, die Bäcker- oder Konditorwaren herstellen, für die Dauer von drei Stunden,
3. von Blumen: Verkaufsstellen, in denen in erheblichem Umfange Blumen feilgehalten werden, für die Dauer von zwei Stunden, jedoch am 1. November (Allerheiligen), am Volkstrauertag, am Buß- und Bettag, am Totensonntag und am 1. Adventssonntag für die Dauer von sechs Stunden,
4. von Zeitungen: Verkaufsstellen von Zeitungen für die Dauer von fünf Stunden.

(2) Absatz 1 Nr. 1 bis 3 gilt nicht für die Abgabe am 2. Weihnachts-, Oster- und Pfingstfeiertag.

(3) Die Vorschriften der §§ 5, 10, 11, 13 bis 15 des Gesetzes über den Ladenschluss bleiben unberührt.

§ 16 Verkauf an Werktagen nach 18.30 Uhr

(1) Abweichend von der Vorschrift des § 3 Abs. 1 Nr. 3 dürfen Verkaufsstellen aus Anlaß von Märkten, Messen oder ähnlichen Veranstaltungen an jährlich höchstens 6 Werktagen bis spätestens 21 Uhr geöffnet sein. Diese Tage werden durch die Landesregierungen oder die von ihnen bestimmten Stellen durch Rechtsverordnung freigegeben.

(2) Bei der Freigabe kann die Offenhaltung auf bestimmte Bezirke und Handelszweige beschränkt werden.

(3) Für Apotheken bleibt es bei den Vorschriften des § 4.

Dritter Abschnitt:

Besonderer Schutz der Arbeitnehmer

§ 17 Arbeitszeit an Sonn- und Feiertagen

(1) In Verkaufsstellen dürfen Arbeitnehmer an Sonn- und Feiertagen nur während der ausnahmsweise zugelassenen Öffnungszeiten (§§ 4 bis 15 und die hierauf gestützten Vorschriften) und, falls dies zur Erledigung von Vorbereitungs- und Abschlussarbeiten unerlässlich ist, während insgesamt weiterer 30 Minuten beschäftigt werden.

(2) Die Dauer der Beschäftigungszeit des einzelnen Arbeitnehmers an Sonn- und Feiertagen darf 8 Stunden nicht überschreiten.

(2a) In Verkaufsstellen, die gemäß § 10 oder den hierauf gestützten Vorschriften an Sonn- und Feiertagen sowie an Sonnabenden geöffnet sein dürfen, dürfen Arbeitnehmer an jährlich höchstens 22 Sonn- und Feiertagen und sonnabends höchstens bis 18 Uhr beschäftigt werden. Ihre Arbeitszeit an Sonn- und Feiertagen darf 4 Stunden nicht überschreiten.

(3) Arbeitnehmer, die an Sonn- und Feiertagen in Verkaufsstellen gemäß §§ 4 bis 6, 8 bis 12, 14 und 15 und den hierauf gestützten Vorschriften beschäftigt werden, sind, wenn die Beschäftigung länger als 3 Stunden dauert, an einem Werktage derselben Woche ab 13 Uhr, wenn sie länger als 6 Stunden dauert, an einem ganzen Werktage derselben Woche von der Arbeit freizustellen; mindestens jeder 3. Sonntag muss beschäftigungsfrei bleiben. Werden sie bis zu 3 Stunden beschäftigt, so muss jeder 2. Sonntag oder in jeder 2. Woche ein Nachmittag ab 13 Uhr beschäftigungsfrei bleiben. Statt an einem Nachmittag darf die Freizeit am Sonnabend- oder Montagvormittag bis 14 Uhr gewährt werden. Während der Zeiten, zu denen die Verkaufsstelle geschlossen sein muss, darf die Freizeit nicht gegeben werden.

(4) Arbeitnehmer, die an einem Montagvormittag in Verkaufsstellen gemäß § 3 Abs. 3 beschäftigt werden, sind an einem Werktage derselben oder der vorhergehenden Woche ab 13 Uhr von der Arbeit freizustellen. Absatz 3 Satz 3 und 4 findet Anwendung.

(5) Mit dem Bestücken von Warenautomaten dürfen Arbeitnehmer außerhalb der Öffnungszeiten, die für die mit dem Warenautomaten in räumlichem Zusammenhang stehende Verkaufsstelle gelten, nicht beschäftigt werden.

(6) (aufgehoben)

(7) Das Bundesministerium für Arbeit und Sozialordnung wird ermächtigt, zum Schutze der Arbeitnehmer in Verkaufsstellen vor übermäßiger Inanspruchnahme ihrer Arbeitskraft oder sonstiger Gefährdung ihrer Gesundheit durch Rechtsverordnung mit Zustimmung des Bundesrates zu bestimmen,

1. dass während der ausnahmsweise zugelassenen Öffnungszeiten (§§ 4 bis 16 und die hierauf gestützten Vorschriften) bestimmte Arbeitnehmer nicht oder die Arbeitnehmer nicht mit bestimmten Arbeiten beschäftigt werden dürfen,

2. dass den Arbeitnehmern für Sonn- und Feiertagsarbeit über die Vorschriften des Absatzes 3 hinaus ein Ausgleich zu gewähren ist,
3. dass die Arbeitnehmer während der Ladenschlusszeiten an Werktagen (§ 3 Abs. 1 Nr. 2 bis 4, §§ 5, 6, 8 bis 10 und 16 und die hierauf gestützten Vorschriften) nicht oder nicht mit bestimmten Arbeiten beschäftigt werden dürfen.

(8) Das Gewerbeaufsichtsamt kann in begründeten Einzelfällen Ausnahmen von den Vorschriften der Absätze 1 bis 5 bewilligen. Die Bewilligung kann jederzeit widerrufen werden.

(9) Die Vorschriften der Absätze 1 bis 8 finden auf pharmazeutisch vorgebildete Arbeitnehmer in Apotheken keine Anwendung.

Vierter Abschnitt:

Bestimmungen für einzelne Gewerbezweige und für den Marktverkehr

§ 18 Friseurbetriebe

(1) Auf Betriebe des Friseurhandwerks und die in ihnen Beschäftigten finden die Vorschriften dieses Gesetzes mit der Maßgabe Anwendung, dass dem Feilhalten von Waren das Anbieten von Dienstleistungen gleichgestellt wird.

(2) Abweichend von § 3 Abs. 1 Nr. 3 dürfen Betriebe des Friseurhandwerks sonnabends bis 18 Uhr geöffnet sein; sie müssen stattdessen am Montagvormittag bis 13 Uhr geschlossen sein.

(3) Nicht unter dieses Gesetz fällt die Ausübung des Friseurhandwerks
1. in der Wohnung und der Arbeitsstätte der Kunden,
2. auf Personenbahnhöfen und auf Flughäfen.

§ 18 a Blumenverkauf auf Friedhöfen

Abweichend von § 3 Abs. 1 Nr. 3 dürfen Verkaufsstellen für Blumen und Pflanzen auf Friedhöfen sowie in einem Umkreis bis zu 300 m von Friedhöfen sonnabends bis 17 Uhr geöffnet sein.

§ 19 Marktverkehr

(1) Während der allgemeinen Ladenschlusszeiten (§ 3) dürfen auf behördlich genehmigten Groß- und Wochenmärkten Waren zum Verkauf an den letzten Verbraucher nicht feilgehalten werden; jedoch kann die nach Landesrecht zuständige Verwaltungsbehörde in den Grenzen einer gemäß §§ 10 bis 16 oder den hierauf gestützten Vorschriften zulässigen Offenhaltung der Verkaufsstellen einen geschäftlichen Verkehr auf Groß- und Wochenmärkten zulassen.

(2) Am 24. Dezember dürfen nach 14 Uhr Waren auch im sonstigen Marktverkehr nicht feilgehalten werden.

(3) Im Übrigen bleibt es bei den Vorschriften der §§ 64 bis 71a der Gewerbeordnung insbesondere bei den auf Grund des § 69 Abs. 1 Satz 1 der Gewerbeordnung festgesetzten Öffnungszeiten für Messen, Ausstellungen und Märkte.

§ 20 Sonstiges gewerbliches Feilhalten

(1) Während der allgemeinen Ladenschlusszeiten (§ 3) ist auch das gewerbliche Feilhalten von Waren zum Verkauf an jedermann außerhalb von Verkaufsstellen verboten; dies gilt nicht für Volksbelustigungen, die den Vorschriften des Titels III der Gewerbeordnung unterliegen und von der nach Landesrecht zuständigen Behörde genehmigt worden sind, sowie für das Feilhalten von Tageszeitungen an Werktagen. Dem Feilhalten steht das Zei-

Anhang

gen von Mustern, Proben und ähnlichem gleich, wenn dazu Räume benutzt werden, die für diesen Zweck besonders bereitgestellt sind, und dabei Warenbestellungen entgegengenommen werden.

(2) So weit für Verkaufsstellen gemäß §§ 10 bis 16 oder den hierauf gestützten Vorschriften Abweichungen von den Ladenschlusszeiten des § 3 zugelassen sind, gelten diese Abweichungen unter denselben Voraussetzungen und Bedingungen auch für das Feilhalten gemäß Absatz 1.

(2a) Die nach Landesrecht zuständige Verwaltungsbehörde kann abweichend von den Vorschriften der Absätze 1 und 2 Ausnahmen für das Feilhalten von leicht verderblichen Waren und Waren zum sofortigen Verzehr, Gebrauch oder Verbrauch zulassen, sofern dies zur Befriedigung örtlich auftretender Bedürfnisse notwendig ist und diese Ausnahmen im Hinblick auf den Arbeitsschutz unbedenklich sind.

(3) Die Vorschriften des § 17 Abs. 1 bis 4 gelten entsprechend.

(4) Das Bundesministerium für Arbeit und Sozialordnung kann durch Rechtsverordnung mit Zustimmung des Bundesrates zum Schutze der Arbeitnehmer vor übermäßiger Inanspruchnahme ihrer Arbeitskraft oder sonstiger Gefährdung ihrer Gesundheit Vorschriften wie in § 17 Abs. 7 genannt erlassen.

Fünfter Abschnitt:

Durchführung des Gesetzes

§ 21 Auslage des Gesetzes, Verzeichnisse

(1) Der Inhaber einer Verkaufsstelle, in der regelmäßig mindestens ein Arbeitnehmer beschäftigt wird, ist verpflichtet,

1. einen Abdruck dieses Gesetzes und der auf Grund dieses Gesetzes erlassenen Rechtsverordnungen mit Ausnahme der Vorschriften, die Verkaufsstellen anderer Art betreffen, an geeigneter Stelle in der Verkaufsstelle auszulegen oder auszuhängen,

2. ein Verzeichnis über Namen, Tag, Beschäftigungsart und -dauer der an Sonn- und Feiertagen beschäftigten Arbeitnehmer und über die diesen gemäß § 17 Abs. 3 als Ersatz für die Beschäftigung an diesen Tagen gewährte Freizeit zu führen; dies gilt nicht für die pharmazeutisch vorgebildeten Arbeitnehmer in Apotheken. Die Landesregierungen können durch Rechtsverordnung eine einheitliche Form für das Verzeichnis vorschreiben.

(2) Die Verpflichtung nach Absatz 1 Nr. 2 obliegt auch den in § 20 genannten Gewerbetreibenden.

§ 22 Aufsicht und Auskunft

(1) Die Aufsicht über die Ausführung der Vorschriften dieses Gesetzes und der auf Grund dieses Gesetzes erlassenen Vorschriften üben, so weit es sich nicht um Wochenmärkte (§ 19) handelt, die nach Landesrecht für den Arbeitsschutz zuständigen Verwaltungsbehörden aus; ob und inwieweit Dienststellen an der Aufsicht beteiligt werden, bestimmen die obersten Landesbehörden.

(2) Auf die Befugnisse und Obliegenheiten der in Absatz 1 genannten Behörden finden die Vorschriften des § 139 b der Gewerbeordnung entsprechend Anwendung.

(3) Die Inhaber von Verkaufsstellen und die in § 20 genannten Gewerbetreibenden sind verpflichtet, den Behörden, denen auf Grund des Absatzes 1 die Aufsicht obliegt, auf Verlangen

1. die zur Erfüllung der Aufgaben dieser Behörden erforderlichen Angaben wahrheitsgemäß und vollständig zu machen,

2. das Verzeichnis gemäß § 21 Abs. 1 Nr. 2, die Unterlagen, aus denen Namen, Beschäftigungsart und -zeiten der Arbeitnehmer sowie Lohn- und Gehaltszahlungen ersichtlich sind, und alle sonstigen Unterlagen, die sich auf die nach Nummer 1 zu machenden Angaben beziehen, vorzulegen oder zur Einsicht einzusenden. Die Verzeichnisse und Unterlagen sind mindestens bis zum Ablauf eines Jahres nach der letzten Eintragung aufzubewahren.

(4) Die Auskunftspflicht nach Absatz 3 Nr. 1 obliegt auch den in Verkaufsstellen oder beim Feilhalten gemäß § 20 beschäftigten Arbeitnehmern.

§ 23 Ausnahmen im öffentlichen Interesse

(1) Die obersten Landesbehörden können in Einzelfällen befristete Ausnahmen von den Vorschriften der §§ 3 bis 16 und 18 bis 21 dieses Gesetzes bewilligen, wenn die Ausnahmen im öffentlichen Interesse dringend nötig werden. Die Bewilligung kann jederzeit widerrufen werden. Die Landesregierungen werden ermächtigt, durch Rechtsverordnung die zuständigen Behörden abweichend von Satz 1 zu bestimmen. Sie können diese Ermächtigung auf oberste Landesbehörden übertragen.

(2) Das Bundesministerium für Arbeit und Sozialordnung kann im Einvernehmen mit dem Bundesministerium für Wirtschaft durch Rechtsverordnung mit Zustimmung des Bundesrates Vorschriften über die Voraussetzungen und Bedingungen für die Bewilligung von Ausnahmen im Sinne des Absatzes 1 erlassen.

Sechster Abschnitt:

Straftaten und Ordnungswidrigkeiten

§ 24 Ordnungswidrigkeiten

(1) Ordnungswidrig handelt, wer vorsätzlich oder fahrlässig

1. als Inhaber einer Verkaufsstelle oder eines Betriebes des Friseurhandwerks oder als Gewerbetreibender im Sinne des § 20

   a) einer Vorschrift des § 17 Abs. 1 bis 3 über die Beschäftigung an Sonn- und Feiertagen, die Freizeit oder den Ausgleich,

   b) einer Vorschrift einer Rechtsverordnung nach § 17 Abs. 7 oder § 20 Abs. 4, soweit sie für einen bestimmten Tatbestand auf diese Bußgeldvorschrift verweist,

   c) einer Vorschrift des § 21 Abs. 1 Nr. 2 über Verzeichnisse oder des § 22 Abs. 3 Nr. 2 über die Einsicht, Vorlage oder Aufbewahrung der Verzeichnisse,

2. als Inhaber einer Verkaufsstelle oder eines Betriebes des Friseurhandwerks

   a) einer Vorschrift der §§ 3, 4 Abs. 1 Satz 2, des § 6 Abs. 2, des § 9 Abs. 1 Satz 2, des § 14 Abs. 1 Satz 2, des § 17 Abs. 5, des § 18 Abs. 2 oder einer nach § 4 Abs. 2 Satz 1, § 8 Abs. 2, § 9 Abs. 2 oder nach § 10 oder § 11 erlassenen Rechtsvorschrift über die Ladenschlusszeiten,

   b) einer sonstigen Vorschrift einer Rechtsverordnung nach § 10 oder § 11, so weit sie für einen bestimmten Tatbestand auf diese Bußgeldvorschrift verweist,

   c) der Vorschrift des § 21 Abs. 1 Nr. 1 über Auslagen und Aushänge,

3. als Gewerbetreibender im Sinne des § 19 oder des § 20 einer Vorschrift des § 19 Abs. 1, 2 oder des § 20 Abs. 1, 2 über das Feilhalten von Waren im Marktverkehr oder außerhalb einer Verkaufsstelle oder

4. einer Vorschrift des § 22 Abs. 3 Nr. 1 oder Abs. 4 über die Auskunft zuwiderhandelt.

(2) Die Ordnungswidrigkeit nach Abs. 1 Nr. 1 Buchstabe a und b kann mit einer Geldbuße bis zu 5000 DM, die Ordnungswidrigkeit nach Absatz 1 Nr. 1 Buchstabe c und Nr. 2 bis 4 mit einer Geldbuße bis zu 1000 DM geahndet werden.

§ 25 Straftaten

Wer vorsätzlich als Inhaber einer Verkaufsstelle oder eines Betriebes des Friseurhandwerks oder als Gewerbetreibender im Sinne des § 20 eine der in § 24 Abs. 1 Nr. 1 Buchstaben a und b bezeichneten Handlungen begeht und dadurch vorsätzlich oder fahrlässig Arbeitnehmer in ihrer Arbeitskraft oder Gesundheit gefährdet, wird mit Freiheitsstrafe bis zu 6 Monaten oder mit Geldstrafe bis zu 180 Tagessätzen bestraft.

§ 26 (aufgehoben)

Aufgehoben durch Art. 125 des Einführungsgesetzes zum Gesetz über Ordnungswidrigkeiten vom 24. 5. 1968 (BGBl. I S. 503).

Siebenter Abschnitt:

Schlussbestimmungen

§ 27 Vorbehalt für die Landesgesetzgebung

Unberührt bleiben die landesrechtlichen Vorschriften, durch die der Gewerbebetrieb und die Beschäftigung von Arbeitnehmern in Verkaufsstellen an anderen Festtagen als an Sonn- und Feiertagen beschränkt werden.

§ 28 Bestimmung der zuständigen Behörden

Soweit in diesem Gesetz auf die nach Landesrecht zuständige Verwaltungsbehörde verwiesen wird, bestimmt die Landesregierung durch Verordnung, welche Behörden zuständig sind.

§ 29 Änderung des Jugendschutzgesetzes (gegenstandslos)

§ 30 Geltung in Berlin

(aufgehoben)

§ 31 Inkrafttreten; Aufhebung bisher geltenden Rechts

(1) Dieses Gesetz tritt einen Monat nach seiner Verkündung in Kraft, § 13 jedoch bereits am Tage nach der Verkündung.

(2) Mit dem Zeitpunkt des Inkrafttretens des Gesetzes treten nachstehende Vorschriften, die den Vorschriften dieses Gesetzes widersprechen, außer Kraft, so weit dies nicht bereits geschehen ist.

Außerdem treten alle Vorschriften, die den Vorschriften dieses Gesetzes widersprechen, außer Kraft.

(3) Verweisungen auf Vorschriften, die nach Absatz 2 außer Kraft getreten sind, gelten als Verweisungen auf die entsprechenden Vorschriften dieses Gesetzes und der auf Grund dieses Gesetzes erlassenen Rechtsverordnungen.

Verordnung über den Verkauf bestimmter Waren an Sonn- und Feiertagen

vom 21. Dezember 1957 (BGBl. I S. 1881),
zuletzt geändert durch Gesetz vom 30. Juli 1996 (BGBl. I S. 1186)[1]

Auf Grund des § 12 Abs. 1 des Gesetzes über den Ladenschluss vom 28. November 1956 (Bundesgesetzbl. I S. 875) in der Fassung des Gesetzes vom 17. Juli 1957 (Bundesgesetzbl. I S. 722) wird im Einvernehmen mit den Bundesministern für Wirtschaft und für Ernährung, Landwirtschaft und Forsten mit Zustimmung des Bundesrates verordnet:

§ 1

(1) Abweichend von der Vorschrift des § 3 Abs. 1 Nr. 1 des Gesetzes über den Ladenschluss dürfen an Sonn- und Feiertagen geöffnet sein für die Abgabe

1. von frischer Milch:
   Verkaufsstellen für die Dauer von zwei Stunden,
2. von Bäcker- und Konditorwaren:
   Verkaufsstellen von Betrieben, die Bäcker- oder Konditorwaren herstellen, für die Dauer von drei Stunden,
3. von Blumen:
   Verkaufsstellen, in denen in erheblichem Umfange Blumen feilgehalten werden, für die Dauer von zwei Stunden, jedoch am 1. November (Allerheiligen), am Volkstrauertag, am Buß- und Bettag, am Totensonntag und am 1. Adventsonntag für die Dauer von sechs Stunden,
4. von Zeitungen:
   Verkaufsstellen für Zeitungen für die Dauer von fünf Stunden.

(2) Absatz 1 Nr. 1 bis 3 gilt nicht für die Abgabe am 2. Weihnachts-, Oster- und Pfingstfeiertag.

(3) Die Vorschriften der §§ 5, 10, 11, 13 bis 15 des Gesetzes über den Ladenschluss bleiben unberührt.

§ 2 (gestrichen)

§ 3 Diese Verordnung tritt am 1. Januar 1958 in Kraft.

---

[1] Artikel 3 des Gesetzes zur Änderung des Gesetzes über den Ladenschluss und zur Neuregelung der Arbeitszeit in Bäckereien und Konditoreien. Das Gesetz tritt am 1. November 1996 in Kraft.

Verordnung über die Ladenschlusszeiten für die Verkaufsstellen auf Personenbahnhöfen der nicht bundeseigenen Eisenbahnen (NE-Ladenschlusszeiten-V)

vom 18. Juli 1963 (BGBl. I S. 501),
zuletzt geändert durch Gesetz vom 30. Juli 1996 (BGBl. I S. 1186)[1]

Auf Grund des § 8 Abs. 2 des Gesetzes über den Ladenschluss vom 28. November 1956 (Bundesgesetzbl. I S. 875), zuletzt geändert durch das Zweite Gesetz zur Änderung des Gesetzes über den Ladenschluss vom 14. November 1960 (Bundesgesetzbl. I S. 845), wird im Einvernehmen mit dem Bundesministerium für Wirtschaft sowie für Arbeit und Sozialordnung mit Zustimmung des Bundesrates verordnet:

§ 1 Ladenschlusszeiten

Verkaufsstellen auf Personenbahnhöfen von nicht bundeseigenen Eisenbahnen des öffentlichen Verkehrs müssen an allen Tagen von 22 bis 5 Uhr geschlossen sein; am 24. Dezember müssen sie ab 17 Uhr geschlossen sein.

§ 2 Ausnahmen in Einzelfällen

Die nach Landesrecht zuständige Behörde kann von den in § 1 erster Halbsatz festgesetzten Ladenschlusszeiten in Einzelfällen Ausnahmen bewilligen, wenn dies nach der Zuglage oder der Bedeutung des Personenbahnhofs für den Berufs-, den allgemeinen Reise- oder den Fremdenverkehr erforderlich ist und die Belange des Arbeitsschutzes gewahrt werden.

§ 3 Beschränkung auf Reisebedarf

(1) Während der örtlich geltenden Ladenschlusszeiten darf nur Reisebedarf abgegeben werden.

(2) (gestrichen)

§ 4 Hinweispflicht

Der Inhaber der Verkaufsstelle hat am Verkaufsstand ein gut sichtbares Schild mit folgender Aufschrift anzubringen:

„Während der örtlich geltenden Ladenschlusszeiten Verkauf nur von Reisebedarf."

§ 5 Ordnungswidrigkeit

Ordnungswidrig im Sinne des § 24 des Gesetzes über den Ladenschluss handelt, wer vorsätzlich oder fahrlässig

1. der Vorschrift des § 1 über die Ladenschlusszeiten der Verkaufsstellen zuwiderhandelt,
2. entgegen § 3 während der örtlich geltenden Ladenschlusszeiten Waren abgibt, die kein Reisebedarf sind.

§§ 6, 7 (aufgehoben)

§ 8 Inkrafttreten

Diese Verordnung tritt am 1. September 1963 in Kraft.

---

[1] Artikel 4 des Gesetzes zur Änderung des Gesetzes über den Ladenschluss und zur Neuregelung der Arbeitszeit in Bäckereien und Konditoreien. Das Gesetz tritt am 1. November 1996 in Kraft.

Leitsätze für Feine Backwaren vom 6. Februar 1992, zuletzt geändert am 10. Oktober 1997
Der Begriff „Feine Backwaren" schließt die Gebäckkategorie „Dauerbackwaren" mit ein

I. Allgemeine Beurteilungsmerkmale

1. Begriffsbestimmungen
   Feine Backwaren werden aus Teigen oder Massen durch Backen, Rösten, Trocknen, Kochextrusion oder andere Verfahren hergestellt. Die Teige oder Massen werden unter Verwendung von Getreide und/oder Getreideerzeugnissen, Stärken, Fetten, Zuckerarten bereitet. Feine Backwaren unterscheiden sich von Brot und Kleingebäck dadurch, dass ihr Gehalt an Fett und/oder Zuckerarten mehr als 10 Teile auf 90 Teile Getreide und/oder Getreideerzeugnisse und/oder Stärken beträgt. Soweit in den Besonderen Beurteilungsmerkmalen aufgeführt, können bestimmten Erzeugnissen auch geringere Anteile an Fetten und/oder Zuckerarten zugesetzt werden. Dauerbackwaren sind Feine Backwaren, deren Genießbarkeit durch eine längere, sachgemäße Lagerung nicht beeinträchtigt wird.
   Die in den Leitsätzen angegebenen Mengen sind Gewichtsangaben, in Teilen oder Prozenten, so weit keine davon abweichenden Angaben gemacht werden. Diese Werte sind Mindestmengen.

2. Getreide
   Getreide im Sinne dieser Leitsätze sind die Brotgetreidearten Weizen, Roggen, Dinkel und Triticale und die Nicht-Brotgetreidearten Buchweizen, Gerste, Hafer, Hirse, Mais und Reis.

3. Getreideerzeugnisse
   Getreideerzeugnisse im Sinne dieser Leitsätze sind sämtliche Erzeugnisse aus gereinigtem Getreide, welches weiter bearbeitet wurde (z. B. durch Zerkleinern, Quetschen, Fraktionieren, Erhitzen): z. B. Mehl, Backschrot, Vollkornmehl, Vollkornschrot, Grieß und Dunst, Keime, Flocken und Speisekleie.

4. Fette
   Fette im Sinne dieser Leitsätze sind Butter, Milchfetterzeugnisse[1], Margarine- und Mischfetterzeugnisse[2], Speisefette und Speiseöle sowie deren Zubereitungen. So weit Fette gegenseitig ersetzt werden können, gelten für die in diesen Leitsätzen angegebenen Mindestzusätze an Fetten unter Berücksichtigung der unterschiedlichen Wassergehalte der verschiedenen Fettarten rechnerisch folgende Verhältnisse:
   10 kg Butter entsprechen 8,2 kg Butterreinfett oder 8,2 kg Butterfett, fraktioniert, oder 8,6 kg Butterfett.
   10 kg Butter entsprechen 10,25 kg Margarine.
   10 kg Margarine entsprechen 8 kg praktisch wasserfreier Fette.

5. Zuckerarten
   Zuckerarten im Sinne dieser Leitsätze sind alle verkehrsüblichen Zuckerarten.

6. Vollei
   Vollei im Sinne dieser Leitsätze ist die aus dem Inhalt frisch aufgeschlagener Hühnereier mittleren Gewichts (Gewichtsklasse 4) gewonnene Eimasse oder handelsüblich pasteurisiertes Vollei mit einem Trockenmassegehalt von mindestens 24 Prozent. Bei Verwendung von Eiern anderer Gewichtsklassen wird ein etwaiger Mangel an Eigelb ausgeglichen.

---

[1] Vgl. Anlage 1, XVII der Verordnung über Milcherzeugnisse vom 15. Juli 1970 (BGBl. I S. 1150) in der jeweils geltenden Fassung.
[2] § 2 des Milch- und Margarinegesetzes vom 25. Juli 1990 (BGBl. I S. 1471) i. V. mit § 1 der Margarine- und Mischfettverordnung vom 31. August 1990 (BGBl. I S. 1989).

7. Füllungen
   a) Fruchtfüllungen enthalten einen wesentlichen Anteil an Früchten und/oder Fruchterzeugnissen einschließlich Fruchtmark (auch in eingedickter oder getrockneter Form) ohne oder mit Zusatz von Zuckerarten. Sie werden auch unter Mitverwendung von Stabilisatoren, Geliermitteln, Stärken einschließlich chemisch modifizierter Stärken, Verdickungsmitteln und Genußsäuren sowie Aromen mit natürlichen Aromastoffen[1] hergestellt.

   b) Fruchtkremfüllungen enthalten die unter Nummer 7 Buchstabe a aufgeführten Zutaten und/oder Aromen. Bei Verwendung von Aromen, die naturidentische und/oder künstliche Aromastoffe[1] enthalten, wird durch bildliche Darstellungen nicht auf Früchte hingewiesen.

   Einer Abbildung von Früchten steht die Verwendung von Vanillin oder Ethylvanillin nicht entgegen, wenn dem Erzeugnis dadurch nicht der diesen Aromastoffen eigene Geruch oder Geschmack verliehen wird.

   c) Fetthaltige Füllungen enthalten als Grundstoffe die unter Nummer 4 genannten Fette.

   Milchkrems, die als Füllungen für Waffeln, Kekse und vergleichbare Erzeugnisse bestimmt sind, enthalten mindestens 2,5 Prozent und Sahnekrems mindestens 4,0 Prozent Milchfett mit den entsprechenden Mengen fettfreier Milchtrockenmasse.

   d) Canache: Sahnekrem aus zwei Teilen dunkler Schokoladeüberzugsmasse und einem Teil Schlagsahne. Als geschmackgebende Stoffe werden z. B. Mokka, Rum, Weinbrand, Kirschwasser oder Vanille verwendet.

   e) Eierkrem enthält mindestens 15 Prozent Vollei oder die entsprechenden Mengen an Eiprodukten.

   f) Schokoladenkrem enthält mindestens 5 Prozent Schokolade im Sinne der Kakaoverordnung; weiße Schokolade wird nicht verwendet.

   g) Kakaokrem enthält mindestens 2,5 Prozent stark entöltes Kakaopulver im Sinne der Kakaoverordnung.

   h) Weinkrem enthält mindestens 50 Prozent der verwendeten Flüssigkeit als Wein.

   i) Nuss- und Mandelfüllungen enthalten insgesamt mindestens 15 Prozent Haselnuss-, Walnusskerne oder Mandeln, den namengebenden Ölsamen in überwiegenden Anteilen. Nuss- und/oder Marzipanrohmassen werden – entsprechend ihren Gewichtsanteilen an Ölsamen – auch verarbeitet, dagegen keine Persipanrohmasse oder Rohmasse aus anderen Ölsamen.

   k) Marzipanfüllungen: Marzipanfüllmasse (wird mitgebacken) und Marzipanfüllkrem (wird nicht mitgebacken) enthalten, auch als Auflage, mindestens 20 Prozent Marzipanrohmasse oder entsprechende Mengen Marzipan, dagegen keine anderen Ölsamen oder Rohmassen aus anderen Ölsamen.

   l) Persipanfüllungen: Persipanfüllmasse (wird mitgebacken) und Persipanfüllkrem (wird nicht mitgebacken) enthalten, auch als Auflage, mindestens 15 Prozent Persipanrohmasse oder entsprechende Mengen Persipan, dagegen keine anderen Ölsamen oder Rohmassen aus anderen Ölsamen (siehe auch Nr. 9).

   m) Nugatfüllungen: Nugatfüllmasse (wird mitgebacken) und Nugatfüllkrem (wird nicht mitgebacken) enthalten, auch als Auflage, mindestens 10 Prozent Nugatmasse oder entsprechende Mengen Nugat (siehe auch Nr. 11 g).

---

[1] Vgl. Begriffsbestimmungen für die Aromastoffarten in § 1 Abs. 3 der Aromenverordnung vom 22. Dezember 1981 (BGBl. I S. 1625, 1933) in der jeweils geltenden Fassung.

n) Mohnfüllungen enthalten mindestens 20 Prozent Mohnsamen mit handelsüblichem Feuchtigkeitsgehalt.

o) Füllungen aus anderen Ölsamen enthalten mindestens 20 Prozent dieser Ölsamen, auch in Mischung. Rohmassen können entsprechend ihren Gewichtsanteilen an Ölsamen verarbeitet werden.

p) Schaummassen werden unter Verwendung eiweißhaltiger Schaumbildner wie Eiklar, Milch- oder Sojaeiweiß hergestellt. Sie können auch unter Zusatz von Geliermitteln, Stärken, Verdickungsmitteln und Stabilisatoren hergestellt werden.

8. Kakaohaltige Fettglasur
Die Verwendung von mit Kakaoerzeugnissen verwechselbaren Fettglasuren, auch in stückiger Form, wird ausreichend kenntlich gemacht[1], z. B. „mit kakaohaltiger Fettglasur". Fettglasuren werden bei Feinen Backwaren von besonderer Qualität, z. B. Oblatenlebkuchen, Printen, Spitzkuchen, Schlotfeger, Zimtsterne, oder bei Hinweisen hierauf, auch bei Kenntlichmachung nicht verwendet; dies gilt auch, so weit die Verkehrsbezeichnung nicht Schokolade erwarten lässt (siehe auch Nr. 11 f).

9. Persipan
Eine Verwendung von Persipan ist kenntlich zu machen[2], wenn die Verwendung von Marzipan üblich oder die verwendete Masse als Belag oder Füllung in der angebotenen Form sichtbar oder nach Aussehen, Geruch oder Geschmack mit Marzipan verwechselbar ist.

10. Zitronat, Orangeat
Zitronat und Orangeat sind kandierte Früchte im Sinne dieser Leitsätze.

11. Bezeichnungen, Angaben, Aufmachung
Bei Zutaten, die in der Bezeichnung oder Aufmachung von Feinen Backwaren zum Ausdruck kommen, werden – vorbehaltlich der Besonderen Beurteilungsmerkmale nach Abschnitt II und III – folgende Mindestmengen verwendet oder Mindestanforderungen eingehalten:

a) Butter

Auf 100 kg Getreide, Getreideerzeugnisse und/oder Stärken werden mindestens 10 kg Butter oder 8,2 kg Butterreinfett oder 8,6 kg Butterfett zugesetzt. Andere Fette – außer als Trennfette – werden nicht verwendet; die Verwendung von Emulgatoren wird davon nicht berührt.

Aromen, die einen Buttergehalt vortäuschen können, werden nicht verwendet.

b) Milch
Zum Anteigen dienen auf 100 kg Getreide, Getreideerzeugnisse und/oder Stärken bei Hefeteigen mindestens 40 l, bei Nichthefeteigen mindestens 20 l standardisierte Vollmilch[3] oder entsprechende Mengen Kondensmilch- oder Trockenmilcherzeugnisse.

c) Sahne, Rahm
Zum Anteigen dienen auf 100 kg Getreide, Getreideerzeugnisse und/oder Stärken mindestens 20 l Sahne (Rahm; mindestens 10 Prozent Milchfett) oder entsprechende Mengen eines konzentrierten Sahneerzeugnisses.

d) Eier

---
[1] § 1 der Kakaoverordnung vom 30. Juni 1975 (BGBl. I S. 1760) in der jeweils geltenden Fassung.
[2] Auf § 17 Abs. 1 Nr. 2 Buchstabe a LMBG wird hingewiesen.
[3] Art. 3 Abs. 1 Buchstabe b der Verordnung (EWG) Nr. 1411/71 des Rates zur Festlegung ergänzender Vorschriften für die gemeinsame Marktorganisation für Milch und Milcherzeugnisse hinsichtlich Konsummilch vom 29 Juni 1971 (ABl. Nr. 148 S. 4) in Verbindung mit § 2 Nr. 5 der Milchverordnung vom 24. April 1995 (BGBl. I S. 544) in den jeweils geltenden Fassungen.

Anhang 323

Auf 100 kg Getreide, Getreideerzeugnisse und/oder Stärken werden mindestens 18 kg Vollei und/oder eine entsprechende Menge an Vollei- und/oder Eigelbprodukten verwendet.

e) Quark
Bei Teigen werden auf 100 kg Getreideerzeugnisse und/oder Stärken mindestens 10 kg Speisequark (Frischkäse) oder eine entsprechende Menge Trockenerzeugnisse verwendet.
Quarkkuchenmassen in der Art von Sand- oder Rührkuchen enthalten mindestens 15 kg Speisequark (Frischkäse) oder eine entsprechende Menge Trockenerzeugnisse in 100 kg Masse.

f) Schokolade
Die Verwendung des Wortes „Schokolade", auch in abgekürzter Form, in zusammengesetzten Bezeichnungen setzt eine Mitverarbeitung von Kakaoerzeugnissen und/oder Kakao in Teigen, Massen, im Überzug oder in der Füllung voraus; sie sind im fertigen Erzeugnis geschmacklich deutlich wahrnehmbar. Besteht der Anteil nur im Überzug oder in der Füllung, so werden hierfür nur Schokoladearten[1] verwendet.

g) Mandeln, Nüsse, Marzipan, Persipan, Nugat (sowie Hinweise auf andere Ölsamen und daraus hergestellte Massen).
Die genannten Zutaten entsprechen den Leitsätzen für Ölsamen und daraus hergestellte Massen und Süßwaren; sie sind im fertigen Erzeugnis geschmacklich deutlich wahrnehmbar.
Die Verwendung von Ölsamen, deren Ölgehalt in der Trockenmasse 35 Prozent unterschreitet, und die Verwendung teilweise entölter Samen ist nicht üblich.
Unter „Nüssen" werden nur Haselnuss- und Walnusskerne verstanden.
Erzeugnisse, die nach Mandeln, Haselnuss- oder Walnusskernen benannt sind, enthalten als Ölsamenanteil nur diese Samenarten und überwiegend die namengebende Samenart, so weit in diesen Leitsätzen nichts anderes gesagt wird.
Bei Hinweisen auf „Marzipan" oder „Nugat" sind als Füllung ausschließlich die entsprechenden Rohmassen oder angewirkten Massen enthalten.

h) Honig
Mindestens 50 Prozent der enthaltenen Zuckerarten stammen aus dem zugesetzten Honig; der andere Teil kann auch aus Invertzuckerkrem[2] stammen.

i) Vanille
Als „Vanille..." bezeichnete Feine Backwaren enthalten als Aromastoffe nur Vanille und/oder Vanillearoma mit natürlichen Aromastoffen[3]; sie weisen einen deutlich wahrnehmbaren Geschmack und Geruch nach Vanille auf.

k) Pfeffer
Bei Braunen Lebkuchen weist der Wortbestandteil „Pfeffer..." nur auf eine kräftige Würzung hin.

l) Vollkorn
Der Getreide- und Stärkeanteil besteht zu mindestens 90 Prozent aus vollem Korn oder aus Vollkornerzeugnissen.

m) Mehrkorn
Diese Erzeugnisse werden mit mindestens drei Getreidearten hergestellt. Ihr Anteil beträgt jeweils mindestens 5 Prozent der Gesamtgetreideerzeugnisse.

n) Bestimmte Getreidearten

---

[1] § 1 der Kakaoverordnung vom 30. Juni 1975 (BGBl. I S. 1760) in der jeweils geltenden Fassung.
[2] Früher „Kunsthonig".
[3] Vgl. Begriffsbestimmungen für die Aromastoffarten in § 1 Abs. 3 der Aromenverordnung vom 22. Dezember 1981 (BGBl. I S 1625, 1933) in der jeweils geltenden Fassung.

Wird auf bestimmte Getreidearten hingewiesen, so beträgt der Anteil daran, bezogen auf Gesamtgetreideerzeugnisse, für Weizen mindestens 90 Prozent, für Roggen mindestens 50 Prozent und, getreideart- und erzeugnisabhängig, für alle anderen je mindestens 20 Prozent.

Hafer-Dauerbackwaren enthalten üblicherweise ebenso viel Hafermahlerzeugnisse wie andere Getreidemahlerzeugnisse, keinesfalls aber weniger als 25 Prozent, bezogen auf den Getreideanteil. Unterschreitet der Zusatz an Hafermahlerzeugnissen 50 Prozent, bezogen auf den Getreideanteil, so wird sein Prozent-Anteil angegeben.

Wird in der Bezeichnung oder Aufmachung auf andere Zutaten hingewiesen, werden diese in solchen Mengen verwendet, dass die durch sie bezweckten besonderen Eigenschaften bei den typischen Erzeugnismerkmalen sensorischer Art deutlich oder bei solchen ernährungsphysiologischer Art wertbestimmend in Erscheinung treten.

Ausgenommen hiervon sind Bezeichnungen, die lediglich auf einen Gebrauchszweck hindeuten, wie „Teegebäck", „Eiswaffeln".

12. Die als Verkehrsbezeichnung anzusehenden Bezeichnungen sind im folgenden *kursiv* gedruckt.

Geographische Bezeichnungen sind i. d. R. echte Herkunftsangaben. In manchen Fällen können sie, auch so weit sie in den Leitsätzen ausdrücklich genannt werden, aber auch nur Hinweise auf eine bestimmte Zusammensetzung und Herstellungsweise sein. In Verbindung mit den Worten „Original" oder „Echt" weisen geographische Bezeichnungen in jedem Fall auf die Herkunft hin.

II. Besondere Beurteilungsmerkmale

1. *Baumkuchen, Baumkuchenspitzen, Baumkuchentorte*
   Die Massen enthalten auf 100 kg Getreideerzeugnisse und/oder Stärken mindestens 100 kg Butter oder die entsprechende Menge Butterreinfett und/oder Butterfett und mindestens 200 kg Vollei oder entsprechende Mengen Volleierzeugnisse. Es werden auch Mandeln, Marzipanrohmasse, Nüsse und/oder Nugat zugesetzt.
   Backpulver wird nicht verwendet. Die Verwendung von Emulgatoren ist nicht üblich.
   Sie werden in dünnen Schichten gebacken. Der Überzug besteht aus Schokoladeüberzugsmasse oder Zuckerglasur. Mit Schokoladearten verwechselbare Überzüge werden auch bei Kenntlichmachung nicht verwendet.

2. *Backwaren aus Wiener Masse*
   Wiener Masse wird unter Verwendung von Getreideerzeugnissen und/oder Stärken sowie Zuckerarten, Fett und Vollei oder entsprechenden Volleierzeugnissen hergestellt. Auf 100 kg Getreideerzeugnisse und/oder Stärken werden mindestens 66,7 Prozent Vollei oder entsprechende Mengen Volleierzeugnisse und mindestens 6 kg Butter oder entsprechende Mengen Milchfetterzeugnisse oder Margarine oder praktisch wasserfreier Fette verwendet.

3. *Sandkuchen*
   Sandkuchen werden aus Sandmassen unter Verwendung von Getreideerzeugnissen und/oder Stärken, Butter, Margarine und/oder anderen Fetten, Vollei und Zucker hergestellt.
   In 100 kg Sandmasse sind mindestens 20 kg Butter oder die entsprechende Menge Milchfetterzeugnisse oder Margarine oder praktisch wasserfreier Fette sowie 20 kg Vollei oder die entsprechende Menge eines Volleierzeugnisses enthalten.

4. *Marmorkuchen*
   Marmorkuchen werden aus heller und zu mindestens 33,3 Prozent aus dunkler Sand- oder Rührmasse hergestellt. Die dunkle Masse enthält mindestens 3 Prozent Kakao oder stark entölten Kakao.

5. *Königskuchen*

Anhang 325

Königskuchen wird aus Sandmasse hergestellt, die in 100 kg Masse mindestens 20 kg Vollei oder entsprechende Mengen Volleierzeugnisse sowie mindestens 20 kg Butter oder entsprechende Mengen Milchfetterzeugnisse oder Margarine oder praktisch wasserfreier Fette enthält.
Je 100 kg Masse werden mindestens 20 kg Rosinen, Sultaninen oder Korinthen und auch Zitronat und Orangeat zugesetzt. Geleefrüchte werden nicht verwendet.

6. *Königskuchen rheinischer Art*
Königskuchen rheinischer Art wird in einer mit Blätterteig ausgelegten Form gebacken. Der Blätterteigboden in der Form wird mit Konfitüre bestrichen. Die nach dem Zusatz des im Mehl gehackten Fettes eingefüllte Königskuchenmasse (vgl. Nr. 5) wird vor dem Backen mit einem Blätterteiggitter überdeckt. Eine Mitverwendung von kandierten Kirschen ist üblich.

7. *Englischer Kuchen*
Englischer Kuchen wird aus einer Sandmasse (vgl. Nr. 3) hergestellt, der auf 100 kg Masse mindestens 30 kg Rosinen/Sultaninen, Korinthen und kandierte Früchte zugesetzt werden. Neben kandierten Kirschen wird mindestens noch eine weitere Art kandierter Früchte verwendet. Geleefrüchte werden nicht verwendet.

8. *Blätterteiggebäck*
Blätterteiggebäcke sind Gebäcke aus Teigen ohne Triebmittel. Bei ihrer Herstellung werden mindestens 68,3 kg Butter oder die entsprechende Menge Milchfetterzeugnisse oder Margarine oder praktisch wasserfreier Fette, bezogen auf 100 kg Getreideerzeugnisse, verwendet.

9. *Stollen*[1]
Stollen enthalten mindestens 30 kg Butter oder die entsprechende Menge Milchfetterzeugnisse oder Margarine oder praktisch wasserfreier Fette sowie 60 kg Trockenfrüchte – ausschließlich Rosinen, Sultaninen oder Korinthen –, auch Zitronat und Orangeat, bezogen auf 100 kg Getreideerzeugnisse und/oder Stärken, sofern sich aus den nachfolgenden Anforderungen nichts anderes ergibt. Eine Verwendung von Erdnüssen und anderen Leguminosen-Samen ist nicht üblich.

a) *Mandelstollen*
Mandelstollen enthalten mindestens 20 kg Mandeln auf 100 kg Getreideerzeugnisse und/oder Stärken. Trockenfrüchte, auch Zitronat und Orangeat, können zugesetzt werden.
Eine Zugabe von Persipan ist nicht üblich.

b) *Marzipan-/Persipanstollen*
Wird auf die Verwendung von Marzipan oder Persipan hingewiesen, so beträgt der üblicherweise zu einer Füllung verarbeitete Marzipanrohmasse- bzw. Persipanrohmasseanteil mindestens 5 Prozent des Stollenteiggewichtes. Zur Kenntlichmachung von Persipan siehe Nr. I 9.

c) *Mohnstollen*
Mohnstollen enthalten mindestens 20 kg Mohn mit handelsüblichem Feuchtigkeitsgehalt auf 100 kg Getreideerzeugnisse und/oder Stärken. Üblicherweise wird der Mohn zu einer Füllung verarbeitet. Trockenfrüchte, auch Zitronat und Orangeat, können zugegeben werden.

d) *Nussstollen*
Nussstollen enthalten mindestens 20 kg Nusskerne, auch zerkleinert, auf 100 kg Getreideerzeugnisse und/oder Stärken, die üblicherweise zu einer Füllung verarbeitet werden.

e) *Dresdner Stollen*[1]

---

[1] In einigen Gebieten Süddeutschlands werden herkömmlich auch Erzeugnisse unter der Bezeichnung Stollen (z. B. Kaffeestollen) in den Verkehr gebracht, die nur 45 kg Trockenfrüchte, auch Zitronat und Orangeat, auf 100 kg Getreideerzeugnisse und/oder Stärken enthalten.

Dresdner Stollen enthalten mindestens 32,4 kg praktisch wasserfreier Fette, davon mindestens 50 Prozent Milchfett, bezogen auf 100 kg Getreideerzeugnisse und/oder Stärken. Milchfette können als Butter, Butterreinfett, Butterfett oder fraktioniertes Butterfett zugesetzt werden. Es werden mindestens 70 kg Trockenfrüchte, auch Zitronat und Orangeat, und mindestens 10 kg Mandeln und/oder die entsprechende Menge Marzipanrohmasse auf 100 kg Getreideerzeugnisse und/oder Stärken zugegeben.
Eine Zugabe von Persipan ist nicht üblich.

f) *Butterstollen*
Butterstollen enthalten mindestens 40 kg Butter oder die entsprechenden Mengen Butterreinfett oder Butterfett sowie mindestens 70 kg Trockenfrüchte, auch Zitronat und Orangeat, auf 100 kg Getreideerzeugnisse und/oder Stärken. Bis 10 kg Trockenfrüchte können durch Mandeln und/oder eine entsprechende Menge Marzipanrohmasse ersetzt werden.
Eine Zugabe von Persipan ist nicht üblich.

g) *Quarkstollen*
Quarkstollen enthalten mindestens 40 kg Speisequark (Frischkäse) oder die entsprechende Menge Quarktrockenprodukte und mindestens 20 kg Butter oder die entsprechende Menge Milchfetterzeugnisse oder Margarine oder entsprechende Mengen praktisch wasserfreier Fette auf 100 kg Getreideerzeugnisse und/oder Stärken. Trockenfrüchte, auch Zitronat und Orangeat, können zugesetzt werden.

10. *Bienenstich*
Bienenstich ist ein gefüllter oder ungefüllter Hefekuchen. Er ist zu mindestens 20 Prozent des Teiggewichtes mit einem Belag versehen, der Ölsamen, gebunden in einer karamellartigen Masse aus Zuckerarten, Fett und ggf. Milch, enthält. Der Anteil der Ölsamen in der Masse des Belages beträgt mindestens 30 Prozent. Die Verarbeitung von anderen Ölsamen, außer Walnüssen, Haselnüssen und Mandeln, wird kenntlich gemacht.
Mandel-Bienenstich enthält als Ölsamen nur Mandeln.

11. *Butterkuchen*
Butterkuchen ist ein Hefekuchen, der im Teig und in der Auflage als Fett nur Butter enthält. Der Butteranteil (Teig einschließlich Auflage) beträgt mindestens 30 kg oder entsprechende Mengen Butterreinfett und/oder Butterfett, bezogen auf 100 kg Getreideerzeugnisse und/oder Stärken.

12. *Butterstreuselkuchen*
Butterstreuselkuchen ist ein Hefekuchen mit einem Streuselbelag. Der Teig und die Streusel enthalten als Fett nur Butter. Der Butteranteil (Teig einschließlich Streusel) beträgt mindestens 30 kg oder entsprechende Mengen Butterreinfett und/oder Butterfett, bezogen auf 100 kg Getreideerzeugnisse und/oder Stärken.

13. *Plunder*
Plundergebäck wird aus einem gezogenen Hefeteig hergestellt, bei dem mindestens 30 kg Butter oder die entsprechende Menge Milchfetterzeugnisse oder Margarine oder praktisch wasserfreier Fette, bezogen auf 100 kg Getreideerzeugnisse und/oder Stärken, verwendet werden.

14. *Dänischer Plunder (Kopenhagener)*
Dänisches Plundergebäck wird aus einem gezogenen Hefeteig hergestellt, bei dem mindestens 60 kg Butter oder die entsprechende Menge Milchfetterzeugnisse oder Margarine oder praktisch wasserfreier Fette, bezogen auf 100 kg Getreideerzeugnisse und/oder Stärken, verwendet werden.

---

[1] Dresdner Stollen, Dresdner Weihnachtsstollen, Dresdner Christstollen sind nach dem Einigungsvertrag für das Beitrittsgebiet als Herkunftsbezeichnung registriert.

15. *Früchtebrot*
Früchtebrot enthält auf 100 kg Getreideerzeugnisse und/oder Stärken mindestens 100 kg Trockenfrüchte (z. B. Birnen, Äpfel, Feigen, Sultaninen) einschließlich kandierte Früchte, auch Mandeln und Nüsse. Bei Früchtebrot, das nach einer Fruchtart benannt ist, z. B. *Birnenbrot*, genügt die Verwendung dieser Art.

16. *Käsekuchen, Käsetorte*
Käsekuchen oder auch Käsetorten können in offener, gedeckter oder gefüllter Form hergestellt werden. Auf 100 kg Teig werden mindestens 150 kg Käsemasse verwendet. Zur Herstellung der Käsemasse werden mindestens 30 Prozent Speisequark (Frischkäse) oder die entsprechende Menge Quarktrockenprodukte verwendet.

17. *Sahnetorte, Sahnekremtorte*
Sahnefüllungen und -garnierungen für Sahnetorten.
Die bei der Herstellung von Sahne- und Fruchtsahnetorten verwendeten Sahnefüllungen oder -garnierungen enthalten mindestens 60 Prozent Schlagsahne.
Füllungen oder Garnierungen mit einem geringeren Anteil an Schlagsahne werden als *Sahnekrem (Sahnekremtorte)* bezeichnet; ihr Gehalt an Schlagsahne beträgt mindestens 20 Prozent. Als eventuell zugesetztes Fett wird nur Milchfett verwendet.
Bei *Quark-Sahnetorte (Käse-Sahnetorte), Wein- oder Joghurt-Sahnetorte* beträgt der Schlagsahneanteil in der Füllung und/oder Garnierung mindestens 20 Prozent.

18. *Kremtorten*
Butterkrem, Fettkrem für Butterkrem- und Kremtorten.
Butterkrem enthält mindestens 20 Prozent Butter oder entsprechende Mengen Butterreinfett und/oder Butterfett; anderes Fett wird nicht verwendet.
Fettkrem enthält mindestens 20,5 Prozent Margarine oder entsprechende Mengen praktisch wasserfreien Fettes.

19. *Frankfurter Kranz*
Frankfurter Kranz ist eine kranzförmige Torte aus Sand-, Wiener oder Biskuitmasse. Sie ist in Lagen quergeschnitten, mit Butterkrem gefüllt und damit auf den Ober- und Seitenflächen bestrichen, außerdem mit Mandel- oder Nusskrokant bestreut.

20. *Schwarzwälder Kirschtorte*
Schwarzwälder Kirschtorten sind Kirschwasser-Sahnetorten oder Kirschwasser-Butterkremtorten, auch deren Kombination. Als Füllung dienen Butterkrem und/oder Sahne, teilweise Canache sowie Kirschen, auch als Stücke in gebundener Zubereitung. Der zugesetzte Anteil an Kirschwasser ist geschmacklich deutlich wahrnehmbar.
Für die Krume werden dunkle und/oder helle Wiener oder Biskuitböden verwendet. Die Masse für die dunklen Böden enthält mindestens 3 Prozent Kakaopulver oder stark entölten Kakao. Für den Unterboden wird auch Mürbeteig verwendet.
Die Torte wird mit Butterkrem oder Sahne eingestrichen, mit Schokoladenspänen garniert.

21. *Sachertorte*
Sachertorte ist eine Schokoladentorte aus Sachermasse, gefüllt mit einer Fruchtfüllung mit einem mindestens 45 Prozent betragenden Aprikosenanteil, überzogen mit Kuvertüre oder Kakao-Zuckerglasur, zuweilen auch unterlegt mit dieser Fruchtfüllung.
Unter „Sachermasse" wird eine schwere Schokoladenmasse verstanden, die auf 100 kg Weizenmehl, dessen teilweiser Ersatz durch Stärke möglich ist, mindestens 100 kg Schokolade und/oder eine entsprechende Menge Kakao, mindestens 100 kg Butter oder entsprechende Mengen Butterreinfett und/oder Butterfett sowie mindestens 200 kg Vollei enthält.
Mit Schokoladearten verwechselbare Überzüge werden auch bei Kenntlichmachung nicht verwendet.

III. Besondere Beurteilungsmerkmale für Dauerbackwaren
1. *Kekse und Kräcker*
   a) *Kekse*
   Kekse *(Keks)* sind aus kleinen oder mäßig großen Stücken bestehende, nicht süße oder mehr oder minder süße Gebäcke aus meist fetthaltigem Teig, der ausgewalzt, ausgeformt, gespritzt („Dressiergebäck") oder geschnitten („Schnittgebäck") wird.
   Mürbekeks enthält mindestens 16,5 kg praktisch wasserfreie Fette oder eine entsprechende Menge anderer Fette auf 100 kg Getreideerzeugnisse und/oder Stärken.
   Spekulatius ist eine gewürzte oder nicht gewürzte Gebildbackware.
   b) *Kräcker*
   Kräcker sind ein flaches, kleinstückiges oder mäßig großes, fetthaltiges, infolge von Walz- und Falzvorgängen meist blättriges Gebäck, das zuweilen gesalzen oder mit Salz bestreut wird.
2. *Laugendauergebäcke*
   Laugendauergebäcke sind knusprige Backwaren mit einem Feuchtigkeitsgehalt bis zu 12 Prozent. Die Außenseite des geformten Teiges wird vor dem Backen mit wässriger Natronlauge[1] behandelt. Dies verleiht den Gebäcken ihre charakteristischen Eigenschaften wie Beschaffenheit der Außenschicht (Farbe, Konsistenz oder Kruste) und Geschmack. Die Gebäcke besitzen meist Brezel- oder Stangenform. Sie können mit Salz und/oder Gewürzen und/oder Ölsamen bestreut sein.
3. *Lebkuchen*
   a) Begriffsbestimmungen
   Lebkuchen sind süße gewürzte Erzeugnisse mit oder ohne Oblatenunterlage, die aus Massen oder Teigen gebacken werden.
      aa) Massen im Sinne von a) werden aus Getreideerzeugnissen und/oder Stärken und anderen Zutaten (vgl. Buchst. b) in unterschiedlichen Mengen durch Schlagen, Rühren, Mischen und/oder „Rösten" hergestellt. Die anderen Zutaten überwiegen insgesamt gegenüber Getreideerzeugnissen oder Stärken. Die Massen, chemisch und/oder physikalisch gelockert, sind schaumartig oder weich bis dickflüssig.
      bb) Teige im Sinne von a) werden aus Getreideerzeugnissen und/oder Stärken sowie anderen Zutaten durch Mischen und Kneten hergestellt. Die Teige, biologisch, chemisch und/oder physikalisch gelockert, sind elastisch bis plastisch formbar.
      Lebkuchen kommen in vielen Formen vor. Sie können überzogen, belegt, bestreut, verziert, glasiert oder gefüllt sein.
   b) Zutaten
   Lebkuchen enthalten:
      aa) – Getreideerzeugnisse und/oder Stärken,
      – Zuckerarten und/oder Honig, Invertzuckerkrem[2],
      – Gewürze und/oder Aromen, die ausschließlich natürliche Aromastoffe enthalten. Vanillin kann zur Geschmacksabrundung verwendet werden.
      Rübensirup – außer bei Gewürzprinten (vgl. Nummer 3 c bb) – und Melassen werden nicht verwendet.
      bb) Als weitere Zutaten werden je nach Art der Lebkuchen verwendet:
      Mandeln, Haselnüsse, Walnüsse und andere Ölsamen im Sinne der Leitsätze für Ölsamen und daraus hergestellte Massen und Süßwaren und deren Rohmassen, ausgenommen Erdnusskerne sowie Erzeugnisse aus Erdnüssen und Kokosnüssen. Außerdem Hühnerei, Milcherzeugnisse, Zubereitungen aus Früchten oder Fruchterzeugnissen, Malzextrakt.

---

[1] Anlage 2 zu § 2 der Zusatzstoff-Zulassungsverordnung vom 22. Dezember 1981 (BGBl. I S. 1625, 1633) in der jeweils geltenden Fassung.
[2] Früher „Kunsthonig".

cc) Zum Überziehen und/oder Glasieren dienen Schokoladearten und Zuckerglasuren (als Eiweiß- oder Wasserglasuren). Zum Verzieren oder Belegen werden ganze oder zerkleinerte Ölsamen (Abschnitt bb) oder verarbeitete Obsterzeugnisse sowie Zuckerarten und Zuckerwaren verwendet. Bei Verwendung von naturidentischen Aromastoffen in Zuckerglasuren und Zuckerwaren wird auf natürliche Rohstoffe und traditionelle Herstellung nicht hingewiesen.

dd) Speisefette und Speiseöle werden nicht verwendet; bei Braunen Lebkuchen ist die Verarbeitung geringer Mengen möglich.

c) Lebkuchenarten

aa) Auf Oblaten gebackene Lebkuchen

Auf Oblaten gebackene Lebkuchen sind Lebkuchen aus Massen, die auf Oblaten aufgetragen (gestrichen oder dressiert) und nach leichter Oberflächentrocknung gebacken werden.

Mit Schokoladearten verwechselbare Überzüge werden auch bei Kenntlichmachung nicht verwendet.

– *Oblaten-Lebkuchen*
Sie enthalten in der Masse mindestens 7 Prozent Ölsamen, von denen mindestens die Hälfte aus Mandeln und/oder Haselnuss- und/oder Walnusskernen besteht. Ölsamen, die der Verzierung dienen, werden dem Ölsamenanteil der Masse nach Satz 1 nicht zugerechnet.

– *Feine Oblaten-Lebkuchen*
Feine Oblaten-Lebkuchen enthalten in der Masse mindestens 12,5 Prozent Mandeln und/oder Haselnuss- und/oder Walnusskerne. Es können auch Mischungen mit anderen Ölsamen verarbeitet werden. Der Ölsamenanteil beträgt dann mindestens 14 Prozent; ein Anteil von 7 Prozent Mandeln und/oder Haselnuss- und/oder Walnusskernen wird nicht unterschritten.

– *Haselnuss-Lebkuchen, Walnuss-Lebkuchen, Nuss-Lebkuchen*
Diese Bezeichnungen erfordern einen Gehalt von mindestens 20 Prozent Haselnuss- und/oder Walnusskernen und/oder Mandeln in der Masse. Dabei überwiegt der namengebende Nusskernanteil. Andere Ölsamen werden nicht verwendet.
Die Masse enthält höchstens 10 Prozent Getreideerzeugnisse oder 7,5 Prozent Stärken oder eine entsprechende Mischung.

– *Feinste Oblaten-Lebkuchen*
Feinste Oblaten-Lebkuchen werden unter der Verkehrsbezeichnung *Elisenlebkuchen* oder anderen auf höchste Qualität hinweisenden Bezeichnungen, wie *Oblaten-Lebkuchen extra fein, Oblaten-Lebkuchen Spitzenqualität, Oblaten-Lebkuchen edel*, in den Verkehr gebracht. Die Masse enthält mindestens 25 Prozent Mandeln und/oder Haselnuss- und/oder Walnusskerne. Andere Ölsamen werden nicht verwendet.
Die Masse enthält höchstens 10 Prozent Getreideerzeugnisse oder 7,5 Prozent Stärken oder eine entsprechende Mischung.

– *Mandel-Lebkuchen, Marzipan-Lebkuchen, Makronen-Lebkuchen*
Diese Bezeichnungen erfordern eine Zusammensetzung wie bei „Feinste Oblaten-Lebkuchen" (Buchstabe c aa, 4. Spiegelstrich), wobei der Mandelanteil gegenüber dem Nusskernanteil überwiegt.

– *Weiße Lebkuchen*
Weiße Lebkuchen enthalten in der Masse mindestens 15 Prozent Vollei und/oder eine entsprechende Menge Eiprodukte oder Milcheiweißerzeugnisse und nicht mehr als 40 Prozent Getreideerzeugnisse und/oder Stärken.
Die Verwendung von Ölsamen ist möglich.
Weiße Lebkuchen werden nur in rechteckiger Form hergestellt und sind weder glasiert, überzogen noch gefüllt.
Zum Verzieren (Belegen) werden Mandeln und/oder Zitronat und/oder Orangeat verwendet.

bb) *Braune Lebkuchen*
Braune Lebkuchen werden aus Teig ausgeformt, ausgestochen oder geschnitten und nicht auf Oblatenunterlage gebacken. Sie enthalten auf 100 kg Getreideerzeugnisse und/oder Stärken mindestens 50 kg Zuckerarten. Sie werden ohne oder mit Ölsamen hergestellt.
Braune Lebkuchen ohne qualitätshervorhebende oder ohne auf Ölsamen hindeutende Hinweise können bis zu 3 kg zugesetztes Fett (Nummer 3 b dd) enthalten, bezogen auf 100 kg Getreideerzeugnisse und/oder Stärken.

– *Feine Braune Lebkuchen*
Feine Braune Lebkuchen enthalten mindestens 10 Prozent Mandeln und/oder Haselnuss- und/oder Walnusskerne und/oder andere Ölsamen im Teig und/oder als Auflage.
Sie können bis zu 1,5 kg zugesetztes Fett enthalten, bezogen auf 100 kg Getreideerzeugnisse und/oder Stärken. Hiervon unberührt bleiben sonstige Anforderungen bei einzelnen Lebkuchenarten.

– *Feinste Braune Lebkuchen*
Feinste Braune Lebkuchen oder Braune Lebkuchen mit qualitätshervorhebenden Bezeichnungen wie *Braune Lebkuchen extra fein, Braune Lebkuchen Spitzenqualität, Braune Lebkuchen edel* enthalten im Teig und/oder als Auflage mindestens 20 Prozent Mandeln und/oder Haselnuss- und/oder Walnusskerne, jedoch keine anderen Ölsamen und kein zugesetztes Fett.
Hiervon unberührt bleiben sonstige Anforderungen bei einzelnen Lebkuchenarten.

– *Braune Mandel-Lebkuchen, Braune Nuss-Lebkuchen*
So bezeichnete Braune Lebkuchen erfüllen die Anforderungen für Feinste Braune Lebkuchen. Es überwiegt jeweils der namengebende Ölsamenanteil.

– *Honig-Lebkuchen, Honigkuchen*
Honig-Lebkuchen, auch Honigkuchen genannt, sind Braune Lebkuchen, bei denen mindestens die Hälfte des Gehaltes an Zuckerarten aus Honig stammt. Der andere Teil kann auch aus Invertzuckerkrem[1] stammen.

– *Dominosteine*
Dominosteine sind etwa bissengroße Würfel aus einer oder mehreren Schichten Braunen Lebkuchens und einer Lage oder mehreren Lagen von Zubereitungen, z. B. aus Fruchtmark, Marzipan oder Persipan, nicht aber aus Fondantmasse oder -krem; sie sind mit Schokoladearten überzogen.
Feine Dominosteine oder *Dessert-Dominosteine* enthalten außer einer oder mehreren Schichten Braunen Lebkuchens (Nummer 3 c bb) mindestens eine Lage aus Zubereitungen aus Früchten oder Fruchterzeugnissen und mindestens eine Lage aus Marzipan oder Persipan.
Bei *Feinste Dominosteine* bestehen die Lagen ausschließlich aus Zubereitungen aus Früchten oder Fruchterzeugnissen und Marzipan im Sinne der Leitsätze für Ölsamen und daraus hergestellten Massen und Süßwaren.

– *Printen*
Printen sind knusprig-harte oder auch saftig-weiche Braune Lebkuchen. Es sind meist rechteckige Stücke, jedoch sind auch platten- oder gebildartige Formen üblich. Kennzeichnend sind die sensorisch deutlich wahrnehmbare Mitverwendung ungelöst gebliebener brauner Kandiszuckerkrümel und eine typische Würzung.
Auf 100 kg Getreideerzeugnisse enthalten sie mindestens 80 kg Zuckerarten, berechnet als Trockenmasse. Rohzucker wird nicht verwendet. Bei *Gewürzprinten* wird zuweilen ein Teil des Zuckers durch Rübensirup ersetzt.

---

[1] Früher „Kunsthonig".

Bei Printen werden als Ölsamen im Teig und/oder als Auflage in Überzügen nur Mandeln und/oder Haselnuss- und/oder Walnusskerne verwendet.
Bei Verarbeitung von Ölsamen werden diese vorwiegend als Auflage in ganzer oder zerkleinerter Form, eingebettet in Überzügen, verwendet. Figurenprinten werden auch mit ganzen oder halben Ölsamen dekoriert.

– Mit Schokoladearten verwechselbare Überzüge werden auch bei Kenntlichmachung nicht verwendet.

Feine Printen haben einen vollständigen und gut deckenden Überzug ausschließlich aus Schokoladearten. Der Anteil des Überzugs beträgt mindestens 25 Prozent, bezogen auf das Gesamtgewicht des fertigen Gebäckstückes.

Feinste Printen haben darüber hinaus einen Ölsamenanteil von mindestens 15 Prozent, bezogen auf den Gebäckkörper, eingearbeitet und/oder als Auflage. Mit einer Marzipan- oder Nugatschnitte belegte „feinste" Printen weisen üblicherweise keinen vollständig deckenden Überzug aus Schokoladearten auf.

– *Spitzkuchen*
Spitzkuchen sind etwa bissengroße, mit Schokoladearten überzogene, gefüllte oder ungefüllte Stücke aus Braunen Lebkuchen mit meist dreieckiger oder viereckiger Grundfläche.
Mit Schokoladearten verwechselbare Überzüge werden auch bei Kenntlichmachung nicht verwendet.

Feine Spitzkuchen enthalten zerkleinerte Früchte oder Zubereitungen aus Früchten oder Fruchterzeugnissen im Teig oder als Füllung. Sie sind vollständig mit Schokoladearten überzogen.

Feinste Spitzkuchen haben darüber hinaus eine gut deckende Auflage aus zerkleinerten Mandeln und/oder Haselnuss- und/oder Walnusskernen. Die Auflage ist in Schokoladearten eingebettet und damit vollständig überzogen.

– *Lebkuchen-Herzen, Lebkuchen-Brezeln, Lebkuchen-Sterne*
Diese und andere figürliche Formen Brauner Lebkuchen – auch als Bunte Mischung – sind Braune Lebkuchen (Nummer 3 c bb 1. – 4. Spiegelstrich) und entsprechen den an die einzelnen Lebkuchenarten gestellten Anforderungen, wenn sie so bezeichnet werden.

– Traditionelle Lebkuchenarten wie *Pfeffernüsse*, *Pflastersteine*, *Magenbrot* oder *Alpenbrot*
Dicke oder hohe Lebkuchen (*Frühstückslebkuchen* z. B. holländischer oder Braunschweiger Art) entsprechen den Anforderungen für Braune Lebkuchen.

4. *Backoblaten*
Backoblaten, auch *Oblaten* genannt, sind dünne, blattartige, meist weiß aussehende Erzeugnisse, die aus einer flüssigen Masse aus Weizenmehl und/oder Stärken und Wasser zwischen erhitzten Flächen gebacken werden.

5. *Waffeldauergebäck*
Waffelblätter werden aus einer meist flüssigen, dünnen Masse zwischen erhitzten Flächen gebacken. Abhängig von der Zusammensetzung des Teiges können die Waffelblätter in heißem Zustand biegsam sein. Für die Weiterverarbeitung werden sie meist geschnitten oder ausgestanzt. Hinsichtlich ihrer Gestaltung unterscheidet man zwischen Flach- und Formwaffeln, auch in Gebildform. Sie gelangen ungefüllt oder gefüllt in den Verkehr.

a) *Ungefüllte Waffeln* sind teils zum unmittelbaren Genuss, teils zum späteren Füllen, z. B. mit Speiseeis, bestimmt.

b) Bei *gefüllten Waffeln* wird die Füllung, die in manchen Fällen nur eine dünne Schicht bildet, zwischen Waffelblätter eingebracht oder in Hohlwaffeln eingefüllt.

Für besondere Arten gefüllter Waffeln ist auch die Verkehrsbezeichnung *Oblaten,* jedoch nur in Verbindung mit einer Ortsangabe, üblich.

6. *Zwieback*
Zwieback ist ein durch zweimaliges Erhitzen meist unter Verwendung von Hefe hergestelltes knuspriges Gebäck.
Nährzwieback enthält auf 100 kg Getreidemehl 10 kg Butter und 10 kg Vollei oder die entsprechende Menge Eigelb und als Anteigflüssigkeit nur Vollmilch[1]. Anstelle von Vollmilch können Milcherzeugnisse mit entsprechenden Mengen Milchtrockenmasse, die der Zusammensetzung der Vollmilchtrockenmasse entspricht, verwendet werden.

7. *Dauerbackwaren besonderer Art*
   a) *Russisch-Brot, Patience-Gebäck*
   Russisch-Brot, Patience-Gebäck ist ein zu Buchstaben, Zahlen oder ähnlichen Gebilden geformtes, knuspriges Gebäck. Es wird aus einer schaumigen, dickflüssigen Masse mit Eiweiß und Zuckerarten ohne Zusatz von Fett hergestellt. Ein Zusatz von Getreide, Getreideerzeugnissen und/oder Stärke ist üblich.
   b) *Baiser*
   Baiser wird ausschließlich aus Saccharose und/oder anderen Zuckerarten und mindestens 20 Prozent Hühnereiklar durch Trocknen hergestellt.

8. *Biskuit*
Biskuit wird unter Verwendung von Getreideerzeugnissen und/oder Stärken, Zuckerarten und Vollei oder entsprechenden Volleiprodukten hergestellt. Der Volleianteil beträgt mindestens 66,7 Prozent des Gewichts an Getreideerzeugnissen und/oder Stärken. Elaustauschstoffe werden nicht verwendet. Der Masse wird kein Fett zugesetzt.
Eibiskuit und andere hervorhebende Qualitätsbezeichnungen erfordern den doppelten Eigehalt, bezogen auf den Anteil an Getreideerzeugnissen und/oder Stärken.
Mit Schokoladearten verwechselbare Überzüge werden bei Feinen Backwaren, die mit der Bezeichnung „Biskuit" in den Verkehr gebracht werden, nicht verwendet.

9. *Makronengebäcke*
Makronengebäcke werden aus zerkleinerten Mandeln oder anderen eiweißreichen Ölsamen (ausgenommen Erdnusskerne) oder den entsprechenden Rohmassen sowie aus Zucker und Eiklar (bisweilen außerdem Eigelb) hergestellt. Ein Zusatz von Getreideerzeugnissen und/oder Stärken ist außer bei Kokosmakronen nicht üblich. Nur Mandel- und Marzipanmakronen tragen auch die alleinige Bezeichnung *Makronen*, alle anderen Makronengebäcke werden entsprechend der Art der verwendeten Ölsamen oder Rohmassen bezeichnet.
   a) Zur Herstellung von *Mandelmakronen* und *Marzipanmakronen* werden zerkleinerte süße Mandeln, Marzipanrohmasse oder Makronenmasse verwendet.
   b) Zur Herstellung von *Nussmakronen, Haselnussmakronen* bzw. *Walnussmakronen* werden zerkleinerte Haselnuss- oder Walnusskerne oder Nussmakronenmasse verwendet.
   c) Zur Herstellung von *Persipanmakronen* werden geschälte Aprikosenkerne[2], geschälte Pfirsichkerne[2], geschälte entbitterte Mandeln[2] – jeweils zerkleinert –, Persipanrohmasse, Persipan und/oder Persipanmakronenmasse verwendet.
   d) Zur Herstellung von *Kokosmakronen* werden Kokosraspel verwendet. Ein Zusatz von Mehlen und/oder Stärken beträgt höchstens 3 Prozent der Masse.
Mit Schokoladearten verwechselbare Überzüge werden für Erzeugnisse nach a) und b) nicht verwendet.

---

[1] Art. 3 Abs. 1 Buchstabe b der Verordnung (EWG) Nr. 1411/71 des Rates zur Festlegung ergänzender Vorschriften für die gemeinsame Marktorganisation für Milch und Milcherzeugnisse hinsichtlich Konsummilch vom 29. Juni 1971 (ABI. Nr. 148 S. 4) in Verbindung mit § 2 Nr. 5 der Milchverordnung vom 24. April 1995 (BGBl. I S. 544) in den jeweils geltenden Fassungen.
[2] Auf die Leitsätze für Ölsamen und daraus hergestellte Massen und Süßwaren vom 27. Januar 1965 (Beilage zum BAnz. Nr. 101 vom 2. Juni 1965) in der jeweils geltenden Fassung wird hingewiesen.

10. *Florentiner*
Florentiner sind ein knuspriges, flaches Mandel- oder Nussgebäck mit meist braunem Rand und hellerem Innern; es können auch Früchte oder Fruchtbestandteile oder Honig zugesetzt werden. Bei der Herstellung werden außer fein gehackten oder gehobelten Mandeln und/oder Nusskernen u.a. Zuckerarten, Fetten, auch Milch (auch als Milchpulver oder in Form von anderen Milcherzeugnissen) verwendet. Der Mehlanteil beträgt nicht mehr als 5 Prozent, bezogen auf Masse, außer der Schokoladeüberzugsmasse. Zum Überziehen dienen nur Schokoladearten. Mit Schokoladearten verwechselbare Überzüge werden auch bei Kenntlichmachung nicht verwendet.

11. *Nussknacker*
Nussknacker sind ein flaches Nussgebäck mit ganzen oder auch sehr grob gehackten Nußkernen mit meist braunem Rand und hellerem Innern, die auch auf Mürbeteigböden mit Rand gebacken werden. Bei der Herstellung werden außer Nußkernen Zuckerarten, Fette, auch Milch (auch als Milchpulver oder in Form von anderen Milcherzeugnissen) verwendet. Der Mehlanteil beträgt nicht mehr als 5 Prozent, bezogen auf Masse außer der Schokoladeüberzugsmasse. Zum Überziehen dienen nur Schokoladearten. Mit Schokoladearten verwechselbare Überzüge werden auch bei Kenntlichmachung nicht verwendet.

Leitsätze für Brot und Kleingebäck
vom 24. März 1994, zuletzt geändert am 26. Januar 1999

Die Leitsätze gelten für Brot und Kleingebäck, für die zu ihrer Herstellung bestimmten vorgebackenen Erzeugnisse oder Teige sowie für die zur Abgabe an den Endverbraucher bestimmten Backmischungen.

I. Allgemeine Beurteilungsmerkmale

1. Begriffsbestimmungen

1.1 Brot
Brot wird ganz oder teilweise aus Getreide und/oder Getreideerzeugnissen, meist nach Zugabe von Flüssigkeit, sowie von anderen Lebensmitteln (z. B. Leguminosen-, Kartoffelerzeugnisse) in der Regel durch Kneten, Formen, Lockern, Backen oder Heißextrudieren des Brotteiges hergestellt.
Brot enthält weniger als 10 Gewichtsanteile Fett und/oder Zuckerarten auf 90 Gewichtsteile Getreide und/oder Getreideerzeugnisse.

1.2 Kleingebäck
Kleingebäck entspricht den Anforderungen an Brot, sofern nicht in Abschnitt III (Besondere Beurteilungsmerkmale für Kleingebäck) etwas anderes beschrieben ist.

1.3 Vorgebackene Erzeugnisse
Vorgebackene Erzeugnisse entsprechen in ihrer Zusammensetzung Brot oder Kleingebäck, für deren Herstellung sie bestimmt sind.

1.4 Teige
Teige entsprechen in ihrer Zusammensetzung Brot oder Kleingebäck, für deren Herstellung sie bestimmt sind.

1.5 Backmischungen
Backmischungen zur Abgabe an den Endverbraucher enthalten außer Wasser und Hefe alle Zutaten in den Anteilen, wie sie zur Herstellung des beschriebenen Brotes oder Kleingebäcks erforderlich sind.

1.6 Backmittel
Backmittel sind Mischungen von Lebensmitteln einschließlich Zusatzstoffen, die dazu bestimmt sind, die Herstellung von Backwaren zu erleichtern oder zu vereinfachen, die wechselnden Verarbeitungseigenschaften der Rohstoffe auszugleichen und die Qualität der Backwaren zu beeinflussen. Sie werden meist in einer Menge von weniger als 10 Prozent (auf Mehl berechnet) bei der Teigherstellung zugegeben.

1.7 Getreide
Getreide sind die Brotgetreidearten Weizen und Roggen (auch Dinkel) sowie die anderen Getreidearten Buchweizen, Gerste, Hafer, Hirse, Mais, Reis und Triticale.

1.8 Getreideerzeugnisse
Getreideerzeugnisse sind sämtliche Erzeugnisse aus gereinigtem Getreide, welches weiter bearbeitet wurde (z. B. durch Zerkleinern, Quetschen, Fraktionieren, Erhitzen), z. B. Mehl, Backschrot, Vollkornmehl, Vollkornschrotbrot, Grieß und Dunst, Keime, Flocken und Speisekleie.
Getreide-Vollkornerzeugnisse wie Vollkornmehl und Vollkornschrot enthalten die gesamten Bestandteile der gereinigten Körner einschließlich des Keimlings. Die Körner können jedoch von der äußeren Fruchtschale befreit sein.
Werden Keime, Speisekleie, Kleber und Stärke zugesetzt, bleiben diese bei der Berechnung der Getreideerzeugnisse unberücksichtigt.

1.9 Fette
Fette im Sinne dieser Leitsätze sind Butter, Milchfetterzeugnisse[1], Margarine- und Mischfetterzeugnisse[2], Speisefette und Speiseöle sowie deren Zubereitungen. Soweit Fette gegenseitig ersetzt werden können, gelten für die in diesen Leitsätzen angegebenen Mindestzusätze an Fetten unter Berücksichtigung der unterschiedlichen Wassergehalte der verschiedenen Fettarten rechnerisch folgende Verhältnisse:
10 kg Butter entsprechen 8,2 kg Butterreinfett oder 8,2 kg Butterfett, fraktioniert, oder 8,6 kg Butterfett.
10 kg Butter entsprechen 10,25 kg Margarine.
10 kg Margarine entsprechen 8 kg praktisch wasserfreier Fette.

1.10 Zuckerarten
Zuckerarten im Sinne dieser Leitsätze sind alle verkehrsüblichen Zuckerarten.

1.11 Sauerteig
Sauerteig ist ein Teig, dessen Mikroorganismen (z. B. Milchsäurebakterien, Hefen) aus Sauerteig oder Sauerteigarten sich in aktivem Zustand befinden oder reaktivierbar sind. Den Säuregehalt (Säuregrad) beeinflussende Zutaten, ausgenommen Sauerteigbrot, werden nicht verwendet.
Teile eines Sauerteiges werden als Anstellgut für neue Sauerteige verwendet. Die Lebenstätigkeit der Mikroorganismen wird erst durch Backen oder Heißextrudieren beendet. Die Säurezunahme des Sauerteiges beruht ausschließlich auf dessen Gärungen. Den Säuregehalt (Säuregrad) erhöhende Zutaten, ausgenommen Sauerteigbrot, werden nicht verwendet.

1.12 Mengenangaben
Die in den Leitsätzen angegebenen Mengen sind Gewichtsangaben in Teilen oder Prozenten, so weit keine davon abweichenden Angaben gemacht werden. Sie beziehen sich, sofern es nicht ausdrücklich anders vermerkt ist, auf die Gesamtmenge des verwendeten Getreides und/oder der Getreideerzeugnisse.

---

[1] Anlage 1 Gruppe XVII der Verordnung über Milcherzeugnisse vom 15. Juli 1970 (BGBl. I S. 1150) in der jeweils geltenden Fassung.
[2] § 2 des Milch- und Margarinegesetzes vom 25. Juli 1990 (BGBl. I S. 1471) i. V. mit § 1 und 3 der Margarine- und Milchfettverordnung vom 31. August 1990 (BGBl. I S. 1989) in den jeweils geltenden Fassungen.

Anhang 335

2. Mitverwendung von Brot
Die Verwendung von verkehrsfähigem, hygienisch einwandfreiem Brot bei der Brotherstellung ist üblich, bei Brot mit überwiegendem Weizenanteil bis zu 6 Prozent, bei überwiegendem Roggenanteil bis zu 20 Prozent, jeweils berechnet als Frischbrot. Das mitverwendete Brot ist im Enderzeugnis mit bloßem Auge nicht erkennbar.

3. Mindestanteile wertbestimmender Zutaten
Bei Zutaten, die in der Bezeichnung oder Aufmachung von Brot und Kleingebäck zum Ausdruck kommen, werden – vorbehaltlich der Besonderen Beurteilungsmerkmale nach Abschnitt II – folgende Mindestmengen verwendet oder eingehalten:

3.1 Sauerteig
Sauerteigbrot wird so hergestellt, dass die gesamte zugesetzte Säuremenge aus Sauerteig stammt. Auf Nummer 1.11 wird verwiesen. Hinweise auf die Mitverwendung von Sauerteig sind nur üblich, wenn die zugesetzte Säuremenge zu mehr als zwei Dritteln aus Sauerteig stammt.
Bei Bauern-/Landbrot mit einem Roggenanteil über 20 Prozent stammt die zugesetzte Säuremenge zu mindestens zwei Dritteln aus Sauerteig.

3.2 Butter
Auf 100 kg Getreideerzeugnisse werden mindestens 5 kg Butter oder entsprechende Mengen Milchfetterzeugnisse zugegeben. Andere Fette – außer als Trennfette – werden nicht verwendet: Die Verwendung von Emulgatoren wird davon nicht berührt.

3.3 Milch
Auf 100 kg Getreideerzeugnisse werden mindestens 50 l standardisierte Vollmilch[1] oder entsprechende Mengen Kondensmilch – und/oder entsprechende Mengen Trockenmilcherzeugnisse, auch ergänzt durch Butterfett, zugegeben.

3.4 Milcheiweiß
Auf 100 kg Getreideerzeugnisse werden mindestens 2 kg Milcheiweiß zugegeben.

3.5 Buttermilch, Joghurt, Kefir, Molke
Auf 100 kg Getreideerzeugnisse werden mindestens 15 l Buttermilch, Joghurt, Kefir, Molke oder eine entsprechende Menge Trockenerzeugnisse zugegeben.

3.6 Quark
Auf 100 kg Getreideerzeugnisse werden mindestens 10 kg Speisequark (Frischkäse) oder eine entsprechende Menge Trockenerzeugnisse zugegeben.

3.7 Weizenkeime
Auf 100 kg Getreideerzeugnisse werden mindestens 10 kg Weizenkeime mit einem Mindestfettgehalt von 8 Prozent in der Trockenmasse zugegeben.

3.8 Leinsamen, Sesam, Sonnenblumenkerne, Nüsse, Mohn und andere Ölsamen
Auf 100 kg Getreideerzeugnisse werden mindestens 8 kg nicht entfetteter Ölsamen zugegeben. Bei Mohnbrot, Mohnkleingebäck, Sesamkleingebäck sowie Sonnenblumenkernkleingebäck genügt eine deutliche sichtbare Krustenauflage.

3.9 Rosinen/Sultanien, Korinthen
Auf 100 kg Getreideerzeugnisse werden mindestens 15 kg luftgetrocknete Rosinen/Sultaninen und/oder Korinthen zugegeben.

---
[1] Art. 3 Abs. 1 Buchstabe b der Verordnung (EWG) Nr. 1411/71 des Rates zur Festlegung ergänzender Vorschriften für die gemeinsame Marktorganisation für Milch und Milcherzeugnisse hinsichtlich Konsummilch vom 29. Juni 1971 (Abl. Nr.148 S. 4) in Verbindung mit § 2 Nr. 5 der Milchverordnung vom 24. April 1995 (BGBl. I S. 544) in den jeweils geltenden Fassungen.

3.10 Speisekleien und Ballaststoffkonzentrate
Auf 100 kg Getreideerzeugnisse werden mindestens 10 kg Weizenspeisekleie mit mindestens 50 Prozent Gesamtballaststoffen in der Trockenmasse zugegeben. Die Dosierung anderer Speisekleien und/oder Ballaststoffkonzentrate richtet sich nach ihrem jeweiligen Gesamtballaststoffgehalt im Verhältnis zur Weizenspeisekleie. Der Stärkegehalt der Weizenspeisekleie überschreitet nicht 15 Prozent in der Trockenmasse.

3.11 Wird in Verbindung mit der Verkehrsbezeichnung auf Schrotanteile durch Zusätze wie „mit Schrotanteil" hingewiesen, so werden bei der Herstellung mindestens 10 Prozent Getreideschrot, bezogen auf Gesamtgetreideerzeugnisse, verwendet.

3.12 Wird in der Bezeichnung oder Aufmachung auf andere Zutaten hingewiesen, werden diese in solchen Mengen verwendet, dass die durch sie bezweckten besonderen Eigenschaften bei den typischen Erzeugnismerkmalen sensorischer Art deutlich oder bei solchen ernährungsphysiologischer Art wertbestimmend in Erscheinung treten.

II. Besondere Beurteilungsmerkmale für Brot

Wird Brot mit den folgenden Verkehrsbezeichnungen in den Verkehr gebracht, entspricht es den jeweiligen Beurteilungsmerkmalen. Verkehrsbezeichnungen sind *kursiv* gedruckt.

1. *Weizenbrot oder Weißbrot*
Weizenbrot oder Weißbrot wird aus mindestens 90 Prozent Weizenmehl hergestellt.

2. *Weizenmischbrot*
Weizenmischbrot wird aus mehr als 50, jedoch weniger als 90 Prozent Weizenmehl hergestellt.

3. *Roggenbrot*
Roggenbrot wird aus mindestens 90 Prozent Roggenmehl hergestellt.

4. *Roggenmischbrot*
Roggenmischbrot wird aus mehr als 50, jedoch weniger als 90 Prozent Roggenmehl hergestellt.

5. *Weizenvollkornbrot*
Weizenvollkornbrot wird aus mindestens 90 Prozent Weizenvollkornerzeugnissen hergestellt.

6. *Roggenvollkornbrot*
Roggenvollkornbrot wird aus mindestens 90 Prozent Roggenvollkornerzeugnissen hergestellt. Die zugesetzte Säuremenge stammt zu mindestens zwei Dritteln aus Sauerteig.

7. *Vollkornbrot*
Vollkornbrot wird aus mindestens 90 Prozent Roggen- und Weizenvollkornerzeugnissen in beliebigem Verhältnis zueinander hergestellt. Die zugesetzte Säuremenge stammt zu mindestens zwei Dritteln aus Sauerteig.
Ein Weizenroggenvollkornbrot wird aus mehr als 50 Prozent Weizenvollkornerzeugnissen hergestellt.
Ein Roggenweizenvollkornbrot wird aus mehr als 50 Prozent Roggenvollkornerzeugnissen hergestellt

8. *Hafervollkornbrot* oder *Vollkornbrote mit anderen Getreidearten*
Hafervollkornbrot wird aus mindestens 20 Prozent Hafervollkornerzeugnissen, insgesamt aus mindestens 90 Prozent Vollkornerzeugnissen, hergestellt. Entsprechendes gilt für Vollkornbrote mit Bezeichnungen von anderen Getreidearten (z. B. Gerstenvollkornbrot).
Die zugesetzte Säuremenge stammt zu mindestens zwei Dritteln aus Sauerteig.

9. *Weizenschrotbrot*
Weizenschrotbrot wird aus mindestens 90 Prozent Weizenbackschrot hergestellt.

10. *Roggenschrotbrot*
Roggenschrotbrot wird aus mindestens 90 Prozent Roggenbackschrot hergestellt.

11. *Schrotbrot*
Schrotbrot wird aus mindestens 90 Prozent Roggen- und Weizenschrot in beliebigem Verhältnis zueinander hergestellt.
Weizenroggenschrotbrot wird aus mehr als 50 Prozent Weizenbackschrot hergestellt.
Roggenweizenschrotbrot wird aus mehr als 50 Prozent Roggenbackschrot hergestellt.

12. *Pumpernickel*
Pumpernickel wird aus mindestens 90 Prozent Roggenbackschrot und/oder Roggenvollkornschrot mit Backzeiten von mindestens 16 Stunden hergestellt. Wird Pumpernickel aus Vollkornschrot hergestellt, so stammt die zugesetzte Säuremenge zu mindestens zwei Dritteln aus Sauerteig.

13. *Toastbrote*
Insbesondere werden hergestellt:
– Toastbrot aus mindestens 90 Prozent Weizenmehl.
– Weizenvollkorntoastbrot aus mindestens 90 Prozent Weizenvollkornerzeugnissen. Wird Säure zugesetzt, so stammt sie zu mindestens zwei Dritteln aus Sauerteig.
– Weizenmischtoastbrot aus mehr als 50 Prozent, jedoch weniger als 90 Prozent Weizenmehl.
– Roggenmischtoastbrot aus mehr als 50 Prozent, jedoch weniger als 90 Prozent Roggenmehl.
– Vollkorntoastbrot aus mindestens 90 Prozent Weizen-/Roggenvollkornerzeugnissen in beliebigem Verhältnis zueinander. Wird Säure zugesetzt, so stammt sie zu mindestens zwei Dritteln aus Sauerteig.

14. *Knäckebrot*
Knäckebrot wird als Trockenflachbrot – unter Verwendung von Vollkornschrot, Vollkornmehl oder Mehl aus Roggen, Weizen, anderen Getreidearten oder Mischungen derselben sowie anderer Lebensmittel – mit Hefeflocken oder Sauerteiggärung oder Lufteinschlag auf physikalische Weise oder mit sonstigen Lockerungsverfahren hergestellt.
Knäckebrot wird nicht durch Heißextrusion hergestellt.
Der Feuchtigkeitsgehalt des Fertigerzeugnisses beträgt höchstens 10 Prozent.
Andere Trockenflachbrote können durch Heißextrusion hergestellt werden. Sie entsprechen im Übrigen den Anforderungen an Knäckebrot.

15. *Mehrkornbrot, Dreikornbrot, Vierkornbrot usw.*
Mehrkornbrote werden aus mindestens einer Brotgetreideart sowie aus mindestens einer anderen Getreideart, insgesamt aus drei oder entsprechend mehr verschiedenen Getreidearten, hergestellt. Jede Getreideart ist mindestens mit 5 Prozent enthalten.

16. *Haferbrot, Reisbrot, Maisbrot, Hirsebrot, Buchweizenbrot, Gerstenbrot*
Der Anteil der namengebenden anderen Getreidearten in diesen Brotsorten beträgt mindestens 20 Prozent.

17. *Dinkelbrot, Triticalebrot*
Dinkelbrot, Triticalebrot werden aus mindestens 90 Prozent Dinkel- bzw. Triticaleerzeugnissen hergestellt.

Weitere Angaben für Brot
Brote mit weiteren Angaben entsprechen den Anforderungen der vorhergehenden Abschnitte. Die weitere Angabe ersetzt nicht die Verkehrsbezeichnung.

18. *Steinofenbrot*
Steinofenbrot wird freigeschoben oder angeschoben und nur auf Backgutträgern gebacken, die aus Natur- und/oder Kunststein, Schamott oder sonstigen geeigneten nichtmetallischen Materialien bestehen.

19. *Holzofenbrot*
Holzofenbrot wird freigeschoben und in direkt befeuerten Öfen hergestellt, deren Backräume aus steinernem oder steinartigem Material bestehen. Das Heizmaterial befindet sich dabei im Backraum. Es wird nur naturbelassenes Holz als Heizmaterial verwendet.

20. *Gerstebrot, Gerstelbrot*
Bei diesem Brot werden die Teigstücke im offenen Feuer geflammt (gegerstert); es weist hierdurch eine charakteristische Sprenkelung auf.

21. *Schinkenbrot*
Schinkenbrot ist Roggenvollkornbrot oder Roggenschrotbrot, in halbrunder Form freigeschoben, angeschoben oder im Kasten gebacken. Es weist einen herzhaft-aromatischen Geschmack auf. Ein Zusatz von Schinken ist nicht üblich. Schinken wird nur in wenigen Gegenden und nur bei Mehlbroten zugesetzt.

III. Besondere Beurteilungsmerkmale für Kleingebäck

Wird Kleingebäck mit den folgenden Verkehrsbezeichnungen in den Verkehr gebracht, entspricht es den jeweiligen Beurteilungsmerkmalen. Verkehrsbezeichnungen sind *kursiv* gedruckt.

1. *Weizenbrötchen*
Weizenbrötchen werden aus mindestens 90 Prozent Weizenmehl hergestellt.

2. *Weizenmischbrötchen*
Weizenmischbrötchen werden aus mehr als 50, jedoch weniger als 90 Prozent Weizenmehl hergestellt.

3. *Roggenbrötchen*
Roggenbrötchen werden aus mindestens 50 Prozent Roggenmehl hergestellt.

4. *Weizenvollkornbrötchen*
Weizenvollkornbrötchen werden aus mindestens 90 Prozent Weizenvollkornerzeugnissen hergestellt.

5. *Vollkornbrötchen*
Vollkornbrötchen werden aus mindestens 90 Prozent Roggen- und Weizenvollkornerzeugnissen in beliebigem Verhältnis zueinander hergestellt.
Weizenroggenvollkornbrötchen werden aus mehr als 50 Prozent Weizenvollkornerzeugnissen hergestellt.

6. *Weizenschrotbrötchen*
Weizenschrotbrötchen werden aus mindestens 90 Prozent Weizenbackschrot hergestellt.

7. *Schrotbrötchen*
Schrotbrötchen werden aus mindestens 90 Prozent Roggen- und Weizenbackschrot in beliebigem Verhältnis zueinander hergestellt.
Weizenroggenschrotbrötchen werden aus mehr als 50 Prozent Weizenbackschrot hergestellt.

8. *Toastbrötchen*
Toastbrötchen werden aus mindestens 90 Prozent Weizenmehl hergestellt.
Weizenvollkorntoastbrötchen werden aus mindestens 90 Prozent Weizenvollkornerzeugnissen hergestellt.
Weizenmischtoastbrötchen werden aus mehr als 50 Prozent, jedoch weniger als 90 Prozent Weizenmehl hergestellt.
Vollkorntoastbrötchen werden aus mindestens 90 Prozent Weizen-/Roggenvollkornerzeugnissen in beliebigem Verhältnis zueinander hergestellt.

9. *Mehrkornbrötchen, Dreikornbrötchen, Vierkornbrötchen usw.*
Mehrkornbrötchen, Dreikornbrötchen, Vierkornbrötchen usw. werden aus mindestens einer Brotgetreideart sowie aus mindestens einer anderen Getreideart, insgesamt aus drei oder entsprechend mehr verschiedenen Getreidearten hergestellt. Jede Getreideart ist mindestens mit 5 Prozent enthalten.
Mehrkorntoastbrötchen werden entsprechend hergestellt.

10. *Haferbrötchen, Reisbrötchen, Maisbrötchen, Hirsebrötchen, Buchweizenbrötchen, Gerstenbrötchen*
Bei Haferbrötchen, Reisbrötchen, Maisbrötchen, Hirsebrötchen, Buchweizenbrötchen, Gerstenbrötchen beträgt der Anteil der namengebenden anderen Getreideart mindestens 20 Prozent.

11. *Dinkelbrötchen, Triticalebrötchen*
Dinkelbrötchen, Triticalebrötchen werden aus mindestens 90 Prozent Dinkel- bzw. Triticaleerzeugnissen hergestellt.

12. *Laugengebäck wie Laugenbrezeln, Laugenbrötchen, Laugenstangen*
Laugengebäck wie Laugenbrezeln, Laugenbrötchen, Laugenstangen wird aus mehr als 50 Prozent Weizenerzeugnissen hergestellt; die Außenseite des geformten Teiges wird vor dem Backen mit wässriger Natronlauge[1] behandelt. Ein Zusatz von Zucker ist nicht üblich.

Kleingebäck mit Verkehrsbezeichnungen, die auf wertbestimmende Zutaten hinweisen, enthält diese in den unter Abschnitt I Nr. 3 aufgeführten Mindestanteilen. Übliche Verkehrsbezeichnungen sind:

Milchbrötchen
Buttermilchbrötchen, Joghurtbrötchen, Kefirbrötchen, Molkebrötchen
Quarkbrötchen
Weizenkeimbrötchen
Leinsamenbrötchen, Sesambrötchen, Sonneblumenbrötchen
Nussbrötchen, Mohnbrötchen
Rosinen-/Sultaninenbrötchen, Korinthenbrötchen
Kleiebrötchen

---

[1] Anlage 4, Teil A der Verordnung zur Neuregelung lebensmittelrechtlicher Vorschriften über Zusatzstoffe vom 29. Januar 1998 (BGBl. I S. 230) in der jeweils geltenden Fassung.

Einteilung von Brot und Kleingebäck in Gruppen und Untergruppen

Weizenbrot (mind. 90% Weizen)	Weizenmischbrot von 51% bis 89 % Weizen	Roggenmischbrote von 51% bis 89 % Roggen
Weizen-(mehl-)brot	Weizenmischbrot	Roggenmischbrot
Weizen-(mehl-)brot mit Fett und Zucker	Weizenmischtoastbrot	Roggenmischtoastbrot
Weizentoastbrot	Weizenmischbrot mit Schrotanteilen	Roggenmischbrot mit Schrotanteilen
Weizenbrot mit Schrotanteilen	Weizenmischtoastbrot mit Schrotanteilen	Roggenmischtoastbrot mit Schrotanteilen
Weizenbrot mit Schrotanteilen sowie mit Fett und Zucker	Weizen-Roggenschrotbrot	Roggen-Weizenschrotbrot
	Weizen-Roggenschrot-toastbrot	Roggen-Weizenschrot-toastbrot
Weizentoastbrot mit Schrotanteilen	Weizen-Roggenvollkornbrot	Roggen-Weizenvollkornbrot
Weizenschrotbrot (auch Grahambrot)		
Weizenschrottoastbrot		
Weizenvollkornbrot		

Anhang

Roggenmischbrot (mind. 90% Roggen)	**Spezialbrote**	
	mit besonderen Getreidearten	**mit besonderen Backverfahren**

Roggen-(mehl-)brot
Roggentoastbrot
Roggenbrot
  mit Schrotanteilen
Roggentoastbrot
  mit Schrotanteilen
Roggenschrotbrot
Roggenschrottoastbrot
Roggenvollkornbrot

mit besonderen Getreidearten:
Dreikornbrot
Vierkornbrot
Fünfkornbrot
Gerstebrot
Haferbrot
Maisbrot
Reisbrot
Hirsebrot
Buchweizenbrot

mit besonderen Zugaben pflanzlichen Ursprungs

Weizenkeimbrot
Malzbrot
Leinsamenbrot
Sojabrot
Rosinenbrot
Gewürzbrot
Kleiebrot

mit besonderen Zugabn tierischen Ursprungs

Milchbrot
Milcheiweißbrot
Sauermilchbrot
Joghurtbrot
Kefirbrot
Quarkbrot
Butterbrot
Molkebrot

mit besonderen Backverfahren:
Holzofenbrot
Steinofenbrot
Dampfkammerbrot
Gersterbrot
Pumpernickel
Knäckebrot

mit verändertem Nährwert

Eiweißangereichertes Brot
Kohlenhydratvermindertes Brot
Ballaststoffangereichertes Brot

Diätische Brote

Eiweißarmes Brot
Glutenfreies (Gliadinfreies) Brot
Diabetiker-Brot
Streng natriumarmes (kochsalzarmes) Brot

Vitaminisierte Brote

Brote als Getreide-Extrudate

Flachbrotextrudate

Mehltypen-Regelung, gültig ab 1. Februar 1992

Mahl-erzeug-nis	Mahlerzeugnis		Type	Mineralstoffgehalt in g je 100 g Trockenmasse[4]		Siebrückstand in %[1] auf Siebboden[2] Maschenweite, mm				
Gruppe	Benennung	Kurz-zeichen		Mindest-wert	Höchst-wert	0,8	0,5	0,315	0,224	0,16
Mehl	Weizenmehl	WM	405	–	0,50					
			550	0,51	0,63					
			812	0,64	0,90					
			1050	0,91	1,20					
			1600	1,21	1,80					
	Durum-Weizenmehl	DWM	1600	1,55	1,85					
	Dinkelmehl	DM	630	–	0,70					
			812	0,71	0,90					
			1050	0,91	1,20					
	Roggenmehl	RM	815	–	0,90					
			997	0,91	1,10					
			1150	1,11	1,30					
			1370	1,31	1,60					
			1740	1,61	1,80					
Backschrot	Weizenbackschrot	WBS	1700	–	2,10					
	Roggenbackschrot	RBS	1800	–	2,20					
Vollkornmehl[3]	Weizenvollkornmehl	WVM	–	–	–					
	Dinkelvollkornmehl	DVM	–	–	–					
	Roggenvollkornmehl	RVM	–	–	–					
Vollkornschrot[3]	Weizenvollkornschrot	WVS	–	–	–					
	Dinkelvollkornschrot	DVS	–	–	–					
	Roggenvollkornschrot	RVS	–	–	–					
Grieß	Weizengrieß	WG	–	–	–	0	–	≥ 25	≥ 90	–
Dunst	Weizendunst	WD	–	–	–	–	0	< 25	–	≥ 90

[1] Massenanteil.
[2] Drahtsiebboden nach DIN 4188 Teil 1.
[3] Vollkornmehl und Vollkornschrot müssen die gesamten Bestandteile der gereinigten Körner einschließlich des Keimlings enthalten. Die Körner dürfen vor der Verarbeitung von der äußeren Fruchtschale befreit sein.
[4] Bei den Grenzwerten handelt es sich um gemessene Werte unter Einschluss der methodisch bedingten Fehlertoleranzen.

Anhang

Nährwert-Kennzeichnungsverordnung (NKV)

Am 3. Dezember 1994 (BGBl. I Nr. 84 v. 2. 12. 1994) trat die Verordnung zur Neuordnung der Nährwertkennzeichnungsvorschrift für Lebensmittel in Kraft, womit die EU-Richtlinie 90/496 in deutsches Recht umgesetzt worden ist.
Im Folgenden wird auf die für Bäckereien und Konditoreien wichtigen Teile der jetzt geltenden Bestimmungen hingewiesen.
In der Neuordnung sind verschiedene Teile der bisherigen deutschen Nährwert-Kennzeichnungsverordnung wiederzufinden. Darüber hinaus sind jedoch in der jetzt geltenden Nährwert-Kennzeichnungsverordnung (NKV) ergänzende Vorschriften über den Anwendungsbereich, wesentlich erweiterte Begriffsbestimmungen, Beschränkungen, Angaben zu Art und Weise der Kennzeichnung enthalten, wie es in der EU-Richtlinie für den gesamten europäischen Markt vorgeschrieben ist.
Da immer wieder oft folgenreiche Verwechslungen vorkommen, sind in der Lebensmittelwirtschaft zwei Begriffe strikt auseinanderzuhalten:

1. Die Lebensmittel-Kennzeichnungsverordnung

Die Lebensmittel-Kennzeichnungsverordnung gilt für die Kennzeichnung von Lebensmitteln in Fertigpackungen, die dazu bestimmt sind, an den Verbraucher abgegeben zu werden. Diese Vorschrift gilt bekanntlich nicht für Lebensmittel in Fertigpackungen, die in der Verkaufsstätte zur alsbaldigen Abgabe an den Verbraucher hergestellt und dort, jedoch nicht zur Selbstbedienung, abgegeben werden. Vorgeschriebene Kennzeichnungselemente sind die Verkehrsbezeichnung, Name oder Firma und Anschrift des Herstellers, Verzeichnis der Zutaten, Mindesthaltbarkeitsdatum oder, soweit erforderlich, Verbrauchsdatum der Ware. Die Lebensmittel-Kennzeichnungsverordnung schreibt also eine Kennzeichnung des Nährwertes von Lebensmitteln nicht vor.
Auch in der Verordnung über Fertigpackungen mit den wichtigen Vorschriften für Gewichte, Gewichts- und Grundpreisangaben ist keine Pflicht zur Nährwertkennzeichnung begründet.

2. Die Nährwert-Kennzeichnungsverordnung (NKV)

Die Nährwert-Kennzeichnungsverordnung regelt die nährwertbezogenen Angaben im Verkehr mit Lebensmitteln und in der Werbung für Lebensmittel sowie die Nährwertkennzeichnung von Lebensmitteln, so weit sie zur Abgabe an den Verbraucher bestimmt sind.
Auch die Nährwert-Kennzeichnungsverordnung macht die Nährwertkennzeichnungen von Lebensmitteln allgemein nicht zur Pflicht. Die Vorschriften der Verordnung über diätetische Lebensmittel mit ihren verschiedenen zwingenden Nährwertkennzeichnungs- und anderen Kenntlichmachungsvorschriften für Diätlebensmittel bleiben allerdings unberührt.
Aus den verschiedensten Erwägungen machen jedoch immer mehr Lebensmittelhersteller freiwillig von der Möglichkeit der zusätzlichen Kennzeichnung des Nährwertes ihrer Erzeugnisse Gebrauch. Damit wird insbesondere der sehr anspruchsvolle, gesundheitsbewusste und deshalb auch Ernährungsinformationen erwartende Verbraucher angesprochen, wovon man sich geschäftliche Vorteile bei Werbung, Absatz und Verkauf verspricht. Diese Tendenz wird auch in der Bäckereibranche immer stärker.
Aus der umfangreichen Nährwert-Kennzeichnungsverordnung werden im Folgenden die Vorschriften herausgegriffen, die für Bäckereien und Konditoreien (auch Cafés) bzw. die Nährwertkennzeichnung von deren Erzeugnissen bei Angebot, Verkauf, Absatz, Verpackung und Werbung von wesentlicher Bedeutung sein dürften.

Begriffsbestimmungen der Nährwert-Kennzeichnungsverordnung (§ 2 NKV)

Folgende Begriffsbestimmungen der NKV umreißen deren Anwendungsbereich in der Lebensmittelwirtschaft:

Nährwertbezogene Angabe

Eine nährwertbezogene Angabe ist jede im Verkehr mit Lebensmitteln oder in der Werbung für Lebensmittel erscheinende Darstellung oder Aussage, mit der erklärt, suggeriert oder mittelbar zum Ausdruck gebracht wird, dass ein Lebensmittel auf Grund seines Energiegehaltes oder Nährstoffgehaltes besondere Nährwerteigenschaften besitzt.

Die durch Rechtsvorschrift vorgeschriebene Angabe der Art oder der Menge eines Nährstoffes sowie Angaben oder Hinweise auf den Alkoholgehalt eines Lebensmittels sind keine nährwertbezogenen Angaben im Sinne dieser Verordnung.

Nährwertkennzeichnung

Eine Kennzeichnung des Nährwertes ist jede in der Etikettierung eines Lebensmittels erscheinende Angabe über den Brennwert, den Gehalt an Eiweiß, Kohlenhydraten, Fett, Ballaststoffen, die in signifikanten Mengen (Anlage 1 zu § 2 NKV) vorhandenen Vitamine und Mineralstoffe sowie Natrium, ebenso Angaben über den vorstehenden Nährstoffgruppen angehörende oder deren Bestandteil bildende Stoffe, einschließlich Cholesterin.

Brennwert-Energiegehalt eines Lebensmittels

Brennwert ist der berechnete Energiegehalt eines Lebensmittels, wobei der Berechnung für

– ein Gramm Fett	37 kJ (oder 9 kcal)
– ein Gramm Eiweiß	17 kJ (oder 4 kcal)
– ein Gramm Kohlenhydrate (ausgenommen mehrwertige Alkohole)	17 kJ (oder 4 kcal)
– ein Gramm Ethylalkohol	29 kJ (oder 7 kcal)
– ein Gramm organische Säure	13 kJ (oder 3 kcal)
– ein Gramm mehrwertige Alkohole	10 kJ (oder 2,4 kcal)

zugrunde gelegt werden.

Eiweiß – Eiweißgehalt

Eiweiß ist der nach der Formel „Eiweiß = Gesamtstickstoff (nach Kjeldahl) x 6,25" berechnete Eiweißgehalt. Im Einzelfall können auch andere anerkannte lebensmittelspezifische Faktoren verwendet werden (deren besondere Angabe ratsam ist).

Kohlenhydrat

Der Begriff Kohlenhydrat umfasst jegliches Kohlenhydrat, das im menschlichen Stoffwechsel umgesetzt wird, einschließlich mehrwertiger Alkohole (z. B. Zuckeraustauschstoffe).

Zucker

Der Begriff Zucker umfasst alle in Lebensmitteln vorhandenen Monosaccharide (sog. Einfachzucker) und Disaccharide (sog. Doppelzucker), ausgenommen mehrwertige Alkohole.

Fett – Fettsäuren

Unter Fett sind alle Lipide, einschließlich Phospholipide (d. h. Fett und bestimmte fettähnliche Stoffe) zu verstehen. Bei Fettsäuren ist zwischen gesättigten, einfach ungesättigten und mehrfach ungesättigten Fettsäuren zu unterscheiden.

Durchschnittlicher Wert – durchschnittlicher Gehalt

„Durchschnittlicher Wert" oder „durchschnittlicher Gehalt" ist der Wert oder Gehalt, der die in einem bestimmten Lebensmittel enthaltenen Nährstoffmengen am besten repräsentiert und jahreszeitlich bedingte Unterschiede, Verbrauchsmuster und sonstige Faktoren berücksichtigt, die eine Veränderung des tatsächlichen Wertes bewirken können.

Anhang

Beschränkung nährwertbezogener Angaben (§ 3 NKV)
Im Verkehr mit Lebensmitteln oder in der Werbung dürfen nur nährwertbezogene Angaben verwendet werden, die sich auf den Brennwert oder auf die unter dem Begriff Nährwertkennzeichnung (§ 2 NKV) aufgeführten Nährstoffe, Nährstoffgruppen, deren Bestandteile oder auf Kochsalz beziehen.

Durchführung der Nährwertkennzeichnung (§ 4 NKV)
Wer nährwertbezogene Angaben nach § 3 NKV im Verkehr mit Lebensmitteln oder in der Werbung für Lebensmittel mit Ausnahme produktübergreifender Werbekampagnen verwendet, hat folgende Nährwertkennzeichnung anzugeben:
1. Den Brennwert und den Gehalt an Eiweiß, Kohlenhydraten und Fett oder
2. den Brennwert und den Gehalt an Eiweiß, Kohlenhydraten, Zucker, Fett, gesättigten Fettsäuren, Ballaststoffen und Natrium

des Lebensmittels, über das die nährwertbezogene Angabe erfolgt. Bezieht sich die nährwertbezogene Angabe auf Zucker, gesättigte Fettsäuren, Ballaststoffe, Natrium oder Kochsalz, so hat die Nährwertkennzeichnung mit den Angaben gemäß Nummer 2 zu erfolgen.
Die Nährwertkennzeichnung darf zusätzlich zu den vorgenannten Angaben den Gehalt an Stärke, mehrwertigen Alkoholen, einfach ungesättigten Fettsäuren, mehrfach gesättigten Fettsäuren, Cholesterin und den in signifikanten (d. h. bedeutsamen) Mengen (Anlage 1 der NKV) vorhandenen Vitaminen und Mineralstoffen enthalten.
Bezieht sich eine nährwertbezogene Angabe auf Stoffe, die einer der vorgenannten Nährstoffgruppen angehören oder deren Bestandteil bilden, so ist die Angabe des Gehaltes dieser Stoffe erforderlich. Bei der Angabe des Gehaltes an einfach oder mehrfach ungesättigten Fettsäuren oder an Cholesterin ist zusätzlich der Gehalt an gesättigten Fettsäuren anzugeben. Diese Angabe verpflichtet nicht zu der Nährwertkennzeichnung gemäß Nr. 2.

Art und Weise der Kennzeichnung (§ 5 NKV)
Die Angaben nach § 4 sind in der dort angegebenen Reihenfolge in einer Tabelle zusammenzufassen und untereinander aufzuführen. Sofern die Anordnung der Angaben aus Platzmangel untereinander nicht möglich ist, dürfen diese hintereinander aufgeführt werden.
Die Angabe des Brennwertes und des Gehaltes an Nährstoffen oder Nährstoffbestandteilen hat je 100 Gramm oder 100 Milliliter des Lebensmittels zu erfolgen. Bei Lebensmitteln in Fertigpackungen, die erst nach Zugabe von anderen Lebensmitteln verzehrfertig sind, können diese Angaben stattdessen auf der Grundlage der Zubereitung gemacht werden, sofern ausreichend genaue Angaben über die Zubereitungsweise gemacht werden und die Angaben sich auf das verbrauchsfertige Lebensmittel beziehen.
Die Angabe des Brennwertes und des Gehaltes an Nährstoffen oder Nährstoffbestandteilen hat jeweils mit dem durchschnittlichen Wert oder Gehalt sowie in folgenden Einheiten zu erfolgen:
1. der Brennwert in Kilojoule (kJ) und Kilokalorien (kcal),
2. der Gehalt an Eiweiß, Kohlenhydraten, Fett (ausgenommen Cholesterin), Ballaststoffen und Natrium in Gramm (g),
3. der Gehalt an Cholesterin in Milligramm (mg),
4. der Gehalt an Vitaminen und Mineralstoffen in den gebräuchlichen Einheiten.

In den Fällen, in denen Zucker, mehrwertige Alkohole oder Stärke angegeben werden, hat diese Angabe unmittelbar auf die Angabe des Kohlenhydratgehaltes in folgender Weise zu erfolgen:

Kohlenhydrate g
davon
– Zucker g
– mehrwertige Alkohole g
– Stärke g

Wenn die Menge oder die Art der Fettsäuren oder die Menge des Cholesterins angegeben wird, hat diese Angabe unmittelbar auf die Angabe des Gesamtfetts, aufgeschlüsselt in Fett (g), davon gesättigte, einfach ungesättigte, mehrfach ungesättigte Fettsäuren, jeweils in g, sowie Cholesterin (mg) zu erfolgen.
Angaben über Vitamine und Mineralstoffe müssen zusätzlich als Prozentsatz der in Anlage 1 NKV empfohlenen Tagesdosen ausgedrückt werden.

Anbringung der Angaben

Die Angaben der Nährwertkennzeichnung sind an gut sichtbarer Stelle, in deutscher Sprache, leicht lesbar und bei Fertigpackungen unverwischbar anzubringen. Sie können auch in einer anderen leicht verständlichen Sprache angegeben werden, wenn dadurch die Information des Verbrauchers nicht beeinträchtigt wird. Die Angaben sind wie folgt anzubringen:

1. bei Abgabe in Fertigpackungen auf der Fertigpackung oder einem mit ihr verbundenen Etikett;
2. bei anderer Abgabe als in Fertigpackungen jeweils in Zusammenhang mit den nährwertbezogenen Angaben.

Von diesen allgemeinen Vorschriften gibt es einige Ausnahmen:
Bei Abgabe der Fertigpackungen an Gaststätten oder Einrichtungen zur Gemeinschaftsverpflegung können die Angaben auf einer Sammelpackung oder in einem den Erzeugnissen beigefügten Begleitpapier enthalten sein.
Bei Fertigpackungen, die in der Verkaufsstatte zur alsbaldigen Abgabe an den Verbraucher hergestellt und dort, jedoch nicht zur Selbstbedienung, abgegeben werden, können die Angaben jeweils in Zusammenhang mit den nährwertbezogenen Angaben erfolgen.
Bei Fertigpackungen, die in Gaststätten oder Einrichtungen zur Gemeinschaftsverpflegung zur alsbaldigen Abgabe an den Verbraucher hergestellt und dort, jedoch nicht zur Selbstbedienung, abgegeben werden, können die Angaben in einer dem Verbraucher zugänglichen Aufzeichnung enthalten sein, wenn der Verbraucher darauf aufmerksam gemacht wird.
Bei loser Abgabe an Gaststätten oder Einrichtungen zur Gemeinschaftsverpflegung können die Angaben in einem den Erzeugnissen beigefügten Begleitpapier enthalten sein.
Bei Abgabe in Gaststätten oder Einrichtungen zur Gemeinschaftsverpflegung zum Verzehr an Ort und Stelle können die Angaben in einer dem Verbraucher zugänglichen Aufzeichnung enthalten sein, wenn der Verbraucher darauf aufmerksam gemacht wird.

Verbot bestimmter Hinweise bei Lebensmitteln (§ 6 NKV)

Die NKV enthält einige sehr wichtige Hinweisverbote, gegen die oft meist aus Leichtsinn oder Unwissenheit (was jedoch nicht entschuldigt) verstoßen wird. Mit deren verschärfter Überwachung infolge der neuen Verordnung wird man rechnen müssen. Im einzelnen handelt es sich um folgende Verbote bzw. Hinweise bei Lebensmitteln, die nur gebraucht werden dürfen, wenn die damit verbundenen und geforderten besonderen Eigenschaften des so bezeichneten Lebensmittels gegeben sind.

Keine Schlankheitswerbung

Es ist verboten, im Verkehr mit Lebensmitteln oder in der Werbung für Lebensmittel Bezeichnungen, Angaben oder Aufmachungen zu verwenden, die darauf hindeuten, dass ein Lebensmittel schlankmachende, schlankheitsfördernde oder gewichtsverringernde Eigenschaften besitzt. Dies gilt nicht für Lebensmittel im Sinne des § 14 a der Diätverordnung, die zur Verwendung als Tagesration bestimmt sind.

Geringer Brennwert

Auf einen geringen Brennwert darf nur hingewiesen werden bei Lebensmitteln, deren Brennwert nicht mehr als 210 Kilojoule oder 50 Kilokalorien pro 100 Gramm des verzehrs-

Anhang

fertigen Lebensmittels beträgt. Bei Getränken, Suppen und Brühen gilt nur ein Höchstwert von 84 Kilojoule oder 20 Kilokalorien pro 100 Milliliter.

Verminderter Brennwert
Der Hinweis auf einen verminderten Brennwert bei Lebensmitteln setzt voraus, dass folgende Höchstwerte beim verzehrsfertigen Lebensmittel nicht überschritten werden:

Brot	840 kJ/100 g oder 200 kJ/100 g
Dauerbackwaren sowie Knabberartikel auf Getreide- und Kartoffelbasis Feinbackwaren, ausgenommen Obstkuchen	1260 kJ/100 g oder 300 kJ/100 g
Obstkuchen	840 kJ/100 g oder 200 kJ/100 g

Bei allen anderen Lebensmitteln darf auf einen verminderten Brennwert nur hingewiesen werden, wenn deren Brennwert den durchschnittlichen Brennwert vergleichbarer herkömmlicher Lebensmittel um mindestens 40 vom Hundert unterschreitet.

Verminderter Nährstoffgehalt
Auf einen verminderten Nährstoffgehalt bei Lebensmitteln darf nur hingewiesen werden, wenn deren Gehalt an Nährstoffen den durchschnittlichen Nährstoffgehalt vergleichbarer herkömmlicher Lebensmittel um mindestens 40 vom Hundert unterschreitet.

Kohlenhydratverminderung
Auf eine Kohlenhydratverminderung bei Brot, Backwaren und Teigwaren sowie Mischungen zur Herstellung dieser Erzeugnisse darf nur hingewiesen werden, wenn der durchschnittliche Kohlenhydratgehalt um mindestens 30 vom Hundert verringert ist.

Kochsalz- oder Natriumverminderung
Auf eine Kochsalz- oder Natriumverminderung darf bei Brot, Kleingebäck und sonstigen Backwaren nur hingewiesen werden, wenn ein Natriumgehalt von 250 Milligramm in 100 Gramm des verzehrsfertigen Lebensmittels nicht überschritten wird.

Geringer Kochsalz- oder Natriumgehalt
Auf einen geringen Kochsalz- oder Natriumgehalt darf man nur hinweisen bei Lebensmitteln, deren Natriumgehalt nicht mehr als 120 Milligramm pro 100 Gramm des verzehrsfertigen Lebensmittels beträgt. Bei Getränken ist dieser Natriumgehalt auf höchstens 2 Milligramm pro 100 Milliliter festgelegt.

Lebensmittel zur Verwendung als Mahlzeit
Im Verkehr mit Lebensmitteln, die zur Verwendung als Mahlzeit oder anstelle einer Mahlzeit bestimmt sind, oder in der Werbung für solche Lebensmittel dürfen Bezeichnungen oder Angaben, die auf einen geringen oder verminderten Brennwert hindeuten, nur verwendet werden, wenn die Lebensmittel den Anforderungen des § 14 a Abs. 1 der Diätverordnung entsprechen.

Zur gewichtskontrollierten Ernährung
In Gaststätten oder Einrichtungen zur Gemeinschaftsverpflegung darf für Hauptmahlzeiten zum Verzehr an Ort und Stelle der Hinweis „zur gewichtskontrollierten Ernährung" verwendet werden, sofern der Brennwert 2100 Kilojoule oder 500 Kilokalorien pro Hauptmahlzeit nicht überschreitet.

Straftaten und Ordnungswidrigkeiten (§ 7 NKV)

Wer gewerbsmäßig im Verkehr mit Lebensmitteln oder in der Werbung für Lebensmittel entgegen den Bestimmungen der NKV Bezeichnungen, Angaben oder Aufmachungen verwendet, wird nach § 52 Lebensmittel- und Bedarfsgegenständegesetz (LMBG) bestraft. Wird eine solche Handlung fahrlässig begangen, so wird dies nach § 53 LMBG als Ordnungswidrigkeit geahndet.

Probleme der Nährwert-Kennzeichnungsverordnung

Für den deutschen Markt ist wichtig, dass eine Nährwertkennzeichnung wie bisher mit Brennwert, Eiweiß, Fett und Kohlenhydraten erfolgen kann, dass jedoch jede weitere Information zur erweiterten Kennzeichnung führt: Zusätzlich sind dann die Gehalte an Zucker, gesättigten Fettsäuren, Ballaststoffen und Natrium anzugeben.

Zum Gehalt an Eiweiß und Kohlenhydraten

Im Gegensatz zur EU-Richtlinie wird der Eiweißgehalt nicht allgemein mit N x 6,25 berechnet, sondern es können im Einzelfall auch andere lebensmittelspezifische Faktoren verwendet werden, z. B. 5,80 bei Getreideeiweiß. Da auch andere lebensmittelspezifische Faktoren möglich sind, sollte man zur Vermeidung ungerechtfertigter Beanstandungen die Nennung des Eiweißfaktors vorsehen.

Der Kohlenhydratbegriff berücksichtigt neue Kohlenhydrate wie Polydextrose nicht, die zu etwa $1/4$ verdaulich und zu $3/4$ unverdaulich ist. Daher sollte man in der Weise vorgehen, dass man bei der Kennzeichnung $1/4$ der Polydextrose zu den Kohlenhydraten und $3/4$ zu den Ballaststoffen zählt.

Man sollte außerdem sinnvoll bei allen Zahlenangaben sein, z. B. sollte vernünftig auf- und abgerundet werden. Bei geringen Gehalten, die ernährungsphysiologisch unbedeutend sind, wird die Angabe „kleiner als" empfohlen, wie z. B. „Eiweiß >1 g".

Ermittlung der Werte – Schwankungsbreite

Leider fehlen in der Verordnung Angaben, wie die einzelnen Werte zu ermitteln sind. Die Durchschnittswerte können beruhen auf

– Lebensmittelanalyse der Hersteller,
– Berechnung auf der Grundlage der bekannten tatsächlichen oder durchschnittlichen Werte der verwendeten Rezepturbestandteile und auf
– Berechnung auf der Grundlage von generell nachgewiesenen akzeptierten Daten.

Vor einer allgemein verbindlichen Regelung sind drei Gruppen mit verschiedenen Schwankungsbreiten zur Diskussion gestellt:
– Schwankungsbreite zirka 15 Prozent – Fett, Eiweiß, Kohlenhydrate und Ballaststoffe, Zucker, Fettsäuren, Cholesterin,
– Schwankungsbreite zirka 30 Prozent – Natrium, Calcium, Phosphor, Eisen, Magnesium, B-Vitamine (außer B_{12} und Folsäure), Vitamin C und E,
– Schwankungsbreite zirka 40 Prozent – Vitamine A, B_{12}, D, Folsäure, Zink und Jod.

Früher hat bei uns die allgemeine Vorstellung gegolten, daß bei Herausstellung und Bewerbung bestimmter Inhaltsstoffe wenigstens $1/3$ der Bedarfsdeckung mit der täglichen Verzehrsmenge vorhanden sein musste. Nach dem neuen Recht genügt eine signifikante Menge von 15 Prozent der täglichen Verzehrsempfehlung an diesem Nährstoff in 100 g oder einer Portion.

Vitamine und Mineralstoffe

Wird gemäß § 4 (2) NKV von der Möglichkeit Gebrauch gemacht, zusätzlich den Gehalt an Vitaminen und Mineralstoffen anzugeben, so betritt man ein recht schwieriges Feld. Nach Anlage 1 NKV können Angaben über den Gehalt an den Vitaminen A, B_1, B_2, B_6, Pantothensäure, Folsäure, Niacin, B_{12}, C, D, E und Biocitin sowie an Calcium, Phosphor, Eisen, Magnesium, Zink und Jod gemacht werden. Bei der Festsetzung der signifikanten (d. h. bedeutsamen) Menge sollte in der Regel eine Menge von mindestens 15 Prozent der in dieser Anlage angegebenen Tagesdosis in 100 g oder 100 ml berücksichtigt werden. Dies gilt nicht, wenn auf einen verminderten oder geringen Gehalt an den Vitaminen oder Mineralstoffen hingewiesen wird. Zur Festlegung solcher Gehaltsangaben sollte sich der Bäckereifachmann unbedingt des Rates eines lebensmittelrechtlichen Sachverständigen (z. B. öffentlich bestellter vereidigter Lebensmittelchemiker) bedienen.

Da Backwaren des normalen Sortiments keine Vitamine zugesetzt werden und durch die Erhitzung beim Backprozess Vitaminverluste auftreten, dürfte es im allgemeinen nicht möglich sein, Backwaren des normalen Sortiments als „vitaminreich", „reich an Vitamin ..." o. ä. zu bezeichnen. Auch die Verwendung von mit Ascorbinsäure (Vitamin C) behandelten Mahlerzeugnissen kann solche Backwarenbezeichnungen nicht rechtfertigen.

Preisangabenverordnung (PAngV)
vom 14. März 1985, mit Änderungen am 22. Juli 1997
und Neufassung ab 1. September 1999

Auf Grund des Artikels 3 der Verordnung zur Änderung der Preisangaben- und der Fertigpackungverordnung vom 28. Juli 2000 (BGBl. S. 1238) wird nachstehend der Wortlaut der Preisangabenverordnung in der ab dem 1. September 2000 geltenden Fassung bekannt gemacht.

§ 1 Grundvorschriften

(1) Wer Letztverbrauchern gewerbs- oder geschäftsmäßig oder regelmäßig in sonstiger Weise Waren oder Leistungen anbietet oder als Anbieter von Waren oder Leistungen gegenüber Letztverbrauchern unter Angabe von Preisen wirbt, hat die Preise anzugeben, die einschließlich der Umsatzsteuer und sonstiger Preisbestandteile unabhängig von einer Rabattgewährung zu zahlen sind (Endpreise). So weit der allgemeinen Verkehrsauffassung entspricht, sind auch die Verkaufs- oder Leistungseinheit und die Gütebezeichnung anzugeben, auf die sich die Preise beziehen. Auf die Bereitschaft, über den angegebenen Preis zu verhandeln, kann hingewiesen werden, so weit es der allgemeinen Verkehrsauffassung entspricht und Rechtsvorschriften nicht entgegenstehen.

(2) Bei Leistungen können, so weit es üblich ist, abweichend von Absatz 1 Satz 1 Stundensätze, Kilometersätze und andere Verrechnungssätze angegeben werden, die alle Leistungselemente einschließlich der anteiligen Umsatzsteuer enthalten. Die Materialkosten können in die Verrechnungssätze einbezogen werden.

(3) Wird außer dem Entgelt für eine Ware oder Leistung eine rückerstattbare Sicherheit gefordert, so ist deren Höhe neben dem Preis für die Ware oder Leistung anzugeben und kein Gesamtbetrag zu bilden.

(4) Bestehen für Waren oder Leistungen Liefer- oder Leistungsfristen von mehr als vier Monaten, so können abweichend von Absatz 1 Satz 1 für diese Fälle Preise mit einem Änderungsvorbehalt angegeben werden; dabei sind auch die voraussichtlichen Liefer- und Leistungsfristen anzugeben. Die Angabe von Preisen mit einem Änderungsvorbehalt ist auch zulässig bei Waren oder Leistungen, die im Rahmen von Dauerschuldverhältnissen erbracht werden.

(5) Die Angaben nach dieser Verordnung müssen der allgemeinen Verkehrsauffassung und den Grundsätzen von Preisklarheit und Preiswahrheit entsprechen. Wer zu Angaben nach dieser Verordnung verpflichtet ist, hat diese dem Angebot oder der Werbung eindeutig zuzuordnen, leicht erkennbar und deutlich lesbar oder sonst gut wahrnehmbar zu machen. Bei der Aufgliederung von Preisen sind die Endpreise hervorzuheben.

§ 2 Grundpreis[1]

(1) Wer Letztverbrauchern gewerbs- oder geschäftsmäßig oder regelmäßig in sonstiger Weise Waren in Fertigpackungen, offenen Packungen oder als Verkaufseinheiten ohne Umhüllung nach Gewicht, Volumen, Länge oder Fläche anbietet, hat neben dem Endpreis auch den Preis je Mengeneinheit einschließlich der Umsatzsteuer und sonstiger Preisbestandteile unabhängig von einer Rabattgewährung (Grundpreis) in unmittelbarer Nähe des Endpreises gemäß Absatz 3 Satz 1, 2, 4, oder 5 anzugeben. Dies gilt auch für denjenigen, der als Anbieter dieser Waren gegenüber Letztverbrauchern unter Angabe von Preisen wirbt. Auf die Angabe des Grundpreises kann verzichtet werden, wenn dieser mit dem Endpreis identisch ist.

(2) Wer Letztverbrauchern gewerbs- oder geschäftsmäßig oder regelmäßig in sonstiger Weise unverpackte Waren, die in deren Anwesenheit abgemessen werden (lose Ware), nach Gewicht, Volumen, Länge oder Fläche anbietet oder als Anbieter dieser Waren gegenüber Letztverbrauchern unter Angabe von Preisen wirbt, hat lediglich den Grundpreis gemäß Absatz 3 anzugeben.

(3) Die Mengeneinheit für den Grundpreis ist jeweils 1 Kilogramm, 1 Liter, 1 Kubikmeter, 1 Meter oder 1 Quadratmeter der Ware. Bei Waren, deren Nenngewicht oder Nennvolumen üblicherweise 250 Gramm oder Milliliter nicht übersteigt, dürfen als Mengeneinheiten für den Grundpreis 100 Gramm oder Milliliter verwendet werden. Bei nach Gewicht oder nach Volumen angebotener loser Ware ist als Mengeneinheit für den Grundpreis entsprechend der allgemeinen Verkehrsauffassung entweder 1 Kilogramm oder 100 Gramm oder 1 Liter oder 100 Milliliter zu verwenden. Bei Waren, die üblicherweise in Mengen von 100 Liter oder mehr als 50 Kilogramm und mehr abgegeben werden, ist für den Grundpreis die Mengeneinheit zu verwenden, die der allgemeinen Verkehrsauffassung entspricht. Bei Waren, bei denen das Abtropfgewicht anzugeben ist, ist der Grundpreis auf das angegebene Abtropfgewicht zu beziehen.

(4) Bei Haushaltswaschmitteln kann als Mengeneinheit für den Grundpreis eine übliche Anwendung verwendet werden. Dies gilt auch für Wasch- und Reinigungsmittel, sofern sie einzeln portioniert sind und die Zahl der Portionen zusätzlich zur Gesamtfüllmenge angegeben ist.

§ 3 Elektrizität, Gas, Fernwärme und Wasser

Wer Letztverbrauchern gewerbs- oder geschäftmäßig oder regelmäßig in sonstiger Weise Elektrizität, Gas, Fernwärme oder Wasser leitungsgebunden anbietet oder als Anbieter dieser Ware gegenüber Lertztverbrauchern unter Angabe von Preisen wirbt, hat den verbrauchsabhängigen Preis je Mengeneinheit einschließlich der Umsatzsteuer und aller spezifischen Verbrauchssteuern (Arbeits- oder Mengenpreis) gemäß Satz 2 im Angebot oder in der Werbung anzugeben. Als Mengeneinheit für den Arbeitspreis bei Elektrizität, Gas und Fernmärme ist 1 Kilowattstunde und für den Mengpreis bei Wasser 1 Kubikmeter zu verwenden. Wer neben dem Arbeits- oder Mengenpreis leistungsabhängige Preise fordert, hat diese vollständig in unmittelbarer Nähe des Arbeits- oder Mengenpreises anzugeben. Satz 3 gilt entsprechend für die Forderung nicht verbrauchsabhängiger Preise.

§ 4 Handel

(1) Waren, die in Schaufenstern, Schaukästen, innerhalb oder außerhalb des Verkaufsraumes auf Verkaufsständen oder in sonstiger Weise sichtbar ausgestellt werden, und Waren, die vom Verbraucher unmittelbar entnommen werden können, sind durch Preisschilder oder Beschriftung der Ware auszuzeichnen.

---

[1] Von Seiten der Bundesländer wurde mitgeteilt, dass bezgl. der kleinen Einzelhandelsgeschäfte mit Filialen wegen der Auslegung in Sachen „Vertriebssystem" besonderer Abstimmungsbedarf besteht, um einen praktikablen und einheitlichen Vollzug zu gewährleisten.

(2) Waren, die nicht unter den Voraussetzungen des Absatzes 1 im Verkaufsraum zum Verkauf bereitgehalten werden, sind entweder nach Absatz 1 auszuzeichnen oder dadurch, dass die Behältnisse oder Regale, in denen sich die Waren befinden, beschriftet werden oder dass Preisverzeichnisse angebracht oder zur Einsichtnahme aufgelegt werden.

(3) Waren, die nach Musterbüchern angeboten werden, sind dadurch auszuzeichnen, dass die Preise für die Verkaufseinheit auf den Mustern oder damit verbundenen Preisschildern oder Preisverzeichnissen angegeben werden.

(4) Waren, die nach Katalogen oder Warenlisten oder auf Bildschirmen angeboten werden, sind dadurch auszuzeichnen, dass die Preise unmittelbar bei den Abbildungen oder Beschreibungen der Waren oder in mit den Katalogen oder Warenlisten im Zusammenhang stehenden Preisverzeichnissen angegeben werden.

(5) Auf Angebote von Waren, deren Preise üblicherweise auf Grund von Tarifen oder Gebührenregelungen bemessen werden, ist § 5 Abs. 1 und 2 entsprechend anzuwenden.

§ 5 Leistungen

(1) Wer Leistungen anbietet, hat ein Preisverzeichnis mit den Preisen für seine wesentlichen Leistungen oder in den Fällen des § 1 Abs. 2 mit seinen Verrechnungssätzen aufzustellen. Dieses ist im Geschäftslokal oder am sonstigen Ort des Leistungsangebots und, sofern vorhanden, zusätzlich im Schaufenster oder Schaukasten anzubringen. Ort des Leistungsangebots ist auch die Bildschirmanzeige. Wird eine Leistung über Bildschirmanzeige erbracht und nach Einheiten berechnet, ist eine gesonderte Anzeige über den Preis der fortlaufenden Nutzung unentgeltlich anzubieten.

(2) Werden entsprechend der allgemeinen Verkehrsauffassung die Preise und Verrechnungssätze für sämtliche angebotenen Leistungen in Preisverzeichnisse aufgenommen, so sind diese zur Einsichtnahme am Ort des Leistungsangebots bereitzuhalten, wenn das Anbringen der Preisverzeichnisse wegen ihres Umfangs nicht zumutbar ist.

(3) Werden die Leistungen in Fachabteilungen von Handelsbetrieben angeboten, so genügt das Anbringen der Preisverzeichnisse in den Fachabteilungen.

§ 6 Kredite

(1) Bei Krediten sind als Preis die Gesamtkosten als jährlicher Vomhundertsatz des Kredits anzugeben und als „effektiver Jahreszins" oder, wenn eine Änderung des Zinssatzes oder anderer preisbestimmender Faktoren vorbehalten ist (§ 1 Abs. 4), als „anfänglicher effektiver Jahreszins" zu bezeichnen. Zusammen mit dem anfänglichen effektiven Jahreszins ist anzugeben, wann preisbestimmende Faktoren geändert werden können und auf welchen Zeitraum Belastungen, die sich aus einer nicht vollständigen Auszahlung des Kreditbetrages oder aus einem Zuschlag zum Kreditbetrag ergeben, zum Zwecke der Preisangabe verrechnet worden sind.

(2) Der anzugebende Vomhundertsatz gemäß Absatz 1 ist mit der im Anhang angegebenen mathematischen Formel und der im Anhang zugrunde gelegten Vorgehensweisen zu berechnen[1]. Er beziffert den Zinssatz, mit dem sich der Kredit bei regelmäßigem Kreditverlauf, ausgehend von den tatsächlichen Zahlungen des Kreditgebers und des Kreditnehmers, auf der Grundlage taggenauer Verrechnung aller Leistungen abrechnen lässt. Es gilt die exponentielle Verzinsung auch im unterjährigen Bereich. Bei der Berechnung des anfänglichen effektiven Jahreszinses sind die zum Zeitpunkt des Angebots oder der Werbung geltenden preisbestimmenden Faktoren zugrunde zu legen. Der anzugebende Vomhundertsatz ist mit der im Kreditgewerbe üblichen Genauigkeit zu berechnen.

(3) In die Berechnung des anzugebenden Vomhundertsatzes sind die Gesamtkosten des Kredits für den Kreditnehmer einschließlich etwaiger Vermittlungskosten mit Ausnahme folgender Kosten einzubeziehen:

---
[1] Hier nicht abgedruckt.

1. Kosten, die vom Kreditnehmer bei Nichterfüllung seiner Verpflichtungen aus dem Kreditvertrag zu tragen sind,

2. Kosten mit Ausnahme des Kaufpreises, die vom Kreditnehmer beim Erwerb von Waren oder Dienstleistungen unabhängig davon zu tragen sind, ob es sich um ein Bar- oder Kreditgeschäft handelt,

3. Überweisungskosten sowie die Kosten für die Führung eines Kontos, das für die Tilgungszahlung im Rahmen der Rückzahlung des Kredits sowie für die Zahlung von Zinsen und sonstigen Kosten dienen soll, es sei denn, der Kreditnehmer hat hierbei keine angemessene Wahlfreiheit und diese Kosten sind ungewöhnlich hoch; diese Bestimmung gilt jedoch nicht für die Inkassokosten dieser Rückzahlungen oder Zahlungen, unabhängig davon, ob sie in bar oder auf eine andere Weise erhoben werden,

4. Mitgliedsbeiträge für Vereine oder Gruppen, die sich aus anderen Vereinbarungen als dem Kreditvertrag ergeben, obwohl sie sich auf die Kreditbedingungen auswirken,

5. Kosten für Versicherungen oder Sicherheiten; es werden jedoch die Kosten einer Versicherung einbezogen, die die Rückzahlung an den Darlehensgeber bei Tod, Invalidität, Krankheit oder Arbeitslosigkeit des Kreditnehmers zum Ziel haben, über einen Betrag, der höchstens dem Gesamtbetrag des Kredits, einschließlich Zinsen und sonstigen Kosten, entspricht, und die der Darlehensgeber zwingend als Bedingung für die Gewährung des Kredits vorschreibt.

(4) Ist eine Änderung des Zinssatzes oder sonstiger in die Berechnung des anzugebenden Vomhundertsatzes einzubeziehender Kosten vorbehalten und ist ihre zahlenmäßige Bestimmung im Zeitpunkt der Berechnung des anzugebenden Vomhundertsatzes nicht möglich, so wird bei der Berechnung von der Annahme ausgegangen, dass der Zinssatz und die sonstigen Kosten gemessen an der ursprünglichen Höhe fest bleiben und bis zum Ende des Kreditvertrages gelten.

(5) Erforderlichenfalls ist bei der Berechnung des anzugebenden Vomhundertsatzes von folgenden Annahmen auszugehen:

1. Ist keine Darlehensobergrenze vorgesehen, entspricht der Betrag des gewährten Kredits 4000 Deutsche Mark[1],

2. ist kein Zeitplan für die Tilgung festgelegt worden und ergibt sich ein solcher nicht aus den Vertragsbestimmungen oder aus den Zahlungsmodalitäten, so beträgt die Kreditlaufzeit ein Jahr,

3. vorbehaltlich einer gegenteiligen Bestimmung gilt, wenn mehrere Termine für die Aus- oder Rückzahlung vorgesehen sind, sowohl die Auszahlung als auch die Rückzahlung des Darlehens als zu dem Zeitpunkt erfolgt, der als frühestmöglicher Zeitpunkt vorgesehen ist.

(6) Bei einer vertraglich möglichen Neufestsetzung der Konditionen eines Kredits ist der effektive oder anfängliche effektive Jahreszins anzugeben.

(7) Wird die Gewährung eines Kredits allgemein von einer Mitgliedschaft oder vom Abschluss einer Versicherung abhängig gemacht, so ist dies anzugeben.

(8) Bei Bauspardarlehen ist bei der Berechnung des anzugebenden Vomhundertsatzes davon auszugehen, dass im Zeitpunkt der Kreditauszahlung das vertragliche Mindestsparguthaben angespart ist. Von der Abschlussgebühr ist im Zweifel lediglich der Teil zu berücksichtigen, der auf den Darlehensanteil der Bausparsumme entfällt. Bei Krediten, die der Vor- oder Zwischenfinanzierung von Leistungen einer Bausparkasse aus Bausparverträgen dienen und deren preisbestimmende Faktoren bis zur Zuteilung unveränderbar

---

[1] Gemäß Artikel 1 Nr. 5 Buchstabe b der Verordnung zur Änderung der Preisangaben- und der Fertigpackungsverordnung vom 28. Juli 2000 (BGBl. IS. 1238) wird im Januar 2002 in § 6 Abs. 5 Nr. 1 die Angabe „4000 Deutsche Mark" durch die Angabe „2000 Euro ersetzt".

sind, ist als Laufzeit von den Zuteilungsfristen auszugehen, die sich aus der Zielbewertungszahl für Bausparverträge gleicher Art ergeben.

(9) Bei Krediten, die auf einem laufenden Konto zur Verfügung gestellt werden, sind abweichend von Absatz 1 der Zinssatz pro Jahr und die Zinsbelastungsperiode anzugeben, wenn diese nicht kürzer als drei Monate ist und keine weiteren Kreditkosten anfallen.

§ 7 Gaststätten, Beherbergungsbetriebe

(1) In Gaststätten und ähnlichen Betrieben, in denen Speisen oder Getränke angeboten werden, sind die Preise in Preisverzeichnissen anzugeben. Die Preisverzeichnisse sind entweder auf Tischen aufzulegen oder jedem Gast vor Entgegennahme von Bestellungen und auf Verlangen bei Abrechnung vorzulegen oder gut lesbar anzubringen. Werden Speisen und Getränke gemäß § 4 Abs. 1 angeboten, so muss die Preisangabe dieser Vorschrift entsprechen.

(2) Neben dem Eingang der Gaststätte ist ein Preisverzeichnis anzubringen, aus dem die Preise für die wesentlichen angebotenen Spreisen und Getränke ersichtlich sind. Ist der Gaststättenbetrieb Teil eines Handelsbetriebs, so genügt das Anbringen des Preisverzeichnisses am Eingang des Gaststättenteils.

(3) In Beherbergungsbetrieben ist

1. in jedem Zimmer ein Preisverzeichnis anzubringen, aus dem der Zimmerpreis und gegebenenfalls der Frühstückspreis ersichtlich sind, und

2. beim Eingang oder bei der Anmeldestelle des Betriebes an gut sichtbarer Stelle ein Verzeichnis anzubringen oder auszulegen, aus dem die Preise der im Wesentlichen angebotenen Zimmer und gegebenenfalls der Frühstückspreis ersichtlich sind.

(4) Kann in Gaststättenbetrieben eine Fernsprechanlage benutzt werden, so ist der bei Benutzung geforderte Preis für eine Gebühreneinheit in der Nähe des Fernsprechers, bei der Vermietung von Zimmern auch im Zimmerpreisverzeichnis anzugeben.

(5) Die in den Preisverzeichnissen aufgeführten Preise müssen das Bedienungsgeld und sonstige Zuschläge einschließen.

§ 8 Tankstellen, Parkplätze

(1) An Tankstellen sind die Kraftstoffpreise so auszuzeichnen, dass sie

1. für den auf der Straße heranfahrenden Kraftfahrer,

2. auf Bundesautobahnen für den in den Tankstellenbereich einfahrenden Kraftfahrer deutlich lesbar sind. Dies gilt nicht für Kraftstoffmischungen, die erst in der Tankstelle hergestellt werden.

(2) Wer für weniger als einen Monat Garagen, Einstellplätze oder Parkplätze vermietet oder bewacht oder Kraftfahrzeuge verwahrt, hat am Anfang der Zufahrt ein Preisverzeichnis anzubringen, aus dem die von ihm geforderten Preise ersichtlich sind.

§ 9 Ausnahmen

(1) Die Vorschriften dieser Verordnung sind nicht anzuwenden

1. auf Angebote oder Werbung gegenüber Letztverbrauchern, die die Ware oder Leistung in ihrer selbstständigen beruflichen oder gewerblichen oder in ihrer behördlichen oder dienstlichen Tätigkeit verwenden; für Handelsbetriebe gilt dies nur, wenn sie sicherstellen, dass als Letztverbraucher ausschließlich die in Halbsatz 1 genannten Personen Zutritt haben, und wenn sie durch geeignete Maßnahmen dafür Sorge tragen, dass diese Personen nur die in ihrer jeweiligen Tätigkeit verwendbaren Waren kaufen;

2. auf Leistungen von Gebietskörperschaften des öffentlichen Rechts, so weit es sich nicht um Leistungen handelt, für die Benutzungsgebühren oder privatrechtliche Entgelte zu entrichten sind;
3. auf Waren und Leistungen, so weit für sie auf Grund von Rechtsvorschriften eine Werbung untersagt ist;
4. auf mündliche Angebote, die ohne Angabe von Preisen abgegeben werden;
5. auf Warenangebote bei Versteigerungen.

(2) § 2 Abs. 1 ist nicht anzuwenden auf Waren, die
1. über ein Nenngewicht oder Nennvolumen von weniger als 10 Gramm oder Milliliter verfügen;
2. verschiedenartige Erzeugnisse enthalten, die nicht miteinander vermischt oder vermengt sind;
3. von kleinen Direktvermarktern sowie kleinen Einzelhandelsgeschäften angeboten werden, bei denen die Warenausgabe überwiegend im Wege der Bedienung erfolgt, es sei denn, dass das Warensortiment im Rahmen eines Vertriebssystems bezogen wird;
4. im Rahmen einer Dienstleistung angeboten werden;
5. in Getränke- und Verpflegungsautomaten angeboten werden.

(3) § 2 Abs. 1 ist ferner nicht anzuwenden bei
1. Getränken, wenn diese üblicherweise in nur einer Nennfüllmenge angeboten werden;
2. Kau- und Schnupftabak mit einem Nenngewicht bis 25 Gramm;
3. kosmetischen Mitteln, die ausschließlich der Färbung oder Verschönerung der Haut, des Haares oder der Nägel dienen;
4. Parfüms und parfümierten Duftwässern, die mindestens 3 Volumenprozent Duftöl und mindestens 70 Volumenprozent reinen Äthylalkohol enthalten.

(4) Die Angabe eines neuen Grundpreises nach § 2 Abs. 1 ist nicht erforderlich bei
1. Waren ungleichen Nenngewichts oder -volumens oder ungleicher Nennlänge oder -fläche mit gleichem Grundpreis, wenn der geforderte Endpreis um einen einheitlichen Betrag herabgesetzt wird;
2. leicht verderblichen Lebensmitteln, wenn der geforderte Endpreis wegen einer drohenden Gefahr des Verderbs herabgesetzt wird;

(5) § 4 ist nicht anzuwenden
1. auf Kunstgegenstände, Sammlungsstücke und Antiquitäten im Sinne des Kapitels 97 des Gemeinsamen Zolltarifs;
2. auf Waren, die in Werbevorführungen angeboten werden, sofern der Preise der jeweiligen Ware bei deren Vorführung und unmittelbar vor Abschluss des Kaufvertrags genannt wird;
3. auf Blumen und Pflanzen, die unmittelbar vom Freiland, Treibbeet oder Treibhaus verkauft werden.

(6) § 5 ist nicht anzuwenden
1. auf Leistungen, die üblicherweise aufgrund von schriftlichen Angeboten oder schriftlichen Voranschlägen erbracht werden, die auf den Einzelfall abgestellt sind;
2. auf künstlerische, wissenschaftliche und pädagogische Leistungen, dies gilt nicht, wenn die Leistungen in Konzertsälen, Theatern, Filmtheatern, Schulen, Instituten oder dergleichen erbracht werden;
3. auf Leistungen, bei denen in Gesetzen oder Rechtsverordnungen die Angabe von Preisen besonders geregelt ist.

§ 10 Ordnungswidrigkeiten

(1) Ordnungswidrig im Sinne des § 3 Abs. 1 Nr. 2 des Wirtschaftsstrafgesetzes 1954 handelt, wer vorsätzlich oder fahrlässig
1. entgegen § 1 Abs. 1 Satz 1 Preise nicht, nicht richtig oder nicht vollständig angibt,

2. entgegen § 1 Abs. 1 Satz 2 die Verkaufs- oder Leistungseinheit oder Gütebezeichnung nicht oder nicht richtig angibt, auf die sich die Preise beziehen,
3. entgegen § 1 Abs. 2 Satz 1 Stundensätze, Kilometersätze oder andere Verrechnungssätze nicht richtig angibt,
4. entgegen § 1 Abs. 3 oder 5 Satz 2 Angaben nicht in der dort vorgeschriebenen Form macht,
5. entgegen § 1 Abs. 5 Satz 3 den Endpreis nicht hervorhebt oder
6. entgegen § 2 Abs. 1 Satz 1, auch in Verbindung mit Satz 2, oder § 2 Abs. 2 oder § 3 Satz 1 oder 3, auch in Verbindung mit Satz 4, eine Angabe nicht, nicht richtig oder nicht vollständig macht.

(2) Ordnungswidrig im Sinne des § 3 Abs. 1 Nr. 2 des Wirtschaftsstrafgesetzes 1954 handelt auch, wer vorsätzlich oder fahrlässig einer Vorschrift

1. des § 4 Abs. 1 bis 4 über das Auszeichnen von Waren,
2. des § 5 Abs. 1 Satz 1, 2 oder 4 oder Abs. 2 jeweils auch in Verbindung mit § 4 Abs. 5, über das Aufstellen, das Anbringen oder das Bereithalten von Preisverzeichnissen oder über das Anbieten einer Anzeige des Preises,
3. des § 6 Abs. 1 Satz 1 über die Angabe oder die Bezeichnung des Preises bei Krediten,
4. des § 6 Abs. 1 Satz 2 über die Angabe des Zeitpunktes, von dem an preisbestimmende Faktoren geändert werden können, oder des Verrechnungszeitraums,
5. des § 6 Abs. 2 bis 5 oder 8 über die Berechnung des Vomhundertsatzes,
6. des § 6 Abs. 6 über die Angabe des effektiven oder anfänglichen effektiven Jahreszinses,
7. des § 6 Abs. 7 oder 9 über die Angabe von Voraussetzungen für die Kreditgewährung oder des Zinssatzes oder der Zinsbelastungsperiode,
8. des § 7 über das Aufstellen, das Vorlegen oder das Anbringen von Preisverzeichnissen oder des § 7 Abs. 1 Satz 3 oder Abs. 4 über das Angeben von Preisen,
9. des § 8 Abs. 1 Satz 1 über das Auszeichnen von Kraftstoffpreisen oder
10. des § 8 Abs. 2 über das Anbringen eines Preisverzeichnisses

zuwiderhandelt.

§ 11 Übergangsregelungen

Die Angabe des Preises kann ab dem 1. August 2001 allein in Euro erfolgen, so weit die Preise des wesentlichen Waren- oder Leistungssortiments durch Werbung über den 31. Dezember 2001 hinauswirken. Wer von dieser Möglichkeut Gebrauch macht, hat geeignete Umrechnungshilfen für die Ermittlung des Preises in Deutsche Mark vorzusehen.

Reichsversicherungsordnung

in der derzeit geltenden Fassung
(Auszug)

Leistungen bei Schwangerschaft und Mutterschaft

§ 195 Leistungen bei Schwangerschaft und Mutterschaft

(1) Die Leistungen bei Schwangerschaft und Mutterschaft umfassen
1. Ärztliche Betreuung und Hebammenhilfe,
2. Versorgung mit Arznei-, Verband- und Heilmitteln,
3. Stationäre Entbindung,
4. Häusliche Pflege,
5. Haushaltshilfe,
6. Mutterschaftsgeld, Entbindungsgeld.

(2) Für die Leistungen nach Absatz 1 gelten die für die Leistungen nach dem Fünften Buch Sozialgesetzbuch geltenden Vorschriften entsprechend, soweit nichts Abweichendes bestimmt ist. § 16 Abs. 1 des Fünften Buches Sozialgesetzbuch gilt nicht für den Anspruch auf Mutterschaftsgeld und Entbindungsgeld. Bei Anwendung des § 65 Abs. 2 des Fünften Buches Sozialgesetzbuch bleiben die Leistungen nach Absatz 1 unberücksichtigt.

§ 196 Ärztliche Betreuung, Hebammenhilfe, Versorgung mit Arznei-, Verband- und Heilmitteln

(1) Die Versicherte hat während der Schwangerschaft, bei und nach der Entbindung Anspruch auf ärztliche Betreuung einschließlich der Untersuchungen zur Feststellung der Schwangerschaft und zur Schwangerenvorsorge sowie auf Hebammenhilfe.

(2) Bei Schwangerschaftsbeschwerden und im Zusammenhang mit der Entbindung erhält die Versicherte Arznei-, Verband- und Heilmittel. § 31 Abs. 3 und § 32 Abs. 2 des Fünften Buches Sozialgesetzbuch gelten nicht.

§ 197 Stationäre Entbindung

Wird die Versicherte zur Entbindung in ein Krankenhaus oder eine andere Einrichtung aufgenommen, hat sie für sich und das Neugeborene auch Anspruch auf Unterkunft, Pflege und Verpflegung, für die Zeit nach der Entbindung, jedoch für längstens sechs Tage. Für diese Zeit besteht kein Anspruch auf Krankenhausbehandlung. § 39 Abs. 2 des Fünften Buches Sozialgesetzbuch gilt entsprechend.

§ 198 Häusliche Pflege

Die Versicherte hat Anspruch auf häusliche Pflege, so weit diese wegen Schwangerschaft oder Entbindung erforderlich ist. § 37 Abs. 3 und 4 des Fünften Buches Sozialgesetzbuch gilt entsprechend.

§ 199 Haushaltshilfe

Die Versicherte erhält Haushaltshilfe, so weit ihr wegen Schwangerschaft oder Entbindung die Weiterführung des Haushalts nicht möglich ist und eine andere im Haushalt lebende Person den Haushalt nicht weiterführen kann. § 38 Abs. 4 des Fünften Buches Sozialgesetzbuch gilt entsprechend.

§ 200 Mutterschaftsgeld

(1) Weibliche Mitglieder, die bei Arbeitsunfähigkeit Anspruch auf Krankengeld haben oder denen wegen der Schutzfristen nach § 3 Abs. 2 und § 6 Abs. 1 des Mutterschutzgesetzes kein Arbeitsentgelt gezahlt wird, erhalten Mutterschaftsgeld, wenn sie vom Beginn des zehnten bis zum Ende des vierten Monats vor der Entbindung mindestens zwölf Wochen Mitglieder waren oder in einem Arbeitsverhältnis standen.

(2) Für Mitglieder, die bei Beginn der Schutzfrist nach § 3 Abs. 2 des Mutterschutzgesetzes in einem Arbeitsverhältnis stehen oder in Heimarbeit beschäftigt sind oder deren Arbeitsverhältnis während ihrer Schwangerschaft vom Arbeitgeber zulässig aufgelöst worden ist, wird als Mutterschaftsgeld das um die gesetzlichen Abzüge verminderte durchschnittliche kalendertägliche Arbeitsentgelt der letzten drei abgerechneten Kalendermonate vor Beginn der Schutzfrist nach § 3 Abs. 2 des Mutterschutzgesetzes gezahlt. Es beträgt höchstens 25 Deutsche Mark für den Kalendertag. Einmalig gezahltes Arbeitsentgelt (§ 23 des Vierten Buches Sozialgesetzbuch) sowie Tage, an denen infolge von Kurzarbeit, Arbeitsausfällen oder unverschuldeter Arbeitsversäumnis kein oder ein vermindertes Arbeitsentgelt erzielt wurde, bleiben außer Betracht. Ist danach eine Berechnung nicht möglich, ist das durchschnittliche kalendertägliche Arbeitsentgelt einer gleichartigen Beschäftigung zugrunde zu legen. Übersteigt das Arbeitsentgelt 25 Deutsche Mark kalendertäglich, wird der übersteigende Betrag vom Arbeitgeber oder vom Bund nach den Vor-

schriften des Mutterschutzgesetzes gezahlt. Für andere Mitglieder wird das Mutterschaftsgeld in Höhe des Krankengeldes gezahlt.

(3) Das Mutterschaftsgeld wird für die letzten sechs Wochen vor der Entbindung, den Entbindungstag und für die ersten acht Wochen, bei Mehrlings- und Frühgeburten für die ersten zwölf Wochen nach der Entbindung gezahlt. Bei Frühgeburten verlängert sich die Bezugsdauer um den Zeitraum, der nach § 3 Abs. 2 des Mutterschutzgesetzes nicht in Anspruch genommen werden konnte. Für die Zahlung des Mutterschaftsgeldes vor der Entbindung ist das Zeugnis eines Arztes oder einer Hebamme maßgebend, in dem der mutmaßliche Tag der Entbindung angegeben ist. Das Zeugnis darf nicht früher als eine Woche vor Beginn der Schutzfrist nach § 3 Abs. 2 des Mutterschutzgesetzes ausgestellt sein. Irrt sich der Arzt oder die Hebamme über den Zeitpunkt der Entbindung, verlängert sich die Bezugsdauer entsprechend.

(4) Der Anspruch auf Mutterschaftsgeld ruht, so weit und so lange das Mitglied beitragspflichtiges Arbeitsentgelt oder Arbeitseinkommen erhält. Dies gilt nicht für einmalig gezahltes Arbeitsentgelt.

§ 200 a *(aufgehoben)*

§ 200 b Entbindungsgeld
Versicherte, die keinen Anspruch auf Mutterschaftsgeld nach § 200 haben, erhalten nach der Entbindung ein Entbindungsgeld von 150 Deutsche Mark.

Sachkundenachweis für Hackfleisch

Es kommt immer häufiger vor, dass in Bäckereien, in denen im Rahmen des Fast-Food-Sortiments auch Brötchen mit frischem Hackfleisch angeboten werden, der „Sachkundenachweis" dafür verlangt wird.
Zur Klarstellung fassen wir nachstehend zusammen, unter welchen Voraussetzungen Hackfleisch behandelt und verkauft werden kann:
Das Behandeln und die Abgabe von Hackfleisch und Hackfleischerzeugnissen kann ohne Aufsicht einer sachkundigen Person erfolgen.

Sachkundig sind:
– Meister im Fleischerhandwerk
– Personen mit Ausnahmebewilligung nach § 8 HWO
– Fleischergesellen mit abgeschlossener Ausbildung und 3-jähriger praktischer Tätigkeit

Behandeln heißt:
– Wiegen
– Abfüllen
– Verpacken
– Kühlen
– Lagern
– Aufbewahren

Abgeben heißt:
– Inverkehrbringen
– Befördern

Das Behandeln und Abgeben ohne Aufsicht dürfen durchführen:
– Fleischergesellen mit abgeschlossener Ausbildung
– Fleischerei-Fachverkäuferinnen mit abgeschlossener Ausbildung
– Fachverkäuferinnen im Lebensmittelhandwerk bzw. Lebensmitteleinzelhandel mit abgeschlossener Ausbildung und 3-jähriger Berufserfahrung

Ungelernte Verkaufskräfte dürfen ohne Aufsicht Hackfleischerzeugnisse weder behandeln noch abgeben.
Das Herstellen von Hackfleischerzeugnissen muss grundsätzlich von sachkundigen Personen (siehe oben) vorgenommen werden bzw. unter Aufsicht dieser Personen.
Davon gibt es eine Ausnahme. Ohne Aufsicht dürfen folgende Hackfleischerzeugnisse auch von nicht sachkundigen Personen hergestellt werden:

- Hackfleisch
- Schabefleisch
- Geschnetzeltes
- Fleischzuschnitte
- Schaschlik

Diese Personen müssen folgende Qualifikation vorweisen:

- Fleischergesellen mit abgeschlossener Ausbildung
- Fleischerei-Fachverkäuferinnen mit abgeschlossener Ausbildung und Sachkundenachweis
- Fachverkäuferinnen im Lebensmittelhandwerk bzw. Lebensmitteleinzelhandel oder 3-jähriger Berufserfahrung und Sachkundenachweis

Ungelernte Verkaufskräfte dürfen die vorgenannten Hackfleischerzeugnisse ohne Aufsicht nicht herstellen.
Alle anderen Hackfleischerzeugnisse müssen unter Aufsicht hergestellt werden. Dazu zählen:

- Fleischklöße, Frikadellen, Fleischfüllungen
- Bratwürste
- zerkleinerte Innereien
- sämtliche Vor- oder Zwischenprodukte

Sind in einer Filiale ausschließlich Personen ohne abgeschlossene Ausbildung beschäftigt, so dürfen alle Erzeugnisse, die unter die Hackfleischverordnung fallen, nur unter der Aufsicht einer in dem Betrieb hauptberuflich tätigen sachkundigen Person sowohl hergestellt, behandelt und verkauft werden. Das bedeutet, dass selbst das Verkaufen durch ungelernte Verkaufskräfte nicht statthaft ist. Auch hier ist es erforderlich, dass der Verkauf unter Aufsicht einer in dem Betrieb hauptberuflich tätigen sachkundigen Person vorgenommen wird.
Als sachkundig ist der oben angegebene Personenkreis zu verstehen.
Diese Person muss aber auch hauptberuflich in dem Betrieb, d. h. in der Filiale, tätig sein. Hier stellt sich die Frage, ob eine sachkundige Person, die gleichzeitig für mehrere Filialen zuständig ist und demzufolge nicht ständig in einer Filiale sein kann, in der Filiale hauptberuflich tätig ist. Dazu liegt ein Beschluss des Oberlandesgerichts Zweibrücken vom 5. September 1996 – Az: 1 Ss 119/96 – vor.
Danach ist das Oberlandesgericht in Übereinstimmung mit der Rechtsprechung des Bundesverwaltungsgerichtes der Ansicht, dass eine hauptberufliche Tätigkeit voraussetzt, dass die sachkundige Person in der Betriebsstätte – also hier in der Filiale – im wesentlichen während der gesamten Betriebszeit tätig ist. Die Anstellung einer sachkundigen Person für einen halben Tag oder gar stundenweise genügt den Anforderungen des Begriffs „hauptberuflich" nicht.
So führt das Gericht ganz konkret aus, dass eine einzelne Person, die für eine Vielzahl von unselbstständigen Zweigstellen verantwortlich ist, d. h. Filialen, in keiner Filiale hauptberuflich tätig ist.

Grundsätze zur Vermeidung von Salmonellenerkrankungen

Es gibt einige Grundsätze, herausgegeben von Mitarbeitern der Lebensmittelüberwachung, die dazu geeignet sind, Salmonellenerkrankungen zu vermeiden. Bekanntermaßen

ist die Gefahr im Sommer am größten. Die Beachtung solcher Grundsätze ist daher in dieser Jahreszeit zwingend geboten. Weisen Sie auch Ihre Mitarbeiter noch einmal darauf hin.
1. Hühnereier sollten von seriösen Händlern oder Erzeugern mit der gesetzlichen Kennzeichnung möglichst frisch nach dem Legen bezogen werden.
2. Für französischen Krem sind nur ganz frische Eier einzusetzen.
3. Arbeitsplätze und Arbeitsgeräte, die der Be- und Verarbeitung von Eiern oder roheihaltigen Massen dienen, sind zu kennzeichnen und nur für diesen bestimmten Zweck zu nutzen. Weder Geräte noch Arbeitsplätze dürfen für einen anderen als den bestimmten Zweck eingesetzt werden.
4. Die Geschirrabwäsche kann ein gefährlicher Schnittpunkt für Kreuzkontamination anderer Geräte mit Salmonellen sein. Deshalb sind Geräte nach Berührung mit roheihaltigen Massen gesondert zu reinigen und auch mit einem zugelassenen Mittel zu desinfizieren.
5. Die mit der Herstellung von kremhaltigen Backwaren Beschäftigten können sich im Betrieb (z. B. durch Verkosten von roheihaltigen Massen) und außerbetrieblich (z. B. im eigenen Haushalt oder bei Urlaubsaufenthalt in südlichen Ländern) mit Salmonellen infizieren.
Sie sind damit zunächst „Opfer" dieser Keime, können aber bei fortgesetzter Tätigkeit zu „Tätern" werden, indem über Hände Salmonellen in Zwischen- und Endprodukte eingetragen werden.
Wirksame Händereinigung und -desinfektion nach Toilettenbenutzung und vertrauensvolle Information über Durchfallerkrankung (auch eine überstandene während des Urlaubs!) und ggf. Veranlassung einer Stuhluntersuchung können Salmonellenerkrankungen verhüten.
6. Für das Auslösen einer Erkrankung bei einem gesunden Erwachsenen durch Salmonellen ist eine relativ hohe Keimzahl im jeweiligen Lebensmittel notwendig. Selten ist diese von Beginn an vorhanden. Häufiger gelangen geringe Keimzahlen, die noch keine Erkrankung auslösen, in das Lebensmittel.
Kommt zu diesem sogenannten Fehler erster Art die Aufbewahrung außerhalb der Kühlung als Fehler zweiter Art hinzu, können sich in wenigen Stunden die Bakterien so stark vermehren, dass nach dem Verzehr die Erkrankung folgt.
Deshalb müssen alle kremhaltigen Backwaren bei Temperaturen unter +6°C aufbewahrt, transportiert und angeboten werden. Lediglich im Nahbereich für eine Transportzeit bis max. 2 Stunden wäre ein Versand gut vorgekühlter Ware ohne Kühlcontainer vertretbar. Im Falle extremer Sommerhitze muss die Zeit jedoch verkürzt werden.
Bei Großbestellungen z. B. von Torten für Hochzeiten sollte nie der Hinweis auf die Notwendigkeit gekühlter Aufbewahrung bis zum Verzehr fehlen!
7. Die genannten Hygienegrundsätze und Kühlerfordernisse gelten auch für Krems, die aus Instantpulver hergestellt wurden. Nach dem Aufschlagen des Pulvers ist dieses Erzeugnis gleichfalls ein üppiger Nährboden für die verschiedensten Keime und damit bei üblicher Gewerbepraxis genauso riskant wie konventionell hergestellte Krems zu bewerten.

Leitsätze für Speiseeis und Speiseeishalberzeugnisse
vom 27. April 1995

Die Deutsche Lebensmittelbuch-Kommission hat in ihrer 16. Plenarsitzung am 19. Oktober 1993 weiterhin Leitsätze für Speiseeis und Speiseeishalberzeugnisse beschlossen, die nachfolgend nach § 33 Abs. 3 Satz 1 des Lebensmittel- und Bedarfsgegenständegesetzes in der Fassung der Bekanntmachung vom 8. Juli 1993 (BGBl. I S. 1169) im Einvernehmen mit den Bundesministerien der Justiz, für Ernährung, Landwirtschaft und Forsten sowie für Wirtschaft veröffentlicht werden.

I. Allgemeine Beurteilungsmerkmale, Begriffsbestimmungen und Herstellungsanforderungen

1. Speiseeis ist eine durch einen Gefrierprozess bei der Herstellung in einen festen oder pastenartigen Zustand, z. B. Softeis, gebrachte Zubereitung, die gefroren in den Verkehr gebracht wird und dazu bestimmt ist, in diesem Zustand verzehrt zu werden; im aufgetauten Zustand verliert Speiseeis seine Form, verändert sein bisheriges Gefüge. Speiseeis wird insbesondere hergestellt unter Verwendung von Milch, Milcherzeugnissen, Ei, Zuckerarten, Honig, Trinkwasser, Früchten, Butter, Pflanzenfetten, Aromen und färbenden Lebensmitteln. Abhängig von der jeweiligen Speiseeissorte und dem Geschmack werden auch andere Zusätze verwendet.

   Bei der Herstellung von Eiskrem, Fruchteiskrem, Einfacheiskrem und Eis mit Pflanzenfett werden die Ansätze pasteurisiert und homogenisiert. Nicht pasteurisierbare Zutaten werden den Ansätzen dieser Sorten erst nach der Pasteurisierung zugesetzt. Rücklauf von Ansätzen oder von Speiseeis wird erst nach erneutem Pasteurisieren wieder verwendet.

2. Speiseeis wird auch in Kombination mit anderen Lebensmitteln, z. B. Fruchtsoßen, Überzügen, Spirituosen und Waffeln, und in verschiedenen Angebotsformen wie Sandwicheis, Eishörnchen oder Eistorte in Verkehr gebracht.

3. Halberzeugnisse für Speiseeis sind Zubereitungen, die zur Herstellung von Speiseeis, nicht jedoch zum unmittelbaren Verzehr, bestimmt sind.

4. Milch, Milcherzeugnisse

   a) Milch: standardisierte Vollmilch, Milch mit natürlichem Fettgehalt. Anstelle von Vollmilch werden außer Rohmilch auch andere Milchsorten[1] oder Milcherzeugnisse, auch eingedickt oder getrocknet oder mit spezifischen Mikroorganismenkulturen fermentiert (z. B. Sauermilch, Joghurt, Kefir), in einer Menge verwendet, die an Milchfett und fettfreier Trockenmasse dem Gehalt an Vollmilch entspricht.

   b) Sahne (Rahm): mit mindestens 10 Prozent Milchfett oder entsprechende Mengen eingedickter oder getrockneter Sahneerzeugnisse.

Bei der Herstellung der in Abschnitt II A Nr. 1 bis 7 beschriebenen Speiseeissorten werden ausschließlich der Milch entstammendes Fett und/oder Eiweiß verwendet. Hierbei bleiben natürlicherweise in geschmackgebenden Zutaten vorhandenes Fett und Eiweiß unberücksichtigt. Entsprechendes gilt hinsichtlich Eiweiß bei der in Abschnitt II A Nummer 9 beschriebenen Speiseeissorte.

5. Ei
   a) Vollei
   Vollei im Sinne dieser Leitsätze ist die aus dem Inhalt frisch aufgeschlagener Hühnereier mittleren Gewichts (Gewichtsklasse 4) gewonnene Eimasse oder handelsüblich pasteurisiertes Vollei mit einem Trockenmassegehalt von mindestens 24 Prozent.

   Bei Verwendung von Eiern anderer Gewichtsklassen wird ein etwaiger Mangel an Eigelb ausgeglichen.

   Vollei wird auch in getrockneter Form verwendet.

---

[1] Art. 3 Abs. 1 Buchstabe b der Verordnung (EWG) Nr. 1411/71 des Rates zur Festlegung ergänzender Vorschriften für die gemeinsame Marktorganisation für Milch und Milcherzeugnisse hinsichtlich Konsummilch vom 29 Juni 1971 (ABl. Nr. 148 S. 4) in Verbindung mit § 2 Nr. 5 der Milchverordnung vom 24. April 1995 (BGBl. I S. 544) in den jeweils geltenden Fassungen.

b) Eigelb
Eigelb im Sinne dieser Leitsätze ist das aus dem Inhalt frisch aufgeschlagener Hühnereier abgetrennte Eigelb oder handelsübliches pasteurisiertes Eigelb mit einem Trockenmassegehalt von mindestens 50 Prozent.
Ein Mangel an Eigelb infolge unzureichender Abtrennung von Eiklar wird ausgeglichen. Eigelb wird auch in getrockneter Form verwendet.

6. Zuckerarten
Zuckerarten im Sinne dieser Leitsätze sind alle verkehrsüblichen Zuckerarten.

7. Frucht
Essbarer Anteil von Früchten, auch zerkleinert, Fruchtzubereitungen, Fruchtmark und Fruchtsaft; diese Erzeugnisse werden auch in eingedickter oder getrockneter Form verwendet.

8. Aromen
Zur Herstellung von Speiseeis werden natürliche Aromastoffe, Aromaextrakte und naturidentisches Vanillin[1], zu Kunstspeiseeis auch andere naturidentische und/oder künstliche Aromastoffe und/oder Reaktionsaromen verwendet.

9. Färbende Lebensmittel
Die Verwendung färbender Lebensmittel einschließlich der Auszüge aus Lebensmitteln pflanzlicher Herkunft ist üblich.

10. Farbstoffe
Es werden die allgemein für Lebensmittel zugelassenen Farbstoffe[2] Lactoflavin (Riboflavin), Riboflavin-5'-phosphat, alpha-, beta-, gamma-Carotin und Zuckerkulör verwendet.

Für Kunstspeiseeis können darüber hinaus auch andere zugelassen Farbstoffe[2] eingesetzt werden.

11. Die Verwendung von Stoffen mit stabilisierender, verdickender oder emulgierender Wirkung ist üblich.

II. Besondere Beurteilungsmerkmale

A. Speiseeissorten

Die unter den nachfolgenden Verkehrsbezeichnungen *(Kursivdruck)* in den Verkehr gebrachten Speiseeissorten entsprechen mindestens den dort genannten Anforderungen. Prozentangaben beziehen sich auf das Gewicht.

1. *Kremeis, Eierkremeis*
Kremeis, Eierkremeis enthält mindestens 50 Prozent Milch und auf einen Liter Milch mindestens 270 g Vollei oder 90 g Eigelb. Es enthält kein zusätzliches Wasser.

2. *Fruchteis*
In Fruchteis beträgt der Anteil an Frucht mindestens 20 Prozent.
Bei Fruchteis aus Zitrusfrüchten, anderen sauren Früchten mit einem titrierbaren Säuregehalt im Saft von mindestens 2,5 Prozent, berechnet als Zitronensäure, beträgt der Anteil an Frucht mindestens 10 Prozent.

3. *Rahmeis, Sahneeis, Fürst-Pückler-Eis*
Rahmeis, Sahneeis, Fürst-Pückler-Eis enthält mindestens 18 Prozent Milchfett aus der bei der Herstellung verwendeten Sahne (Rahm).

---

[1] Aromenverordnung vom 22. Dezember 1981 (BGBl. I S. 1625, 1677) in der jeweils geltenden Fassung.
[2] Anlage 6 Liste A der Zusatzstoff-Zulassungsverordnung vom 22. Dezember 1981 (BGBl. I S. 1633) in der jeweils geltenden Fassung.

4. *Milcheis*
Milcheis enthält mindestens 70 Prozent Milch.
5. *Eiskrem*
Eiskrem enthält mindestens 10 Prozent der Milch entstammendes Fett.
6. *Fruchteiskrem*
Fruchteiskrem enthält mindestens 8 Prozent der Milch entstammendes Fett und einen deutlich wahrnehmbaren Fruchtgeschmack.
7. *Einfacheiskrem*
Einfacheiskrem enthält mindestens 3 Prozent der Milch entstammendes Fett.
8. *Eis mit Pflanzenfett*
Eis mit Pflanzenfett enthält mindestens 3 Prozent pflanzliches Fett und gegebenenfalls einen deutlich wahrnehmbaren Fruchtgeschmack.
9. „(Frucht)-Sorbet"
In „(Frucht)-Sorbet" beträgt der Anteil an Frucht mindestens 25 Prozent.
Bei Sorbets aus Zitrusfrüchten oder anderen sauren Früchten mit einem titrierbaren Säuregehalt im Saft von mindestens 2,5 Prozent, berechnet als Zitronensäure, beträgt der Anteil an Frucht mindestens 15 Prozent.
Milch oder Milchbestandteile werden nicht verwendet.
10. Kunstspeiseeis
Speiseeis, das naturidentische oder künstliche Aromastoffe und/oder Reaktionsaromen und/oder Farbstoffe[1] enthalten kann.

B. Bezeichnung

Wird in der Verkehrsbezeichnung der Halberzeugnisse auf eine der in Abschnitt II beschriebenen Speiseeissorten hingewiesen, erfüllt das nach Zubereitungsanleitung hergestellte Fertigerzeugnis die Anforderungen der angegebenen Speiseeissorte.

Für Speiseeissorten gemäß Abschnitt II A Nummern 2 und 9 können die verwendeten Früchte namengebend sein, wenn sie einzeln oder in der im Namen verwendeten Mischung den Mindestanforderungen genügen, z. B. *Erdbeereis, Erdbeersorbet*.

Bei Speiseeis gemäß Abschnitt II Nummer 4 kann bei überwiegender Verwendung von fermentierten Milchsorten (z. B. Sauermilch, Joghurt, Kefir) anstelle von Milch in der Verkehrsbezeichnung darauf hingewiesen werden, z. B. *Joghurteis*.

---

[1] Anlage 6 Liste A der Zusatzstoff-Zulassungsverordnung vom 22. Dezember 1981 (BGBl. I S. 1633) in der jeweils geltenden Fassung.

Vierte Verordnung zur Änderung der Verordnung über Speiseeis

vom 24. April 1995

Das Bundesministerium für Gesundheit verordnet

– auf Grund des § 9 Abs. 1 Nr. 1, 3, 4 Buchstabe a in Verbindung mit Abs. 3 und des § 19 Abs. 1 Nr. 1, Nr. 2 Buchstabe a, Nr. 3 und 4 Buchstabe a und b des Lebensmittel- und Bedarfsgegenständegesetzes in der Fassung der Bekanntmachung vom 8. Juli 1993 (BGBl. I S. 1169), die durch Artikel 1 Nr. 3, 4 und 5 des Gesetzes vom 25. November 1994 (BGBl. I S. 3538) geändert worden sind, im Einvernehmen mit den Bundesministerien für Ernährung, Landwirtschaft und Forsten und für Wirtschaft,

– auf Grund des § 12 Abs. 2 Nr. 1 in Verbindung mit Abs. 3 des Lebensmittel- und Bedarfsgegenständegesetzes, der durch Artikel 1 Nr. 3 und 4 des Gesetzes vom 25. November 1994 geändert worden ist, im Einvernehmen mit den Bundesministerien für Ernährung, Landwirtschaft und Forsten, für Umwelt, Naturschutz und Reaktorsicherheit und für Wirtschaft:

Artikel 1

Die Verordnung über Speiseeis in der im Bundesgesetzblatt Teil III, Gliederungsnummer 2125 – 4 – 7, veröffentlichten bereinigten Fassung, zuletzt geändert durch § 16 Abs. 2 der Verordnung vom 17. Dezember 1993 (BGBl. I S. 2288), wird wie folgt geändert:

1. Die §§ 1, 2, 3 und 6 werden aufgehoben.

2 In § 2 a Abs. 2 Satz 2 werden die Worte „Stärke" sowie „und in § 1 Abs. 1 Satz 2" gestrichen.

3. § 5 wird wie folgt gefasst:

§ 5 Kennzeichnung

Speiseeis darf lose gewerbsmäßig nur in den Verkehr gebracht werden, wenn die Verkehrsbezeichnung nach Maßgabe des § 4 der Lebensmittel-Kennzeichnungsverordnung auf einem Schild neben der Ware oder in einem Aushang deutlich lesbar und unverwischbar angegeben ist, ist das Speiseeis zum Verzehr in der Verkaufsstätte bestimmt, ist die Verkehrsbezeichnung zusätzlich auf der Speisekarte nach Maßgabe des Satzes 1 anzugeben.

§ 7 b Straftaten und Ordnungswidrigkeiten

(1) Nach § 52 Abs. 1 Nr. 4 des Lebensmittel- und Bedarfsgegenständegesetzes wird bestraft, wer bei dem gewerbsmäßigen Herstellen von Speiseeis oder Halberzeugnissen, die dazu bestimmt sind, in den Verkehr gebracht zu werden, Zusatzstoffe über die in § 2 a Abs. 1 Nr. 1 oder Abs. 2 festgesetzten Höchstmengen hinaus verwendet.

(2) Wer eine in Absatz 1 bezeichnete Handlung fahrlässig begeht, handelt nach § 53 Abs. 1 des Lebensmittel- und Bedarfsgegenständegesetzes ordnungswidrig.

Artikel 2 Neubekanntmachungserlaubnis

Das Bundesministerium für Gesundheit kann den Wortlaut der Verordnung über Speiseeis in der vom Inkrafttreten dieser Verordnung an geltenden Fassung im Bundesgesetzblatt bekannt machen.

Artikel 3 Inkrafttreten

Diese Verordnung tritt am Tage nach der Verkündung in Kraft.

Zusatzstoff-Zulassungsverordnung

Die Verordnung zur Neuordnung lebensrechtlicher Vorschriften über Zusatzstoffe ist am 6. Februar 1998 in Kraft getreten. Bis zum 28. Oktober 1998 galt noch eine Übergangsfrist, das heißt, bis zu diesem Zeitpunkt durften sich die Betriebe noch an den bisher geltenden Vorschriften orientieren.

Bisher war es so, dass bei loser Ware nur einige Zusatzstoffe anzugeben waren. Auch in Zukunft sind nicht generell alle Zusatzstoffe anzugeben. Dies gilt jedenfalls dann nicht, wenn die Verwendung bestimmter Zusatzstoffe an der Ware selbst kenntlich gemacht wird. Die Einzelheiten dazu sind in § 9 der Verordnung geregelt.

§ 9 lautet:

Kenntlichmachung:

(1) Der Gehalt an Zusatzstoffen in Lebensmitteln muss bei der Abgabe an Verbraucher wie folgt nach Absatz 6 kenntlich gemacht werden:

1. bei Lebensmitteln mit einem Gehalt an Farbstoffen durch die Angabe „mit Farbstoff",

2. bei Lebensmitteln mit einem Gehalt an Zusatzstoffen, die zur Konservierung verwendet werden, durch Angabe „mit Konservierungsstoff" oder „konserviert",

3. bei Lebensmitteln mit einem Gehalt an Zusatzstoffen, die als Antioxidationsmittel verwendet werden, durch die Angabe „mit Antioxidationsmittel",

4. bei Lebensmitteln mit einem Gehalt an Zusatzstoffen, die als Geschmacksverstärker verwendet werden, durch die Angabe „mit Geschmacksverstärker",

5. bei Lebensmitteln mit einem Gehalt an Zusatzstoffen der Anlage 5 Teil B von mehr als 10 Milligramm in einem Kilogramm oder einem Liter, berechnet als Schwefeldioxid, durch die Angabe „geschwefelt",

6. bei Oliven mit einem Gehalt an Eisen-II-gluconat (E 579) oder Eisen-II-lactat (E 585) durch die Angabe „geschwärzt",

7. bei frischen Zitrusfrüchten, Melonen, Äpfeln und Birnen mit einem Gehalt an Zusatzstoffen der Nummern E 901 bis E 904, E 912 oder E 914, die zur Oberflächenbehandlung verwendet werden, durch die Angabe „gewachst",

8. bei Fleischerzeugnissen mit einem Gehalt an Zusatzstoffen der Nummern E 338 bis E 341, E 450 bis E 452, die bei der Herstellung der Fleischerzeugnisse verwendet werden, durch die Angabe „mit Phosphat".

(2) Der Gehalt an einem Zusatzstoff der Anlage 2 in Lebensmitteln, ausgenommen Tafelsüßen, ist in Verbindung mit der Verkehrsbezeichnung durch die Angabe „mit Süßungsmittel", bei mehreren Zusatzstoffen der Anlage 2 durch die Angabe „mit Süßungsmitteln" nach Absatz 6 kenntlich zu machen. Bei Lebensmitteln, ausgenommen Tafelsüßen, mit einem Gehalt an einem Zuckerzusatz im Sinne des § 2 Nr. 3 und einem Zusatzstoff der Anlage 2 ist dies durch die Angabe „mit einer Zuckerart und Süßungsmittel", sofern mehrere Zuckerzusätze oder mehrere Zusatzstoffe der Anlage 2 enthalten sind, sind die betreffenden Zutaten in der Mehrzahl jeweils in Verbindung mit der Verkehrsbezeichnung nach Absatz 6 kenntlich zu machen. Werden Lebensmittel im Sinne des Satzes 2 lose oder nach Maßgabe des § 1 Abs. 2 der Lebensmittel-Kennzeichnungsverordnung an den Verbraucher abgegeben, so reicht die Angabe nach Satz 1 aus.

(3) Bei Tafelsüßen ist der Gehalt an Zusatzstoffen der Anlage 2 durch die Angabe „auf der Grundlage von ...", ergänzt durch den oder die Namen der für die Tafelsüße verwendeten Süßungsmittel, in Verbindung mit der Verkehrsbezeichnung nach Absatz 6 kenntlich zu machen.

(4) Tafelsüßen und andere Lebensmittel, die Aspartam enthalten, dürfen nur in den Verkehr gebracht werden, wenn der Hinweis „enthält eine Phenylalaninquelle" nach Absatz 6 angegeben ist.

(5) Tafelsüßen mit einem Gehalt an Zusatzstoffen der Nummer E 420, E 421, E 953, E 965 bis E 967 und anderen Lebensmitteln mit einem Gehalt an diesen Zusatzstoffen von

Anhang 365

mehr als 100 Gramm in einem Kilogramm oder einem Liter dürfen nur in den Verkehr gebracht werden, wenn der Hinweis „kann bei übermäßigem Verzehr abführend wirken" nach Absatz 6 angegeben ist.

(6) Die Angaben nach Absatz 1 bis 5 sind gut sichtbar, in leicht lesbarer Schrift und unverwischbar anzugeben. Sie sind wie folgt anzubringen:

1. bei loser Angabe von Lebensmitteln auf einem Schild auf oder neben dem Lebensmittel,
2. bei der Angabe von Lebensmitteln in Umhüllungen oder Fertigpackungen nach § 1 Abs. 2 der Lebensmittel-Kennzeichnungsverordnung auf einem Schild auf oder neben dem Lebensmittel, auf der Umhüllung oder auf der Fertigverpackung,
3. bei der Angabe von Lebensmitteln in Fertigverpackungen, die nach der Lebensmittel-Kennzeichnungsverordnung zu kennzeichnen sind, auf der Fertigverpackung oder dem mit ihr verbundenen Etikett,
4. bei der Angabe von Lebensmitteln im Versandhandel auch in der Angebotsliste,
5. bei der Angabe von Lebensmitteln in Gaststätten auf Speise- und Getränkekarten,
6. bei der Angabe von Lebensmitteln in Einrichtungen zur Gemeinschaftsverpflegung auf Speisekarten oder in Preisverzeichnissen oder, so weit keine solche ausgelegt sind oder ausgehändigt werden, in einem sonstigen Aushang oder einer schriftlichen Mitteilung.

In den Fällen der Nummer 5 und 6 dürfen die vorgeschriebenen Angaben in Fußnoten angebracht werden, wenn bei der Verkehrsbezeichnung auf diese hingewiesen wird.

(7) Bei Lebensmitteln, die zur Abgabe an den Verbraucher in bestimmten Fertigpackungen verpackt sind und deren Haltbarkeit durch eine Schutzatmosphäre verlängert wird, ist der Hinweis „unter Schutzatmosphäre verpackt" anzugeben. Absatz 6 Satz 1 und 2 Nr. 3 gilt entsprechend.

(8) Die Angaben nach Absatz 1 können entfallen,

1. wenn Zusatzstoffe nur den Zutaten eines Lebensmittels zugesetzt sind, sofern die Zusatzstoffe in dem Lebensmittel keine technologische Wirkung mehr ausüben,
2. bei Lebensmitteln in Fertigverpackungen, wenn auf der Umhüllung oder der Fertigverpackung ein Verzeichnis der Zutaten im Sinne der Lebensmittel-Kennzeichnungsverordnung angegeben ist, oder
3. bei Lebensmitteln, die lose oder in Umhüllung oder Fertigverpackungen nach § 1 Abs. 2 der Lebensmittel-Kennzeichnungsverordnung an den Endverbraucher abgegeben werden, wenn in einem Aushang oder in einer schriftlichen Aufzeichnung, die dem Endverbraucher unmittelbar zugänglich ist, alle bei der Herstellung des Lebensmittels verwendeten Zusatzstoffe angegeben werden; auf die Aufzeichnung muss bei dem Lebensmittel oder in einem Aushang hingewiesen werden; Absatz 6 Satz 1 sowie die §§ 5 und 6 der Lebensmittel-Kennzeichnungsverordnung gelten entsprechend.

(9) Die Angaben nach Absatz 1 Nr. 2 und 7 müssen bei Zitrusfrüchten, die an andere Personen als Verbraucher abgegeben werden, auf einer Außenfläche der Packungen oder Behältnisse angebracht sein; Absatz 6 Satz 1 gilt entsprechend.

Die Regelung entspricht weitgehend der bisherigen Regelung, es sind jedoch einige weitere Zusatzstoffe aufgeführt, zum Beispiel Antioxidationsmittel und Geschmacksverstärker. Diese werden jedoch in handwerklichen Bäckereien kaum verwendet.

Neu ist, dass bei frischen Zitrusfrüchten, Melonen, Äpfeln und Birnen bei der Verwendung bestimmter Zusatzstoffe zur Oberflächenbehandlung die Angabe „gewachst" erfolgen muß. **Ebenfalls neu und von Bedeutung ist** die Tatsache, dass die Farbstoffe E 101 Riboflavin und E 160 a Beta-Carotin mit dem Hinweis „mit Farbstoff" kenntlich gemacht werden müssen. Diese Zusatzstoffe, insbesondere Beta-Carotin, werden in Backmargarine, EU-Butter aus Interventionsbeständen, Kaltcremes und Fertigmischungen verwendet. Die Zulieferindustrie ist sich des Problems bewusst und sucht nach praktikablen Lösungen.

Nach dem neuen Recht besteht die Möglichkeit, auf das Schild an der losen Ware, auf dem auf die vorgenannten Zusatzstoffe hingewiesen wird, zu verzichten, wenn in einem Aushang oder in einer schriftlichen Aufzeichnung, die dem Endverbraucher unmittelbar zugänglich ist, alle bei der Herstellung des Lebensmittels verwendeten Zusatzstoffe angegeben werden. Auf diese Aufzeichnung muss dann bei dem Lebensmittel oder in dem Aushang hingewiesen werden.

Zu erwähnen ist weiter, dass der Konservierungsstoff Propinsäure bei abgepacktem und geschnittenem Brot sowie Roggenbrot, bei Brot mit reduziertem Energiegehalt sowie bei vorgebackenem und abgepacktem Brot wieder zugelassen ist. Zuckerkulör ist für die Verwendung in Brot nicht wieder zugelassen.

Weiter ist die Nährwert-Kennzeichnungsverordnung geändert worden. Hinweise auf einen verminderten Brennwert dürfen in Zukunft nicht erfolgen, wenn der Brennwert den durchschnittlichen Brennwert vergleichbarer herkömmlicher Lebensmittel um weniger als 30 Prozent unterschreitet. Entsprechendes gilt für Hinweise auf einen verminderten Nährstoffgehalt. Folgende Änderungen sind besonders wichtig:

Bei der Verwendung der Farbstoffe E 101 (Riboflavin) und E 160 a (Beta-Carotin) bei unverpackter Ware ist der Hinweis „mit Farbstoff" erforderlich. Bei der Deklaration „mit Konservierungsstoff" oder „konserviert" braucht der genauere Name des Konservierungsmittels nicht mehr angegeben zu werden.

Auf die Hinweise (Ausnahme: Süßungsmittel) kann dann verzichtet werden, wenn
– ein Zutatenverzeichnis vorliegt oder
– die über die Zutat eingebrachten Zusatzstoffe im Endlebensmittel keine technologische Wirkung mehr entfalten oder
– alle Zusatzstoffe, die bei der Verwendung von Backwaren zugesetzt werden, in einem allgemein zugänglichen Aushang veröffentlicht werden.

Längsschnitt durch ein Weizenkorn

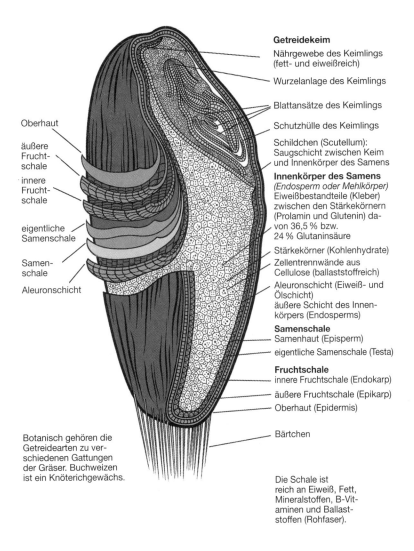

Oberhaut
äußere Fruchtschale
innere Fruchtschale
eigentliche Samenschale
Samenschale
Aleuronschicht

Botanisch gehören die Getreidearten zu verschiedenen Gattungen der Gräser. Buchweizen ist ein Knöterichgewächs.

Getreidekeim
Nährgewebe des Keimlings (fett- und eiweißreich)
Wurzelanlage des Keimlings
Blattansätze des Keimlings
Schutzhülle des Keimlings
Schildchen (Scutellum): Saugschicht zwischen Keim und Innenkörper des Samens
Innenkörper des Samens
(Endosperm oder Mehlkörper)
Eiweißbestandteile (Kleber) zwischen den Stärkekörnern (Prolamin und Glutenin) davon 36,5 % bzw. 24 % Glutaninsäure
Stärkekörner (Kohlenhydrate)
Zellentrennwände aus Cellulose (ballaststoffreich)
Aleuronschicht (Eiweiß- und Ölschicht)
äußere Schicht des Innenkörpers (Endosperms)
Samenschale
Samenhaut (Episperm)
eigentliche Samenschale (Testa)
Fruchtschale
innere Fruchtschale (Endokarp)
äußere Fruchtschale (Epikarp)
Oberhaut (Epidermis)

Bärtchen

Die Schale ist reich an Eiweiß, Fett, Mineralstoffen, B-Vitaminen und Ballaststoffen (Rohfaser).

Weltgetreideerzeugung ungefähre Anteile der Getreidearten in %

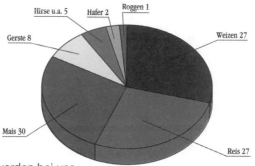

Verwendet werden bei uns
überwiegend Weizen und Roggen,
vereinzelt auch Gerste, Hafer
Mais, Hirse und selten Buchweizen

Übersicht über das Brotgetreide und andere Getreidearten sowie Beschreibungen

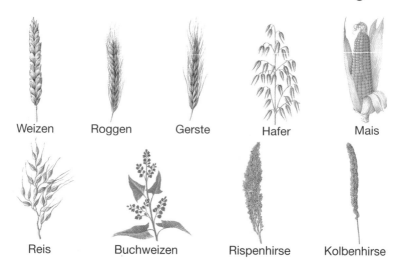

Anhang 369

Buchweizen: Die Pflanze gehört zur Familie der Knöterichgewächse. Weil ihre Samen Ähnlichkeit mit Weizenkörnern haben, trägt sie den Namen Buchweizen. Da Buchweizenmehl keine Backfähigkeit besitzt, dient es nur zur Bereitung von Suppen, Breien und Pfannkuchen. Die mittlere Zusammensetzung von geschältem Buchweizen beträgt: Wasser 12,8 %, Eiweißstoffe 9,8 %, Rohfett 1,7 %, Kohlenhydrate 72,4 %, Rohfaser 1,6 %, Mineralstoffe 1,7 %.

Dinkel/Grünkern: Auch Spelt oder Spelz, aus einer Kreuzung von Emmer und Zwergweizen stammende Kulturform eines Getreides, das nach der Klimaverschlechterung in der Bronzezeit um etwa 800 v. Chr. das führende Getreide in Mitteleuropa wurde und im Oberrheingebiet noch heute angebaut wird. Die in der Milchreife geernteten und gedörrten Körner heißen Grünkern und dienen zur Bereitung von Suppen.

Einkorn: Aus Wildformen in Asien und Europa um 3000 v. Chr. kultiviertes Getreide, das in der Steinzeit weit verbreitet war und in der Bronzezeit seltener wurde.

Emmer: Etwa um 5000 v. Chr. vermutlich in Babylonien oder weiter östlich aus dem Wildemmer gezüchtetes Getreide. Es war bis nach Abessinien, Nordafrika und Mitteleuropa verbreitet. In seinem Ursprungsland blieb es bis ins 6. Jh. v. Chr. das wichtigste Getreide.

Gerste: Getreideart, deren Kulturformen bereits um 4000 v. Chr. entstanden. Das Mehl ist nicht backfähig und fand nur in Notzeiten als Streckungsmittel in der Bäckerei Verwendung. Gerste ist Hauptrohstoff der Bierbrauerei, Futtermittel und Nährmittel (Graupen). Die mittlere Zusammensetzung von Gerste ohne Spelzen beträgt: Wasser 11,6 %, Kohlenhydrate 71,8 %, Eiweiß 10,6 %, Mineralstoffe 2,3 %, Rohfett 2,1 %, Rohfaser 1,6 %.

Hafer: Getreideart, die in den Steppen Westasiens, Nordafrikas und Osteuropas wild wächst und in Nordeuropa kultiviert wird. Hafermehl ist nicht backfähig. Hafer dient als Futtermittel und zur Herstellung von Nährmitteln (Haferflocken). Die mittlere Zusammensetzung von Hafer ohne Spelzen beträgt: Wasser 13,0 %, Eiweiß 12,6 %, Rohfett 7,1 %, Kohlenhydrate 62,8 %, Rohfaser 1,6 %, Mineralstoffe 2,9 %.

Hirse: Allgemeine Bezeichnung für mehrere der ältesten Kulturgräser. Von diesen waren die Rispen- und die Kolbenhirse auch in Europa verbreitet. Zur Zeit ist die Mohrenhirse (Durrha) eine in Afrika weitverbreitete Getreideart. Hirsebrei spielt dort eine große Rolle in der Ernährung der einheimischen Bevölkerung. Das Mehl der Hirse ist nicht backfähig. Ihre mittlere Zusammensetzung beträgt: Wasser 12,1 %, Kohlenhydrate 70,7 %, Eiweiß 10,6 %, Mineralstoffe 1,6 %, Rohfett 3,9 %, Rohfaser 1,1 %.

Mais: Neben Reis und Weizen wichtigstes Getreide, stammt aus Amerika. Aus 2 Ursprungsformen (Zahn- und Hartmais) mit zahlreichen Zuchtformen heute in heißen und gemäßigten Zonen der Welt angebaut (sogar in Skandinavien). Anbau auf demselben Standort mehrere Jahre nacheinander möglich. Entzieht dem Boden mehr Nährstoffe, die Körner enthalten aber weniger Eiweiß als die anderen Getreidearten. Die gelben, weißen oder roten Körner sitzen im Kolben auf der Spindel in 8 bis 16 Reihen. Die Ernte von Körnermais ist im Oktober/November.

Reis: Getreideart, die vornehmlich in Asien angebaut wird, sehr hohe Ansprüche an die Kultur stellt, aber auch hohe Erträge liefert. Reismehl hat keine Backfähigkeit, ist wegen seines hohen Stärkeanteils aber zur Stärkegewinnung besonders geeignet. Als Bestandteil von Quellmehlen und Krempulvern hat Reismehl auch für die deutsche Bäckerei Bedeutung. Die mittlere Zusammensetzung von ungeschältem und von poliertem Reis beträgt: Wasser 13,1 %, 12,9 %; Eiweiß 7,4 %, 7,0 %; Fett 2,2 %, 0,6 %; Kohlenhydrate 75,4 %, 78,8 %; Rohfaser 0,7 %, 0,2 %; Mineralstoffe 1,2 %, 0,5 %.

Roggen: Aus Vorder- und Innerasien stammende, als Unkraut mit dem Emmer nach Europa gekommene Getreideart, die geringe Ansprüche an Boden und Klima stellt und daher zur Brotfrucht des nördlichen und östlichen Europas wurde. Roggenmehle und -schrote sind allerdings nur in gesäuerten Teigen backfähig, da die Krumenbildung mehr auf der Verkleisterung von Stärke als auf der Gerinnung von Eiweiß beruht und die Stärke im Backprozess nur durch Säure vor dem Angriff durch Amylasen geschützt werden kann.

Weizen: Getreideart, die hohe Ansprüche an Boden und Klima stellt und wegen ihres Kleberbildungsvermögens besonders gut backfähige Mehle liefert. Weizen ist das bedeutendste Brotgetreide vor allem in Europa, Nordamerika und Australien.

Sachwortverzeichnis

A

Abkochen 55
Abschreibung 204
Agar-Agar 255
Alginate 255
Allgemeine Rechts-
 und Fachgebiete 253
Aluminiumfolie 157
Ammonium 81
Anrede 122
Aprikotieren 69
Arbeiten
 nach Ladenschluss 137
Arbeitsgeräte 124
Arbeitszeitgesetz 252
Aromen 253
Aschegehalt 36
Atom 15
Aushändigungsverkauf 120
Auszeichnungspflicht,
 Preis- 243
A_W-Wert 19

B

Bäckereifette 63
Backmittel 79, 80
Backpulver 80, 91
Backtriebmittel 261
Backverlust 184
Baisermassen 93
Ballaststoffe 19, 21
Baumkuchenmassen 93
Becquerel 24
Bedienung 120, 122, 134, 138
Begrüßung 122
Beleuchtung 136
Beratungsverkauf 120
Berufsbildungsgesetz 213
Berufsgenossenschaft 218
Berufsunfälle 137
Beschwerde 132, 152
Bestellung 132
Bewertungsrichtlinien
 für Schaufenster-
 gestaltung 169, 170
BGB 258
Bier 134
Biskuitmasse 93
Blanchieren 69
Blätterteige 81
Blickfang 126
Blickpunkt 126
Bonbons 40
Brennwert 257
Brennwert-
 vermindertes Brot 89

Brot 86
Brotausbeute 182
Broteinheit 256
Brühmasse 94
Bundeserziehungs-
  geldgesetz 222
Bunte Platten 94
Butter 64, 65
Butterbrot 254
Butterformen 65
Buttergebäck 254
Butterhandelsklassen 65
Butterkrem 95
Butterkremtorte 95
Buttermilch 57
Buttermilchbrot 89
Butterreinfett 66
Buttersorten 66
Butterverordnung 66

C

Carotin 28
Cellulose 19
Coffein 105
Cyclamate 45

D

Datteln 67
Dauerbackwaren 320

Deklarationspflicht 245
Dekorationsfenster 125
Dessert 94
Diabetikerbackwaren 229
Diätverordnung 89, 229
DLG-Bestimmungen 89
Dosen-Verpackung 157
Dragees 42
Durchleuchtungsprobe 52

E

Ei 50
Eiervermarktungsnormen-
  verordnung 50
Edelmarzipan 72
Einfachzucker 12
Einpacken der Ware 154
Eipulver 53
Eisbecher 129
Eisbindemittel 101
Eisbombe 101
Eiskonfekt 42
Eiweißangereichertes Brot 89
Eiweißhydrolysate 46
Empfehlung zu Festen 133
Empfehlung zu Getränken 133
Enzymdrüsen 17
Enzyme 16
Ernährungslehre 11
Ernährungsrisiken 33
Eröffnungsverkauf 249
Erziehungsgeld 227

Erziehungsurlaub 226, 227
Evaporierte Milch 59
Extrakte 45

F

Fassontorten 96
Fehler der Verkäuferin 137
Feigen 67
Feine Backwaren 86, 89, 91, 264
Fermente 16
Fertigmehle 37
Fertigpackungen 264, 272
Fettgebäcke 94
Fettglasur 75
Fettreif 79
Fettsäuren 22
Filiale 265
Flachmüllerei 36
Fondant 43, 92
Fruchtbonbons 40
Früchte, ausländische 66
Fruchtmark 69
Fruchtsäfte 101

G

Ganzbrot 274
Gebäckausbeute 182
Gebührenvereine 252
Gelatine 255
Gelee 68
Gerätepflege 124

Geschäftsfähigkeit 259
Geschenkkauf 134
Gesetzeskunde 209
Gesundheitsbezogene Werbung 251
Getreide 35
Gewicht, spezifisches 13
Gewichtsklassen der Eier 52
Gewichtsvorschriften 274
Gewürzbrot 89
Gewürze 45, 46
Glasaufsatz 124
Glasurmassen 75
Glukosesirup 40
Grünkern 38
Gummibonbons 42
Güteklassen der Eier 51

H

Haferflocken 38
Handelskauf 259
Härtegrad 18
Hartkaramellen 41
Hauptbetrieb 265
Hausarbeiten 260
Hefen 84
Hefeteiggebäcke 92
Herstellerwerbung 250
HGB 258
Hilfsmittel für Verpackung 130
Hippengebäcke 93
Hippenmasse 93

Hirschhornsalz 81, 261
Hochmüllerei 36
Homogenisieren 56
Honig 43
Honigbonbons 40
Honigkuchen 254
Hormondrüsen 28
Hormone 28
Hühnerei 50
Hülsenfrüchte 22

IJ

Infektionsschutzgesetz 230
Invertzucker 40
Invertzuckerkrem 44
Irreführende Werbung 246
Joghurt 59, 60
Joghurtbrot 89
Joule 23
Jubiläumsverkäufe 250
Jugendarbeits-
   schutzgesetz 231
Jugendschutzgesetz 257

K

Kaffee 103, 133
Kaffeesahne 59
Kakao 103
Kakaobonbons 40
Kakaoerzeugnisse 75
Kakaohaltige Fettglasur 75
Kakaoverordnung 77
Kalkulation 196
Kalorie 24
Kandierte Früchte 70
Käsefours 94
Kassenbestand 202
Kaubonbons 41
Kaufvertrag 259
Kefir 58
Kennzeichnungs-
   vorschriften 265
Klarsichtpackung 130
Kleber 38
Kleingebäcksorten 91
Kleintorten 96
Kochsalzersatz 50
Kohlenhydrate 12
Kohlenhydrat-
   vermindertes Brot 89
Kondensmilch 59
Konfitüre 68
Konservieren von Obst 69
Konsummilch 54
Kontrollwaagen 288
Korinthen 67
Kremtorte 95
Krokant 42
Kühltheke 124
Kunde, ausländischer 138
Kundenrechnung 205
Kundentypen 138
Kundentypologie 141

Sachwortverzeichnis

Kunsthonig
  (siehe Invertzuckerkrem)
Kuvertüre 75

L

Ladenschlussarbeiten 137
Ladenschlussgesetz 237, 252
Lebensmittel-
  Kennzeichnung 263
Lebensmittel-Kennzeichnungs-
  verordnung 264
Lebensmittel- und
  Bedarfsgegen-
  ständegesetz 239
Leinsamenbrot 89
Leitfaden 114
Light-Produkte 255
Limonaden 101
LMBG 240
Lockerungsmittel 80
Lockvogelangebote 247

M

Malzbonbons 40
Margarine 63
Margarinegesetz 64
Marketing 135
Marmelade 68
Marzipan 71, 72
Maschinen 124
Massen 93

Mehl 35
Mehlzusammensetzung 38
Mehrkornbrot 86
Mengen pro Person 133
Messertank 124
Mikroorganismen 13
Milch 53
Milch, evaporiert 59
Milch, homogenisiert 56
Milch, kondensiert 59
Milchbestandteile 53, 57
Milchbonbons 40
Milchbrot 88
Milchbrötchen 88
Milchgebäcke 63
Milchprüfung 58
Milchpulver 62
Mindesthaltbar-
  keitsdatum 266, 273, 276
Mineralstoffe 15
Mineralstoffmangel 16
Mischungsrechnen 186
Mohn 70
Molke 60
Mürbeteig 92
Mutterschutzgesetz/Bundes-
  erziehungsgeldgesetz 222

N

Nährstoffe 11, 12, 16, 23
Nahrungsmittel 11
Nährwertrechnen 178
Nährzwieback 254

N

Nugat 74
Nugatkrem 75
Nugatmasse 74

O

Obstarten 68
Obsttörtchen 129
Obsttorten 96
Öffnungszeiten 237
Omelette surprise 100
Orangeat 70

P

Papierarten 156
Parfait 100
Pasteurisieren 55
Persipan 73
Petits fours 94, 95
pH-Wert 257
Pikieren 69
Pistazien 70
Plundergebäcke 83
Plunderteige 81
Polyäthylenbeutel 157
Polypropylenfolie 157
Portionseis 129
Pottasche 81
Pralinen 78
Prämierung 115

Preisangabenverordnung 243, 264
Preisauszeichnung 264
Preisgegenüberstellungen 248
Preisnachlässe 248
Privatkauf 259
Prozentrechnen 174
Prüfungsschema 114
Pumpernickel 88

Q

Qualitätszahl 115
Quark 60
Quellstoffe 254
QUID-Kennzeichnung 258

R

Rabatte 207, 257
Rabattgesetz 257
Rabattrechnen 207
Registrierkassen 123
Reinigen
 des Schaufensters 127
Reinigen von Geräten 124
Reis 38
Reklamation 123, 132
Rem 24
Restbrot 256
Roggenmischbrot 91

Roggenzusammensetzung 38
Rohmassen 71
Rohstoffkunde 35
Rohstoffrechnen 178
Rosinen 67
Rührmassen 93

S

Saccharin 45
Saccharose 40
Sahne 58
Sahne, saure 57
Sahneblasapparat 130
Sahnebonbons 41
Sahnespender 130
Sahnetorten 96
Saisonschaufenster 127
Salmonellen 14
Salzarten 47
Salzwasserprobe 52
Sandmassen 93
Sauermilchbrot 89
Sauerteig 85
Schaufenster 125
Schaufensterbeleuchtung 136
Schaufensterdekoration 126
Schaufenstergestaltung
  (Bewertungs-
  richtlinien) 159, 169, 170
Schaufensterreinigung 127
Schichtkäse 60
Schlagsahne 59, 130
Schleifenbinden 120
Schneiden von Kuchen 128
Schneiden von Torten 128
Schokolade 77, 78
Schokoladebonbons 40
Schokoladefettglasur 76
Schokoladesorten 77
Schokoladetorte 95
Schriftbeispiele 163–168
Schriftschreiben 159
Schrumpffolie 157
Schwangerschaft 222
Selbstbedienung 131, 266
Sesambrot 89
Situationsgespräche 148
Skontorechnen 207
Sonderangebote 249
Sonderregelungen 289
Sonderveranstaltungen 249
Sonntagsarbeit 238
Sorbet 100
Sorbinsäure 262
Spätkunden 134
Speiseeis 97
Speiseeisverordnung 101
Speisequark 60
Speisesalz 47
Spezialbrote 89
Spezifisches Gewicht 13
Spirituosen 255
Spurenelemente 12
Stärkesirup
  (siehe Glukosesirup)
Sterilisieren 55
Stoffwechsel 29

Südfrüchte 66
Sukkade 70
Sultaninen 67
Süßstoffe 45
Süßwaren 71

T

Tafelschokolade 79
Technische
   Mathematik 173
Tee 103, 133
Theke 124
Tiefgekühltes Obst 69
Torten 95
Tortenarten 95
Trockenfrüchte 66
Trockenmilch 61, 62
Typenzahl 36

U

Ultrahocherhitzung 55
Umgang mit Kunden 146
Umsatzrechnen 195
Umtausch 132
Unlauterer
   Wettbewerb 258
Urlaubsentgelt 212

V

Vanillezucker 46
Vanillinzucker 46
Verbraucher 264
Verdauung 29, 30
Verhältnisrechnen 173
Verkaufsarten 120
Verkaufsgespräche 134, 138, 141, 146
Verkaufskunde 117
Verkaufsschaufenster 125
Verkehrsbezeichnung 266, 273, 276
Verpacken 130
Verpackung 130
Verpackungshilfsmittel 130
Verpackungsmaterial 130, 155
Vielfachzucker 12
Vitamine 25, 26, 28
Vitamintabelle 27
Vollei 50
Vollkornbrot 86, 90
Vollkornmehl 37
Vollmilch 53
Vollmilchpulver 63
Vollwertbrot 87
Volumenausbeute 183
Vorgang der Prüfung 114

W

Waagen 124
Waffeln 95

Warenkunde 35
Wärmeenergie 23
Wasser 18
Wassergebäcke 91
Wechselgeld 123
Weichkaramellen 41
Wein 133
Weißbrot 90
Weizengroßgebäcke 91
Weizenkeimbrot 89
Weizenmehl 36, 37
Weizenzusammensetzung 38
Weltgetreideerzeugung 368
Werbearten 136
Werbegeschenke 251
Werbemittel 136
Werbeschaufenster 171
Werbung 135
Werbung, gesundheitsbezogene 251
Werbung, irreführende 246
Werbung, vergleichende 247
Wettbewerbsrecht 246
Wiener Massen 93
Würzmittel 45

Zuckeraustauschstoffe 44
Zuckerkulör 262
Zuckerreif 78
Zuckerrohr 38, 39
Zuckersorten 39
Zuckerwaren 40
Zuckerwarensorten 40
Zugaben 257
Zugabeverordnung 257
Zusatzstoffe 261
Zusatzstoff-Zulassungsverordnung 261
Zutatenverzeichnis 268, 273, 279
Zweifachzucker 12
Zwieback 254

Z

Zellglas 157
Zinsrechnen 191
Zitronat 70
Zucker 38

Quellenverzeichnis

Bundesforschungsanstalt für Getreide-, Kartoffel- und Fettforschung, Detmold

Fachlehrerin Klara Huth, Gewerbeschule Karlsruhe

Institut für Kleintierforschung, Celle

MeisterMarken Backinstitut, Bremen

Milchzentrale Nordbaden AG, Mannheim

Oetker Nahrungsmittel KG, Bielefeld

Süddeutsche Zucker-Aktiengesellschaft, Zentral-Laboratorium, Grünstadt

Zentralverband des Deutschen Bäckerhandwerks e. V., Bad Honnef

Impressum

7., überarbeitete Auflage.

Alle Rechte vorbehalten.

Nachdruck, auch auszugsweise, nicht gestattet.

© 1995, 2000 by Matthaes Verlag GmbH, Stuttgart

Printed in Germany – Imprimé en Allemagne

Herstellung: Matthaes Druck, Stuttgart

ISBN 3-87516-276-5